Halle
Delitzsch
Leipzig
Weissenfels
Döbeln
Gotha
Weimar
Erfurt
Jena
Gera
Chemnitz
Saalfeld
Zwickau
Greiz
Cämmerswalde
Olbernhau
ERZGEBIRGE
Most
Litomerice
Liberec
Plauen
Boži Dar/Gottesgab
Bublava
Karlovy Vary
Kladno
Prag
Hof
Coburg
Kulmbach
Selb
Cheb/Egern
Main
Bamberg
Treppenstein
Broumov
Bärnau
Flossenbürg
TSCHECHISCHE
REPUBLIK
OBERPFÄLZER WALD
Waldhaus
Babylon
Klatovy
Písek
Tabor
Fürth
Nürnberg
Amberg
Roth
Strakonice
Neumarkt
Neukirchen
BÖHMERWALD
BAYERISCHER WALD
Regensburg
Ceské Budejovice
Pappenheim
Ingolstadt
Straubing
Gmünd
Donau
Kohlstatt
Passau
Kohlbach-Mühle
Landshut
Augsburg
Bad Füssing
Linz
Enns
Waldkraiburg
Braunau
Wels
Ried
Inn
Lech
Landsberg
München
Burghausen
Steyr
Salzach
Gmunden
Chiemsee
Salzburg
Fritz am Sand
Kufstein
Berchtesgaden
Zugspitze
ÖSTERREICH
Bischofshofen
Schwaz
Innsbruck
Landeck
NIEDERE TAUERN
Judenburg
HOHE TAUERN
Mur
Sölden
Brenner
ITALIEN
Sillian
Spittal
Adige
Merano
Villach
Klagenfurt
DOLOMITEN
Cortina d'Ampezzo
Drau
Bolzano
Elbe
Moldau
Jizera
Bobr

Andreas Greve

In achtzig Tagen rund um Deutschland

Grenzerfahrungen

Hoffmann und Campe

1. Auflage 2004

www.hoffmann-und-campe.de
Dieses Werk wurde vermittelt durch die Literarische Agentur
Thomas Schlück GmbH, 30827 Garbsen
Schutzumschlaggestaltung: sander köhn wehrmann
Umschlagfoto: Allan McPhail / Getty Images
Karten: Rainer Fischer
Foto auf der hinteren Umschlagseite: Andreas Greve
Satz: Dörlemann Satz, Lemförde
Druck und Bindung: Clausen & Bosse, Leck
Printed in Germany
ISBN 3-544-09421-X

HOFFMANN
UND CAMPE

Ein Unternehmen der
GANSKE VERLAGSGRUPPE

Inhalt

Für Birke

»Planung ersetzt Zufall durch Irrtum«

Es gibt meines Wissens keine bindenden Vorschriften, wie herum man um Deutschland zu fahren hat. Es gibt wohl auch keine Vorschriften, in welcher Zeit oder mit welcher Geschwindigkeit. Oder auf welche Weise. Oder?

Meines Wissens gab es keine einschlägige Deutschlandumrundungsliteratur und keine Liste über eingestellte Rekorde. Es handelte sich möglicherweise um ein Pioniervorhaben. Aber das war weder der Grund für die Reise noch für die Route.

Von den Entscheidungen, die zu treffen waren, fiel mir diese am leichtesten: an welcher Stelle ich beginnen würde. Das Alphabet half mir dabei: in Aachen. Nicht dass in der Printenstadt an der Grenze ein mir unbekannter Schwager wohnt oder die Geschichtsträchtigkeit des Ortes war ausschlaggebend, sondern vor allem die Tatsache, dass sich die Deutschlandkarte an dieser Stelle halbieren ließ. So wusste ich gleich, wann ich ungefähr in Dresden zu sein hätte: nach vierzig Tagen. Die andere Faltung – also die Nord-Süd-Achse von Lübeck nach Füssen – setzte Küsten und Alpen in ungefähre Relation: Knapp drei Wochen nach der Abfahrt aus Aachen müsste ich das Allgäu passiert haben, wenn ich keine Zeitprobleme bekommen wollte. Für ganz Schleswig-Holstein und Dänemark, die ganze niedersächsische Nordseeküste und die holländische Grenze nach Aachen blieben demnach nur drei Wochen. Das schien mir sehr wenig. Es würde sich zeigen. Angeblich beträgt die Strecke um das Land 3757 Kilometer. Aber dieses Maß nimmt sicher nicht Rücksicht auf die Form von Pellworm oder alpine Straßenführungen. Wie auch immer. Ich hoffte auf Eilen und Verweilen in einer guten Mischung.

Die Grenze als Route war für mich schon eine enorme Form von geografischer Genauigkeit. Die zeitliche Einschränkung dagegen betrachtete ich lediglich als Garanten dafür, dass ich weder zu kurz noch zu lange an einem Ort blieb und nicht jeden Grashalm oder Zaunpfahl besingen würde und nicht jedes Schaf zu porträtieren versuchte. Und vor allem: dass ich irgendwann wieder nach Hause käme. Auch meine Freundin auf La Palma legte darauf Wert: Sie wartete auf ihren zukünftigen Mann.

Eine Reise beginnt, wenn Dinge Formen annehmen. Am sichtbarsten war das am Auto.

Oder am unsichtbarsten: Hinter dem klappbaren Fenster in der Schiebetür verbarg sich ein Bett, ein abschließbarer Stahlschrank mit Schubladen und Hängeordnern sowie ein Bücherregal. Vom Fachmann gefertigt und eingebaut. Und zwar nach der Vorgabe: bloß nicht übertreiben. Die Isolierung war symbolisch. Wo es ging, wurde schwarzer Schaumstoff geklebt, wo nicht, blieb weiterhin das nackte Blech. Immerhin konnte ich die halbierte Deutschlandkarte jetzt an die hintere Tür pinnen.

Mein geschlossener Kastenwagen hatte durch die zwei nachträglich angebrachten verschiedenen Seitenscheiben bereits einen Grad an Hässlichkeit erreicht, den ich für eine gute Diebstahlssicherung hielt, aber ich wollte ab Bodensee auch noch ein rotes Kajak auf dem Dach spazieren fahren. Und ein Tretroller für Erwachsene sollte dort oben ebenfalls seinen Platz bekommen – als Landgangsfahrzeug zum Brötchenholen und zum Erkunden von Orten. Mit dem Paddelboot wollte ich für den Fall gewappnet sein, dass sich nach dem Bodensee weitere Grenzgewässer in den Weg stellen würden.

Ich hatte mir vorgenommen, die Strecke innerhalb der vorgegebenen Zeit zur Not auch ohne Auto zu vollenden. Aber ich war nicht scharf darauf, plötzlich ohne Laptop, Notizen und Tonbänder dazustehen. Da war ich leider ein gebranntes Kind.

»Planung ersetzt Zufall durch Irrtum« gehört zu meinen Lieblingszitaten. Letztlich scheue ich mich oft, diese richtige

Einsicht ganz konsequent umzusetzen. Aber im Grunde bekämpft man mit Planung nur seine Nervosität. Doch die gehört zum Reisen wie das Lampenfieber zum Bühnenauftritt.

Ich wollte vieles dem Zufall überlassen, aber nicht alles. Ich stattete mein Reisegefährt gründlich aus. Vielleicht hatte ich den gebrauchten Renault-Lieferwagen intuitiv gekauft, weil er dem Projekt, das ich zu der Zeit noch gar nicht formuliert hatte, entgegenkam: Einem liegenden Reporter als rollendes Büro zu dienen. Einem Camper als Küche. Dem Touristen als Heimstatt. Dem Flaneur als Kleiderschrank. Und mir persönlich als gemütliches, unauffälliges Gefährt. Mir, der am wenigsten *eines* ist: Journalist.

Wie oft ich den Reporter nach vorn schicken würde und wie häufig den privaten Reisenden, wusste ich nicht. Nur für den Anfang gardierte ich mich und traf einige gezielte Absprachen mit Leuten, die ich gar nicht kannte. Je länger ich unterwegs war, desto mehr ging ich nach dem Hit-and-run-Prinzip vor: Ich stand einfach in der Tür. Vielerorts hätte ich nicht die Pressekarte zu spielen, sondern mich nur als das auszugeben brauchen, was ich wirklich war: Ziemlich neugierig. Recht interessiert. Und vor allem: reiselustig.

Im letzten Moment wurde ich sogar Mitglied in einem Automobilclub, und zwar in der gehobenen Kategorie für fast jede Art von Ungemach im europäischen Raum. Ich nahm so viel Jod und Verbandszeug an Bord, dass ich eine ganze Kompanie damit hätte versorgen können. Ich kaufte so viele Teebeutel, wie ich sonst nicht in einem ganzen Jahr verbrauche, was besonders lächerlich war, weil das einzige Kochgerät ein chinesischer Miniatur-Tauchsieder war, der über den Anschluss des Zigarettenanzünders betrieben wurde. Hier passten auch die Ladegeräte für Laptop und Handy. Es war mir klar, dass ich in einem sehr besiedelten Teil der Welt unterwegs sein würde, aber ich wollte für alle Fälle – wie tief im Wald auch immer – gewappnet sein.

Unter der Klappe meiner Liege lagen ein Daunenschlafsack, ein normaler Schlafsack und eine synthetische Sommerbettdecke. Ein großer Rucksack für Gewaltmärsche hatte dort ebenso seinen Platz wie ein kleiner für Tagestouren. Unter dem Fahrersitz verstaute ich ein Biwakzelt und eine Liegeunterlage. Hinter den Beifahrersitz passte exakt ein Klappstuhl, und am Garderobenhaken hingen gebügelte Hemden und mein Cordanzug, denn ich wollte nicht nur für den Wald gerüstet sein, sondern auch für Fußgängerzonen bei Frühlingstemperatur. An der Längswand die Bibliothek.

Ich könnte ein Dutzend Bücher aufzählen, die mehr oder weniger mitverantwortlich dafür sind, dass diese Reise in achtzig Tagen um Deutschland führen sollte: von Michael Holzach und dem nun schon zwanzig Jahre alten »Deutschland umsonst« bis hin zu Michael Palin, der sein Konzept wiederum bei Jules Verne entliehen hatte. Da Palin bei dem Projekt »Around the World in Eighty Days« von einem BBC-Team manngedeckt wurde, gehe ich davon aus, dass nicht sehr viel dem Zufall überlassen war. Erst kurz bevor ich fuhr, las ich »Deutschlandreise« von Roger Willemsen. Es war ein stilistischer Hochgenuss – aber mit einiger Erleichterung stellte ich fest, dass er mit anderem zurückgekommen war, als ich zu beschreiben auszog. Das Buch kam mit in die Reisebibliothek, genauso wie »Reisen mit Charly« von John Steinbeck, »Reif für die Insel« von Bill Bryson und »Kingdom by the Sea« von Paul Theroux.

Mein Anliegen war, mir neue Erinnerungen zu beschaffen. Ich hatte den Eindruck, dass das Bild, das ich mir von Deutschland machte, aus einer Zeit stammte, die lange zurücklag. Und dass ich von den Nachbarn – bis auf die Dänen – wenig wusste. Dem würde diese Reiseroute an der Peripherie nur bedingt abhelfen. Aber es wäre ein Anfang.

Zwei Wochen bevor ich losfuhr, rief ein Freund aus Stockholm an. Er wollte mich ab Rügen für eine Woche begleiten, weil er zu der Zeit in Berlin zu tun hatte. Zu welcher Zeit? Ich wusste es nicht und er-fand das Datum, an dem wir an der Ostsee aufeinander treffen würden. Und ich bekam zu alledem auch noch Onkel-Allüren und dachte, dass es eine schöne Sache wäre, den Süden Deutschlands zusammen mit meinem Patenkind zu machen. Schon fand ich mich tief verstrickt in Ferienkalendern, während es draußen noch bitterkalt und frostig war. Das Wetter würde letztlich bestimmen, wann ich den Wagen starten könnte: bei den ersten Anzeichen von Frühling. Zufälligerweise besann sich das Wetter ziemlich genau um den Frühjahrsanfang auf seine besseren Seiten. Da wartete ich nur noch auf die Nacht, weil ich überfüllte Autobahnen hasse.

Um zehn machte meine Shell-Tankstelle zu. Der allerletzte Punkt der Vorbereitungen. Es hat etwas von Letzter Ölung, den Tank an der Stammstation randvoll zu machen. Es ist wie das Umdrehen des Haustürschlüssels im Schloss, wie das Löschen des Lichts in der Wohnung. Abschied tut nicht weh, sondern kitzelt das Sonnengeflecht – genauso wie der letzte Blick auf das Hafenbecken rechts hinterm Elbtunnel. Ich bin ganz gern Hamburger. Aber wohl kein typischer. Hamburger lieben Hamburg – das hat die Natur so eingerichtet.

Erst begleitete ich die letzten Bremer bis zu ihren Abfahrten, dann die letzten Osnabrücker, und bald waren nur noch die übrig, die die Absicht hatten, wach zu bleiben. Es herrschte eine angenehm defensive Stimmung. Die Gedanken kamen durch die Monotonie zur Ruhe, und gleichzeitig wuchsen ihnen Flügel. Denkwürdige Sätze sprach ich – erst mal zur Probe – auf das Tonband: »Wenn ich fahre, fahre ich an Sachen vorbei.« Ein Diktiergerät hilft zweierlei ab, der faktischen Unmöglichkeit, beim Fahren Notizen zu machen, und dem Bedeutungsstau: Mit dem Radiogeiger als Hintergrundmusik entledigt man sich eines tollkühnen Gedankens, der dann Monate später beim Abhören immer noch keinen Sinn ergeben will.

Ich hörte das Nachtradio – »angeschlossen sind jetzt auch die Hörer und Hörerinnen des Südwestdeutschen Rundfunks ...« – und überlegte, ob das, was ich dachte, hörte und sah, aus den Lautsprechern kommen könnte: Die perfekte Untermalung einer Fernfahrt wäre doch eigentlich die Vertonung des eigenen Kopfes. Wie sich bei »Münster« Bilder einstellen von einer

Stadt, die man nie gesehen hat, die Stimme einer Frau, die einmal in der Nähe gearbeitet hat, aber da man nicht weiß, wie dieses »in der Nähe« hieß, muss »Münster« diese Stimme tragen. Und dann die stets bei der Nennung dieser Stadt eingespielte Stereotype, dass es am Bahnhof ein mehrstöckiges Parkhaus für Fahrräder gab. Oder war das in Oldenburg?

Das letzte Mal, als ich so in tiefer Nacht über die Kölner oder Düsseldorfer Autobahn rollte, war ich auf dem Weg nach Antwerpen und fuhr irgendwo über die Grenze. Wo, wusste ich nicht mehr, aber wohl, dass sich dort im selben Moment ganz alte Gefühle einstellten. Das leichte Schwitzen, die bange Frage, ob nun auch alle ihren Pass dabeihatten – die Hoffnung, dass keiner etwas anderes dabeihatte – und dann das Eintauchen ins orangegelbe Licht der belgischen Autobahnen, mit denen man seit eh und je versuchte, das Land ein wenig anzuleuchten, weil man weiß, dass keiner sich die Mühe machen wird, anzuhalten oder abzufahren oder auszusteigen. Belgien als *stepping stone* nach Paris und die Niederlande als Korridor nach Amsterdam. Luxemburg erging es nicht besser: Es wurde immer nur angeschnitten. Höchstens ein *shop stop*. Rolltabak etwa: West-Westdeutsche kauften ihn in Holland. Jeder, der es weiß, weiß, dass Diesel in Holland billiger ist – also in den Niederlanden … Jedes Kind weiß, dass man nicht von Holland spricht, wenn man die Niederlande meint. Jedes Gespräch über Holland/die Niederlande wird dadurch künstlich in die Länge gezogen, dass der eine oder die andere auf diesen Unterschied hinweist. Trotzdem klingt es manchmal schöner, »holländisch« zu sagen. Nicht nur beim niederländischen Käse. Und jeder, der in der Nähe der Grenze wohnt, fährt nach Holland – und nicht in die Niederlande –, wenn er preiswert tanken will. (De facto fährt er möglichst nach Belgien, aber das wusste ich in dieser Nacht noch nicht.) Ich war in den Niederlanden.

Gegen drei Uhr morgens rollte ich kurz hinter Aachen, wenige Meter hinter der Grenze, auf einen Autobahnrastplatz. Aus Prinzip und aus Müdigkeit. Selbst wenn es albern klingt: auch aus Abenteuerlust. Die erste Nacht im Auto und dann noch auf der Grenze. So oder so ähnlich dachte mein Körper, dem es so gut ging wie beim ersten Mal Zelten. Der Kopf blieb kühl, sondierte das Terrain und entschied sich für einen sicheren, von LKWs umstellten Platz auf dem Seitenstreifen. Es war in der Tat bitterkalt, sodass ich mir den zusätzlichen Luxus erlaubte, mich nicht umzuziehen, sondern so schnell wie möglich unter Bett- und Wolldecken zu verschwinden. Den Vorhang, der mein Schlafzimmer vor Einblicken schützen sollte (und mir den Ausblick nahm), hängte ich noch auf. Ich zentralverriegelte den Wagen von innen durch einen Druck auf den Schlüssel und legte mein Handy griffbereit. Einen Augenblick ließ ich noch das Licht brennen, weil ich es genoss, eine richtige Leselampe zu besitzen, deren Schein es erlaubte, mein Reich mit Wohlgefallen zu betrachten. Die Reise hatte endgültig begonnen.

»Bring doch mal ein paar Printen mit!«

Noch vor den Krähen erwachten die ersten Lastwagenfahrer. Motoren liefen sich warm, Aggregate wurden zugeschaltet, Bremsen mehrfach getreten, bis auch die Chauffeure endlich Arbeitstemperatur hatten und ihre Gefährte in Bewegung setzten. Ich ließ das Rollo nach oben gleiten und registrierte mit halb geschlossenen Augen: einen Spanier, zwei Holländer, einen Briten. Dann zwei Deutsche und einen Belgier. Auf der anderen Seite turnte oben im Baum eine Katze. Oder ein Fuchs. Durch den Vorhang beobachtete ich mit dem Fernglas die Tiere: Es waren große Vögel. Mehrfach druselte ich wieder ein.

Als ich endlich aus dem Auto kroch, übertönte der Lärm der Krähen auf den Bäumen hinter der Wiese alle anderen Geräusche. Ein infernalischer Krach und ein Fellini'sches Bild: Die Reste der weit über den Platz verstreuten Trucks markierten die

Größe der nächtlichen Wagenburg, mitten in der Mitte – aber nun schon fast alleine – der winzige Amateurlaster.

Es war noch nicht einmal sechs. Das Restaurant am Ende des Rondells hatte geschlossen, obgleich die Tafel an der Tür mit etwas wie »unsre opningsteiden« das Gegenteil verkündete. Trotzdem las ich das Schild mit Wohlgefallen, weil ich sichtbar im Ausland war – die Stilllegung der Zollstation ein Stück dahinter hatte nicht zu seiner Aufhebung geführt (für Deutsche meiner Generation trägt die Existenz von Ausland erheblich zur Beruhigung bei). Die Grenze als Route verlieh dem Ort eine eminente und ganz neue Bedeutung. Welche, wusste ich allerdings nicht.

An der Tankstelle standen Trucker um einige Stehtische und redeten in fremden Zungen. Die Kassiererin fungierte auch als Kaltmamsell und schmierte belegte Brötchen. So früh morgens esse ich normalerweise nichts, aber weil ich nun schon den popeligsten Laster fuhr, wollte ich nicht weiter auffallen und bestellte ein Baguette mit Gouda. Und schwieg.

Je länger ich dem Gespräch der belgischen Holländer zuhörte, desto mehr hatte ich den Eindruck, dass sich das Thema im Bereich des Nahverkehrs bewegte. Mich beschlich der Verdacht, dass es sich – bis zur Unkenntlichkeit entstellt – um meine eigene Sprache handeln könnte. Ich hätte natürlich fragen können: »Sorry, are you Dutch?« oder »Was reden Sie denn da? Badisch?« Aber im Ausland fremdele ich anfangs immer ein wenig. Selbst Deutschen gegenüber. Als sie aufbrachen, ging ich hinterher – investigativer Journalismus in seiner reinsten Form! Sie stiegen in LKWs von Aachener Speditionen. Dann fuhren meine potenziellen Informanten in Richtung Maastricht, Eindhoven oder Antwerpen davon. Vielleicht auch nur in den Gewerbepark, der hinter der Baumreihe in der Marsch lag. Sie hätten mir sicher gut erzählen können, wie es hier früher zugegangen war, als die Grenze noch eine Grenze war und man für jede leere Palette ein Extraformular dreimal abstempeln lassen musste.

Stattdessen fuhr ich meinen Schlafwagen an die Zapfsäule. Der Tank war nach knappen fünfhundert Kilometern fast leer.

In der Ferne war ein Kirchturm in die Landschaft gemalt, und ich beschloss, der Autobahn Ade zu sagen und mich Aachen in einem großen, ländlichen Bogen zu nähern. Für die restlichen viertausend Kilometer wollte ich versuchen, mich weitgehend auf Nebenstraßen zu bewegen. Es war leicht sonnig, etwas diesig und hügelig. Erstaunlich hügelig. Die Straße Richtung Vaals und Aachen war mir immer noch nicht Nebenstrecke genug. Ich drehte rechts ab Richtung Mechelen. Der Name klang putzig und gemütlich. Der Ort hielt sich daran: Häuser in schönem Handstrichziegel; anständige Fugen; abgesetzte Fensterpartien; Blumenkästen. Holland, wo es nicht flach ist, aber dennoch holländisch.

Die Natur brauchte noch ein paar Wochen Zeit, um ihrem eigenen Bild gerecht zu werden. Ich kehrte im prachtvollsten Gebäude, »De Oude Brouwerij«, ein und bestellte zum Kaffee den Hotelprospekt. Nachdem die Raststätte unverhofft zum Startpunkt geworden war, sollte dies mein ganz privater Zielpunkt werden – entschied ich in derselben Sekunde. Ohne die offizielle Rolle Aachens in Frage zu stellen, fand ich es motivierend, an einen Ort unbedingt zurückkehren zu wollen. Ich kannte weder den Kaffee noch die Kekse (geschweige denn die Printen) in der westlichsten Stadt Deutschlands, aber hier waren sie exzellent – wie würde da erst das Bier nach drei entbehrungsreichen Monaten schmecken. Ich steigerte mich derartig in diese Vorstellung hinein, dass ich drauf und dran war zu buchen. Stattdessen sprach ich mit dem Besitzer, der an der Zufahrt sein Schild neu strich – sogar von hinten, wo es niemand sah. Er habe keinen deutschsprachigen Prospekt, aber es stehe im Internet. Heute sei alles nur E-Mail und Internet, und »Emil« würde die Menschen »einssam machen, und sie woullten niegendwo mehr hin«. Seine Gäste seien Holländer und Flamen – Deutsche gingen ans Wasser. »De Deutse wollen das Meer.« Er klagte wie ein Deutscher. Ich erklärte ihm, dass ich kurz mal um Deutschland fahren und dann wieder reinschauen würde. Es interessierte ihn nicht ein Zehntel so viel wie der gelbe Lack an seinem Pinsel für den letzten Strahl an der Reklamesonne.

In meinem Autoatlas konnte ich sehen, dass der abgelegenste Weg nach Aachen durch das Dreiländereck führen würde. Oder über – denn es liegt auf einem Berg, dem Vaalserberg. Was das eine Drittel angeht, handelt es sich um die höchste Erhebung der Niederlande (321 Meter) und stellt für Holländer eine Sensation in sich dar. Deshalb fahren sie auch ins Mechelner Land: die niederländischen Alpen. Entsprechend zahlreich gab es propere Gasthöfe und Pensionen. Weißschwarze Fachwerkhäuser zwischen Obstbäumen. Die Straße schlängelte sich zwischen Wiesen und Feldern, Kopfweiden und Forellenteichen schließlich in Serpentinen hinauf durch einen Wald. Sie führte durch eine Villensiedlung, an einem Aussichtsturm vorbei, und hieß dann rätselhafterweise »Viergrenzenweg«. Sie endete an einem gebührenpflichtigen Parkplatz zwischen Bäumen. Schilder warnten vor Autoeinbrüchen. Genau so sah es auch aus. Allerdings standen so wenige Wagen auf dem Platz, dass sicher die Saison für Diebe, so dachte ich, ebenfalls noch nicht begonnen hatte. Vergnügungsparks und Artverwandtes waren noch nie meine Sache. Aber nun wollte ich das Dreiländergefühl am eigenen Körper spüren.

Neben einem Restaurant mit Souvenirladen und einem ebenso nagelneuen Imbiss ragte ein Betonturm mit umlaufender Treppe in die Höhe. Obendrauf thronte wie ein Pilzhut die Aussichtsplattform. Auf drei Meter Höhe, oberhalb der Fahrstuhltür, war das Gebilde mit Stacheldraht umwickelt. Neben dem Zugang ein blechernes Billetthäuschen mit einem neonbeleuchteten, freundlichen »Open«. Dennoch sah das Ensemble mehr nach Checkpoint Charlie als nach freiem Blick über befreundete Nachbarländer aus. An der Kasse ein hagerer, halb rasierter Rentner in zerschlissenem Hemd und verschossenem Sakko. Drei Euro Eintritt! Wie bitte – sechs Mark?

Ich fuhr nach oben und rechnete aus, dass jede Blickrichtung nur zwei Mark kostete. Nach Belgien: Ardennen und Gemmenich. Nach Holland: Vijlen und Heerlen. Nach Deutschland: Eifel und Aachen. Ein zweiter Blick halbierte den Durchschnittspreis: In belgischer Richtung fuhr ein Zug auf den Eisenbahnviadukt in der Ferne zu; in niederländischer lag eine Kirche; in deutscher Richtung erhob sich hinter dem Wald eine weiße Mustersiedlung für misslungene Architektur in Stadtrandlage. Also zweimal Idyll und einmal Neue Heimat.

Unten an der Kasse waren Besucher zum Spaßen aufgelegt. Den gereichten größeren Schein behielt der greise Kassierer gleich ein. Nur im Scherz. Die Besucher: »Wenn Sie das jedes Mal machen, können Sie bald den Turm davon kaufen!« Der Rentner: »Der gehört mir schon!« Besucher: »Ha ha!«

Es war tatsächlich zum Lachen, denn der Aussichtspunkt gehörte ihm wirklich. Auf einer Tafel neben der Fahrstuhltür stand es geschrieben »J. Kompier – 1994«.

Es ist nie zu spät für einen Turm: Kompier war vierundsiebzig, als der gebaut wurde. Er ist fünfzig Meter hoch und ersetzte einen dreißig Meter hohen Holzturm, den er hier 1969 errichten ließ. Damit lag der schon gut über Baumhöhe, was ihn deutlich vom Achtzehn-mickrige-Meter-Turm vorne am »Viergrenzenweg« abhob. Kompier betreibt seine Anlage zusammen mit seinem Schwiegersohn. Ende der Fünfziger kam er als Mineningenieur aus Belgisch-Kongo zurück und war arbeitslos. Sein Schwiegervater hatte hier oben einen Kiosk, umgeben und beäugt von drei Zöllnern, die sich in Vertretung ihres Landes gegenüberstanden, »alle mit Hunden und scharf auf jeden, den sie zu fassen kriegen konnten – besonders Kinder und Frauen«. Vor allem auf die Holländer war Kompier nicht gut zu sprechen. Als Limburger, als Turmbetreiber, steuerpflichtiger Niederländer und Bürger von Vaals. »Die Chinesen Europas« nannte er sie und machte dabei dieselbe Handbewegung wie beim Einstreichen seiner Eintrittsgelder. Mit den »Chinesen« schien er sich besonders gern anzulegen, ob es nun um das Wasser oder den Strom für den Schaubetrieb auf dem Berg ging. Seit fünfundvierzig

Jahren saß er nun schon hier, bei jedem Wetter – außer bei Nebel. Er war dreiundachtzig, in einem Monat habe er Geburtstag, Kompier wollte allerdings 125 werden, »um den Schwiegersohn zu ärgern«.

Geschichten behielt ich immer leichter als Geschichte. Ich bekam nicht recht mit, zu welcher Zeit es hier jenes vierte Land, genannt »Neutral Moresnet«, gab. Man hatte sich im vorletzten Jahrhundert irgendwie darauf geeinigt, weil man sich sonst nicht hätte einigen können. Unter Moresnet ruhten zu viele Bodenschätze.

Ich sagte dem Nestor des Limburger Turmbaus, dass ich in seinem nächsten Lebensjahr wieder vorbeischauen würde – dann solle er aber bitte ein paar waschechte Schmuggler hinzubitten. Er hob seine beiden hageren Arme mit den durchgewetzten Manschetten: Nein, von Schmuggel verstehe *er* nichts!

Ein befahrbarer Asphaltstreifen führte durch das Gelände, am alten Grenzstein, an Kompiers Geldförderturm und an einem kostenlosen Parkplatz dahinter vorbei nach Belgien. Vom niederländischen Südlimburg in die belgische Provinz Limburg. Von den Katholiken zu den Katholiken. Vermutlich.

Hier in Belgien hatte meine Schwester vor Jahren in einer WG gewohnt. Ich hatte dort einmal übernachtet. Mir waren immer noch die mächtigen Sandsteinquader in Erinnerung und deftig-korrekte Agrararchitektur. Aber erst mal bog ich ab nach Aachen, um ganz neue Familienmitglieder kennen zu lernen.

Der Mann meiner Schwester kommt aus Aachen. Sie leben heute mit vier bayerischen Kindern – eines davon mein Patenkind – am Starnberger See. Ein Bruder meines Schwagers wohnt weiterhin in Aachen. Ob ich meinen »Schwippschwager« Gerhard jemals getroffen hatte, wusste ich wirklich nicht. Es könnte einmal beim Feiern in Bayern gewesen sein. Auf den Begriff Schwippschwager hatten wir uns unbekannterweise bereits am Telefon einigen können. Ich sollte am besten direkt in seinen Betrieb in einem Gewerbegebiet im Osten von Aachen kommen.

Ein Fahrer von UPS erklärte mir in der Stadt den Weg: »Rechts auf den Ring und fünfzig Meter hinter McDonald's links und dem Schild ›Tierheim‹ folgen!« Ich fand die kleine Straße und das Tierheim am Ende in einer Sackgasse – und irgendwann auch den weißen, makellosen Zweckneubau der Firma. Eine Edelstahltreppe führte vom Parkplatz zu den Büros im ersten Stock. Das, was Aachen einst ausgemacht hat, unter anderem die Textilindustrie, gibt es nicht mehr. Es werden auch keine Züge mehr hergestellt, sondern kleinere Brötchen – wie die Printen – gebacken. Um die Maschinen dafür kümmerte sich die Firma von Gerhard, der gerade dabei war, die Wartungspläne für die nächste Woche auf dem Computer zu erstellen. Deutsche Industriepoesie: Stauband, Waffelstabler, Klappmaschine, Cremeeinstreicher – die Stationen waren schnörkellos nach dem benannt, was sie bewirken sollten.

Gerhard führte mich durch den Betrieb, den ich genauso wenig kannte wie Aachen oder ihn. Bart, Brille, Cordhose, Hemd, weiche Schuhe. Ein wenig tapsig und immer latent lächelnd, auch wenn er vom Niedergang erzählte.

Die »Überziehmaschine« für Schokoladenguss, die unten in der Halle stand, wartete darauf, einen »Dekorzusatz« zu bekommen. In früheren Jahren hatte Gerhard die Maschinen der Keksfabrik Lambertz eigenhändig gewartet, jetzt ließ er warten und kümmerte sich um die Konstruktion neuer oder den Umbau bestehender Anlagen. Ich fand es wunderbar, Aachen nicht mit dem altehrwürdigen Dom zu beginnen, sondern mit einer schokoladenverschmierten Dekorzusatzmaschine.

Verantwortung für die eigene Firma kann einem manchmal regelrecht auf der Brust liegen. Gerhard hatte vor Jahren das Yoga als für ihn effektive Medizin entdeckt. Ein Abend in der Woche, hin und wieder ein ganzes Wochenende mit einer angereisten Guru-ine. Da musste er jetzt hin. Für den Montagvormittag hatte er eine Besichtigung bei Lambertz arrangiert. Das wollte ich gern – schon wegen des süchtig machenden »Vital«-Gebäcks. Ich musste sowieso bis Montag bleiben, da mir das Original meines ADAC-Schutzbriefes an die Aachener Geschäftsstelle nachgeschickt worden war. Reisevorbereitung und Reise gingen weiterhin Hand in Hand. Ich nahm den Bus in die Stadt.

In der Domschatzkammer stand die lebensgroße Büste von Karl dem Großen unter Glas, auf dem in drei Sprachen erläutert wurde, um wen es sich einst gehandelt hatte. Deutsche und Französischsprachige gebrauchen zum Lesen offensichtlich den Finger: Die geklebten Buchstaben waren so gut wie weggewischt, nur der englische Text ließ sich entziffern. Nach dem Tod Karls des Großen 814 wurde der Dom Krönungskirche. In sechs Jahrhunderten wurden hier dreißig Könige und zwölf Königinnen gekrönt – so kam nach und nach eine Sammlung unermesslich wertvoller Geschenke und Mitbringsel zusammen. Der Domschatz ist der größte nördlich der Alpen.

Niemals war Aachen bedeutender als zu Zeiten Karls des Großen, Sohn von Pippin dem Kurzen. Karl war von dem Wunsch beseelt, »das Reich Gottes auf Erden zu vergrößern«. Das war durchaus geografisch zu verstehen. »Ihm unterwarf sich fast ganz Westeuropa, mehr oder weniger freiwillig.« In der Praxis war es der erste Versuch, ein geeintes Europa zu formen und durchzusetzen. Ich erstand im größten Buchladen, der mehrstöckigen Mayerschen, eines der kleinsten Bücher, den »Ploetz Deutschland«, und setzte mich in Karls ehemaligen Kräutergarten. Der war so ehemalig, dass er vermutlich nie dort gelegen hatte. Außerdem fehlten einige Pflanzen, und die Schilder standen nicht alle da, wo sie stehen sollten. Eine ältere Frau im Anorak ging mit einem der Steckschilder zwischen den Beeten hin und her und murmelte: »Estragon, Estragon, irgendwo hatten wir doch den Estragon …?« Sie gehörte zu der Schar Freiwilliger, die sich »Verein der Freunde des Botanischen Gartens« nennt.

Karl der Große (etwa 1,90) beschäftigte sich mit Kräutern, weil sie ihm für die Ernährung des Volkes wichtig schienen. Er selbst aß zu viel, kümmerte sich aber insofern um seine Gesundheit, als er täglich zwei Stunden mit Schwimmen in den heißen Quellen verbrachte. »Und da er so außerordentlich gesellig war, badeten meist Hunderte von Menschen mit ihm.« Wie schaffte man so ein Pensum? Eigentlich stand mir jetzt der Sinn nach einer achthundertseitigen Biografie dieses Mannes – und nach der Zeit, sie zu lesen.

Am nächsten Tag plagte er mich nicht mehr so sehr, und ich war bereit, mich einer meiner liebsten Beschäftigungen hinzugeben, nämlich durch die Gegend zu laufen und Leuten dumme Fragen zu stellen.

Viel zahlreicher als alte Gassen und Brunnen waren im Erscheinungsbild der Stadt die Bäckereifilialen. Etliche von ihnen führten Printen. Andere Läden führten nur Printen und Konfekt, dafür keine Brötchen. Als Außenstehender musste man glauben, dass es sich hier um einen Artikel des täglichen Aachener Bedarfs handelte. »Nein«, sagten die meisten, »wir essen Printen nur zur Weihnachtszeit.« – »All diese Läden werden also von Touristen leer gekauft?« – »Nein!«, war die Antwort. »So viele Touristen haben wir dann doch nicht!« – In diesem Kreis drehten sich die Gespräche, bis eine junge Frau die Lösung lieferte: »Wenn wir verreisen, nehmen wir oft Printen mit – oder da, wo wir hinwollen, sagen die schon vorher: Bring doch mal ein paar Printen mit!« Na bitte!

Ich fragte die Verkäuferin in einer Lambertz-Filiale, ob Printen Lebkuchen seien. »Nein, nein, das ist völlig was anderes!« – »Wie anders? Anderer Teig?« – »Durch die Gewürze – wie beim Lebkuchen – nur eben ganz anders!« Ich kaufte eine repräsentative Auswahl der harten braunen Kuchen. Die Verkäuferin: »Zum Camping packe ich immer welche ein; auf Wanderungen nehmen wir nie anderes mit!« Ich kaufte noch einige Tüten dazu.

Auf einem Regal standen »Vital«-Kekse. Ob das die gleichen seien wie bei Aldi, wollte ich wissen. »Ich weiß nicht, was Aldi hat oder nicht hat!« – »Kaufen Sie nicht bei Aldi?« – »Doch, doch«, beruhigte sie mich.

In solchen Augenblicken empfand ich durchaus, dass das alles sehr viel mit meiner Reise zu tun hatte.

Um mein Patenkind nicht in den Alpen zu verlieren, wollte ich ein robustes Handy dazukaufen. Die bildschöne türkische Verkäuferin trug einen eleganten braunen Anzug, war kaum geschminkt und beriet mit den Augen. Sie war in Aachen geboren – sprach »aber kein Öchener Platt« (das hätte sie auch nicht gekleidet) –, war ausgebildete Kinderpflegerin und einige Jahre Stewardess gewesen, bis die Airline Pleite machte. Was für eine Vorbildung – ideal für gestörte Kunden: Sie hatte die erforderliche Geduld, um mich im Laufe einer Dreiviertelstunde ganz sanft vom technophobischen Nervenwrack zum zufriedenen Mobilbenutzer zu machen. Sie war so attraktiv, dass ich gleich zwei Geräte kaufte – zum Partnertarif.

Der Marktplatz vor dem Rathaus summte von Menschen, um den Brunnen lagerte die Jugend, als ob der Sommer schon ausgebrochen wäre, und die alte Altstadt gab es tatsächlich im Ansatz. Dennoch fand ich Aachen immer noch nicht wirklich schön.

Abends begleitete ich Schwipp und Schwägerin zum Yogagruppenessen in ein Restaurant. Im Gespräch fiel die erlösende Formel: Aachen sei die schönste Stadt – von Nordrhein-Westfalen.

Ich hatte ein Monschauer Senfsüppchen bestellt, und so kam ich an den Namen eines Geschichtslehrers, der am Gymnasium des kleinen Städtchens Monschau südlich von Aachen unterrichtet. Es gab eine Pro- und eine Contra-Monschau-Fraktion. Es sei schön, aber …

Um das »aber« würde ich mich schon kümmern. Immerhin hatte ich jetzt gleich zwei Etappenziele für den ersten Reisetag: Monschau und den Lehrer Lauscher. Aber noch wartete die Klärung der Frage, wie Printen hergestellt werden.

Die Antwort war eher ernüchternd: so wie anderes Gebäck.

Aber nicht zu jeder Jahreszeit. Bei Lambertz wurden gerade keine Printen gebacken. Es sei noch nicht die Saison. Wir schauten anderen Keksen bei ihrer Reise über die Backstraße zu. Durch die Verpackungsmaschinen liefen Folien für »Cookies«, auf denen nicht »Lambertz« stand. Ob die für Aldi seien, fragte ich den Technischen Leiter, der uns führte. Der nickte. Bemerkenswert an diesem Dialog war nicht nur unser professioneller Gesichtsausdruck, sondern vor allem der Umstand, dass wir dabei weiße Haarnetze trugen. Das Band für die »Vital«-Produktion stand still, weil die Anlage, an der Gerhard mitgebaut hatte, gerade gereinigt wurde. Konstruktionstechnisch – also vom Anforderungsprofil – fiel »Vital« unter Florentinergebäck. Der neue Honig-Sesam-Keks war der Renner überhaupt. Deshalb wurde im Keller gerade eine zweite Linie eingerichtet, die auf kleinerem Raum mehr schaffte.

Am Ende bekam ich ein riesiges Geschenkpaket mit allerlei anderen Spezereien überreicht. (Nun hatte ich Gastgeschenke für unterwegs.) In der Firmenbroschüre waren Fotos von früheren Beschenkten abgebildet: Bill Clinton, Prinz Charles, Richard von Weizsäcker. Der Chef von Lambertz ließ keinen Prominenten ungeschoren aus der Stadt. Wir gingen in den Lagerverkauf für Werksangehörige, und ich kaufte zusätzlich vierhundert Gramm in der antiken Schmuckkassette. Nun war ich wirklich gerüstet. Schwager Gerhard beneidete mich abgrundtief. Er hätte wohl gerne getauscht. Nicht die Printen, sondern die Vorhaben. Zum Abschied machten wir ein Foto mit der Blechdose und weißem Haarnetz.

Ich mäanderte mich auf einer Ringstraße dritten Grades aus Aachen hinaus. Sie führte mich in einem Halbkreis um die Stadt, bevor ich den Absprung »Eupen« und Richtung Belgien schaffte. Es hatte wieder Nachtfrost gegeben, aber doch wirkte alles recht frühlingshaft mit Knospen und Sprossen und Blüten. Der Grenzposten schien verlassen – auch vom Nachmieter »Trans-Globe-Winterjacken«.

Aus irgendeinem Grund wurden jenseits der Grenze vor allem Möbel verkauft. Ich versuchte, die Straße zum einstigen Dorf meiner Schwester zu nehmen. Es war nicht ganz leicht, und ich fragte mich, wie wir es damals mitten in der Nacht und mit einem Überlandbus geschafft hatten. Am ersten attraktiven Haus von Raeren stand groß »GEMEINDEVERWALTUNG« und klein »Administration kommunal«. Ich stocherte mich bis zum Ortsende durch und fand nach mehreren Versuchen das besagte Steinhaus. Jedenfalls eines, das dem sehr ähnelte. Viele Studenten wohnten seinerzeit – ganz legal – auf dieser Seite der Grenze, weil die Mieten wesentlich günstiger waren. Meine Schwester studierte nicht und hatte deshalb kein Aufenthaltsrecht. In einer WG fiel das aber nicht weiter auf. Sie brachte ihr erstes Kind »illegal« zur Welt.

Ich sah davon ab, die jetzigen Bewohner zu belästigen, und kümmerte mich stattdessen um die Gegenwart: Hinter »Werners Friture« lag ein nagelneuer »Aldi marché«. Der große Parkplatz wie ausgestorben. Ich deckte mich mit Mineralwasser »Spa« ein.

Über einen ausgebauten Feldweg mogelte ich mich wieder von hinten an Deutschland heran und nahm die Transitstrecke Richtung Mützenich und Monschau. Zu viel Zeit hatte ich nicht mehr, weil ich für den nächsten Tag in Südostbelgien mit einem Deutschbelgier verabredet war. Zwei Tage später wollte ich in Südluxemburg einen Architekten treffen. Das Handy klingelte, und die sehr französisch klingende Sekretärin des Architekten meldete, dass ihr Chef nur einen Tag früher Zeit hätte oder gar nicht, da er nach Salzburg müsse. Ich verfluchte innerlich das Prinzip der zu festgelegten Absprachen, die eine Reise schnell zur Anreise degradieren, aber sagte selbstverständlich zu. Schon wurde es eng.

Ich fuhr an Mützenich vorbei. Deutsche Dörfer sind nicht automatisch schön. Selbst wenn sie so putzig heißen. Das war mir klar. Dennoch: Schon des Namens wegen würde Monschau immer eine Anziehung auf mich ausüben. Dass der Ort auch andere anzog, zeigten die lange vorher angebrachten Schilder für das Parkleitsystem.

Die Straße führte in Serpentinen ins Tal. Es wurde waldiger, felsiger und romantischer. Ich folgte weiter dem Pfeil »Historische Altstadt«. Die Fahrt endete an einer »Römischen Glashütte«, die aber moderner und germanischer aussah. Und einer hochmodernen Parkflächenkonstruktion, auf der ohne Not zwei Dutzend Helikopter gleichzeitig landen könnten.

Der Automat wünschte sich einen Euro pro angefangener Stunde. Ich nahm mir fest vor, nicht aus dieser Stadt zu fahren, ohne in Erfahrung gebracht zu haben, was dies pro Jahr an Erlösen in die Kasse schwemmte.

Immerhin hatte man mich im Handumdrehen zum Fußgänger gemacht, und ich schritt mit Genuss über den kleinen Fluss Rur auf die historische Altstadt zu. Die Sonne schien, der Bach rauschte hinter den Fachwerkhäusern. Die Gasse führte ein zweites Mal über den Fluss, der flugs einen Bogen machte, um weiter hinten erneut auf die Gasse zu treffen. Auf dem Platz stand eine bunte Touristenbahn. Ich hasse Fake Trains.

Das war der Zeitpunkt, als ich mich innerlich von Monschau abwendete, wenngleich ich äußerlich weiter schaute: auf Erker, Giebel und Balustraden, schiefergeschindelte Dächer, Speicher und Brücken. Von Fachwerkmangel konnte hier keine Rede sein. Ich fragte – sechsunddreißig Meter vom Touristenbüro entfernt – eine Ladnerin, die auf den Stufen ihres Geschäfts in der Sonne stand, nach dem Weg zum Touristenbüro, und die Art und Weise, wie sie in nicht mal zwei Sätzen ihrer Ungehaltenheit über meine Dämlichkeit Ausdruck verlieh – ihr ganzes Ressentiment lag im Tonfall und nicht in den Worten –, gab mir einen erschöpfenden Eindruck davon, was hier zur Hauptsaison oder am Wochenende los sein musste. Dann sollte Christo am besten das ganze Tal gnädig verhüllen. Er hatte einmal einen Teil von Monschau mit Stoff behängt. Ich ging ins Touristenbüro, um nach dem Ort seiner Aktion zu fragen, und man zog mich in einen Nebenraum. Dort hing ein Plakat, »… verhüllt Monschau …«, das ein Foto des Flüsschens zeigte, von alten Häusern umgeben, und ein quer darüber gespanntes Laken. Mehr war das nicht. Im Grunde hatte Christo vor gut dreißig Jahren nur symbolisch das nach draußen gehängt, was diese Stadt einst entstehen ließ: die Tuchmacherei.

Leider gab es keine Postkarte mit dem Bettlaken, deshalb erstand ich eine, auf dem der Zug abgebildet war. Ich bekam die Telefonnummern der Amtspersonen, die die Frage nach den Parkgroschen beantworten könnten, und die des geschichtskundigen Lehrers dazu.

Ich setzte mich an die Brücke auf die kleine Terrasse des Hotels Horchem, trank einen »Draußen nur Kännchen«-Kaffee und rief bei der Stadt an. Auf der Amtsleitung wurde ich ein paarmal umgestellt und dann um ein paar Stunden vertröstet. Ich ließ es dabei bewenden, weil ich mich damit sowieso nur auf die Reise einstimmen wollte. Außerdem lief die angebrochene Parkstunde ab.

Lehrer Lauscher wohnte ein Stück außerhalb, hinter Kalterherberg, fast schon in Belgien. Die Hauptstraße führte durch den leeren und gefegten Ort bergab und drehte unten bei einer von Kachelmanns Wetterstationen links. (Ich konnte aber nirgendwo etwas Metereologisches ausmachen und Kachelmann schon gar nicht.) An einem Haus der Schriftzug »Agence de Douane«. Die besten Zeiten für diesen Berufszweig waren hier wohl vorbei.

Der entlegene Flecken, an dem Lehrer Lauscher wohnte, gehörte zwar zu Kalterherberg, lag aber über die Brücke und hinterm Wald oben auf dem Berg. Ich hatte noch immer keinen konkreten Grund, ihm die Zeit zu stehlen, aber schauen, wie es dort oben aussah, wollte ich schon. Und es war wunderschön. Ein Hügelrücken, der sich dort oben ziemlich entblößt krummlegte, bevor wieder ein Wald begann. Auf der Kuppe eine Gruppe von einander recht ähnlichen Fachwerkhäusern, wie das Vorwerk zu einem Gut. An der Westseite jedes der Grundstücke stand wie eine Wand eine wohl drei Meter hohe Buchenhecke. Die Sonne schien, und dies war – wenn die Sonne schien – ein wundervoller Ort. Ich rief an.

»Verstehe, wir werden beobachtet«, sagte Herr Lauscher. »Kommen Sie rein!«

Seine Frau öffnete und führte mich in die Stube, wo der Lehrer mit einem Hammer zwischen alten Stichen und Bilderrahmen auf dem Boden herumkroch. Ich erklärte mein näheres Ansinnen und das weitere Projekt. Frau Lauscher machte Kaffee.

Das Bergbauernhaus war von 1906 und die Franzosenzeit von 1795 bis 1815 – bis zum Wiener Frieden –, aber sonst waren die Sätze des weißhaarigen Geschichtslehrers angenehm zahlenfrei und eher prinzipieller Natur. Sein bester Satz lautete: »Ich habe Geschichte nie verstanden.« Und zu Monschau sagte er: »Die Tallage wurde damals nur in Anspruch genommen, wenn die Standortvorteile überwogen.« Das war unter anderem das besonders weiche Wasser zum Waschen und Färben der Merinowolle. Heute würden die Bürger nicht dem Tal entfliehen, sondern der erstarrten, unpraktischen Putzigkeit der Altstadt, die man dem Tourismus überlassen habe, statt hier und da beherzt und modern dazwischen zu bauen. Das Wohnzimmer sah nicht so aus, als ob Lauschers etwas gegen Altes und Antikes hätten. Durchs Fenster sah man Richtung Hohes Venn, von wo im Winter der Wind blies. (Die Standortvorteile für eine Wetterstation lagen hier auf der Hand: 1400 Millimeter Niederschlag im Jahr und bittere Kälte. Kalterherberg gilt mit durchschnittlich sieben Grad als der kälteste Ort Deutschlands.) Die Siedlung oben bildet eine Enklave, was bedeutete, dass man früher – woher man auch kam – noch einmal durch den Zoll musste, bevor man bergauf nach Hause konnte. Die Grenze war hier schon immer so verlaufen.

Dies war immer eine arme Gegend, und das bedeutete, dass viel geschmuggelt wurde. Die meisten Leute hätten sonst nach dem Krieg ihre zerstörten Häuser niemals wieder aufbauen können. Bis in die fünfziger Jahre kostete Kaffee in Deutschland zehnmal so viel wie in Belgien, das damals noch den Kongo als Kolonie hatte. Schmuggel lohnte sich also. Aber mit achtzig Pfund Kaffee auf dem Rücken im Winter in den Bach zu fallen war sicher kein Vergnügen.

Es sei zugleich eine bigotte Gegend. Die Kirche in einer Ortschaft bei Monschau sei ebenfalls mit Schmuggelgeldern gebaut worden. Aus diesem Grund werde sie auch »Sankt Mokka« genannt.

Bis zum Schengener Abkommen standen sich unten an der Brücke der belgische und der deutsche Zöllner gegenüber. Bei Fußball-Länderspielen saßen sie einträchtig beisammen und guckten in den Aktenschrank – denn dort war der Fernseher versteckt. Die Lauschers kannten ihre Zöllner. Probleme hatten sie nur einmal gehabt, als ein neuer Grenzer Sigrid Lauscher anhielt und vierzig gebrauchte Einwegspritzen in ihrem Auto entdeckte. Ihre – wahrheitsgemäße – Erklärung klang ihm an den Haaren herbeigezogen. Sie unterrichtete damals in Aachen, wo irgendwann an den Schulen die Grippe kursierte, gegen die eine Impfaktion in Gang gesetzt wurde, was zur Folge hatte, dass in den Tagen danach viele Schüler mit Spritzen Wasser verspritzten, weshalb sie die Dinger im Unterricht konfiszierte, in ihre Aktentasche tat und dort vergaß. Es bedurfte einiger Überzeugungskraft, bis der findige Zöllner sie bergauf nach Hause fahren ließ.

Sigrid Lauscher vermisst die Grenze. Es hatte irgendwie mehr Flair. Oft machte sie aus der Rückfahrt von Aachen eine kleine Rundreise mit mehrfachen Grenzgängen – meiner Route nicht unähnlich – über Eupen und Mützenich. Sie unterrichtet mittlerweile nicht mehr. Sie wandert lieber. Von ihrem Haus aus kann man drei Stunden immer geradeaus durchs Hohe Venn laufen, ohne auf eine Straße zu stoßen. Man kann sich aber im Moor verirren. Die Gefahr war viel größer als zu versinken.

Lehrer Lauscher sprang auf. »Ich glaube, ich habe was für Sie!« Er kam mit einem Dokument aus der jüngsten Neuzeit, dem Brief eines Holländers aus dem Jahre 2000, zurück. »Liebe

Leute aus Monschau, vielleicht kunnen Sie mir helfen. Am 15. August waren meine Frau und ich spazieren in das Hohe Venn in Belgien. Dort hat meine Frau ihr Bein zerbrochen. Wir befunden uns ins Moor. Glucklicherweis kam ein Schulklas aus Monschau und ein Herr haben uns riesenhaft geholfen. Sie hatten ein Mobiltelefon und haben Hilfe für uns eingerufen. Mein Frau ist mit ein Helicopter von ADAC nach das Krankenhaus in Eupen eingeflogen. Wir haben die Namen von dieser Herr auf ein Zettel geschrieben, doch leider das ist in die Waschmaschine gekommen und jetzt nicht mehr lesbar. Er wohnt auf einer … weg 76?« Es endete gut. Das war genau die Art von Geschichten, die ich mochte.

Schon als ich den Berg hinunter über die Brücke rollte, fiel mir ein, dass ich vergessen hatte zu fragen, was es mit diesem Neutral Moresnet auf sich hatte. Ich hielt mich Richtung Sourbrodt. Die Strecke hieß »Venn-Route«, sie führte an einem Truppenübungsplatz vorbei. In der Mitte eines Kreisverkehrs stand ein abgedankter Panzer.

Hinten auf dem Bücherregal im Schlafbüro wartete »Winterspelt« von Alfred Andersch darauf, angelesen zu werden. Halb Kür, halb Pflicht. Es interessierte mich, und zugleich behagte es mir nicht, bei »Ardennen« automatisch »Offensive« denken zu müssen. Ich wollte Gegenden nicht nur als Kriegsschauplätze sehen. Aber auch nicht den Blick davor verschließen.

Oft werden Ardennen und Hohes Venn in einen Topf geworfen. Es verhält sich damit ein wenig wie mit dem Printenteig: Es ist dasselbe, nur ein wenig anders. Die Ardennen bilden »den westlichen Flügel des Rheinischen Schiefergebirges« und reichen von Nordfrankreich über Luxemburg bis nach Belgien. Das Hohe Venn ist ein Teil der Hochardennen. Dort fuhr ich hinauf. Es sollte wieder Nachtfrost geben, aber die Sonne schien, und vielleicht konnte ich noch einen Blick von einem der Aussichtstürme riskieren. Obwohl der höchste Punkt Belgiens mehr als doppelt so hoch ist wie der der Niederlande, fühlte es sich keineswegs so dramatisch an. Zu Füßen des Turms stieg ein belgischer Ranger gerade in sein Auto. Feierabend, deutete er an. Man könne außerdem nicht auf den Turm, weil »hat viel Arbeit und ist verboten für der Menschen«. Entweder war ich bei den Wallonen, oder er fuhr jetzt heim in die Wallonie. Die deutsche Sprache fasst sich auch nicht eben kurz, aber der »Naturschutzdienst der Regierung der Region« breitete sich auf dem Schild zum »Service de la conservation de la nature du ministère de la region« aus. Müssen Französischsprachige länger arbeiten?

Ich fuhr wieder bergab, nach Süden. Die Saison hatte noch nicht begonnen (oder war gerade vorbei). Es gab zahlreiche Restaurants und Hotels in jedem Ort, aber die meisten »fermé«. Dem Tonband teilte ich meine Vorurteile mit. »Der Belgier überholt aus jeder Position.« Das stimmte. Rücksichtnahme meinerseits, im Sinne von Platz machen oder dichter am Straßenrand fahren, war überflüssig. Wie ferngesteuerte Raketen schlugen die Fahrzeuge vor mir ein, ich wusste gar nicht immer, woher sie kamen. Wahrscheinlich waren es Wallonen, die noch zu Ende geredet hatten und jetzt den verspäteten Feierabend wieder einzuholen versuchten.

Ich passierte Waimes, Amel und Meyerode, entdeckte aber keine Herberge – oder einen Platz –, der mir richtig gefiel.

Die Landschaft hügelte sympathisch dahin, die Ortschaften gaben sich teilweise recht französisch, aber ich hatte Schwierigkeiten herauszufinden, durch was dieser Eindruck entstand. Waren es die Formen oder die Accessoires? Markisen? Dörfer mit französischem Namen erschienen mir schöner. Je weiter ich kam, desto mehr nahm die Zahl nichts sagender Fertighäuser zu. Waren die alten Häuser alle dem Krieg zum Opfer gefallen? Ich konnte nicht jeder Frage nachgehen.

Ich hatte am nächsten Tag in der Nähe von Sankt Vith (Saint Vith) eine Verabredung mit dem Herausgeber einer deutschsprachigen Literaturzeitschrift. Ich kannte weder ihn noch die Zeitschrift. Sie hieß »Krautgarten«. Er hieß Kartheuser.

Hinter Wallerode geriet ich versehentlich auf einen Feldweg, der in einen Wald führte. Als ich den Wagen unter den ersten Tannen hinter dem Schild »Außer Forstbetrieb und Anlieger« wendete, sah ich, dass ich dort eigentlich ideal stand. Vor fremden Blicken geschützt, konnte ich über einen Acker den Sonnenuntergang beobachten. Kein Haus zu sehen. Die digitale Anzeige am Schweizermesser tippte auf achtzehn Grad – das konnte nicht stimmen –, wahrscheinlich waren es eher acht. Der Höhenmesser schlug 420 Meter vor. Das schien mir wahrscheinlich. Der Sankt Vither Wald in meinem Rücken streckte sich fast bis nach Winterspelt.

Morgens war Eis an der Scheibe und der Acker von Raureif bedeckt. Ein Reh sprang erschreckt davon. Vier Grad. In den Radionachrichten wurde auf Bagdad zumarschiert.

Ich machte einen Stopp in Sankt Vith und fand eine Bäckerei, wo ich frühstücken und auf Zimmertemperatur gebracht werden konnte. Am Tresen wurde »Omas Originales Landbrot« angeboten. Sankt Vith ist neben Eupen die »deutscheste« Stadt Belgiens.

Bruno Kartheuser wohnte in Neundorf, ein paar Kilometer westlich. Am Ortseingang mahnte ein Schild: »Kinder! Enfants! Kinderlen!« Er bat mich in seine zugestellte Junggesellenküche, räumte ein wenig Müslireste zur Seite, damit ich Platz für meinen Block hatte, und kam gleich zur Sache. Davon gab es drei: die deutsche Minderheit, den »Krautgarten« und seine derzeitige Arbeit. Alle hingen miteinander zusammen, die Reihenfolge war also nicht zwingend festgelegt (»Darf ich mich mal unterbrechen?«), und letztlich trugen alle Punkte eine Hauptüberschrift, und das war Sprache – und Politik. Aber letztlich Sprache – wenn die Politik da nicht immer reinspielen würde. Von 1990 bis 1995 war der studierte Altphilologe und ehemalige Lehrer der Literaturbeauftragte der Region.

Die Deutschsprachigen in Belgien gelten als die bestgeschützte Minderheit in Europa. Obwohl sie nur knapp ein Prozent der Bevölkerung ausmachen, ist Deutsch die dritte Amtssprache. Es würden bis an den Rand der Wasserköpfigkeit autonome Strukturen und Organe samt die dazugehörigen Administratoren und Repräsentanten zuerkannt. Manche meinten, das sei zu viel des Guten für immerhin nur siebzigtausend Menschen – dass man sich auch mit weniger Proporz und Personal kulturell und politisch darstellen könnte. Manche nennen es – und vielleicht tat das sogar Bruno Kartheuser irgendwann an diesem Vormittag – einen »nachgeschmissenen Operettenstaat«.

Siebzigtausend Menschen in kleinstädtischer und ländlicher Umgebung sind andererseits auch nicht gerade die passende Grundlage für ein interessantes, fruchtbares und quirrliges intellektuelles Milieu, zumal man hier – und das sagte Kartheuser – auf jeden Fall »autoritär und katholisch seit Julius Caesar« sei.

Ich konnte mir gut vorstellen, dass man schon mit so einer Formulierung leicht mit denen in Kollision geraten könnte, für die kulturelle Identität in der Entsendung einer leidlichen Blaskapelle zum Spielmannstreffen in Oberursel oder Ottawa besteht – inklusive der mitreisenden Funktionäre.

Der »Krautgarten« geht den anderen Weg: statt zum ethnischen Ententeich hin zum – möglichst internationalen – Niveau. Die Zeitschrift ist zwar Plattform für die, die in Belgien sonst keine Möglichkeit haben, in ihrer – also der deutschen – Sprache zu publizieren, aber sie ist vor allem der Rahmen für eine Auseinandersetzung um Form – und damit Inhalt. Das hat Bruno Kartheuser an diesem Vormittag bestimmt nicht wörtlich gesagt, aber so verstand ich ihn. Er sagte: »Die Zeitschrift als Ort der Literatur«, also als eine Art gedrucktes Literaturhaus.

Andere Autoren werden im Magazin ebenfalls veröffentlicht. Die Leser finden sich auch in Deutschland, Österreich und der Schweiz. Angeschlossen ist ein kleiner Verlag.

Wenn Bruno Kartheuser ein Paket nach Deutschland schicken muss, dann fährt er, um Porto zu sparen, damit ins deutsche Winterspelt und bringt es dort aufs Postamt. Und das war das erste Mal an diesem Vormittag, dass der Name »Winterspelt« fallen sollte. Das andere Mal geschah es auf einer Anhöhe auf dem Weg zum Restaurant, als Bruno – angesichts des weiten Blicks über die Höhe – aus dem Alfred-Andersch-Roman zitierte: »Man sah die Hügelketten der Ardennen wie Meereswellen heranrollen.«

Wir fuhren nicht nach Sankt Vith, weil »sein« Restaurant dort geschlossen hatte, sondern bewegten uns ein Stück weiter nach Westen, was man in diesem Teil Belgiens gern macht, wenn man gut essen möchte: Gehobene Küche und »Lebensart« im Allgemeinen, das können die Wallonen besser. Und das betrachtet Kartheuser auch – mit reserviertem Patriotismus – als eine Qualität seines Landes: Die ethnische Vielfalt, nicht nur auf der Zunge, sondern die der Zungen, führt zu einer Bereicherung. Das Frankophone hat – wie das Flämische – eine andere Art des Denkens.

Es gab Forelle mit Trauben im Restaurant »La Ferme de la Reine de Près«. Es war eine ehemalige Mühle, und das gemauerte Forellenbassin lag direkt vorm Haus.

Bruno Kartheuser hat sich sehr intensiv mit der Geschichte der dreißiger Jahre beschäftigt und untersucht, was alles – jenseits des Militärischen – unternommen worden war, um die Region Eupen Malmédy Sankt Vith fallreif für »heim ins Reich« zu machen. Diese Zeit und der Zweite Weltkrieg würden hier nicht so gern erinnert, da das freiwillige (und auch das erzwungene) Verhalten damals wie heute zu einer »misslichen Gefühlslage besonders bei der älteren Generation« geführt habe. Seit sieben Jahren schreibt Bruno Kartheuser an einem mehrbändigen Werk über den 1917 geborenen Sankt Vither Walter Schmald, der im Zweiten Weltkrieg als SD- und Polizeiangehöriger für die Erhängung von neunundneunzig Zivilisten im französischen Tulle mitverantwortlich war. Er hat dazu mehr als zweihundert Zeitzeugen aus der Gegend befragt und ist mehrere Sommer in der Corrèze in Frankreich gewesen, um die Archive zu studieren. So traurig das

Thema sei, die Arbeit an dem Werk und die Bücher selbst hätten ihn mobil gemacht. Sie seien zu seinem »Transportmittel« geworden: Sie brächten ihn zu Lesungen und Diskussionen in ganz Europa. Die Aufbereitung und Aufarbeitung hätten gerade erst begonnen – die Bewältigung hingegen überhaupt noch nicht. Er sagt ähnlich schmerzhafte und heikle Prozesse für andere Regionen Europas voraus, etwa für Lothringen und das Elsass.

Der Einsiedlerorden der Karthäuser wurde übrigens vom Heiligen Bruno von Köln gegründet. Und das schien mir viel besser zu der großen und eckigen Nase, dem unters Kinn gehängten weißen Bart, der Ernsthaftigkeit und seinem Eifer zu passen als der weinrot-bräunlich-aubergine Pullover: eine Kutte.

Zum Abschied überreichte ich ihm ein Kinderbuch von mir, in dem ein Schrankenwärter, die eine der beiden Hauptpersonen, Bruno heißt. Wie ich auf den Namen gekommen sei, fragte er mich erstaunt. Das konnte ich nicht beantworten.

Bruno winkte und zog sich wieder in seine Kartause zurück, und ich rollte mit ein paar geschenkten »Krautgärten« und einem erstandenen Bändchen »Ostbelgische Autoren im Porträt« auf die Dorfstraße und suchte den Weg Richtung Luxemburg.

Der blaue Himmel war uns schon während des Desserts abhanden gekommen, nun kam ein kräftiger Wind hinzu, der an meinem zu leichten Wagen rüttelte. Die Häuser bekamen einen leicht rustikaleren Touch, auf jeden Fall hörten die belanglosen Bauten langsam auf. Ich hatte Bruno danach gefragt, und er hatte erklärt, dass es so viele Neubauten gebe, weil jeder junge Mann, der etwas auf sich hielt, selbst bauen müsse. Und oft gegen jede Vernunft: selbst wenn das leere Elternhaus direkt daneben stehe.

Allein zu reisen hat den Vorteil, dass man hadern kann, ohne gleich die gute Stimmung zu verderben. Man kann in aller Ruhe seinen ambivalenten Gefühlen nachgehen und sich selbst damit unterhalten. Es ging mir zu schnell.

Aber ohne das Treffen mit dem Krautgärtner wäre ich wohl nie derartig quer zu belgischen Hauptrouten gefahren. Das war gut. Ich hatte in den vergangenen Jahren mehrfach einen Anlauf genommen, diese Ecke kennen zu lernen. Ich war froh, es wenigstens vom Auto aus in Augenschein nehmen zu können. Vier rote Renault Post-Kangoos standen hinter einem Zaun und warteten auf den nächsten Arbeitstag. Ich musste ein Schild links liegen lassen, dem ich normalerweise sofort nachgefahren wäre: »Alster 3 km«. Burg-Reuland wirkte verlockend, aber ich wollte lieber erst einmal Strecke machen, damit sich nicht etwa Stress im Auto ausbreitete. Ich musste sowieso zwischen fünfzig und hundert Kilometer pro Tag zurücklegen. Daran könnte ich mich genauso gut jetzt gewöhnen.

Die Luxemburger Richtung wurde erst sehr spät ausgewiesen. Als das Schild erschien, waren es nur noch rund achtzig Kilometer bis zur Hauptstadt.

Bis nach Ouren besteht Belgien nur noch in einem Wurmfortsatz, der landschaftlich aber zunehmend reizvoller wurde, weil sich die Our ihren Weg durch das Gestein gegraben hat. Ich hatte schon hier den Verdacht, dass Luxemburg so schön sein könnte wie dieses allerletzte Stück Belgien. Ganz Luxemburg. Ich begann mich zu freuen. Bruno hatte über das Dreiländereck im allerletzten Winkel gesagt, dort stehe ein hässliches Denkmal, aber es gebe auch einige Bänke dort, wo man sein Butterbrot essen könne.

Es wurde bergiger, die Bäume wurden größer und dichter. Ich fuhr auf der Ourtal-Route. In einem kleinen Weiher stand eine Frau mit Hosen und Schlapphut an einer Kreissäge und schnitt Brennholz. Sonst war niemand zu sehen oder zu hören – nur sie und dieses durchdringende Geräusch.

Das Europadenkmal erklärte sich freundlicherweise selbst: »... vier große Findlinge, jeder aus einem der vier Länder (Luxemburg, Belgien, Deutschland und Frankreich), die der europäischen Vereinigung für Eifel und Ardennen angehören ... Auf dem fünften Stein sind die Unterzeichner (Adenauer, Pinot, Spaak, Sedni, Bech, Luns) des Vertrages aufgeführt, mit dem am 25. März 1957 die Gemeinschaft von zunächst sechs Ländern besiegelt wurde.« Hatte jemand seinen Stein vergessen?

Eine Schautafel gab Auskunft über den Mitgliederzuwachs. 1973 waren es neun, 1981 zehn, 1986 zwölf, und 1995 wurden es fünfzehn. Daneben hing eine Europakarte, die mir sehr deutlich machte, dass ich noch nicht weit gekommen war.

Dies war kein gelungenes Denkmal, aber ein friedlicher Ort. Recht fern vom Getöse um und Klagen über die Brüsseler Bürokraten und näher an – manchmal möchte man gute Absichten unterstellen – einer ursächlichen Motivation für die Europäische Gemeinschaft: den nächsten Krieg zwischen den Nachbarn zu verhindern. Immerhin hatte sich Anfang der Fünfziger der Rauch kaum aufgelöst, und die Schäden an den Häusern waren gerade erst ausgebessert worden.

Ich überflog die Rückseite des Bändchens »Ostbelgische Autoren«, wo der 1954 in Stolberg geborene, aber seit über zehn Jahren in Ostbelgien wohnende Dietmar Sous schreibt: »Belgier sind nachtragend: Wenn sie schlechte Laune haben, sprechen sie uns Deutsche auf damals an, der Krieg und so. Deshalb bleibt man als Deutscher in Belgien am besten unter seinesgleichen. Die Belgier haben ganz gute Radrennfahrer und Fußballer, aber keinen Beethoven, Beckenbauer oder Goethe. Belgische Filme kennt kein Mensch, von Nobelpreisträgern ganz zu schweigen.

Hier möchte ich für immer bleiben.«

Ich nicht. Luxemburg wartete.

»Immer die Mosel runter und hinterm McDonald's rechts«

Ich verließ diesen Geheimtipp unter den Dreiländerecks. Sobald ich Luxemburger Netz hatte, rief ich das Hotel in Grevenmacher an, um mich vorzuverlegen. Es meldete sich niemand, so dass ich annahm, die verkehrte Nummer zu haben. Es wäre nicht das erste Mal, dass sich Zahlen nach Berührung durch mich völlig veränderten. Ich bog auf die Nationalstraße N7 (vermutlich gab es nicht viel mehr als sieben). In Hosingen hielt ich im Zentrum an und ging in eine Gaststätte, um die Nummer meiner »Auberge au Lac« nachzuschlagen. Die Bedienung verstand nicht recht, denn hier war man – wie Bruno Kartheuser sagen würde – frankophon. Zum Glück kann ich »téléphone« und »numéro« ziemlich perfekt aussprechen. Man reichte mir nicht irgendein, sondern *das* Telefonbuch: das ganze Land in einem Band! Die Nummer stimmte.

Ich verabschiedete mich aus der Rushhour von Hosingen und dem Feierabendverkehr der Nationalstraße und fuhr wieder hinunter zum Flusstal. Obereisenbach. Untereisenbach. Drüben als Ergänzung dazu Übereisenbach. Ich brauchte nur der Our zu folgen, die in die Sauer/Sûre mündet, die sich bei Wasserbillig in die Mosel/Moselle ergießt, dann die Mosel entlang und kurz vor Frankreich bremsen.

Rechts der Straße ragte schroffer Fels, links, jenseits des Grenzflusses, Hanglagen, die aussahen wie Weinberge, nur ohne Wein. Ein Stausee, der sich mit in die Kurve legte. Oben am Berg wurde nachgerüstet: Eine Burg wurde gerade noch einmal gebaut. Und dann kam ein Ort, der, noch bevor man ihn erreichte, besonders schien: Vianden. Gleich über die Brücke das »Hôtel Victor Hugo«. Sehr verlockend. Very french. Wieder legte ich im Kopf kurz alle Pläne um. Es gibt Orte, an die ich schon zurückkehren möchte, noch bevor ich sie ganz erreicht habe. Ich parkte in einer Seitenstraße jenseits der Our, die hier auf beiden Seiten zu Luxemburg gehört.

Zum Haus gehörte ein Bistro, in dem alle versammelt waren, die gerade Feierabend gemacht, und alle, die gar nicht gearbeitet hatten. Ich setzte mich an den Ecktisch, an dem ich mindestens drei weitschweifige Essays würde schreiben wollen, bestellte einen Kaffee und fragte nach einem Zimmer. Alles belegt. Ich schaute mich um. Der Schankraum war eindeutig nicht aus der Zeit von Victor Hugo, sondern eher aus dem letzten Jahr. Er hatte eine Aura von englischem Pub und vorgefertigter Pizza. Nichts für Poeten, fand ich jetzt – die Porträtbüste des großen Dichters stand dann auch vor der Tür: sein Kopf als Brückenkopf. Immerhin war man so freundlich, für mich herauszufinden, dass das Hotel in Grevenmacher nicht abnahm, weil das Restaurant heute Ruhetag hatte. Ich befand mich also in einer typischen Reisesituation: Plan B wurde immer wahrscheinlicher, ohne dass ich wusste, worin er bestehen könnte. Sicher war nur, dass es etwas mit Dusche sein musste. Zumal ich auf einmal merkte, dass mir so warm war, weil ich immer noch meinen Schlafanzug unter meiner Kleidung trug.

Im Laden neben dem Hotel stand ein schweigsamer Kaufmann neben seinem Schild: »Wir tauschen keine Euros!« Er sah so entschieden schweigsam aus, dass ich nicht fragte, sondern freiwillig selbst nachdachte und zu dem Ergebnis kam: Es ging hier nicht um einen innereuropäischen Wechselkurs, sondern um Scharen von Tagestouristen, die nichts kauften, aber unbedingt einen Euro mit Luxemburger Innenleben haben wollten.

Jedes Mal, wenn Bäume, Büsche oder Berge den Blick nach Deutschland freigaben, kam es wie ein gelinder Schock: Kaum ein Haus war älter als vierzig oder fünfzig Jahre, aber jedes so ausdrucksarm, stereotyp und langweilig, dass man fast reflexartig nach der Fernbedienung greifen wollte oder dem Feierabendbier.

Bei Steigungen und gewissen Höhenunterschieden in Ländern, wo man so etwas nicht erwartet, wird gern die Schweiz bemüht: Dies waren die Ausläufer der »Luxemburger Schweiz«,

»La petite Suisse Luxembourgeoise«. An die Schweiz erinnerten höchstens einige der mehrgeschossigen Hotels an der Straße. Man schaute unwillkürlich nach dem Sessellift. Ein paar Holzapplikationen sollten Chalet-Assozationen wecken und darüber hinwegtäuschen, dass die Kästen viel zu groß für diese Landschaft waren.

Auf Radio Luxemburg sprach man Luxemburgisch. Kriegsmeldungen aus dem Irak auf Moselfränkisch. Ich schaltete wieder ab. Ich hatte die Befürchtung, dass es auf Tausenden von Kilometern nur dieses eine Thema geben würde. Die Fronten in Europa liefen auf eine obskure Weise quer: Auf der dänischen Insel Rømø hatte sich der Besitzer einer Pizzeria geweigert, Deutsche zu bedienen. Ein italienisches Tellergericht als Waffe in der Hand eines unvermutet militarisierten Skandinaviers. Was würde ich erst in Polen auf die stark herabgesetzte Invasionsbereitschaft der Deutschen zu hören kriegen?

Ich hoffte, dass mein morgiger Gesprächspartner, der Architekt François Valentiny, ein schönes Projekt irgendwo in der Luxemburger Schweiz hatte. Das wäre ein triftiger Grund, sofort noch einmal herzufahren. Irgendwo an der Mosel hatte Valentiny eine Winzerei hingestellt, bei deren Anblick Traditionalisten angeblich der Wein in der Kehle stecken bleibt. Das kann ein gutes, aber genauso ein schlechtes Zeichen sein.

Obwohl ich schneller fuhr, wurde das Land immer größer.

Schon ein paarmal hatte ich bei Fahrten nach Paris von der Autobahn hinuntergeschaut, wenn gleich hinter der Grenze der lustige und rätselhafte Name Wasserbillig angezeigt wurde. Schon vor Jahren hatte mir Freund Polo aus Wuppertal ein Foto geschickt mit dem Hinweisschild nach Grevenmacher. Beide Namen waren mit Erwartungen belastet.

Hoch über mir wölbte sich die Autobahnbrücke. Selbst im Vorbeifahren konnte ich mit einem Auge sehen, dass meine Erwartungen an Macher und Billig wohl zu hoch gesteckt waren.

Mosel sein hieß offensichtlich, Besucher unterbringen zu

müssen. Dazu Tankstelle an Tankstelle – die meisten Kunden hatten Trierer Kennzeichen. Meine Auberge stand still und geschlossen direkt an der Uferstraße – neben einer Tankstelle. Ich fuhr links über die Brücke nach Deutschland, zum »Schloss Berg« in Nennig, drehte auf dem Parkplatz vor dem Casino eine Ehrenrunde, um mich weinbergabwärts wieder auf meine eigene Sozialgruppe zu besinnen und im »Schloss-Blick« ein Zimmer zu nehmen wie andere Monteure auch. Frittengeruch inklusive für dreiundzwanzig Euro und den Großen Salatteller für fünf: Rotkraut, Weißkraut, Wurzelgeschnitzel. Im Fernsehen berichtete China-Korrespondent Stefan Niemann über SARS. Am Tresen dazu kundige Kommentare: »… und dann vor die Türe ein Schild: ›Schlitzaugen draußen bleiben!‹«

Vor der Tür stand schon ein Schild, das mit dem »Gr. Salatteller«. Es fiel jetzt um, weil heftiger Regen und Wind einsetzten.

Ich stand früh mit den Monteuren auf und fuhr nach Besch hinein, um zu sehen, ob hier eine Fähre nach drüben gehe, aber der Ort selbst orientiert sich gar nicht zur Mosel, sondern dreht sich nur ein paarmal um sich selbst. Ich musste fast bis an die französische Grenze, um bei Perl über die Brücke nach Schengen zu kommen. Das geschah – ganz im Sinne des Abkommens – ohne Kontrolle.

Aber Schengen sah ganz anders aus als ein Abkommen. Die Straße führte auf einen asymmetrischen Platz zu und verschwand dann in der einen Ecke in einem kleinen Bogen bergauf. Am Platz standen ein paar Läden, aber ihretwegen hatte man nicht die Fassaden modernisiert, sondern sie passten in Stil und Proportion zu den alten, gut erhaltenen Häusern. Das Prinzip war sehr einfach: Einsichtigkeit – und ein kleines Geheimnis; Einheitlichkeit – aber dennoch hunderte von Abweichungen; ein wohltuender Gesamteindruck – der durch alle Details gestärkt wurde.

Vielleicht waren die Unterzeichner gar nicht die paar Schritte in das schöne Städtchen vorgedrungen, weil die Zeremonie auf einem modernen Moseldampfer stattfand. Der hatte natürlich schon längst wieder abgelegt.

An Remerschen, etwas abseits der Mosel, kann man leicht vorbeifahren. Der Ort versteckt sich hinter Weihern und Tümpeln, die so ausgedehnt sind, dass sie »Haff« genannt werden. Diese versteckte Lage hat dem alten Weinort ganz offensichtlich gut getan. Keine Promenade und kein Anleger erhöhen die Chancen auf Privatheit und Normalität enorm. Zwischen Ort und Haff lag unerwartet ein nagelneues, noch nicht ganz fertig gestelltes Gebäude aus Sperrholz, Glas und Beton mit weithin sichtbaren Kassettenkonstruktionen auf dem Dach. Es hätte der Sitz einer großen Softwarefirma sein können. Es hatte sogar etwas von kalifornischer Holzarchitektur, war aber einen Tick sakraler. Es sollte eine Schule werden. Ich stieg kurz aus und ging über den Vorplatz, der mit Decksplanken ausgelegt war. Sie waren nass vom nächtlichen Regen und ungeheuer glatt. Firmenwagen im Matsch. Die Tischler kamen aus Deutschland. Ein Schild verriet, dass dieses Schulschiff von Hermann & Valentiny entworfen war. Das stimmte mich sehr frohgemut.

Das Büro lag am Ende eines Stichweges, das Grundstück grenzte an Wiesen und Wein. Das ungeheuer schmale und lange Gebäude war aber, im Gegensatz zur Umgebung, weinrot. Der hintere Teil hatte nur wenige Schießscharten, der vordere Teil löste sich über alle drei Etagen in Glas und Eisenblech auf. Es ließ sich absolut nicht sagen, ob es sich um einen Umbau oder um einen Neubau handelte. Der trutzige Riegel stand da, als gehörte er schon seit der Römerzeit – oder wenigstens seit Victor Hugo – hierhin. Ich spazierte ein wenig durch den Garten, während ich darauf wartete, dass der, den ich für Valentiny hielt, in seinem gläsernen Atelier zu Ende telefoniert hatte.

Valentiny wirkte auf sympathische Weise eitel. Später am Tage musste er nach Salzburg und hatte sich offensichtlich schon für die Mozartstadt eingekleidet: gerüschtes weißes Hemd mit Stehkragen, schwarze Samtweste. Er hat in Wien studiert. Durch Zufall sei er wieder in Luxemburg gelandet – obendrein auf dem elterlichen Hof. Vertrautes sei anstrengender, sagt er. Nach ein paar Wochen müsse er immer wieder weg. Dies hier habe Lebensqualität – auf dem Land und unter Menschen, deren Mentalität vom Wein (nicht vom Bier) geprägt sei. Die Salzburger seien verschlossener. Aber anderswo reagieren zu können empfinde er als lustvoll. Hermann, sein Partner, habe sein Büro in Wien.

Rundum im Raum standen kleine Skulpturen, die Häuser sein konnten oder auch nicht. Sie dienten ihm zum Durchdenken eines Entwurfs oder auch nur zum Denken oder zum Überhaupt-nicht-Denken. Wenn er dazu komme. Er sprach mit einem leichten Akzent, der gut zu seiner Mähne und der markanten Nase passte. Er formulierte genau, auch wenn er gerade an zwei parallelen Gedanken entlang dachte. Und er lachte gerne. Auch über sich. Obwohl er keine Zeit hatte, schwangen wir uns in mein Auto und fuhren ein paar Ortschaften weiter, zu einem öffentlichen Anbau – jetzt haben die Ratsherren Blick auf die Gemeinde, für deren Wohl sie wirken sollen – und dann zu einem privaten Neubau am Rande des Weinortes Wellenstein. Das Haus war schlicht genial. Und wirklich schlicht: ein zweimal eingeschnittener Betontrichter, der sich nach Süden öffnete. Sie nannten es »Sokrates-Haus«, weil der alte Grieche die simplen Grundprinzipien (»im Winter warm, im Sommer kalt«) schon zeitig auf den Punkt gebracht hatte. Formal entsprach es einigen der Skulpturen im Atelier.

Später beim Essen brachte Valentiny die sattsam bekannte Formel, dass die Form der Funktion folgen müsse, auf den schönen Begriff: »Den Wunsch nach Funktion hat der Bauherr – aber der Architekt hat ein Bedürfnis nach Form!«

Und nach Inhalt, könnte man hinzufügen. Er hatte den Auftrag bekommen, für die Landesgartenschau in Trier einen Turm zu entwerfen, von dem aus die Besucher auf dem Petrisberg nach Luxemburg schauen konnten – ein Geschenk der Stadt Luxemburg an Trier. Das, fand Valentiny, entsprach in keiner Weise der Luxemburger Mentalität. Erstens zeige man nicht auf sich selbst, und zweitens wäre ein Turm unpassend – der hätte was mit Feinden und Sich-schützen zu tun. Und so veränderte sich der Entwurf nach und nach zu einer langsam ansteigenden Treppe, über die man verschiedene Balkone erreicht, von denen aus man in die Ferne schauen kann: nach Lissabon, Warschau oder Belfast. Er ähnelt jetzt mehr einem Haus – oder einer Stahlskulptur. Der Turm ist immer noch im Namen, aber er heißt jetzt »Turm der Träume und Sehnsüchte«. Leichte Absurditäten, die Sinn machten, schienen ihm zu gefallen. Trier merkte ich mir.

Die Sekretärin hatte fürs Büro-Lunch am großen Tisch im Atelier kurz in Frankreich eingekauft. Alles sei dort besser: das Brot, der Käse, der Schinken. Zum Espresso steuerte ich Aachener Printen bei, die erheblichen Anklang fanden, ja als Delikatesse gewürdigt wurden.

Die überwiegende Zahl der etwa zwanzig Mitarbeiter kam aus Deutschland – Tag für Tag. Die Gehälter in Luxemburg seien höher und die Lebenshaltungskosten in Deutschland – bis aufs Benzin – niedriger. Viele wohnten in Trier, wo sie studiert hatten und wo Valentiny gelehrt hatte. Sie, in ihrer Generation, bekämen nichts mehr zu hören zu dem Umstand, dass sie Deutsche seien. Das Interesse am Thema »wächst langsam raus«. Außerdem sei ein Drittel der Bewohner von Luxemburg Ausländer – von denen wiederum ein Drittel Portugiesen seien. »Gastarbeiter« sei gleich Portugiese. Mit eigenem Radiosender in der Hauptstadt.

Axel Christmann, assoziierter Partner und Pendler, zeichnete mir mit einem dicken Stift eine Prinzipskizze des Kleinstaates: im Norden »Ösling«, das Ardennenplateau, im Südwesten »Minette«, wo der Stahl gemacht werde, im Osten der schmale Streifen der »Moselle«, wo der Wein herkomme, und in der Mitte das »Gutland«, landwirtschaftliches Herz, in dem auch die Hauptstadt liegt. Und der Flughafen, von dem Valentiny ziemlich bald abheben musste. »Wer fährt mich?«, fragte er und blickte in die Runde. »Ich«, sagte ich. Erstens mag ich »Reisen mit einer leichten Absicht«, und zweitens konnte er mir dann ein Erlebnis zu

Ende erzählen, von dem wir vor lauter Architektur und Telefonaten immer wieder abgekommen waren.

Denn jeden Morgen zwischen sechs und halb acht macht Valentiny einen Spaziergang zu den Weihern, um »in den äußeren Räumen meine inneren zu ordnen«. Und um zu schauen, was Blätter und Knospen machen oder was es mit dem merkwürdigen Hügel auf sich hatte, der sich seit Wochen veränderte. Kaninchen? Oder etwa ein Fuchs?

Der Architekt holte Reisetasche und Paletot. Wir fuhren los. Das heißt: Ich fuhr. Durchs Dorf, durch die Weiher, zur Straße an der Mosel und dann irgendwann ins Gutland hinein. Ich bat Valentiny, den Salzburger Intendanten zu fragen, ob er für ein Gespräch zur Verfügung stehen würde, wenn ich denn irgendwann so weit gekommen wäre.

Luxemburg ist ein kleines Land, wenn man so schnell fährt wie die Luxemburger. Der Abflug rückte näher, aber mein Auto dem Flughafen nicht. Über grüne Hügelketten, durch Dörfer und einen Furcht erregenden Hagelschauer kamen wir nur langsam voran, während der gestresste Architekt mir dennoch von dem Blesshuhn – es war keine Ente – erzählte, das bei einem misslungenen Anlauf zum Abflug mit solcher Wucht gegen einen Steg gerammelt war, dass es benommen zusammenbrach. Weil Valentiny an diesem Morgen zum ersten Mal den Fuchs – es war also doch ein Fuchs – vor dem Hügelbau gesehen hatte, nahm er das lahmende Blesshuhn und setzte es in den rettenden Weiher. Es kippte tumb auf die Seite und drohte im eigenen Element zu ertrinken. Was tun? Er nahm das Tier und legte es wieder vorsichtig unter den Steg.

Vom Fuchs war nichts zu sehen, aber den ganzen Weg zurück und den halben Vormittag im Büro dachte er darüber nach, ob er dem Blesshuhn nicht einen Bärendienst erwiesen hatte.

Vor uns fuhr ein Trecker. Valentiny rief seine Sekretärin an, damit sie beim Flughafen bat, die Maschine noch ein wenig länger am Boden zu halten. Er war jetzt sehr nervös.

Die Sekretärin rief zurück, dass fünf weitere Minuten zugestanden worden seien. Eine Minute vor Ablauf der Frist bremste ich scharf in der dritten Reihe vorm Terminal, und mein Fahrgast stürzte mit wehendem Mantel zu Schalter 30. Den restlichen Nachmittag (und den ganzen Abend) machte ich mir Sorgen, ob ich ihm mit dem Chauffeurangebot nicht einen Bärendienst erwiesen hatte.

Wenn ich nun schon so weit gekommen war, wollte ich auch noch eine Runde durch die Hauptstadt drehen. Ich sah keine Portugiesen, aber in einer angesagten Kaffeebar in der Innenstadt zwei sturzbetrunkene Deutsche, die schließlich auch noch ihr Bier umkippten. Manchmal denke ich, überall im befreundeten Ausland sorgen bezahlte Statisten dafür, dass altgediente Klischees niemals aussterben.

Nach Luxemburg-City reinzufahren war wesentlich leichter, als wieder rauszukommen. Ich umrundete die Neunzigtausend-Einwohner-Stadt anderthalbmal, bevor ich die N1 in der richtigen Himmelsrichtung erwischte: nach Grevenmacher.

In der »Auberge au Lac«, ein paar Kilometer außerhalb, wurde ich schon erwartet, die Seniorchefin sprach Deutsch, der Kellner nicht, die Kommunikation gestaltete sich einfacher, als mir klar wurde, dass er Portugiese war und ich etwas schlechtes Spanisch in mein miserables Französisch einfließen ließ. Es gab gebratenen Moselfisch.

Von meinem sehr großen und sehr schlichten Zimmer aus konnte ich auf den Fluss und die Lichter der Lastkähne schauen. Als Gute-Nacht-Geschichte schrieb ich: »Das Blesshuhn und der Architekt«.

»Grevenmacher« kommt von »Graf« und von »Mauer«. Das war in der Stadt selbst aber nicht bekannt, jedenfalls nicht auf dem Postamt. Ich hatte nur so dahingefragt, während ich morgens ein Fax aufgab. In der Buchhandlung wusste man es allerdings, da die Festlichkeiten unter dem schönen Titel »750 Jahre Freiheit für Grevenmacher« knapp vorbei waren und entsprechend viel dazu publiziert worden war. Auf dem Weg zum Wagen ging ich noch einmal ins Postamt, um mein frisches Wissen weiterzugeben. Nicht aus Häme, sondern aus Fairness: Wann kommt ein Schalterbeamter schon mal dazu, in Ruhe in der Buchhandlung zu stöbern. Der Ortskern selbst war sehr schön. Auf dem Platz vor dem Café ein kleines Feld für Boule. Hier nannte man es »Boulenpiste«.

Ich hatte mit dem Pressesprecher der Landesgartenschau in Trier eine Begehung des noch nicht hergerichteten Geländes und eine Besichtigung des noch nicht gebauten Turmes vereinbart, und er hatte mir im Gegenzug dafür ein Hotelzimmer reserviert und mich zu einer Pressekonferenz eingeladen, auf der der »Premium-Sponsor« vorgestellt werden sollte. Noch war geheim, dass es sich dabei um den Lottoblock Rheinland-Pfalz handeln würde.

Bis dahin hatte ich noch gut Zeit. So viel, dass ich nicht nur bei allen vierundzwanzig Tankstellen in Wasserbillig die Parade abnehmen konnte, sondern auch einen großen Bogen durch »die kleine Schweiz Luxemburgs« fahren konnte. Am Berburger Wald vorbei, über Bech und Christnach und in das berühmte Mullerthal, das aber wegen saisonaler Straßenbauarbeiten gesperrt war. Das nutzten die berühmten und weniger berühmten Mühlenrestaurants wohl für eine Verschnaufpause. Der Bach suchte seinen Weg durch das Gestein ins Tal, was ihm besser glückte als mir, aber letztlich saß ich mit einer Zeitung in einem Café am Marktplatz von Echternach.

An der Mündung der Sauer in die Mosel, an der Wasserbillig-Bruck, war der eine Teil des ehemaligen Zollgebäudes – hellblau, halb alt und hässlich – in ein Tourismusbüro verwandelt worden. Auf der anderen Seite der Mosel lag Oberbillig. Ich versorgte mich mit einem Stadtplan von Trier und fragte bei der Gelegenheit, was denn dieses »-billig« bedeute. Die jungen Damen wussten es nicht. So ist es wohl immer mit nahe liegenden Fragen von Auswärtigen. Aber sie konnten mir anschaulich schildern, wie ich zu meinem Hotel käme: »Immer die Mosel runter und hinterm McDonald's rechts.«

Trier ist die älteste Stadt Deutschlands. Wer das bislang nicht wusste, dem wird es in und um Trier auf allem, was sich bedrucken lässt, immer wieder nahe gebracht: 16 v. Chr. Steht mehr als eine Zeile zur Verfügung, nimmt man auch gerne die historisch falsche Behauptung auf, Trier sei älter als Rom – um sie dann in der folgenden Zeile freiwillig zu dementieren. Auf jeden Fall wurde die Stadt von den Römern gegründet, was dazu führte, dass sie natürliches Ziel für eine Klassenfahrt pubertierender Altsprachler wurde. Ich hatte an Trier die besten Erinnerungen, konnte aber außer einer Kirche und dem Geburtshaus von Karl Marx nichts erinnern. Nicht einmal die Jugendherberge.

Der unmittelbare Eindruck aus dem Autofenster: Es schien einer sehr mittelmäßigen deutschen Nachkriegskreisstadt irgendwie gelungen zu sein, dem Konkurrenten Rom ein paar repräsentative Ruinen abzuhandeln und an zentralen Plätzen aufzustellen.

Die Klassenreise hatte dazu geführt, dass mir die Marx'schen Daten 1818–1883 nie mehr aus dem Gedächtnis schwanden. In seiner Lebenszeit konnte ich zwar die »Industrielle Revolution« und das »Sozialistengesetz« unterbringen – aber den historischen Rahmen wie die »Auflösung des Rheinbundes« konnte ich lange nicht zuordnen. Ich würde sogar annehmen, dass vielen Norddeutschen nicht geläufig ist, welche Teile des Landes jenseits des Rheins von Zeit zu Zeit französisch waren.

Wie gut also, dass es eine neue und sehr handliche Zahl gab: Landesgartenschau Trier 2004. Das Gelände lag etwas außerhalb auf einem Höhenrücken, mein Hotel ihm zu Füßen, im so genannten Weinviertel. Man war gerade dabei, die Zimmer von gelbbraun getretenem Spannteppich auf luftig-florales Interieur umzutrimmen, und ich bekam eine sehr geräumige Dachkammer in einer der vier neuen Geschmacksrichtungen. Sie war wesentlich heller, freundlicher und ruhiger als die rustikale Restaurantbar unten, wo sich Vertreter mit Vertretern unterhielten, müde Monteure auf Kollegen warteten und eine landsmännische Gruppe von Vettern aus Dingsda den Rausch mit Hausbräu auf den frühen Abend vorverlegt hatte und darauf immer wieder rituell anstieß. Ich blieb lieber oben, ordnete mich und meine Unterlagen und ging nur ein paarmal nach unten, um heimlich zu rauchen.

Die Pressekonferenz fand morgens in der Innenstadt in einem Hotel statt. Die Direktorin des Familienbetriebes hatte es sich nicht nehmen lassen, bunte Plätzchen mit dem Logo der LGS backen zu lassen.

Man hatte sich, laut Presseunterlagen, zum Ziel gesetzt, etwas auf die Beine zu stellen, das »in die Geschichte der Großregion Saar-Lor-Lux/Rheinland-Pfalz/Ostbelgien eingehen wird«. Ich hatte einen bis zum Rand mit Journalisten gefüllten Saal erwartet, aber es war eher ein Treffen im Verhältnis 1:1 in einem unscheinbaren Tagungsraum. Die Riege der Repräsentanten war kaum kleiner als die der Pressevertreter, und es wurde wenig Offizielles gesagt, das nicht auch in den Unterlagen ausgedruckt stand. Theoretisch wären lediglich doppelte Anführungszeichen als journalistische Leistung anzubringen: »›Wir sind froh, mit Lotto einen Partner gefunden zu haben, der sich besonders kreativ und neuen Ideen gegenüber aufgeschlossen zeigt‹, sagte ein froh gestimmter Trierer Oberbürgermeister Helmut Schröer in seiner Funktion als Aufsichtsratsvorsitzender der Landesgartenschau-Gesellschaft.« Der kleine, agile OB war tatsächlich froh gestimmt. Es störte ihn auch nicht, direkt vor einem Tischbein platziert worden zu sein, da er als Mann der Tat und Kämpfer mit offenem Visier sowieso eher breitbeinig zu sitzen pflegte. Er vertrat zwar die CDU, aber seinen letzten Wahlkampf, 1999, für das Amt des Berufsbürgermeisters hat er ausschließlich mit seinem Namen auf den Plakaten geführt. »Wenn einen die Leute nach zehn Jahren nicht kennen, hat man etwas falsch gemacht!« (Dieses Zitat nur in einfachen Anführungsstrichen, weil er es mir erst später – am Rande der Veranstaltung – anvertraute.)

Der oberste Lottovertreter, sozusagen der Lottokönig von Rheinland-Pfalz, rangierte auch weit oben im Sportverband Rheinland, und mir wurde klar, wie förderlich Doppelfunktionen sein können. Der Quasi-Kanzler, der Lotto-Geschäftsführer, war schon so lange mit dem Verteilen von Riesensummen befasst, dass er in seiner Rede über die Zusammensetzung der Gelder längere Zeit von »Milliarden« sprach, bis ihn jemand darauf aufmerksam machte, dass er doch wohl eher »Millionen« meinte. Das führte zu allgemeiner Heiterkeit – nicht zuletzt bei ihm selbst. Um die launige Headline zum Premium-Sponsor »Damit wird die Landesgartenschau kein Glücksspiel« zu untermauern, bekamen die Anwesenden – zuerst der OB – je ein Wochenlos für die Teilnahme an der Aktion »Sorglospaket«. Ich stellte mir bereits vor, meine Reise mit einer Zusatzrente absichern zu können – falls ich den Schein noch rechtzeitig abgeben würde. Es wurden 1600 Verkaufsstellen in Rheinland-Pfalz und – ! – Luxemburg erwähnt.

Bis auf mich schien niemand mitzuschreiben, allerdings nahmen junge Enthusiasten von zwei Privatradios noch persönliche Statements auf ihre Minidisc-Player auf. Erlebtes nicht nur in den Block zu buchstabieren, sondern Gehörtes in sendefähiger Qualität bewahren zu können schien mir reizvoll. Der Studioleiter des Südwestrundfunk Trier war auch zugegen. Er benutzte ältere Technik, hatte für seine Frau aber einen MD-Recorder gekauft, damit sie ihr Gitarrenspiel aufnehmen konnte.

Die Hierarchen entschwanden, und es entstand in einem Speisesaal des Hotels eine Tafelrunde des gehobenen Managements, wo ich vom Landschaftsarchitekten auch etwas über die Gartenschau erfahren konnte und von einem dritten Lottomann etwas über das Spielverhalten der Luxemburger, die seit Jahrzehnten an den rheinland-pfälzischen Lottoblock angegliedert sind. Wenn Luxemburger glückspielen, dann richtig. Das hänge auch damit zusammen, dass sie mehr Geld zur Verfügung hätten.

Und so kam das Gespräch auf das Konsumverhalten der Luxemburger unter besonderer Berücksichtigung ihres Auftretens in den Geschäftsstraßen von Trier. Der PR-Mann – der vermutlich dem OB die Worte in den Mund gelegt hatte und in der Pressemappe als »Leiter Öffentlichkeitsarbeit: Wolfgang Rommel« geführt wurde – sagte, er könne einen Luxemburger mit dem bloßen Auge ausmachen: an seinem Auto (nicht etwa am Nummernschild, sondern an der Güteklasse), am dezenten Auftreten und an der guten Kleidung. Die Nachbarn kämen hauptsächlich, um sich preisgünstiger einzukleiden; an gewissen Samstagen würde er gar nicht mehr in die Innenstadt gehen.

Anstrengend, so mein Eindruck in der Herrenrunde, sind die Luxemburger nur in zwei Punkten: in ihrem eigenen und oft verkündeten Glauben, anders als alle anderen zu sein, und in ihrer Geschäftstüchtigkeit. Dafür seien sie »weltoffener und wohl am europäischsten«. So würden sie mitten im Telefonat die Sprache wechseln, wenn sie bemerkten, dass ihr Gesprächspartner dann besser folgen könne. Das würde ein Franzose nie tun. Vielleicht hörte ich Letzteres auch woanders. Möglicherweise dort, wo mir erklärt wurde, dass die Belgier die Ostfriesen Luxemburgs seien? Und folgende Anekdote stammt bestimmt woanders her, denn sie wurde mir unter dem Siegel der Verschwiegenheit erzählt: Einmal weilte eine hohe Delegation mit dem luxemburgischen Ministerpräsidenten an der Spitze in Deutschland. Nach dem offiziellen Akt fuhr man im Konvoi in ein nobles Restaurant auf dem Land. Als man dort ankam, war es wegen Ruhetag geschlossen. Für die Staatsgäste war das – wie sie Jahre später gestanden – eine Sternstunde, die ihre Stimmung beträchtlich hob: dass den perfekten Deutschen solch ein Lapsus unterlaufen konnte …

Irgendwann fuhren wir dann im Offroader tatsächlich noch auf das vierundvierzig Hektar große Gelände auf dem Petrisberg. 1936 bauten die Nationalsozialisten hier eine Kaserne. Während des Krieges richteten sie das berüchtigte Gefangenenlager Stalag 12d ein, dessen prominentester Insasse Jean-Paul Sartre wurde. Während seiner neunmonatigen Haft schrieb er dort ein Theaterstück. Nach dem Krieg bis Ende der neunziger Jahre nutzten die Franzosen das Gelände als Stützpunkt. Mit zwölftausend stationierten Soldaten war Trier, nach Paris, die zweitgrößte französische Garnison. Über Jahrzehnte wusste der normale Trierer Bürger nicht, was hier oben vor sich ging. Bei einigen hatte es sich allerdings herumgesprochen, dass man im Offizierskasino der Franzosen ausgezeichnet essen konnte.

Der geschäftsführende Landschaftsarchitekt führte mich über das aufgewühlte Gelände, und ich verstand, dass die Qualifikation für diesen Job darin bestand, Ähnliches schon einmal woanders gemacht zu haben. Umherreisender Ausstellungsgärtner. Er war Kurator und Koordinator für 120 000 Kubikmeter Boden in Bewegung, für Mauern im Bau und Pflanzen im Wuchs. Eine vorbereitende, vorzeigbare Akkordarbeit für das wesentlich längerfristige Ziel einer durchgreifenden Stadtentwicklung. Mit experimentellen und kulturellen Elementen. Dazu gehörte der Turm, von dem tatsächlich noch keine Spur zu sehen war. In Ermangelung dessen machte ich ein vorläufiges Foto – mit dem Landschaftsarchitekten als Vordergrund. Grobe Blickrichtung: Luxemburg und Lissabon.

Ich verabredete mich mit dem äußerst sympathischen Rommel zu einem Blick auf »Trier by Night« und begab mich am ehemaligen Kasino und einer kleinen Kapelle vorbei über einen Schleichweg hinunter in die Stadt. Genau genommen war es ein Kreuzweg. Eine Gruppe Gläubiger kam mir entgegen und blieb zum Gebet mit verteilten Rollen stehen.

Es war sehr sonnig. Im Sommer kann es unten im Talkessel so heiß werden, dass der Wüstenfuchs Rommel einst seine Soldaten zum Einstimmen hierher schickte, bevor sie in Afrika zum Einsatz kamen. Das hatte mir sein Nachfahre, PR-Rommel, erklärt, der auch mit dem Stuttgarter Ex-Bürgermeister Rommel verwandt war.

Wolfgang Rommel hatte vergessen, dass er abends seine Kinder hüten musste, und so saßen wir stattdessen in der Küche seines Hauses bei Pfälzer Wurstbroten. Ich erzählte ihm, dass ich einen kleinen Abschnitt der Reise – etwa vom Bodensee bis Salzburg – zusammen mit meinem Patenkind zurücklegen wollte. Er kannte sich da unten bestens aus, und so kam es, dass die Route für die Längsquerung der Alpen mit dem zehnjährigen Justus von einem Urneffen des Wüstenfuchses Rommel haarklein in meine Karte gezeichnet wurde.

Ich fuhr so früh aus der Stadt hinaus, dass noch keine Lotto-Annahmestelle geöffnet hatte. Mir blieben noch vierzig Kilometer Rheinland-Pfalz, erst weit hinter Saarburg lag die Landesgrenze. Im Autoradio erklärte ein Hörer, der angeblich »Bruno, der Göttliche« genannt wurde, warum er sich den Oldie »San Francisco« wünschte: »Weil er mich an die geile Zeit erinnert, als ich vor sechsundzwanzig Jahren meine Frau kennen lernte.« Die B51 führt bei Konz, an der Mündung der Saar, über den Fluss und folgt ihm ein Stück.

In der Ortschaft Könen schien man auf Krawall gebürstet. Es war noch niemand auf der Straße, aber in den Vorgärten standen Schilder: »Hierzulande fehlt eine Ortsumgehung!« oder »Seit 30 Jahren wartet Könen – Ortsumgehung JETZT!« Ein paar Kilometer weiter, im Weindorf Ayl, drückte man sich umgänglicher aus: »Ayl sagt JA zur Ortsumgehung.«

Dreißig Jahre Ja sagen ist vielleicht die größere Leistung.

Die Landschaft wurde immer reizvoller. Saarburg lag so verdeckt an einer Saarschleife, dass ich eine Ausfahrt zu weit fuhr. So erlebte ich nicht zuerst das Panorama, dafür aber den Lotto-Laden »Paulus«. Wir stellten gemeinsam fest, dass in meinem Geschenk zwar drei Rubbellose enthalten waren, aber keine Extras wie Spiel 77. Ich sattelte noch 2,75 Euro drauf, damit ich wenigstens Bargeld hätte, falls mir die Rente entgehen sollte.

Es war sonnig, aber sehr windig. Der Blumenfrau blies es die eben auf den Bürgersteig gestellten Töpfe um. Männer gingen zum Bäcker, Frauen zum Gemüsemann, und ich ging im Kreis – so war das schöne Saarburg angelegt, das bemerkte ich nur nicht. Ich näherte mich einem Rauschen, das von einem Wasserfall mitten im Städtchen kam. Leukbach hieß der Lauf, Tische standen am Geländer, und ich setzte mich, um mit einem Eurostück aus Luxemburg weiteres Geld herbeizuzaubern.

»Na, Glück gehabt?«, fragte Paulus, als ich zum Wagen ging. »Nein«, sagte ich, »aber es war spannend bis zuletzt!«

»Wir versuchen hier, aufeinander zuzugehen«

In Richtung Saarland wurde es stetig schöner. Das kleine Bundesland schien seine Lieblingskarte auszuspielen: Nur die Saarländer wissen, wie schön es im Saarland wirklich ist. Die Weinberge wurden höher, die Böschungen steiler. Ein Zug versuchte dem Lauf des Flusses zu folgen.

Im Herzen von Saarlouis, wo ich ein Zimmer gebucht hatte, lärmte eine Kirmes auf dem Platz neben dem Hotel. Nichts für mich. Ich musste umdisponieren. Saarländer haben nicht nur den Vorteil, dass sie Deutsch sprechen, sie reden überhaupt gern über alles. Ich konnte dem Mann an der Hotelrezeption ohne weiteres klar machen, dass es für mich unter diesen Umständen keinen Platz in der Stadt gebe und ich eher etwas Ländliches mit Blick und Restaurantanschluss suchte. Er telefonierte ein wenig herum und fand ein freies Hotelzimmer im »Margarethenhof« in Überherrn – da fängt wahrer Service an.

Ohne mich wesentlich zu verfahren, fand ich das Haus auf der Höhe etliche Kilometer entfernt. Ich folgte den Schildern zur Klinik Berus immer weiter bergauf.

Vom motelartigen Zimmer blickte man weit ins Saarland hinein. Schlug man sich auf der anderen Straßenseite ein paar Minuten durch die Büsche, lag einem Frankreich zu Füßen.

»Ihr zweites Zuhause im Grünen« war so sehr nach meinem Geschmack, dass ich sofort eine zweite Nacht buchte. Ich wollte nur essen und sonst eigentlich nichts tun. Und schreiben. Und planen.

Mein Zimmer lag in einem Gebäudeteil, für dessen Stil es einmal den Begriff »Bungalow« gab. Ich saß noch lange hinter der Thermopanescheibe und fühlte mich fast wie über den Hügeln von LA. Nachts.

Tags sah man auf die Dächer der alten Bergstadt Berus, die sich auf einer Bergnase gen Osten streckte, und unten im Tal auf eine stattliche Anzahl von Fertig-, Siedlungs- und Wohnhäusern, die bei der Entfernung fast poussierlich wirkten. Durch die Zweige des zaghaft blühenden Apfelbaums sah ich einen Zipfel von Saarlouis. Ein paar weiße, dampfende Schlote und einige Halden im Grün der Ebene vervollständigten das Bild.

Ich musste meinem Paten-Neffen eine Karte mit der Rommel-Route zukommen lassen, damit er jederzeit wusste, wo wir waren – oder nicht waren. Ich musste mich um den Termin beim SWR in Baden-Baden kümmern und um einen reizvollen Ort südlich von Saarbrücken. Eigentlich um einen reizarmen: Der blutige Boden Lothringens lag mir schon jetzt ein wenig im Magen.

Ich machte einen Sonntagsspaziergang ums Haus, bestieg ein »Europa-Denkmal«, das schräg gegenüber neben der modernen »Klinik Berus – Zentrum für Psychosomatik und Verhaltensmedizin« lag. Das Denkmal war den »großen Europäern« gewidmet und war auch selbst sehr groß: Zweimal zwanzig Meter Beton schossen parallel in die Höhe, von neun Stangen notdürftig zusammengehalten. Die großen Europäer waren auf der Empore verewigt: Adenauer, Schuman, Gaspari. Ans Geländer hatte jemand mit Filzstift »Ficken und Euro« gekritzelt. Wenn ich mein Handy über die Brüstung hielt, sprach es Französisch.

Einen Kilometer gen Norden führte die schmale Asphaltstraße an einer kleinen Kapelle vorbei und fiel dann zu Tal, wo ein Feldweg zwischen Wald und Wiesen nach Frankreich abzweigte. Zwar sprang das Handy nicht um, aber neben einer Bank stand ein moderner »Grenzstein«, der mit seiner Inschrift sich selbst zu überwinden suchte. Von deutscher Seite las ich: »Von mir/zu dir/zu mir/von dir«. Von der französischen Seite klang es sofort einen Deut intelligenter: »De moi/à toi/à moi/de toi«. In beiden Fällen spürte man die gute Absicht. Neue Freunde hieß alte Feinde.

Zum ersten französischen Dorf war es zu weit für einen Spaziergang. Deshalb holte ich meinen Wagen und fuhr hinunter ins lothringische Merten. Nur wenige Autos und noch weniger Menschen waren zu sehen. Der »Tabac« an der Kreuzung gehörte Jolivet Schutz. »Loto« (»avec le super Jackpot-Jackpot«) schrieb sich mit *einem* t. Die Bushaltestelle hieß TIM – Transport Interurbain de La Moselle – und das einzige geöffnete Café »L'escapade«.

Am Ortsende dröhnte Oldie-Musik in die laue Luft. Dreißig Autos mit französischen Kennzeichen standen vor dem »Complex Sportiv«. Ein Wohltätigkeitsfest mit Wurst, Bier und Schau-Melken für den guten Zweck. Die Kuh war aus Pappe, lindgrün und zweidimensional, das Euter aus Gummi. Hinter ihrem Rücken verwahrte La Vache mehrere Liter Wettwasser. Als ich mich zu den Schaulustigen gesellte, passierte das Unglück: Jolivet oder auch ein Michel riss zu sehr am Gummieuter und glotzte noch verdutzt auf die Zitze in seiner Faust, als das Publikum schon johlte, feixte und ihm – so von moi zu toi – voll Schadenfreude auf die Schulter klopfte, während sich das Wasser wie aus Eimern aus der Kuh ergoss. Der Schiedsrichter bemühte sich um Schadensbegrenzung.

All das hatte ich mit meinen geringen Sprachkenntnissen verstanden. Ich fühlte mich für Frankreich ein wenig besser gewappnet. Historisch blieb es kompliziert.

Deshalb war ich froh, dass die Gemeinde Überherrn ihre

»wechselvolle Geschichte« in einem kleinen Überblick zusammengefasst hatte:

»Mit dem Ende der Ära Napoleon verliert Frankreich 1815 im zweiten Pariser Frieden die Gebiete um Überherrn und Saarlouis an Preußen. Im deutsch-französischen Krieg von 1870/71 verliert Frankreich Elsass und Lothringen an das neu gegründete zweite deutsche Kaiserreich … Nach dem Ersten Weltkrieg werden Elsass und Lothringen wieder französisch, das Saargebiet unter Völkerbundverwaltung gestellt und die Saargruben Frankreich zur Nutzung überlassen. 1935 entscheiden sich die Bewohner des Saargebietes jedoch für einen Anschluss an Deutschland. Bald darauf gerät unsere Region im Zweiten Weltkrieg erneut zwischen die ›Grenzmühlen‹, und es wiederholt sich die Geschichte von Annexion, Besatzung und Volksabstimmung, in der sich die Saarländer 1955 endgültig für eine Zugehörigkeit zur Bundesrepublik Deutschland entscheiden.«

Bei regelrechtem Kaiserwetter brachte ich am Morgen meine Post zur privatisierten Postagentur, suchte im Radio nach klassischer Musik und auf meiner Karte einen passenden Bogen, in dem ich auf Saargemünd (Sarreguemines) und Reinheim zufahren könnte. An einem Parkplatz auf deutschem Boden kontrollierten zwei französische Motorradstreifen LKW-Fahrer. Das Chemiewerk, das schon vom Berg in Berus zu sehen war, rückte näher, bis die Straße mitten zwischen den Schloten der »Atofina« hindurchführte. (Rechts ging es zu den Polyethylenen!)

Ein Stück weiter machte ich Boxenstopp in einem Einkaufszentrum. Ich hatte mich schon latent dafür entschieden, in Lothringen nicht Kriegsgräber aufzusuchen, sondern den Abend und die Nacht zwischen keltisch-römischer Geschichte in Bliesbruck-Reinheim zu verbringen. Ich deckte mich campingmäßig ein. Es war wirklich an der Zeit, den Wagen endlich zum zweiten Zuhause zu machen. Auch die Römer wohnten gerne schlicht und funktional. Jetzt fehlte nur noch frisches Baguette.

An einer Kreuzung war in der Blumenrabatte ein olivgrüner Wagen der US Army ausgestellt. Industrie wechselte mit bewaldeten Höhen, auf denen man sich Schlachten gut vorstellen konnte. In den Nachrichten lag Bagdad noch immer an erster Stelle. Im Wetterbericht wurde wieder Nachtfrost angekündigt. Post de France fuhr ebenfalls Kangoo, und in einem recht französischen Städtchen, dessen Namen ich vergessen habe, wurde ich daran erinnert, dass es nicht »baguette«, sondern »petit pain« heißt.

Und dann kam die Saar, und sofort wurde ich weich, was den Reiseverlauf anging: Wasser in Städten tut immer gut. Aber es war bitterkalt in Sarreguemines. Schöne Binnenschiffe lagen am sonnigen Ufer und abgewrackte Kähne. Der Name der Stadt bezieht sich auf die Blies, die hier in die Saar mündet. Am Heck einiger Schiffe las ich »Hanweiler«. Nie gehört.

Ein Briefträger erklärte mir den Weg in die Innenstadt. Schöne Straßen, hübsche Gassen, alte Häuser. Aber irgendetwas stimmte nicht. Vielleicht mit mir. Hatte ich meine Brille vergessen?

Um einen Platz an der Fußgängerstraße lungerten Drogenabhängige in der feuchten Eiseskälte in Hauseingängen. Oder harrten dort Bitterarme darauf, dass die Volksküche geöffnet wurde? Es waren aber nur Eltern oder Geschwister, die auf den Schulschluss warteten. Auch nach dieser Entwarnung verließ mich nicht die Sorge um mein Auto, das ich auf einem Parkplatz am Fluss abgestellt hatte. Bunt gemischte Vorurteile. Lächerlich.

Ich schlug einen weiteren Bogen, trank einen Kaffee in einer Kaschemme vor der Brücke, wo sich Zuhälter mit »Ade, Jungs!« verabschiedeten, bevor sie sich in ihren schwarzen Mercedes mit Saarbrücker Kennzeichen warfen. Entweder hatte ich meinen paranoiden Tag, oder ich war nur ein wenig sensibel und bekam die Arbeitslosenquote von Saargemünd durch die Poren gemeldet. Es wurde Französisch geredet, aber auch ohne Mercedes grüßten die meisten »Ade, Jungs« mit Betonung auf dem kurzen A.

Das Thermometer zeigte zehn Grad plus – gefühlt minus. Kein schöner Gedanke, nur Kaltes zum Knabbern zu haben.

Am Parkplatz lag ein Routiers-Restaurant. Die Preise fürs Menü wurden noch in Franc angegeben. Wildschweinragout passte zum Wetter. Die nicht mehr ganz junge Bedienung hatte sich auf Tiger getrimmt, ihren Hund auf Pudel. Er hatte seinen eigenen Sitzplatz. Um mich herum wurde Französisch gesprochen. Und Deutsch. Oder beides am selben Tisch. Das Essen war genauso schmackhaft wie die Einrichtung geschmacklos. Also alles wunderbar – bis Martinshörner zu hören waren, immer näher kamen und drei Polizeiwagen mit quietschenden Reifen auf den Parkplatz einbogen. Die Polizei stürmte ins Postgebäude, aber die torkelnden Täter hatten schon das Weite gesucht: Sie standen sieben Meter weiter auf einem Rasenstück hinter der Post und pöbelten sich an. Offenbar keine Unbekannten – aber immer noch Anfänger.

Jetzt hielt mich wirklich nichts mehr in der Stadt. Außer der alten Schiffswerft gegenüber, die in einem Obstgarten lag. Ich musste über die Saarbrücke und über die Bliesbrücke, wo ein gelbes Ortsschild stand: Hanweiler. Die Straße hieß »An der Fähre«, ein Grill »Bosporus Kebab 2«, eine Wettannahme »Zollschänke«. Die Obstplantage war voll gestellt mit alten Hanomags, neuen Mercedes, einer Hundehütte für ein Fahrrad, zerbrochenen Bänken, auf der Helling ein paar Binnenschiffe. Ein Hagerer mit Blaumann und blödem Hut kam langsam herzu, dann ein Runder, dann ein Jüngerer. Sie waren Besuch von Träumern gewohnt – die natürlich nie Geld hatten. Hamburgern zum Beispiel. »Saarländer haben keinen Bezug zu Schiffen.« Den drei Brüdern gehörte die Werft »Wirotius«. Schifffahrt in dritter Generation. Ein Dutzend Binnenschiffe fuhren für sie. Sie waren wortkarg und auskunftswillig wie nordfriesische Fischer. Ich merkte an, wie viele deutsche Brocken drüben gesprochen würden. »Ach, das sind Beutefranzosen.«

Ich kehrte über die Brücke zu den Franzosen zurück und fuhr hinaus aus der Stadt. Die Straße verließ die Blies, stieß dann wieder zum Fluss und folgte seinem Lauf. Überall Blätter und Blüten. Der Frühling war schon fast auf dem Sprung in den Sommer – und für die Nacht wurde mit bis zu minus sechs Grad gerechnet.

Bliesbruck erwies sich als ein öder Ort, wo der Bürgermeister persönlich preiswerte Baugrundstücke anpreisen musste. Aber die Ausgrabungsstätten »Parc archéologique européen« ein Stück weiter waren eine architektonische Sensation. Weniger, was die alten Bauten anging, sondern vor allem wegen der Art, wie sie für eine Präsentation hergerichtet worden waren. Die Thermen standen in einer riesigen hölzernen Reithalle mit geschwungenem Dach. Sie erhob sich völlig überraschend und doch organisch aus dem lang gestreckten, grünen Tal. Die gläsernen Türen waren verschlossen, obwohl es erst fünf Uhr war.

Ich lief das nur noch knöchelhohe römische Handwerkerviertel ab, wo die einzelnen, frei gelegten Gebäudesegmente kecke Kupferüberdachungen bekommen hatten. Am Anfang des Geländes stand als hölzerner Querriegel die Verwaltung. Ich war nicht der Einzige, der bedauerte, nicht in die Halle zu können. Aber ich war der Einzige, der zu den Büros stapfte und an die Hintertür klopfte. Ein Franzose mit einem Sektglas in der Hand öffnete und sagte etwas auf Französisch. Aus dem Hintergrund kam Stimmengewirr. Ich antwortete sinngemäß: »Ähh – Journalist.« Er ließ mich umstandslos hinein und holte Hilfe. So geriet ich recht punktgenau in den Stehempfang, den »Der Europäische Kulturpark – Bliesbruck-Reinheim« für sich selbst ausrichtete. Das Projekt lief schon länger, aber dies war das erste Mal, dass sich alle französischen und alle deutschen Mitarbeiter gemeinsam und offiziell trafen. Es gab leckere Schnittchen, und der deutsche Landrat war genauso zugegen wie der Generaldirektor und der Kulturdezernent des Département Moselle. Als ich den Dezernenten aus Metz ahnungslos fragte, ob er auch Politiker sei, wehrte er mit beiden Händen ab: Nein, nein, *er* komme von der Kul*tur*!

Die Gattin des Landrats war ebenfalls anwesend. Offenbar war sie in dem Projekt sehr engagiert. Ich wurde dem Archäologen Monsieur Petit vorgestellt, der die französischen Belange betreute – was zuvörderst die Römer waren – und Herrn Müller, der die deutsche Seite leitete – was vor allem die Kelten betraf. Es hätte nur noch gefehlt, dass auch ein Kelte und ein Römer wie zufällig mit einem Glas Champagner dort gestanden hätten.

Ich trank Orangensaft. »Wer nicht trinkt, ist kein Europäer«, bemerkte der Landrat. Was er damit meinte, war: Nach seiner Erfahrung waren Vorschriften und Gesetze noch so wenig aufeinander abgestimmt, dass ein Fortschritt in der bilateralen Zusammenarbeit und das Überwinden von Projekthürden oft nur außerhalb des Protokolls bei einer guten Flasche Rotwein möglich wäre. Wegen der Größe des Themas schien es mir allerdings angeraten, weiter uneuropäisch zu bleiben. Noch waren mir die Römer vor Reinheim nicht so geläufig wie Monsieur Petit. Er war in die Fußstapfen seines Mentors Jean Schaub getreten, der den Boden schon seit 1977 beackerte.

Außerdem schien es mir angeraten, in Reinheim geheizte Logis zu beziehen. Ich erwartete, dass dort das Leben tobte und Politiker den ganzen Abend außerhalb des Protokolls Einigkeit erzielten.

Jean-Paul Petit, zu dem sein Name recht gut passte, sprach ausgezeichnet Deutsch – mit starkem französischem Akzent. Die Grabungen und der Kulturpark wurden von Paris als eine Sache von nationaler Bedeutung eingestuft, was sich in erheblichen Mitteln niederschlug. Forschungsgelder, akademisches Personal, adäquate Architektur. Auf französischer Seite gab es mehr zweisprachige Mitarbeiter als auf deutscher, die mehr als Beschäftigungsprojekt strukturiert war.

Petit war überzeugt, dass die römische Gesellschaft eine offene war, »aber das ist jetzt vielleicht die Idee, die ich mir davon mache!« Nicht zu vergleichen mit der Entstehung der Nationen im 19. Jahrhundert. Die geschlossene Grenze sei ein modernes Phänomen. »Man konnte die Leute nicht hinter Stacheldraht machen, so einfach war das nicht in der Antike … Grenzen sind eigentlich immer Austauschpunkte gewesen.«

Petit stammte aus der unmittelbaren Umgebung, seine Großeltern sprachen beide nicht Französisch, »sondern dieses Fränkisch – diese Platt«. Eine kleine Gemeinschaft zwischen Deutschland und Frankreich ohne richtiges Gewicht. Das Département Moselle sei immer sehr christlich gewesen, sehr konservativ. Die Leute hätten gearbeitet, hätten sich nicht gewehrt – »haben immer von allen Seiten auf die Ohren bekommen«. Vielleicht sei man wegen dieser schlechten Erfahrungen hier ein wenig verschlossen. Das müsste eigentlich einmal richtig aufgearbeitet werden. »Mit mehr wissenschaftlichen Methoden«, sagte Petit, »wenn ich mal Zeit habe, werde ich mich einmal darüber mehr interessieren.«

Die Römer hatten vor zweitausend Jahren die Fußbodenheizung ins Bliestal gebracht. Und ein Wellness-Center in der Größe der Halle, die seine Reste überdeckte. Von hohen Laufstegen konnte man sich einen Eindruck verschaffen: Wasserbecken, Hitzekammern, Plauderlatrinen, Leseraum.

Es wurde still in dem wunderbaren Tal. Es war absolut glaubhaft, dass hier schon in der Bronzezeit gesiedelt wurde oder dass die Kelten hier ihre Notablen zur letzen Ruhe gebettet hatten. 400 vor Christus bauten sie das berühmte Hügelgrab der »Fürstin von Reinheim«; vierhundert Jahre später kamen die Römer. Würde ich die gerade Straße an den Ausgrabungen entlang bis zur Bliesbrücke von Reinheim mit dem Tretroller fahren, den ich noch nicht hatte, würden bei jedem Abstoßen vom Boden etwa fünfzig Jahre vergehen.

Ungehindert kam ich nach Deutschland und über die Brücke nach Reinheim. Halblinks durch den Ort führte die Straße auf ländliche Höhen, aber ich musste zur Pension Mehler den besiedelten Hang hinauf in den Teil, wo der Traum vom Eigenheim viele, viele Male Wirklichkeit geworden war. Hausherr Mehler atmete mehr, als dass er sprach: »Wir versuchen hier, aufeinander zuzugehen.« Er machte sich Sorgen wegen des Nachtfrosts. Wir sprachen über den Trick, der in der Tagesschau genannt worden war: Wärmeschutz durch Eis. Man sollte Knospen und Blüten kurz mit dem Gartenschlauch ansprühen – den Rest besorgte dann die Physik. Mehler zog es vor, zu evakuieren, was zu evakuieren war.

Meine Idee, etwas über die Fahrt fürs Radio zu machen, war beim Südwestfunk auf Interesse gestoßen. Ich hatte eine Verabredung mit Dr. Herbert Antl. Und endlich konnte ich am nächsten Nachmittag bei einem Ausflug in die felsige Südpfalz den Roller abholen, der mich auf der weiteren Reise begleiten sollte. Mir blieb sogar noch Zeit für den Schlusspunkt des Kapitels Lottoglück. Ich ließ die Unterlagen für das »Sorglospaket« mit Leibrente in einer der Annahmestellen von Rheinland-Pfalz gegenlesen und bekam: 2,50 Euro.

In aller Frühe verließ ich Reinheim Richtung Frankreich. Ich wollte einen weiten, aber gemächlichen Sprung machen. Ich freute mich auch auf Baden-Baden, das jeder kannte außer mir und wo ich abends ankommen musste, um meinen Termin beim SWR wahrnehmen zu können.

Es waren vierundzwanzig Kilometer nach Bitche. Ich fuhr dahin, weil das Schild dahin zeigte. Ich wollte für den Tag kein Museum und keinen Weltkrieg, ich würde auch in keine Kirche gehen und in keine Kunstausstellung. Wild weidete auf einer Wiese. Ich war in Frankreich und sah das erste Haus, das mir Spaß machte. Die Landschaft öffnete sich mehr und mehr. Ich war gespannt, ob ich den Unterschied zwischen Lothringen und dem Elsass spüren würde. Ich war mit meinen Gedanken schon weit voraus, als an einer Abzweigung ein Schild auftauchte: »Ligne Maginot 2 km«. Ich wollte wirklich weiter geradeaus, aber das Auto fuhr im letzten Augenblick doch nach rechts. Einen kurzen Blick auf die Reste der Geschichte sollte ich ruhig riskieren. Ich fuhr auf einen kleinen Weiler zu. Dann kamen undörfliche Siedlungshäuser an der Straße. Rechts eine brüchige Mauer. Ein blaues Plakat wie für einen Doku-Schocker im Privatfernsehen: »Simserhof, das uneinnehmbare Fort«. Das Gelände sah aus wie die Zufahrt zur ersten Landvideothek in den neuen Bundesländern nach der Wende. Ich parkte, lud meinen Roller aus und überflog eine Tafel, auf der von einer »der größten unterirdischen Befestigungen« und »heldenhaftem Widerstand« die Rede war. Ich machte mich auf allerhand Beton gefasst. Der Weg führte in Serpentinen steil bergab. Obwohl ich permanent bremste, beschleunigte der Roller immer mehr. Die kahlen Bäume gaben den Blick frei in den Talkessel: auf zwei neue, große Gebäude und auf die Einfahrt in einen Stollen. Es war kein Mensch zu sehen. (James Bond stieß immer auf solche hochmodernen Geheimzentralen am Ende der Welt – nur nicht auf einem Tretroller.)

Ich betrat das linke, bis zum Dach verglaste Gebäude und glaubte in einer Kunsthalle zu sein, die an einen Militariahändler untervermieten musste. Die Bücher, CDs und Videos auf den stilvollen Regalen hießen »Best of Blitz«, »Best of WW2 – English Marches«. Flugzeugmodelle für zweiundzwanzig Euro. Es war so befremdlich, dass ich sofort eine repräsentative Auswahl traf. Ich nahm den Mini-Guide »Verdun – La contre-attaque française«; er wirkte wie ein lackiertes Landser-Heft. Ich wählte die am frohesten gestimmte aller CDs, »Les chansons de la libération« mit Edith Piaf, Fernandel, Maurice Chevalier; und ein silbernes Taschenmesser, mit Löffel und Gabel integriert. Letzteres wollte ich wirklich – trotz des Aufdrucks »Simserhof«.

Ich wollte bezahlen und mich wieder davonstehlen, als ich von einer jungen Frau mit französischem Akzent auf Deutsch angesprochen wurde. Marie-Claire Seibert war »Ansprechpartnerin für Deutschland« des Projekts Simserhof. Sie fragte mich, wie ich hierher gefunden hätte, immerhin sei die Präsentation noch recht neu. Unter dem sanften Druck ihrer Freundlichkeit ließ ich mich zur Filmvorführung überreden und zur anschließenden Fahrt durch die »spektakuläre Szeneographie« im Stollen. Ich war der Einzige in der deutschsprachigen Vorführung. Die Idee zur Maginot-Linie war eine unmittelbare Folge des Ausgangs des Ersten Weltkriegs. Frankreich fühlte sich allein gelassen und bedroht und suchte Schutz durch eine Art unterirdischer Mauer, die vom Mittelmeer bis zur Nordsee reichen sollte. Planung und Bauzeit betrugen fast zwanzig Jahre, allein die Befestigungsanlagen des Simserhofs kosteten 118 Millionen Francs, etwa siebzig Millionen Euro. Tausend Arbeiter schufteten hier Tag und Nacht. 876 Soldaten konnten bis zu zwei Monate ohne Nachschub in den hoch technisierten Gängen, Stollen und Geschützstellungen ausharren. 1938/39 war die Anlage fertig. Am 10. Mai 1940 begann der »Blitzkrieg« der Deutschen, sie umliefen die Maginot-Linie, die nicht überall lückenlos war. Am 22. Juni ergab sich Frankreich, erst am 30. Juni der Simserhof. Zehn Jahre Bauzeit und ewiges Warten tief unter der Erde für fünfzig Tage Krieg, der ganz woanders stattfand. Ich fühlte mich durch den Film gut informiert, und er berührte mich, weil er konsequent den französischen Blickwinkel wiedergab.

Ich fuhr auch noch mit der Geisterbahn in den eiskalten Beton. Aber das halbstündige Spektakel im Stollen hätte ich nicht gebraucht. Vom Simserhof selbst zusammengefasst, lautete es so: »Nach der Heraufbeschwörung der Lebensbedingungen der 876 Soldaten entdecken Sie die Kollektionen von Waffen und technologischer Ausrüstung der Epoche. Während Ihrer Besichtigung werden Sie durch zahlreiche Spezialeffekte die Sturm- und Bombenangriffe der letzten Tage vom Juni 1940 an der Seite der Soldaten miterleben.« Dann wurde ich aus der soundeffektivierten Kriegsvideowelt zurück ans Licht gerollt. Mir schien das irgendwie nicht der richtige Ansatz. Ich sagte das aber nicht so deutlich.

Es war der Tag, an dem die Innenstadt von Bagdad eingenommen wurde.

Ein freiwilliger Helfer, ein Pensionär aus Bitche, dessen Leidenschaft der Simserhof war, nahm mich und den Roller in seinem Wagen mit hinauf zum Parkplatz. »Das ist ein Service, den wir sonst auch Behinderten bieten«, sagte Marie-Claire und gab mir noch eine Hand voll der dramablauen Plakate des »fort invincible« mit auf den Weg – es könnte ja sein …

Im lothringischen Städtchen Bitche fragte ich zwei Alte nach der Touristinformation, der eine guckte auf die Kirchturmuhr und sagte: »Da müsse Se sisch aber tummle!«

Im Dorf Niedersteinbach kehrte ich im vornehmen »Le cheval blanc« ein und verwählte mich beim preiswertesten Menü: Es stellte sich als Schweinebauch an Linsen heraus. (Ich kam ja nicht von Rodeln!) Ich konterte mit der Eintragung: »Die elsässische Küche wird im Allgemeinen überschätzt.«

In Wissembourg parkte ich für zehn Cent eine Stunde direkt vor einem der meistfotografierten Dächer des Elsass. Hier wurde man gegrüßt, hier standen noch verbeulte R4 ganz dicht an die Hausmauer geparkt.

»Dann kommen Sie doch einfach in ein paar Stunden vorbei«

Ich nahm die linke Rheinseite – also die in Fahrtrichtung rechte – und setzte ein Dutzend Kilometer weiter südlich mit »Le bac de taille«, der Gierfähre, von Seltz nach Plittersdorf über. Sie zog sich selbst zwischen zwei schwimmenden Brücken an einem Seil durch die Strömung. Zwischen Rotterdam und Basel gab es nur noch diese eine Fähre, die so funktionierte. Es ging langsam und umständlich, war also eine angemessenere Art, die Grenze zu überqueren, als bei der Staustufe Iffezheim über die Brücke zu jagen.

Baden-Baden lag an grünen Hängen in der Abendsonne. So hatte ich es mir vorgestellt. Ich hatte allerdings nie an Stadtautobahnen oder Villen, die unter Hochbrücken liegen, gedacht. Und – wie immer – nicht an einen Stadtplan.

Ich wagte mich dichter ans Zentrum und bekam eine siebenminütige Erklärung für eine zwanzigminütige Anfahrt, die für den eventuellen zwölfminütigen Fußweg nur zwei Minuten gedauert hätte. Ich fasste diesen Eindruck abends bei einem Weizenbier im Bistro Amadeus am Leopoldsplatz zu einer längeren Notiz unter der Überschrift »Wege zur Gesundheit« zusammen: »Als man Baden-Baden noch mit der Pferdekutsche ansteuerte, konnte man sicherlich leichter von allen Seiten bis in den Ortskern vordringen als heutzutage. Aber wer einmal das neue Verkehrsleitsystem samt der Durchtunnelung durchschaut hat, kommt manchmal bis auf Ruf- oder Sichtweite an sein Hotel heran. Einige sollen es sogar auf Anhieb bis zum Haupteingang geschafft haben. Da selbst Durchgangsstraßen als Fußgängerzonen getarnt sind, schleichen die Autos nur geduckt und schuldbewusst um die Ecken, was die Ruhe, die einer Kurstadt so gut zu Gesicht steht, noch optisch unterstreicht.«

Das »Hotel Deutscher Kaiser« lag in einer Einbahnstraße, die in einer Sackgasse endete, was man als ein Optimum an Beruhigung und Ruhe ansehen konnte. Die rötliche Fassade zierten weiße Fensterläden, man wähnte sich fast schon in Salzburg – aber noch lange nicht in Rimini. Ausnahmsweise durfte ich noch im völlig mit Autos zugestellten Hinterhof parken.

Da in der Bierstube des Hauses nicht ein einziger Gast saß, ging ich um die Ecke ins Amadeus, zumal mir der Kellner so freundlich den Weg gewiesen hatte, als ich dort endgültig ratlos angehalten hatte. Ich kritzelte in mein Notizbuch, trank ein weiteres Weizenbier, sah durch die raumhohen Scheiben hin und wieder Nachtmenschen den Platz kreuzen und machte mich pflichtschuldigst auf einen kleinen Rundgang durch die sehr ruhige Stadt. Im Kurhaus würde Thomas Freitag in wenigen Tagen sehr viele Zuhörer zum »Millionär in achtundneunzig Minuten« machen. Mein Eindruck war, dass etliche der Kurgäste in Brenners Parkhotel das schon vor Jahren geschafft hatten.

Noch während Harald Schmidt an seinem Studioschreibtisch saß – und ich im Bett –, entstand immer wieder Remmidemmi auf der Gasse, dessen Lautstärke an Rimini denken ließ. Gegröle von Jugendlichen – auch auf Französisch. Alle Viertelstunde verwandelte sich die verschlafene Merkurstraße für

Minuten in einen lärmenden Corso mit vagabundierenden Gestalten. Mysteriös. Dank meiner kurzen Trinkkur schlief ich trotzdem ein.

Beim Frühstück konnte die Hotelchefin, Ulrike Huber, die Sache blitzschnell und wunderbar erklären: Ihr Sohn stand in Französisch auf einer fünf, und deshalb hatte sie sich bereit erklärt, zwei französische Austauschschüler aufzunehmen, obwohl gerade ein Kinokongress in der Stadt war – »Aber was tut man nicht alles!« –, und als die anderen Franzosen mitbekamen, dass die zwei nicht nur draußen im Forellen-Hof – »Kennen Sie, nicht wahr? Das gehört auch zu uns« – ein Fünfgängemenü bekamen, sondern sich auch in ihrem Stadtdomizil ein Bierkeller befand – »Können Sie sich denken. Aber hallola, bumm, die Fete jeden Abend!« – »Aloa?«, fragte ich. – »Kennen Sie nicht? La Boum, die Fete mit Sofie …? Sind Sie wahrscheinlich zu jung. Fragen Sie mal Herrn Ach!« Und sie bezog den Kinobesitzer Ach, der sich gerade zum Frühstück setzte, mit ein: »Herr Ach, La Boum, die Fete – der lief doch bestimmt bei Ihnen?« Ulrike Huber sprach nur doppelt gepackte Sätze in einem irrwitzigen Tempo: »Ich bin Jungfrau, deshalb bin ich im Hotelfach. Aber Sonntag fahren die wieder ab. Gott sei Dank!«

Ich trug meine Sachen zum Wagen. Ich hatte alle zugeparkt. Ein Autobesitzer kam zu seinem Fahrzeug. Süddeutsches Kennzeichen. Er betrieb ein Programmkino in Oberstdorf. »Da komme ich sicher vorbei!«, sagte ich. Er gab mir seine Visitenkarte. Wir gingen zurück zur Rezeption. »Sehen Sie! Sie müssen öfter kommen«, sagte Frau Huber, »hier lernen Sie immer interessante Leute kennen!«

Der Weg zum SWR war gut ausgeschildert. Ich fand es sehr erhebend, zwischen den Gebäuden in Hanglage, in dieser kleinen Welt für sich, umherzugehen: Alfred-Döblin-Haus, Günther-Eich-Haus. Ich fand es auch erhebend, mit dem Redakteur Unterhaltung/Feuilleton, Dr. Herbert Antl, so schnell eine prinzipielle Einigkeit herstellen zu können. Wir tagten kurz in seinem voll gestellten Zimmer. Sein Schreibtisch sah aus wie meiner. Seine Stimme hatte die Art von Timbre, die genaueres Wissen über die Farbe seiner Jacke, die Dichte seines Haarwuchses oder seinen Leibesumfang völlig überflüssig machte. Sie »trug«, wie man wohl sagt. »Radio ist ein sensibles Medium, es erzeugt Bilder, die man mit ganz einfachen Mitteln erzeugen kann. Es ist sehr … ääh … sinnlich – wird aber leider viel zu oft zugequatscht«, sagte er. Ein Kollege kam hinzu. Wir besprachen den möglichen Stil von Reportagen über die Reise. Nur was die Aufnahmetechnik mit einem Minidisc-Recorder betraf, konnten sie mir keinen Rat geben.

Die größte Chance, ein passendes Gerät zu finden, bestünde im nahen Rastatt.

Die raumplanerische Aufgabenteilung schien die zu sein, dass Raststatt alle die Gebäude zu beherbergen hatte, die für Baden-Baden zu hässlich, zu popelig oder in anderer Weise störend wären. Das hatten sie wirklich gut hingekriegt. Das Gewerbegebiet war relativ leicht zu finden, das Technikkaufhaus Octomedia, das auf seine Lastwagen sicherheitshalber »neben Real und TÜV« geschrieben hatte, nicht zu übersehen. Es lag neben einer Zentrale von Aldi-Süd, also im Zentrum des Wirtschaftsgeschehens.

Bei den MD-Recordern fand ich Herrn Hage, und Herr Hage nahm alles Weitere in seine Hand. Er analysierte meine Bedürfnisse, beriet umfassend, kannte keine kleinlichen Kompetenzgrenzen, die ich vorher in anderen Häusern als so quälend empfunden hatte (»Mikrofone macht mein Kollege«), und schritt dann zu seinem Grundkursus. Vor meinen ratlosen Augen verstöpselte er die Geräte seiner Wahl, brachte mich und sich in Stellung und fragte mich dann auf einen Meter Abstand vom Mikrofon »Wie heißen Sie?« oder »Wie ist das Wetter heute?« Ich antwortete. Das wiederholten wir, bis wir auf fast zwanzig Meter Abstand, jeder an seinem Ende des Regals, standen.

Ich fand es großartig, schon die ersten O-Töne für den Rundfunkbeitrag gemacht zu haben. Wir gingen noch einmal ganz langsam alle Schritte durch, bis ich mich sicher fühlte. Das neue Gerät musste zuerst mehrere Stunden geladen werden. »Oh«, sagte ich, »das ist schlecht.« – »Wissen Sie was«, sagte Hage, »ich lade das hier für Sie, und Sie kommen dann wieder vorbei. Sollte ich nicht mehr da sein, weiß meine Kollegin Bescheid! Sollten Sie Fragen haben, rufen Sie einfach an.« Sicherheitshalber tauschten wir die Visitenkarten aus.

Ich hatte sogar schon einen Stadtplan von Straßburg. Gut für die Wartezeit. Neben den bunten Bildern auf der Rückseite stand zu lesen: »Durch seine starke Identität ist Straßburg eine Weltbürgerstadt mit lateinischem und germanischem Charakter.«

So einen Weltbürger wollte ich dort besuchen. Rein privat.

Erschütternderweise war mein Fachberater nicht da, als ich das Gerät abholte. Als verwöhntem Kunden setzte mir das etwas zu.

In der Rheinebene auf dem Weg nach Straßburg übte ich das Zusammensetzen der nagelneuen technischen Herausforderung. Dabei stellte ich fest, dass Herr Hage (oder ich) vergessen hatte, unsere besprochene Minidisc beizulegen. Schade – aber nichts zu machen. Immerhin: Offenbar beherrschte ich die Aufnahmetechnik. »Hello«, begrüßte mich das Gerät mit zierlichen Buchstaben. »Good bye« konnte es auch schreiben. Nur abhören konnte ich es noch nicht. So weit waren wir in den Lektionen nicht gekommen.

Auf der anderen Rheinseite, zehn Kilometer vor Straßburg, war Frühling. Obstbäume blühten, und in Gärten wühlten Menschen in der Erde. In einem kleinen Ort fuhr ich von der Hauptstraße ab und machte Rast an einem Fluss. Die Vögel sangen, das Wasser war dreckig, ein toter Fisch schlief mit dem Kopf am Ufer. Ich rief Hans-Walter, einen ehemaligen Schulkameraden, an, und wir verabredeten uns für den späten Nachmittag. Ich machte eine Siesta und nahm eine Trockendusche, indem ich T-Shirt und Pullover wechselte.

Hans-Walter Schlie arbeitete bei ARTE. Ich brauchte nur den Schildern zu folgen, die zu dem nächsten Parkplatz in unmittelbarer Nähe führten. Wie jede Weltbürgerstadt begann Straßburg ein wenig ungewiss und schmuddelig. Dann riss es sich zusammen, übertrieb kurz danach maßlos mit den neumodischen Gebäuden der europäischen Institutionen, fand sich wieder deutsch-gründerzeitlich zurecht und spielte dicht am Zentrum öfter die französische Karte aus: großer Platz, Kreisverkehr, gestutzte Bäume, ein gesellschaftstragendes Gebäude. Straßburgs ureigenster Beitrag dazu: hypermoderne Straßenbahnen, die ihre benutzerfreundlichen Eingänge fast übers Pflaster schleiften.

ARTE gab es für mich als zwei fest eingespielte Bilder. Das eine stammte aus einer Selbstbespiegelung oder einer Dokumentation über den Sender und zeigte den gelben Innenhof. Man sah es bei weitem nicht so oft wie das zweite »Image«: die springenden Einschlafschafe. Das dritte vergaß ich: den nicht zu verwechselnden orangefarbenen Schriftzug. Ohne ihn hätte ich nicht geglaubt, dass das in die Häuserfront der Rue de la Fonderie eingelassene, unscheinbare Gebäude die richtige Adresse war. Hans-Walter holte mich unten im Empfang ab, zeigte mir den gelben Patio, dann fuhren wir hinauf in sein kleines Büro und versuchten die Verbindung herzustellen. Wir kannten uns so gut, wie sich Parallelklassenkameraden nach ein paar Jahrzehnten kennen: fast gar nicht. Also machten wir die Runde über die, die wir kannten, das Klassentreffen vor einigen Jahren und was aus dem oder dem geworden war. Ich fand die Gruppe damals angenehm und unambitiös, erstaunlich siebziger-Jahre-homogen und überraschend sympathisch. Keiner hatte durch extreme Karriere charakterlichen Schaden erlitten. Im Gegenteil.

Hans-Walter gehörte nicht zur Programm-Seite von ARTE und nicht zur administrativen, sondern zur operativen: »Directeur du Développement et de la Coordination«. Auf Deutsch klang das nicht ganz so gut, aber einen Tick präziser: »Bereichsleiter strategische Entwicklung und Koordinierung«. Er hatte nach seinem lustlosen Jurastudium – irgendwann und endlich –

promoviert und später an der Pariser Elite-Kaderschmiede ENA, der »École Nationale de la Administration«, Verwaltung gelernt. Über ein Praktikum im Kulturministerium und einen Job bei einem Fernsehsender war er schließlich in jene eingesetzte Vorhut gekommen, die die bloße Idee »arte« auf eine Ebene der Machbarkeit und Lebensfähigkeit verhandeln und planen sollte. Seine Qualifikation bestand in einer gewissen Kenntnis der Strukturen – das zentralistische Frankreich auf der einen und das, gerade in der Kultur, sehr föderalistische Deutschland auf der anderen Seite –, der Rechtssysteme *und* der Mentalitäten beider Gründerländer.

Ich nutzte die Chance der Vernetztheit und ließ mir von meiner Freundin aus La Palma ein Fax schicken, das ich unterschreiben sollte, auf dass es uns einen weiteren kleinen spanisch-bürokratischen Schritt in Richtung Heirat brachte. Auf ihrem Anschreiben stand bewundernswert korrekt: »À l'attention de Mr. Hans Walter Schlie«.

Seine Frau und die Kinder waren bei den Schwiegereltern in Spanien, ich konnte bei ihm in der Wohnung übernachten und durfte nicht tun, was ich vorgehabt hatte: in meinem Schlafwagen-Büro auf dem Gelände von ARTE zu campieren.

Zunächst suchten wir im Parkhaus nebenan über alle vier Etagen sehr lange den Saab des Directeur de la Coordination. Das war recht sympathisch.

Wir fuhren im Konvoi durch den Feierabendverkehr, der angesichts der Pariser Kulisse ausgesprochen mickrig wirkte. Beim Linksabbiegen vom Boulevard in sein Wohnquartier standen wir jedenfalls kaum eine Minute. Der Fahrstuhl fuhr bis in den obersten Stock. Eine Dachwohnung mit Garten oder eher umgekehrt: eine sehr große Dachterrasse mit einer kleineren Wohnung. Blick über die Stadt bis zum Münster. Theoretisch auch in die Vogesen, den Schwarzwald und bis an die Alpen. Wir tranken Tee im Wintergarten.

Mit der Programmzeitschrift von ARTE und dem Erscheinungsbild des »Europäischen Kulturkanals« befasste sich Hans-

Walter Schlie ebenfalls. Die frisch gedruckte fünfzigseitige Imagebroschüre gab es in drei Sprachen. Auf dem Cover ein Farbiger: Es zeigte das bunt bemalte Gesicht eines schwarzen Jungen. Ich hätte das Foto auf der vorletzten Seite als Titel gewählt: Ein Anstreicher hängt an einem Seil in ungewisser Höhe vor einer ramponierten Betonfassade und verteilt mit einer kleinen Rolle am ausgestreckten Arm orangerote Farbe. Das war auch Hans-Walters Favorit gewesen, aber letztlich war anders entschieden worden.

Das Organogramm von ARTE wirkte so kompliziert wie die EU. Fünfzig Prozent von hier, fünfzig Prozent von dort, aber damit war man noch lange nicht bei hundert. Jeder bespeiste seinen Einfluss mit Unter- und Nebeneinfluss, und dazu kamen noch die, die noch gar nicht dazugehörten. Neben der französischen und deutschen Beteiligung gab es noch Kooperationen mit sieben anderen europäischen Sendern.

In Straßburg bewegte man mit etwa 370 Mitarbeitern ein Budget von gut dreihundert Millionen Euro. Die Zentrale im Elsass produziert und liefert zwanzig Prozent des Programms.

Man könnte ARTE als eine Vision von François Mitterand bezeichnen, die in der Praxis allen recht viel abforderte. Hans-Walter wunderte sich immer noch: »Allein diese Idee!!«, sagte er und schlug sich an die Stirn. »Dass das überlebt hat, ist ein kleines Wunder.« Unterschiede gebe es schon in so simplen Dingen wie einer verschiedenen Primetime der Länder. Die Franzosen hätten auch ein ganz anderes Verständnis von Krimi. Dazu die ganze Übersetzungsarbeit. Die tägliche Koexistenz der Mitarbeiter hatte jedenfalls zu einer ganz neuen Identität geführt, dem Kauderwelsch: Oft sprach man eine hauseigene Mischung aus Französisch und Deutsch. Es entstehe ein kleiner Stamm »sui generis«, wie wir – die wir nie unser Latein ganz gelernt haben – beiläufig sagen würden.

Hans-Walters Kinder machten sich gerne über ihren Vater lustig, weil er immer noch einen deutschen Akzent habe. Und am besten finde seine spanische Frau, dass er, wenn er müde von des Tages Arbeit zu Hause vorm Fernseher sitze, seinen Sender auf Deutsch sehe.

Wir machten uns auf in die Stadt, strichen kurz durch die Gassen, die um den fantastischen Dom lagen, und gingen in eines der typischsten der typischen Elsässer Restaurants. Ich bestellte ganz bewusst Innereien und war fürchterlich enttäuscht, dass man sie zu einem prallen Darm verurteilt hatte: eine eiskalte, fleischfarbene Wurst.

Hans-Walter lebte gerne in Straßburg, konnte sich aber nicht vorstellen – wir waren alt genug für dieses Thema –, hier seinen Lebensabend zu verbringen. Aber wo gehen Weltbürger dann hin? Wieder nach Hause? Und in wessen Zuhause? Bei seinen Kindern konnte er beobachten, wie gewandt sie sich zwischen den Kulturen bewegten, aber es beschlich ihn manchmal der Verdacht, dass sie keine eigene, eigentliche Identität entwickelten. Sie wuchsen nicht nur bi- und multikulturell auf, sondern auch im Heimatland der Identitätsprobleme: dem von der Geschichte gebeutelten Elsass. »Die Elsässer haben Unglaubliches mitgemacht. Alles war ihnen weggehauen«, sagte er.

Wir bestellten einen letzten Wein. Und fassten zusammen: Hans-Walter beendete einen historischen Exkurs über das Zusammenwachsen, in dem er von der Donau bis Belgien kam, mit dem Satz: »Es ist noch keine Grenze von selbst gefallen.« Und eine längere Einlassung über die Erwartungen an die europäische Idee mit dem Kommentar: »Mein Gott noch mal, was daraus mal wird! Ich weiß nicht, wohin das alles führen soll …«

Wir gingen heim durch heimelige, gelblichtige Gassen, durch offene Grauzonen, die jetzt nachtschwarz waren – außer dem wohl größten Kino von Europa mit den vermutlich wenigsten Zuschauern –, machten einen kleinen Schlenker in eine Sackgasse zu einer verwunschenen Villa, die Hans-Walter schon lange gern gekauft hätte – und ich auf der Stelle! –, ließen das Geld aber stecken und fuhren mit dem Fahrstuhl hinauf in das Erreichbare.

Fast ein Schock – also zwölf Dutzend – Kuscheltiere warteten im Kinderzimmer des Sohnes auf mich. Ich nahm noch die allerletzten Vorworte des Präsidenten mit in den Schlaf: »Europa wächst – ARTE wächst mit!«, und zwar »basierend auf unseren Leitwerten Offenheit, Respekt und Wärme«. Schafe brauchte ich heute nicht.

In einer letzten Nachbereitung der Nachtdenklichkeiten stellte Hans-Walter morgens die Frage in den Raum, ob von all der jahrelangen Arbeit überhaupt einmal etwas Beständiges bliebe. »Na klar!«, sagte ich etwas müde. »Zum Beispiel … zum Beispiel: die Schafe!«

Hans-Walter musste zum Tennis und ich an die Traubenhänge südlich von Straßburg. Ich hinterließ für die Kinder ein Bilderbuch von mir. Er schenkte mir einen großen dicken Journalistenblock. Ein leeres Buch.

Ich ließ Straßburgs Vorstädte und Einkaufszentren hinter mir. Alcatel und Krafft und andere Unternehmen breiteten sich kraftvoll in den Auen aus. Bei Marckolsheim bog ich Richtung Vogesen ab und fuhr auf all die vielen anderen -heims zu, die sich mit etlichen -wihrs und einigen -willers die Weinberge teilten. Wyhl rauschte auf der deutschen Rheinseite an mir vorbei.

Die wirklich ebene Ebene war noch nicht zu Ende, als der Herrgott mit der Bergkette als Hintergrund ein berühmtes Motiv der semireligiösen Landschaftsmalerei aufleuchten ließ: Die Wolken hatten sich so geordnet, dass sie die untergehende Sonne in vollkommen geometrischen Strahlen auf die Erde sandten, wo rechtschaffene Menschen die Felder zu seinem Wohlgefallen gepflügt hatten und nach dem Tagwerk in ihren gefälligen Häusern mit der Familie bei der wohlverdienten Mahlzeit saßen. Vielleicht waren einige auch im Restaurant. Die Dörfer stimmten sich langsam auf ihre Rolle als Puppenstuben ein: Sie walmten die Dächer, tönten die Farben runter, zogen mehr und mehr Fachwerk ein und rücken dichter zusammen.

Ich kurvte durch kleine Ortschaften, die im steten Wechsel mal charmant und mal spröde wirkten. Vielleicht fehlte ihnen die Sonne. Ich stolperte über keine Landpension, die dringend zum Bleiben aufforderte. Mir stand der Sinn sowieso mehr nach einem Campingplatz oder einem versteckten Feldweg. Die Weinstöcke rankten kahl und monoton an überdimensionalen Stehhilfen, die wie abgesägte Tankstutzen aussahen. Das Ganze war von fast industrieller Akkuratesse. Menschen sah ich kaum.

Bei Beblenheim stieß ich tatsächlich auf einen Campingplatz, für den die Saison allerdings noch nicht begonnen hatte. Ich fasste den Vorplatz für die Nacht ins Auge – dagegen könnte schwerlich jemand etwas einwenden – und wartete die letzte Dämmerung im Bierkeller »Gambrinus« ab. Er lag versteckt im Ortskern, ein paar Stufen abwärts. Derbe, dunkle Einrichtung, Humpen auf Hängeschränken.

Sonne bekam der Gegend gut. Sie war hinterm Schwarzwald aufgestiegen und machte die geografische Grundkonstruktion sehr deutlich: Die Vogesen waren der Schwarzwald des Elsass. Und umgekehrt. Die beiden Bergketten teilten sich die weite Ebene dazwischen, und der Rhein teilte das Ganze. So hatte ich es schon seit der Unterstufe im Diercke-Atlas gesehen, jetzt sah ich es zum ersten Mal als Landschaft.

Der Weg führte automatisch über Colmar, und selbstverständlich stellte ich das Auto kurz ab – ich ließ den Roller auf dem Dach, wo ich ihn gut festgebunden hatte – und ging auf einen schnellen Blick in die Stadt. Durch völlig ruhige, winklige Gassen, die mich für Minuten glauben ließen, der Name dieses Kleinods habe sich noch nicht herumgesprochen. Natürlich waren die anderen schon da. Sie tummelten sich auf den Flächen um die prächtige Kathedrale, die ich daran erkannte, dass der Kiosk auf dem Platz nach ihr benannt war. Sie saßen vor den Cafés in der Sonne, aber es waren genug Bistros und Bars für alle da und so viele Straßen mit schönen Häusern, dass man problemlos einige der Gebäude nach Ostbelgien versetzen könnte, ohne dass dies Colmar wesentlichen Abbruch tun würde. Ich wusste nicht, was bewahrt und was wieder aufgebaut war, aber angesichts dieser Stadt konnte man nur über alle anderen Städte weinen, die sich selbst im Krieg verloren hatten.

Zum Rhein hin wurde die Ebene so plötzlich und so unwirklich flach, dass man denken konnte, die Berge seien der Länge nach hingeschlagen. Direkt zwischen Neu-Breisach und Breisach, zwischen dem Grand Canal d'Alsace und dem Rhein hinter einem Kraftwerk und der Schleuse, lag eine Insel unter der Brücke mit dem sinnigen Namen L'île du Rhin. Sie roch förmlich nach Freizeitpark. Sie hatte etwas, das ich suchte: einen geöffneten Campingplatz. Ich checkte für 7,43 Euro ein, besah meinen Stellplatz und die Sanitäranlagen, wurde noch mit der rigiden Hausordnung bekannt gemacht (»Besuche sind unbedingt im Büro zu melden«, »Wäscheleinen von Baum zu Baum zu hängen ist verboten«), entdeckte sogar eine Münz-Waschmaschine und fuhr mit dem guten Gefühl, in dieser Nacht sicher und legal aufgehoben zu sein, über die Brücke nach Deutschland.

Es war strahlend-heißes Kaiserstuhlwetter, und in der Innenstadt von Breisach drängelten sich die Menschen, als feierte der Kaiser tatsächlich seinen Geburtstag: Kohorten von Rad- und Motorradfahrern, eine Eis essende Menge halb entblößter Leute auf der Suche nach Erholung. Die Menschen schoben sich, zusammen mit den Autokolonnen, durch die wenigen Straßen.

Bergauf in den Kaiserstuhl verliefen sie sich erstaunlich schnell. Die schmale Straße war tief ins Terrain eingegraben. Vom Stuhl keine Spur, eher erinnerte die vulkanische Landschaft stellenweise an altersschwache Bänke. Rundwanderer hatten ihre Autos in die Hänge geparkt. Die Weiler hießen »Wein- und Ferienort« oder »Heimat des Grauburgunders«. Mountainbiker schwitzten in steilen Kehren in der Sonne. Der »Schwarze Adler« in Vogtsburg-Oberbergen, der älteste Gasthof am Kaiserstuhl, mochte seine Nachmittagspause meinetwegen nicht verkürzen, und so setzte ich mich am Ortsausgang auf eine Spargelsuppe in die Gartenwirtschaft »Mondhalde«. Ein Konvoi gesättigter Veteranenautofahrer startete zur nächsten Etappe, erschöpfte Wanderer warteten auf ihre Radler, und die Frau am Nebentisch schloss jeden Satz an ihr Gegenüber mit »Gelt, Peter?!«

Das »Hotel am Münster« in Breisach besaß nach eigener Auffassung »eine Terrasse, die die vielleicht schönste Aussicht auf Rhein und Vogesen hat«. Das stimmte vielleicht. Und auf meinen Campingplatz auf der Insel. Und auf den Wohnmobilparkplatz direkt unten am deutschen Ufer – eine imposante Menge an rollendem Material. Und in südöstlicher Richtung sogar auf die Zugspitze. Das Letzte stimmte nicht, sondern kam dem jungen, sehr korrekten Anlernkellner aus Versehen über die Zunge. Ob meines erstaunten Ausdrucks änderte er mit leichter Verbeugung und Erröten in »… den Feldberg, selbstverständlich«. Aber auch diese Behauptung wurde am Nebentisch korrigiert. Es sei der »Soundsobergii«. Ich verstand nicht ganz, beim zweiten Nachfragen immer noch nicht und bedankte mich sehr herzlich. Ich fand, zwei Chancen waren genug für eine Bergspitze mit offenbar rein regionaler Wirkung.

Die genaue Anschrift meiner Unterkunft lautete »Zone touristique, Biesheim«, aber auf dieser Seite hielt sich der Tourismus in Grenzen. Es waren noch nicht so viele Gäste auf den 262 Plätzen. Auch das Büro war nicht mehr besetzt, als ich merkte, dass mir Waschpulver fehlte. Die unumgängliche, gut aussehende französische Miteignerin gab mir etwas aus ihren eigenen Vorräten. Alle Euros, die ich finden konnte, investierte ich in den Hauptwaschgang, so dass es zum Trocknen nicht mehr reichte. Im Nasstrakt nebenan wusch ein allein erziehender Vater sein Geschirr dreimal ab, während er mit einem schüchternen Freund ausführlich die Möglichkeit einer Weiterfahrt ins Elsass besprach. Das Für und das Wider. Einiges sprach für diesen Campingplatz: Hier gebe es einen sanitären Standard, den man wohl nirgendwo noch einmal fände. Und damit hatte er wirklich Recht.

Ich spannte die Leine in eine Vorschriftenlücke – nämlich vom Auto zum Baum – und begab mich zur Ruh mit »Kingdom by the Sea«, in dem sich Paul Theroux von einem heruntergekommenen englischen Seebad zum nächsten quälte.

Da für mich die Campingsaison begonnen hatte – wenngleich sie in Basel gleich wieder vorbei sein sollte –, probierte ich im Schein der Morgensonne, die hinter der hohen Silhouette des Stephansmünster hervorbrach, den chinesischen Tauchsieder aus, der mit Hilfe des Zigarettenanzünders sich selbst zum Glühen und das Wasser in der Tasse immerhin zur Blasenbildung brachte. Die klamme Wäsche hängte ich kreuz und quer im hinteren Wagenteil auf und startete Richtung Basel.

Auf dem leeren Parkplatz neben dem vergitterten Reich des Schleusenwärters lagen, jeweils in Wagenbreite, sieben eingeschlagene Autoscheiben wie Salzspuren auf dem Asphalt. Es erinnerte mich ungut an eigenes Ungemach. Es musste am Tage passiert sein, während Ausflügler ein Foto von einem Rheinschiff geschossen oder gegenüber vergeblich am Gitter des Kraftwerks gerüttelt hatten.

Das tat ich auch, ließ aber mein Auto dabei nicht aus den Augen. In dem Werksgarten sollte man »nicht nur eine für die Rheinebene typische Pflanzenwelt, sondern auch Zeugnisse unseres Technik-Zeitalters« finden. Am Zaun bedauerte aber ein Schild, dass »fermé en raison de vigipirate renforcé« sei, was ich als »wegen überfälliger Gartenarbeiten geschlossen« deutete.

Mittlerweile wollte ich aber die ellenlangen Texte über den Rhein, den Strom, den zweisprachigen Schleusenwärter, die überall standen, einmal gerne auf Papier besitzen und machte am Wasserkraftwerk Fessenheim Halt, weil es dort ein Museum gab, das allerdings geschlossen war, weshalb ich ein Stück weiter zum Atomkraftwerk Fessenheim fuhr, wo ich die Informationen zu bekommen hoffte.

Ich kam anstandslos auf den Parkplatz und unkontrolliert ins Hauptgebäude. Die Türen schlossen sich hinter mir, es war niemand zu sehen, vor mir weitere elektronische Schleusen. Das war etwas unheimlich. Ich konnte das Gebäude nicht wieder verlassen. Wahrscheinlich ruhten die Augen von acht bis zwölf Videokameras auf mir. Ein Wachmann, der gerade Feierabend machte, nahm mich netterweise mit hinaus. Ich fragte ihn, warum denn überall geschlossen sei. »Vigipirate!«, sagte er und ging zu seinem Auto. Ich sah ein, dass ich das Wort anders auslegen musste, und entschied mich für »vorbeugende Terrorismusbekämpfung«.

Trotzdem wollte ich eine Broschüre und drehte noch einmal bei, um in Fessenheim selbst nachzuforschen. Aus dem AKW wurden bündelweise Stromkabel ins Land geschickt. Auf einem riesigen Acker zwischen Werk und Ortsrand ernteten Männer frischen Salat. Im Rathaus bekam ich nicht ganz das Gewünschte, aber immerhin genug, um meinen Jagdeifer zu stillen. Ich saß schon wieder im Auto, als ich die Bar an der Hauptstraße sah. »Le Country« stand über der Markise. Drinnen sah es aus wie ein belgischer Western-Saloon. An der Wand hing ein Bild, auf dem Ronald Reagan einem Koch, der *mit* Mütze so groß war wie er, die Hand schüttelte.

Der 1,64 kleine gastronomische Weltbürger Bernard Ruthmann war nach Oxford, München, Chicago und Beverly Hills wieder in seine Heimat zurückgekehrt, hatte das Niveau – und die Preise – um ein paar Kochmützen gesenkt und war angeblich damit zufrieden, weil es für die drei Kinder besser sei, auf dem Land aufzuwachsen.

»Neben einem Atomkraftwerk?«, fragte ich. Er hob die Arme, sie hätten noch Glück: »In Straßburg verbrennen sie – aber hier sind wir gleich tot!« Übrigens komme der Direktor vom Kraftwerk auch regelmäßig zum Essen. Bernard war alles andere als publicityscheu, deshalb holte ich meinen Recorder raus, um seine rasanten Sätze und den französischen Akzent einzufangen. Ich fragte ihn, was »vigipirate« bedeute. »Mehr.« »Mehr?«, fragte ich. »Es ist ein neues Wort.« »Was mehr?« »Mehr Polizei.«

Zufrieden fuhr ich davon – mit einem Begriff, der vielen noch nicht geläufig war.

Dreizehn Prozent seines gesamten Stroms, las ich in dem Faltblatt der EDF (Electricité de France), bekommt Frankreich aus den zehn Wasserkraftwerken zwischen Iffezheim bei Rastatt und Kembs kurz vor Basel. Sie liegen teilweise am Grand Canal d'Alsace, durch dessen Bau 1928 dem Schiffsverkehr auf dem Rhein und dem Basler Hafen zu neuem Leben verholfen worden war.

Längs der Landstraße fuhrwerkten mächtige Traktoren mit doppelten Reifen auf Äckern von enormer Größe, die derartig mit Steinen übersät waren, dass ich mich fragte, ob es das Einzige war, das man hier ernten konnte. Ich beließ es nicht bei meiner bornierten Vermutung, sondern hielt an. Es werde Mais angepflanzt, die Steine förderten ein schnelles Wachstum, weil sie die Wärme speicherten – das Problem sei das Wasser. Sie müssten die Felder in großem Stil berieseln.

Das Handy klingelte. Herr Hage. Er hatte unsere gemeinsame Tonspur gefunden. »Ich schicke sie am besten gleich nach Hamburg.«

Über Blodelsheim, Rumersheim und Ottmarsheim kam ich nach Kembs. Dort holte ich ein ganz anderes Papier aus dem Ablagekorb: ein Kongressprogramm zum Thema »Europa zwischen Basel und Luxemburg«, das mir unterwegs in die Hände gefallen war. Vor Tagen hatte ein Christian J. Haefliger zum Thema »Die Regio S-Bahn« gesprochen. Aus irgendeinem Grunde reizte mich das. Als einstigem Zeitkarteninhaber lag mir der Nahverkehr nicht nur aus Vernunftgründen am Herzen, sondern auch aus nostalgischen. Und Basel sowieso.

Christian J. Haefliger firmierte als »Geschäftsführer Regio Basiliensis«, was mir als ehemaligem Lateiner grob etwas sagte. Ich wählte die Nummer in Basel, brauchte nur S-Bahn zu sagen, und schon legte er los. Ob er morgen Zeit hätte, unterbrach ich ihn. Das gehe nicht, er müsse zu einem Kongress. »Schade«, sagte ich, »aber jetzt stehe ich hier im Halteverbot in Kembs …« – »Ach, Sie sind schon in Kembs!«, rief er. »Dann kommen Sie doch einfach in ein paar Stunden vorbei, ich bin bestimmt noch bis neun Uhr hier!« Er beschrieb mir, über welche Brücken ich zu fahren hätte, um mit etwas Glück in der Nähe des Bahnhofs die Peter-Merian-Straße zu finden und dort die Villa, die mit ihren Fahnen ein wenig wie eine Botschaft aussehe.

»Da steht man dann, und alle fahren vorbei«

Ich war nur anderthalb Mal in Basel gewesen, und es hatte mir sofort etwas gesagt. (Es hatte gesagt: Ich bin eine schöne, aber trotzdem lebende Stadt.) Ich kannte wenig vom Basler Umland und hatte es doch in bester Erinnerung. Hinter Kembs – das ich wohl nie kennen lernen sollte – gab sich die Landschaft südlicher und heiterer, wenngleich man bereits merkte, im Einzugsgebiet einer Großstadt zu sein: Obstwiesen, Verkehrskreisel, Supermärkte.

Hinter Rosenau und Village-Neuf fuhr ich über den unbemannten französisch-deutschen Grenzübergang Palmrain – der jetzt der Beratung diente und nicht der Kontrolle – auf der Höhe von Weil am Rhein nach Deutschland hinein und über ein Stück Autobahnstau wieder hinaus. Fast. Die Schweizer Grenze war nicht nur gut bewacht, sondern hier geriet man auch in die Mautfalle. Das war es mir nicht wert. Sie waren Meuterer gewöhnt, eine Kette wurde gelöst, und ich durfte durch den Gegenverkehr wenden. Damit verließ ich allerdings die Navigationskoordinaten von Herrn Haefliger und schlug mich zu einem kleineren Übergang durch. Er lag schon fast in der Stadt, und dadurch wirkten die Absperrungen und Hindernisse, die Stärke des uniformierten Personals und die zum Slalom aufgestellten Hütchen sehr Checkpoint-Charlie-mäßig: Dies war eine richtige Grenze zu einem anderen Land. Weil die Schweizer ihre Aufgabe so gewissenhaft betrieben, taten die Deutschen es auch.

Basel lag – wie schon letztes Mal – auf beiden Seiten des Rheins, der hier seine Nord-Süd-Richtung in West-Ost ändert. Wie in Paris oder Lyon tat es dem Stadtbild ungeheuer gut, durch einen breiten Strom geteilt zu sein. Ich folgte vage den grünen Straßenbahnen und einem Geldtransporter mit der schönen Aufschrift »Safe from Safe to Safe«, ließ mich von Feierabendverkehrsteilnehmern zur Seite hupen und landete irgendwie auf der Rückseite des Bahnhofs am überdachten Hinterausgang des Hauptpostamtes. Im nächsten Sprung schaffte ich es bis zur Auffahrt des Hilton. Ich hielt an, weil mir die aggressiven Basler Autofahrer auf die Nerven gingen. Es passte nicht in mein Klischee. Ich bekam an der Rezeption einen kleinen, fixen Faltplan, auf dem nicht »Hilton« stand, sondern »Baumann & Cie, Banquiers«.

Christian Haefliger stand im ersten Stock seiner regionalen Botschaft und kopierte einige Seiten, die er für mich rausgesucht hatte: »Die Regio-S-Bahn beginnt zu rollen« (1997) und »Mögliches Liniennetz – Variante 1« (1986). An Schienensträngen fehlte es der Stadt nicht, aber sie endeten immer in Basel. Deutsche Züge rollten in den Badischen Bahnhof am Nordufer des Rheins ein, Franzosen in St. Johann und die Schweizer in SSB. Drei nationale Bahnhöfe hatten zu einer Nadelöhrsituation geführt. Schon 1969 hatte die »Regio Basiliensis« eine Planungsskizze entwickelt, wie das Tram-Bus-System sinnvoll ergänzt und das Einzugsgebiet weiträumig erschlossen werden konnte.

Streng genommen wusste ich nicht genau, für was »Regio Basiliensis« denn nun stand. Das führte zu unserem ersten längeren Exkurs und fast zu dem, was ich doch geahnt hatte: »Regio Basiliensis« war ein Mischkonstrukt zur Förderung grenzüberschreitender Aktivitäten. Eher Institut als Institution; kein echtes Organ, aber teilweise ein Verein. Auf Haefligers Visitenkarte stand: »– Die Schweizer Partnerin für die Oberrhein-Kooperation«. In der europäischen Zusammenarbeit schien der Verweis auf den Nächsten der höchste Grad von Präzisierung zu sein. Von hier initiierte, betreute und förderte man alle möglichen Projekte – eines der ältesten war die Regio-S-Bahn. Haefliger fiel ein, dass er vergessen hatte, den Verantwortlichen bei der Schweizer Staatsbahn anzurufen, um zu hören, ob er morgen für mich Zeit hätte. Es war schon Feierabend, und so sprach er auf dessen Anrufbeantworter. Ich wollte eigentlich wissen, wie er zu diesem Job gekommen war – und in das schöne Büro –, verkniff mir aber die Frage. Der Raum sah aus wie das Chefzimmer eines Architekten: schlicht und gediegen, überwiegend schwarz-weiß-grau mit den unentbehrlichen ästhetischen Standards wie USB-Schränken und Vitra-Stühlen.

Haefliger hatte etwas angenehm Offenes; hellblaue Augen hinter einer leichten Hornbrille. Er hatte nichts von einem Politiker, aber dennoch zwölf Jahre im Kantonsparlament gesessen. Er war Architekt, seit drei Jahrzehnten bei Regio Basiliensis, zehn Jahre als Geschäftsführer. Seinen Job bezeichnete er als »cross-border-business« und sich selbst als »Wanderprediger«.

So etwas konnte ich mir merken, aber bei Begriffen wie »Gebietskörperschaften« oder »Interkantonale Koordinationsstelle« wäre mein Aufnahmegerät vermutlich der kompetentere Zuhörer. »Es gibt Dinge, die viel zu früh sind«, sagte er, »sie brauchen eine Inkubationszeit«, und damit war er wieder bei seinem Steckenpferd, der S-Bahn. Mittlerweile fuhr eine Linie von Laufenburg und aus dem Fricktal im Aargau über Basel nach Mulhouse. So wie ich es verstand, tangierte sie dabei den tri- oder binationalen Flughafen Mulhouse/Basel. Sie war 1997 feierlich eröffnet worden.

Das Telefon unterbrach uns ungefragt mit einer weiblichen Automatenstimme, die darauf hinwies, dass der Anrufbeantworter voll sei: »Bitte drücken Sie Taste fünf.« Das tat er kopfschüttelnd. (Glücklicherweise war über den Bahnverantwortlichen kein schlechtes Wort gefallen.) Ich holte meinen Recorder aus der Tasche und ließ mir einige Schritte noch einmal erklären.

Die Seehafenstadt Basel sei europageneigter als die restliche Schweiz, das hänge natürlich auch mit der Lage zusammen. Er skizzierte die geografische Situation zwischen Schwarzwald und Jura; die Pendlerströme – dreißigtausend aus Frankreich und zwanzigtausend aus Deutschland – aus einem Gebiet von fast 2,5 Millionen Einwohnern. Er nannte die Grenzen »Narben der Geschichte«. Durch die Kriege in Europa hätten sich Wirtschaft, Kultur und Infrastruktur von den Zentren zu den politischen Grenzen hin abgeschwächt. Benachteiligung der Randlagen.

Haefliger erklärte aber auch in einem kurzen Exkurs zu den Räumlichkeiten: »Wir residieren hier wie die Fürsten«, was ein reiner Glücksfall gewesen sei. Besitzer des Hauses sei das Bankhaus Baumann, das aus Gemeinsinn eine sehr erträgliche Miete erhebe. Der Bankier habe es dennoch geschäftlich begründet: »Wir sind an Immobilien nicht interessiert.« Wir kamen sogar bis zu C. G. Jung, der auch etwas mit dem Haus oder der Bank oder dem schöngeistigen Bankier zu tun hatte. Ungefähr da hielt Haefliger inne und sagte zu mir: »Sie lächeln so – das ist gefährlich – dann komme ich ins Erzählen.«

Ich drückte auf »off«, sammelte alle Papiere zusammen und ließ ihn endlich seine letzten Vorbereitungen treffen.

Ich fand mein Hotel in Kleinbasel: Das »Basilisk« hatte eine Restaurantterrasse direkt an einer moderat belebten Straßenbahnstraße und Blick auf eine große Grünfläche, die zwischen ehemaligen Kloster- oder Kasernengebäuden lag. In den Kasernen gab es offenbar irgendwelche Drop-ins oder Hang-outs. Jedenfalls hingen hier angenehm viele Leute auf Stühlen, Mauern oder auf dem Rasen in der warmen Abendluft herum: Doktoranten, Asylanten, Sympathisanten und StudentInnen jeden Alters. Fünfzig Meter vom »Basilisk« lag ein anderes Hotel, mit dem ich kurz geliebäugelt hatte, weil es zu rufen schien: Billiger geht's nicht! Aber mein Hotel hatte eine Tiefgarage (für siebzehn Franken). Und ein freies Zimmer – und das hatte Blick auf die Straßenbahn und die »Szene« und zudem eine durchgehende Schreibtischplatte vorm Fenster.

Es war perfekt.

Ich stapelte alle frisch gesammelten Papiere und wollte noch in die engagierten Ausführungen des sympathischen Europakenners Haefliger hineinhören, musste aber feststellen, das ich das nicht konnte: Mir ging es mit dem Gerät nicht besser als ihm mit den Telefonfunktionen. Ich war technisch überfordert.

Statt der Bedienungsanleitung nahm ich die Festschrift und den Museumsführer von Basel und tauchte ab ins Nachtleben. Nach sechshundert Metern Patrouille – wo ich unter anderem überhörte, wie ein georgischer Theologiestudent seinem Schweizer Dozenten den persönlichen Weg zum Glauben erklärte – schätzte ich die Sprachvielfalt in diesem Stadtteil auf plus minus Babylon: Am nahen Rheinufer waren sich vier Türken nicht sicher, ob sie sechs hübsche Mädchen ansprechen sollten, die auf den Stufen zum Strom saßen; eine Gruppe Russen beriet etwas, das ich nicht verstand; an der Mittleren Rheinbrücke konnten sich ein paar junge US-Asiaten nicht einig werden, wo sie den Abend fortsetzen wollten. Und auf der Greifenstraße, die von der Brücke am McDonald's vorbei zum Clara-Platz führte, quollen die Papierkörbe bis auf den Bürgersteig über. In der Schweiz! Es sah aus wie in Hannover nach einem verlorenen Heimspiel.

Das Clara-Viertel glich seine bauliche Unvollkommenheit durch Vitalität aus.

Ich bog in eine Seitenstraße ein, und alle Ethnien, denen ich bisher nicht begegnet war, saßen hinter rot beleuchteten Fensterscheiben und – im Unterschied zu Hannover – bis in den dritten oder vierten Stock. Es wurde auch noch von ganz oben eifrig geklopft. Das Verhältnis von Angebot und Nachfrage bewegte sich bei etwa 10:1, und deshalb wurde sehr hartnäckig geklopft und getändelt. Ich tauchte lieber ab in ein volkstümliches Restaurant, wo Menschen lustig um lange Tische saßen. Es war bis auf den letzten Platz besetzt, und ich ging durch bis zur schummrigen Bar, wo normal gekleidete Durchschnittsmänner aus der RegioTriRhena zwischen aufreizend angezogenen Mädchen aus aller Herren Länder standen und warteten. Einige wurden angesprochen, schüttelten den Kopf und warteten weiter. Oder sie gingen mit – mitten durchs Restaurant zum Treppenhaus hinter dem Tresen.

Ich schaute vor die Tür, um mich zu orientieren: Es war das Hotel, in dem ich beinahe abgestiegen wäre. So klein war Kleinbasel.

Ich setzte mich mit Museumsführer und Notizbuch auf die Terrasse des »Basilisk« und behielt die Situation im Blick. Bis die Augen zufielen. Es blieb die Nacht über ruhig.

Das Clara-Viertel wurde gerade umgebaut. Der Ruch vom eckkneipigen »Alles Clara!« und All-around-the-Randgruppe sollte offensichtlich Richtung »Clara find ich gut!« und in begehrenswerte Vielfalt gewandelt werden. So verstand ich die Plakate.

Die Schnellreinigung öffnete früh, und ich durfte vorab für einen Cordanzug und einige Hemden vierundvierzig Franken berappen. Jetzt verstand ich die Pendler, die in Basel lieber Geld verdienten, als es hier auszugeben. Bis auf das Umweltabo war alles teuer. Immerhin war im Zimmerpreis ein »Mobility-Ticket« enthalten. Ich nahm die Tram nach Norden zu meiner Tour de force: drei Museen in drei Ländern in drei Stunden.

Am Platz forderte sogar das Kino auf großen Transparenten »Pace«.

Hinter dem Badischen Bahnhof klingelte sich die Straßenbahn mehr und mehr aus Städtischem raus, durchschnitt Wohn- und Villenviertel, die Bescheidenheit und Lebensqualität mit unentbehrlichen Läden für den kleinen Bedarf anreicherten. Es wirkte mehr und mehr so, als wohnten dort Menschen, die wussten, wie man einen Obstbaum beschneidet, ohne deshalb auf das Lesen von Büchern oder das Lauschen von Konzerten zu verzichten.

Den Gipfel an guter Lage stellte – einige Haltestellen vor der Endstation – das Kunstmuseum von Renzo Piano dar, das er für die »Fondation Beyeler« entworfen hatte. Ich konnte meinen Sozialneid nicht intensiv ausleben, weil ein jeder dieses Gebäude betreten und aus den hohen Fenstern auf die Tüllinger Höhen schauen darf – sofern er Eintritt bezahlt. Man könnte den Bau »Louisiana des Binnenlandes« nennen. In den souverän angeordneten Räumen hingen Nolde und Kirchner und Bacon, aber das allerbeste Bild war jedes Mal der Blick auf die Wiesen und Hügel. Auf dem Klo waren ins Urinal täuschend echte, eklige Fliegen appliziert – wohl um die Aufmerksamkeitsspanne des männlichen Besuchers zu verlängern. An der Kasse gab es ein Buch, das sich ausschließlich mit der architektonischen Seite des Hauses befasste. So sah ich sogar die raffinierte Dachkonstruktion und ahnte die ganze Tragweite des Entwurfs, bevor ich zum Bus nach Weil eilte, der aber gerade abgefahren war. Deshalb erging ich mich auch noch in der Gartenanlage vor der Kunsthalle – und verpasste so den nächsten Bus.

Ich tat, was eigentlich nur Schüler tun: Ich stellte mich an die Haltestelle und trampte. Die Auto taten, was sie gerne tun: Sie rauschten vorbei. Bis endlich ein alter Mercedes mit Lörracher Kennzeichen, Seitenrollo und Camping-Aufklebern hielt und mich über die Grenze mitnahm. Gleich hinterm Übergang wurden die Häuser auf einen Schlag einfältiger. Ich erkundigte mich – ganz ernsthaft – nach der Bezugsquelle für das Rollo. Es wirkte simpel und praktisch; genau das Richtige für mein hinteres Auto-Büro-Fenster.

Er chauffierte, sie kommentierte konstant Straßenlage und Verkehrsgeschehen.

Sie machten einen kleinen Umweg und setzten mich an der Straße zum Vitra Design Museum ab. Wieder wurden zwei Klischees bestätigt: Die Deutschen geben sich als gnatterpöttige

Dauercamper, die sich sogar in eheähnlichen Verhältnissen verbal ins Steuer fallen, aber sie nehmen – aus unerfindlichen Gründen – Tramper mit leichter Hand und ohne viel Aufhebens mit.

Vor dem Fabriktor lag das Ausstellungsgebäude von Frank O. Gehry, verquadert, verschoben und kubisch aus den Fugen gegangen, wie man es von ihm kennt.

Beim Pförtner an der Schranke warteten LKWs aus ganz Europa, eine Truckerin seilte sich aus ihrem hohen Führerstand ab. Sie stammte aus FL. Ich musste lange überlegen, bis ich auf »Fürstentum Lichtenstein« kam. Selbst die Pförtner rollten auf Designerstühlen von Mario Bellini. Ich nahm an den ersten Minuten einer Führung mit einer gemischten Gruppe über das Werksgelände teil: vom Buckminster-Fuller-Dom zum Tankstellenklassiker von Bovier. »Gibt es jemanden, der kein Englisch versteht?«, fragte die Führerin auf Deutsch. Ein Franzose meldete sich. Seine Landessprache hatte man aber nicht im Repertoire. Er maulte verständlicherweise.

Mein nächstes Ziel, ein Museum in Frankreich, kannte ich noch nicht, und so nahm ich erst mal den nächsten Bus nach Basel. Er überfuhr die Grenze direkt am Hafen. In dieser Randlage ballten sich auf deutscher Seite die Supermärkte. Menschen aller Hautfarben schleppten Einkaufstüten am Zoll vorbei, und die Eidgenossen kontrollierten Schweizer Autos sehr genau. Am Ende eines kleinen Hafenbeckens saß die Polizei in einer Wache, die mehr dem Vereinshaus eines Ruderclubs glich.

Ich klopfte mehrfach, rief »Hello!« die Treppe hinauf und verbrachte die dritte und vierte Stunde meiner Dreiländertournee nicht in Frankreich, sondern mit einem sehr umgänglichen Wasserschutzpolizisten »beider Basel«. Ich verfolgte den Gang der Dinge auf dem Radar und vor allem durch die geputzten Scheiben, durch die man den Fluss, das Dreiländereck, ein Hafenbecken und auch das französische Ufer gut im Blick hatte. »Beider Basel« bedeutete Basel-Stadt und Basel-Land.

Rolf Moser bezeichnete sich als »Rheinschifffahrtspolizeibeamter«, ähnelte Henning Venske, hatte aber doppelt so viel Humor und auch einen ganz anderen Dialekt. Er konnte sogar Holländisch, weil er vorher zur See gefahren war. Oder zu Fluss. »Früher war ich bei den Bösen, jetzt bin ich bei den Guten.« Außerdem sprach er Französisch, Englisch und Hochdeutsch (»Na gut, sagen wir Berner-Dütsch«).

Nicht nur er, sondern auch das Aufgabenspektrum der Wasserschutzpolizei hatte sich gewandelt. Sie tat, was sie im Querschnitt beruflich repräsentierte: Kontrolle des Schiffsverkehrs und Überwachung der Ruheregelungen, Zollfunktionen, Polizeidienste, vor- und nachbeugender Umweltschutz, Eichmeistertätigkeiten, Katastrophenschutz. Er zeigte mir die Aktenordner für den »Fall, dass«: Jeder Ufermeter war fotografiert, alle Firmen und Gefahrengüter waren registriert, alle Zufahrtswege skizziert. Rheinauf, rheinab. Den Ernstfall probten sie zusammen mit Deutschen und Franzosen. Bei Verdacht könnten sie eine Verfolgung – in Abstimmung mit den jeweiligen Dienststellen – auch über die Grenzen hinweg aufnehmen. Mal schiebe man Schicht im Turm, mal sei man draußen auf dem Wasser. Etwa auf dem Boot, das Ölkatastrophen eindämmen soll. Zehn Prozent ihrer Rohölvorräte bekomme die Schweiz auf dem Seeweg. In Basel-Birsfelden befinde sich ein großes Tanklager. Dort sei auch das Ende für die Schifffahrt auf dem Rhein. Was ich auch nicht gewusst hatte: Basel-Stadt leistete sich den Luxus eines Nachtfahrverbots für Binnenschiffe. Nach zehn Uhr wollte man merkwürdigerweise nicht mehr das beruhigende Tok-tok zwischen den beiden Ufern der City hören.

Außerdem war Rolf Moser allein erziehender Vater und Benutzer des öffentlichen Nahverkehrs: Vierzig Franken, etwa siebenundzwanzig Euro, zahlte er für das Umweltabo, das in einem Radius von achtzig Kilometern Gültigkeit hatte. Mosers heranwachsende Tochter rief wegen des Mittagessens an. Er legte auf und meinte: »Wenn ich Wurstsalat mache, kommt ihr Freund auch und schlägt sich den Magen voll – hinterher beschwert er sich, dass zu viele Zwiebeln dran waren.«

Und dann überführte der Rheinschifffahrtspolizeibeamte das nächste Schiff, das gerade eben, nördlich von Basel, Kembs passiert hatte, in seinen Computer.

Für eine Eroberung Frankreichs reichte die Zeit nicht mehr. Ich war noch lange nicht reisemüde – hatte aber große Lust zu bleiben. Basel sagte mir immer noch viel. (Es sagte: Komm doch wieder – bring aber reichlich Geld mit!)

Ich blieb – allerdings nur bis zum nächsten Tag, an dem ich noch ausprobierte, wie man denn regional zum internationalen Flughafen kommt: Es wurde ein Desaster.

Ich hatte ernsthaft geglaubt, dass die S-Bahn den Airport irgendwie ansteuerte. Dem war nicht so, und ich musste mit einem Basler Stadtbus vorlieb nehmen. Um die Rundfahrt auf französischem Boden fortsetzen zu können, musste ich – treppauf, treppab – durch den Flughafen laufen und dabei zwei Grenzkontrollen passieren. (Ich musste natürlich nicht, sondern ich wollte es nur wissen.)

Mit öffentlichen Verkehrsmitteln ging es offensichtlich nicht. Ich wartete, nichts geschah. Sogar den Euregio-Bus aus Freiburg (Slogan in Breisach: »Was uns verbindet«) wartete ich noch ab, aber uns verband gar nichts: Es war außerhalb seines Dienstauftrags, für mich im nahen St. Louis, der letzten französischen Bahnstation vor Basel, zu halten. Er fuhr davon, und ich fühlte mich wie Crocodile Dundee in einer noch nicht verfilmten osteuropäischen Fortsetzung – im Off. Ich machte mich zu Fuß über unfertige Zubringerstraßen und leere Kreisel auf den Weg nach St. Louis. Erst kurz vorm Ortseingang nahm mich ein Franzose mit und setzte mich am Bahnhof ab. Ich pendelte, wie einer der dreißigtausend Franzosen, in die Stadt zurück und war froh, dort ein Auto aus der Tiefgarage auslösen zu dürfen. Zwei Nächte kosteten zwar fast so viel wie ein Umweltabo für den ganzen Monat, aber dafür gehörte der Wagen mir.

Mittlerweile war ich auf den Transport von Leergut spezialisiert. Ich führte Plastikflaschen aus dreieinhalb Aldi-Ländern mit mir. Auf Höhe der riesigen Tanklager von Birsfelden am südlichen Ufer kam ich, rechtsrheinisch, über die Grenze wieder in das Hoheitsgebiet von Aldi-Süd. Das rotbraune Einheitsgemäuer war eines der ersten Häuser auf deutschem Boden. Auf dem Parkplatz standen zur Hälfte Autos mit Schweizer Kennzeichen. Die Globalisierung war noch nicht so weit fortgeschritten: Für meine Sprudelflaschen aus Belgien und Frankreich bekam ich kein Geld und musste sie in den Recycling-Container entsorgen. Wenn ich mich recht erinnerte, hatte ich für sie allerdings auch kein Dosenpfand bezahlt.

Ich wollte über Laufenburg an den Bodensee. Nicht nur, weil dort die Regio-S-Bahn endete, sondern es sollte auch ein schöner Ort sein.

Ich wollte in dieser Ecke auch gerne herausfinden, wo jene fantastischen Streuobstwiesen lagen, deren Bild ich nie vergessen hatte, und an welcher Brücke wir damals über den Rhein getingelt waren: zwei junge Französinnen, ein Tscheche und ich. Wenn ich mich recht entsann, hatte Hélène aus Paris ihren Ausweis vergessen. Deshalb musste sich Karel, ein Tscheche aus Prag zu Zeiten des dortigen Frühlings, ablenkungshalber zur untersuchenswerten Verdachtsperson machen.

Man sollte alten Erinnerungen nicht nachgehen, sonst zweifelt man schnell an seinem Verstand. Oder an den Merkfunktionen des Gehirns. In Rheinfelden gab es eine Brücke, die in Frage kam, sie war aber mitten in der Stadt.

Fast alle Schweizer Autofahrer hielten am deutschen Zoll an und hantierten mit Papieren. Mehrwertsteuerrückerstattungsformulare. Die Häuser am Schweizer Ufer waren schöner, und so stieg ich kurz aus und setzte mich auf die Terrasse einer Konditorei. In der Mitte des Flusses tangierte die alte Steinbrücke eine kleine Insel. Ich fragte die Kellnerin, was das für eine Insel sei, und traf sie damit mitten ins Herz: Genaues wusste sie nicht, sie arbeitete seit sechs Jahren hier, aber für diesen Sommer hatte sie sich ganz fest vorgenommen, endlich einmal hinüberzugehen.

Ich sah Wiesen und blühende Bäume, aber das Bild von einem ganzen, mit weißen Blüten übersäten Tal entdeckte ich nicht. Wie alt werden eigentlich Obstbäume?

Vor Laufenburg verlief die Straße auf der Höhe, und ich konnte schon von oben sehen, dass sich der Weg nach unten lohnen würde. Durch die Altstadt fiel die gepflasterte Straße parallel zum Ufer in einem langen, geraden Stück ab. Viele Häuser hatten farbige Fensterläden, ein Gasthof hieß »Rebstock«, und selbst das Schild vom »Sexshop« war schmiedeeisern. Unten in der Kurve, fast auf der Brücke, saß der deutsche Zoll in einem Häuschen mit Gardinen.

Die Steinbrücke spannte in zwei Bögen über den Rhein. Hinter dem Schweizer Wachhaus, in dem auch eine öffentliche Toilette untergebracht war, drehte die Straße nach rechts und gleich wieder nach links. Auf dem kurzen Uferstück dazwischen lag ein winziger Parkplatz. Ideal für die Nacht. Gegenüber ein Laden, der sich druidenartig-esoterisch gab, aber auch Kaffee am Fluss servierte. Ideal für den Morgen. Die Schweizer Touristinformation am Anfang der Altstadtgasse hatte noch geöffnet, und ich bekam die Broschüre »Zwei Länder – eine Stadt«. Ich erkundigte mich, ob mein Wagen so stehen bleiben könne, und wurde an den Stadtpolizisten verwiesen, der gerade seine Amtsstube abschloss. Er meldete keine Einwände an. Angenehm, wie sich der kleine Kosmos in wenigen Minuten erschloss: Ich kannte nun bereits den Schweizer Seniorzöllner mit dem Schnauz, den Druiden im Duftladen, den Hilfssheriff mit der Lederweste und dem schütteren Hinterhaar und die freundliche Dame in der Information.

Ich lief kurz durch das eidgenössische Laufenburg, das viel romanischer – und romantischer – wirkte als sein Gegenüber: die Farben erdiger, die Häuser nicht zwangsrenoviert, die Ladenfronten nicht heimlich doch ein wenig aufgepeppt. Alles war ruhiger – bis auf das Geröhre der Autos, die in der Kurve vor der Steigung zum Stadttor zurückschalteten, bevor sie sich aus diesem urbanen Verkehrshindernis, das sie schon tausendmal durchfahren hatten, wieder hinauskatapultierten.

Ich deutete dem Schweizer Seniorbeamten an, dass ich möglicherweise morgen früh, bei seinem Dienstantritt, noch hinter der Wache stehen würde, und fuhr noch einmal über die Brücke.

Der deutsche Zöllner stoppte mich und bat um die Papiere. Ich fragte ihn, was man hier denn so zu tun hätte. »*Das* zum Beispiel!«, antwortete er, schnappte meinen Ausweis und verschwand in seinem Häuschen, vor dem eine ältere Frau auf einem Stuhl stand und die Scheiben putzte. Offenbar ein Familienbetrieb. Ich stellte mich auf den Parkplatz neben der Brückenwirtschaft, um dem barschen Beamten weitere Details über seine Tätigkeit zu entlocken. Er war sehr nett, hieß Herr König oder so ähnlich, wollte den Namen aber nicht irgendwo veröffentlicht sehen. Offizielle Statements gebe es, wenn überhaupt, nur von oben. Folglich plauderten wir nur, und ich nannte ihn Herr K., damit er sein Gesicht wahren konnte. Er erzählte von der Fastnacht, die beide Stadthälften immer gemeinsam feierten – völlig unkontrolliert hin und her über die Brücke –, von der grenzübergreifenden Jugendarbeit, in der er sich engagierte, von seiner Vorliebe für die Oper – er versuchte gerade Eintrittskarten für eine Aufführung im nahen Zürich zu bekommen –, und auch von seiner Berufsauffassung: »Wir liefern ein Stück Sicherheit.« Vielleicht sagte er auch: »Wir stellen ein Stück Sicherheit her.« Hätte ich mitschreiben dürfen, hätte ich es genauer gewusst. Wie auch immer: Beide Sätze kamen mir irgendwie bekannt vor.

Er trug ein kurzärmeliges Uniformhemd, einen Messerhaarschnitt, war durch den Außendienst braun gebrannt – und Familienvater. Er stand hier seit Jahren. Jeden Zweiten, der vorbeifuhr, kannte er. Er benahm sich überhaupt nicht mehr barsch, wusste allerdings, wann ein Gespräch beendet war. Selbst ich begriff. Er gab mir noch die Stadtbroschüre, denn auch diese Aufgabe nahm der Zoll nebenher wahr.

Auf einem Fels über dem Fluss breitete ein Adler, der ein goldenes Kreuz in den Klauen hielt, seine Schwingen aus. Auf dem Granitfelsen stand in goldenen Lettern »Pro Deo, Fide et Alemannia«. Der Schriftzug wies in die Schweiz.

Der abendliche Pendlerverkehr verebbte, die steile Hauptstraße ließ sich wieder begehen, erst oben am Scheitelpunkt tauchten stilistische Hinweise auf, dass ich wirklich in Deutschland war. Ich wusste nicht, was es ausmachte, ich merkte es nur. Streng wissenschaftlich ausgedrückt, war es der Unterschied zwischen dem Gefühl »Wie schön, dass ich hier bin« und »O Gott, wo bin ich hier!«

Eine zweite Straße führte wieder zum Rhein hinunter und auf einen Park zu. Auf der linken Seite lag eine Buchhandlung, und ganz hinten kam der Bahnhof. Die zweite Station im deutschen Teil, also der dritte Bahnhof von Laufenburg. Die Züge der Bundesbahn waren hochmodern, durchgehend rot und konnten auf kurzer Distanz sanft und lautlos abbremsen. Rheinaufwärts sah man eine Brückenbaustelle.

Ich machte einen Abendspaziergang am lauschigen Ufer, kehrte ins »Hotel Rebstock« ein und bestellte Königsberger Klopse von der Tageskarte. Sie schmeckten etwas verdorben, aber der holzgetäfelte, altmodische, gelb illuminierte Gastraum war mir zu schade für eine Reklamation. Den weißen badischen Wein gab es auch im Deziliter. Mich überkam das Bedürfnis, sehr bald alt zu werden und im alljährlichen Urlaub mit meiner Frau nur noch an einen Ort zu fahren: nach Laufenburg. Laufend betraten neue Gruppierungen die Gaststube. Dieser Verein oder jener Ausschuss und die Damen vom Häkel- oder Handballclub sogar erst gegen elf. Am Nebentisch saß eine Stammrunde Althergebrachter, von denen manche seit der Ausgabe von Strickpollundern und Flanellhemden anno 1948 keine neuen Nachrichten aus der Modewelt mehr erhalten zu haben schienen. Ihr Wortführer allerdings achtete auf korrekte Kleidung genauso wie auf akkurate Formulierungen. Da mich die Frage beschäftigte, wozu man hier eine neue Brücke brauchte, stellte ich sie irgendwann an den Nebentisch. »Da sind Sie aber genau an den Richtigen geraten!«, rief einer der Herren und zeigte auf den Wortführer. Er *sei* quasi die Brücke. Ohne ihn würde es sie kaum geben. Ich fragte ihn, ob wir uns dann nicht morgen auf der alten Brücke treffen könnten, um über die neue und Lauterburg im Allgemeinen zu reden. Er schaute in seinen Terminkalender, wir einigten uns auf elf Uhr – »aber besser oben an der Kirche, weil man von dort alles wunderbar überschaut«. Er sagte noch sehr prägnant und mit richtiger Betonung: »Also elf Uhr! Ich werde da sein!« Das glaubte ich ihm aufs Wort, ich wusste nur nicht, mit wem ich mich eigentlich verabredet hatte – mit dem Bibliothekar? Oder mit einem Geodäten? Er hieß jedenfalls Schwendemann.

Nachdem ich mir im Schweizer Zollhaus die Zähne geputzt und das Licht in meinem Badezimmer ausgemacht hatte – das WC hatte wahrlich einen ganz normalen Kippschalter –, hängte ich das fingernagelgroße Mikrophon über die Mauer und nahm das Rauschen des Rheins auf. Nachts kam eine Zollstreife im VW-Bus und lief mit einem Schäferhund das Ufer ab. Er roch mich aber nicht.

Schon gegen sechs ging ich mit meinem kleinen Aufnahmegerät zum Bahnhof, um das kaum hörbare »Tsch« des einlaufenden Regio aus Basel auf die Minidisc zu bannen. Den Hauptpendlerstrom verpasste ich dann aber, weil ich mit anderen Frühaufstehern im flotten Back-Shop am Bahnhofsplatz die Zeitungen studierte. Eine Schlagzeile meldete: »EU-Erweiterung in Athen besiegelt.« Darüber eine Landkarte, auf der die bisherigen europäischen Partner blau und die zukünftigen Mitglieder grün eingezeichnet waren. Mittendrin lag weiß die Schweiz.

Auf der tausend Jahre alten Steinbrücke ging nichts vor und nichts zurück, weil die deutsche Müllabfuhr zwischen »Rebstock« und »Sexshop« ihrer Arbeit nachging.

Der Schweizer Seniorzöllner erzählte mir und dem Mikrophon, dass er pro forma natürlich noch ein paar Monate oben auf der neuen Brücke Dienst machen würde, aber dann wäre auch gut. Seine schöne Zeit sei hier unten in der eigenen Stadt gewesen, wo jeder jeden kenne. Und er zeigte mir an den Hauseingängen all die Läden, die es schon lange nicht mehr gab.

Mein anonymer Freund, Herr K., überraschte mit der Meldung »Sie schreiben ja ganz schöne Sachen!« Er hatte abends noch im Internet gefahndet. Auch er musste wohl oder übel auf die neue Brücke wechseln – jedenfalls solange die Schweizer noch kontrollierten. Aber der Gedanke behagte ihm nicht. »Da steht man dann, und alle fahren vorbei. Sie brauchen einen gar nicht mehr.« So oder so ähnlich sagte K.

Ich ging zum Auto und malte in eines meiner Bilderbücher eine Widmung mit einem Mann an einem rotweißen Schlagbaum: »Für Herrn K. vom Z. in L.« Darüber freute sich der nur manchmal barsche Zöllner sehr. Er versuchte gar nicht, seine Rührung zu verbergen.

Die Kirchenglocke schlug elf, und Herr Schwendemann erschien wie versprochen.

Tatsächlich konnte man vom Vorplatz die Gesamtlage besser überblicken. Ich sah und hörte mehr, als ich hatte wissen wollen: die ganze moderne Infrastruktur um die Idylle herum. Stück für Stück nahm mir Schwendemann meine Illusionen. Die Historie der uralten Stadt an den Stromschnellen geriet zur reinen Nostalgie etwa angesichts der zukünftigen Aufgaben des deutschen Gleiskörpers, der einen erheblichen Teil des Gütertransitverkehrs durch die Schweiz aufnehmen sollte: kilometerlange Doppelformationen im Fünfminutentakt. Noch wurde verhandelt. »Schweizer sind gnadenlose Verhandler.« Flussabwärts sah man das Kraftwerk: Dort befand sich die europäische Energiebörse, wo man jeden Morgen eine Schaltkonferenz abhielt, um danach die Ströme von Helsinki bis Palermo durch ganz Europa festzulegen, und auf Ausfälle eines Netzes schnell reagieren konnte. Die Kirchenglocke schlug alle Viertelstunde, während das Weichbild der Stadt immer mehr zu der Blaupause wurde, an der Schwendemann dreißig Jahre lang als Raumplaner mitgewirkt hatte. Mal mehr dafür, mal eher dagegen, und immer das Machbare vor Augen: von binationalen Schutzmaßnahmen für das gefährdete gemeinsame Grundwasser (»Die Idylle trügt«), das unter dem Rhein zusammenlief, bis zur Entwicklung der Autobahnquerspange für die neue Brücke. »Das wird eine sehr schöne Brücke – leicht gebogen.« Seit der kürzlichen Pensionierung galt seine Visitenkarte nicht mehr. Er entschuldigte sich dafür, noch als Direktor des Regionalverbands Hochrhein-Bodensee aufzutreten. Von Lörrach über Waldshut bis Konstanz: Regionalplanung für neunundneunzig Gemeinden. »Das war mein Leben«, sagte er und guckte über die Dächer der Stadt auf den Fluss. Und in gewisser Weise konnte man es da unten auch sehen.

Nur »meine Brücke« hatte ich immer noch nicht gefunden. Mir fiel auf, dass die Grenze, die ich als eine so ländliche in Erinnerung gehabt hatte, eigentlich sehr städtisch war. Vor allem auf der deutschen Seite. Die Schweizer hatten es aber auch verstanden, etliche Industrieschandmale zu errichten. Und Atomkraftwerke dazu. An einer Tankstelle fragte ich die Kassiererin – etwas ungenau –, ob das dahinten das Kernkraftwerk sei oder das AKW. Sie überlegte und entschied sich dann für Kernkraftwerk. »… ja, doch, wohl eher Kernkraftwerk. Aber ich bin nicht von hier.«

Auf der Straßenkarte bemerkte ich zum ersten Mal bewusst, dass die Autobahn von Lörrach nach Waldshut bereits gestrichelt eingezeichnet war.

Hinter Waldshut verließ ich den Rhein und hinter Klettgau Deutschland, weil sich die Schweiz um Schaffhausen herum ein gutes Stück nach Norden ausbreitet. Keine Enklave, eher eine Abschnürung. Der Grenzverlauf wirkte schon auf der Karte äußerst raffiniert. Ihn einmal in Gänze, von Schaffhausen nach

Schaffhausen, abzuwandern, wäre sicher eine schöne Sommerbeschäftigung. Irgendwann.

Ostern stand vor der Tür, und ich hatte vor langer Zeit beschlossen, vor dem Chaos auf den Straßen und dem überall zu erwartenden Ansturm der Kurzurlauber das Weite zu suchen und die Tage auf dem Wasser zu verbringen. Ich hatte deshalb einen Reportageauftrag für das »Kanumagazin« an Land gezogen, in dessen Verlängerung ich das Kajak für den Rest meiner Reise zur Verfügung gestellt bekam. Es war also alles ganz gut eingefädelt, nur eine Hoffnung hatte sich nicht erfüllt, nämlich dass mich meine Freundin in dieser Zeit besuchen käme. Es wäre schön gewesen, einen kleinen Job mit einem kurzen Paddelurlaub zu verbinden. Und trotzdem auf meiner Route zu bleiben.

Die Straße kreuzte immer wieder eine Bahnlinie, als ob sich beide um die Strecke stritten. Heustadel standen weit verteilt in der Landschaft, und vor mir fuhr das »Original Steinwandecho«. Ein Paar mit einem Akkordeon war abgebildet, sie versprachen, »für Jung und Alt zu jedem Anlass« zu spielen. Preise standen da nicht.

Die Kanufahrt sollte in Schaffhausen enden. Möglichst vor dem Rheinfall. Ich wollte mir dennoch einen Eindruck verschaffen, wie tief der Sturz wäre. Tatsächlich hatte ich vor diesem letzten Teil etwas Angst und deshalb Begleitschutz angefordert. Auch der noch winterkalte Bodensee konnte ungemütlich werden. Deshalb hatte der Veranstalter einen Guide für mich abgestellt. Er würde mich teilweise begleiten. Georg hieß der gute Mann, wir hatten schon miteinander telefoniert.

Wir hatten uns für den Abend im Kanuverein von Iznang verabredet. Dort sollte mein Wagen bleiben, und dort konnte ich, wenn ich wollte, logieren. Mein Weg dahin führte durch Stein am Rhein, der letzten Station vor Schaffhausen. Paddelstation. Es war etwas merkwürdig, ab morgen in umgekehrter Reiserichtung zu denken. Schon auf dem Weg von Schaffhausen nach Stein kam ich mir entgegen. Das Schild nach Stein stimmte mich heiter. Ich kannte den Ort und vor allem ein Hotel mit einer wunderbaren Terrasse zum Rhein. Dort konnte man kultiviert schweizerisch speisen und auf das andere Ufer schauen, das auch zur Schweiz gehörte. Es war gewissermaßen sehr schweizerisch.

Ich fuhr über die Brücke, parkte für einen vertretbaren Betrag gleich gegenüber vom Hotel und setzte mich auf die gerade geöffnete Terrasse in die Sonne. Ich würde nicht essen, ich musste weiter. Ich bestellte nur ein Bier beim Ober, der wie ein Ober aussah, der in einem Film einen Ober spielt. Im Hotel-Restaurant war die Zeit stehen geblieben und zwar mehrfach: im letzten Jahrhundert, im vorletzten, nur in diesem Jahrtausend noch nicht. Das Terrassenmobiliar sah aus wie günstig bei einer Auktion der Mitropa erworben, die Tischdecken wie aus dem Gartenhaus eines Seniorenheims – und doch schwebte über allem eine unerschütterliche Noblesse.

Am Vereinshaus traf ich Georg, einen gutmütigen Hünen mit starkem Dialekt, der aber nicht von hier, sondern aus dem Allgäu stammte. Er sei nur »ein Hineingeschmäckter«.

Da fing es schon an: Sollte ich mir das buchstabieren lassen? Nein. Noch hatten wir nicht angefangen, und außerdem sollte ich nicht über *ihn* schreiben. Georg unterbreitete mir den Schlachtplan für morgen, zu dem auch gehörte, dass er in seinem Kastenwagen seinen Motorroller etwa dahin bringen wollte, wo wir landen würden, damit er dann mit dem Roller wieder seinen Wagen holen konnte und so fort. Er hatte ganz klar die kompliziertere Aufgabe.

Wir luden »mein« nagelneues rotes Kajak ab, er zeigte mir im Klub die vielen Betten, zwischen denen ich wählen konnte, und den riesigen Gemeinschaftsraum, den ich ganz für mich alleine hatte. Er richtete seinerseits ein Boot für sich her, und was er dann machte, wusste ich nicht, denn er kam erst am nächsten Morgen wieder.

Ich räumte den Wagen auf, packte um, nahm die Minidisc aus dem Recorder – und brach sie dabei fast entzwei. Oder nicht?

Sie schepperte eigenartig, wenn ich sie schüttelte. Ich verfiel in tiefste Depression. Auf Hunderten von Kilometern gesagte Sätze in den verschiedensten Sprachen und Dialekten schienen ausgelöscht. Ich war so dumm, dass es schon wehtat … und geknickt wie das kleine schwarze Viereck. Ich aß alle restlichen Printen auf einmal – nur den Inhalt der Schmuckkassette verschonte ich. Meine letzte Hoffnung setzte ich auf die Service-Oase Hage. Die defekte Minidisc tat ich zusammen mit einem Klagelied an den besten Fachberater Deutschlands in ein Kuvert. Danach konnte ich wenigstens einschlafen.

Georg holte mich ab, und wir fuhren über Radolfzell nach Konstanz, erledigten noch dies und das, aßen an einem Bahnübergangskiosk eine Pizza, kämpften uns mit den Booten über einen Campingplatz und durch ein Eisentor bis zum Ufer und waren schon gut verschwitzt, als meine Reportage plötzlich anfing:

> Dies ist kein Testbericht, denn der Bodensee lässt sich nicht testen – mit was sollte man ihn vergleichen? Mit dem Victoria-See? Mit dem Baikalsee?
>
> Ich könnte ihn vielleicht an sich selber messen: Mein Eindruck ist, dass er sich in all den vielen Jahren, in denen ich ihn nicht gesehen habe, kaum grundsätzlich verändert hat. Das meine ich positiv. Ich finde ihn nach wie vor einzigartig, weil kein See so sehr an Meer erinnert – und doch so zivilisiert-binnenländisch-mitteleuropäisch daherkommt. Man sollte ihn nicht unterschätzen – aber auf mich wirkt er in erster Linie beruhigend.
>
> Die Autofähren nach Meersburg schoben sich stetig über den See, der hier noch »Überlinger« heißt; Schiffe der weißen Flotte zogen mit ziemlichem Zahn an uns vorbei, Namen wie »Austria« oder »St. Gallen« am Bug verrieten, wie international das Binnenmeer ist. Auf meinen Wunsch ließen wir die Jugendherberge von Kreuzlingen links liegen und hielten gleich Kurs auf Konstanz und den Untersee. Da-

mit hielten wir uns zwar an die Route, aber nicht an die Planung. Auf meine Verantwortung.

Vor der Brücke in Konstanz wartete ich lieber, weil hier etwas tückische Strömungen herrschen können. Außerdem ist es eine abwechslungsreiche Kulisse: knorrige Bäume vor schönen alten Wohnhäusern, flanierende Leute auf der Promenade, Rentner auf Bänken, Hunde, die Schwäne anbellen.

Konstanz skizziert sich hier als Großstadt. Vor der Brücke die weltläufige Promenade, über die Brücke donnernd ein Zug, hinter der Brücke deutet die Stadt mit einigen wenigen Gebäuden Industrielles an, nimmt es aber gleich wieder entschuldigend zurück: Ein großes Areal ist bereits abgerissen.

An einem kleinen Park mit handtuchgroßem Strand ein nettes Stillleben: Das »Ankern verboten«-Schild wirft seinen langen Schatten so aufs Ufer, dass die dort im Sand geparkte Weißweinflasche wohltemperiert bleibt. Badener verstehen eben zu leben.

Noch keinen ganzen Tag auf dem Bodensee-Kanuweg, und schon schwammen wir auf dem Rhein! Das wäre theoretisch ein Grund zum Feiern.

Nicht nur die Sonne kam aus Westen, sondern auch der Abendwind. Das Licht nahm ab, die Brise zu, aber die Insel Reichenau auf deutscher und Ermatingen auf Schweizer Seite lagen noch fern, während sich eine Ermattung in den Armen bemerkbar machte. Ich zog für mein ehrgeiziges Ziel Markelfingen am oberen Ende des Gnadensees den Landtransport in Erwägung. Warum auch nicht?

Ground Hostesse Georg holte den Wagen und brachte mich nach Markelfingen.

Im »Naturfreunde-Haus« wurde ich nicht just erwartet. Jedenfalls nicht für diesen Abend. (Erwartet wurde ich in Kreuzlingen, das war mir nur nicht klar.) Man wies mir dennoch ein rückwärtiges Zimmer unter dem Dach zu. Direkt hinter dem Haus liefen die Gleise.

Wir lehnten mein Kajak an einen Baum am Ufer. Georg verschwand im Auto über den Bahnübergang. Bis übermorgen! Er hatte zu arbeiten.

Hier würde ich also bleiben – bis wir wieder im Plansoll wären. Als allein stehender Herr mit Tagesfreizeit gewissermaßen. Und Abendmuße. Ich vertiefte mich in die Touren-Broschüre.

Sogar eine warme Mahlzeit ließ sich noch herzaubern – wenn man sie sich abholte. Denn »verpflegen kann man sich in dem hervorragenden SB-Restaurant, das gutes Essen zu fairen Preisen bietet«, las ich, während ich zwischen anderen Naturfreunden auf einem vorfabrizierten Naturholzstuhl an einem der Naturholztische saß. Dazwischen tobten Kinder von Naturfreunden – längst übermüdet, aber immer noch hellwach. Es hatte etwas – nein, eher sehr viel – von einer Jugendherberge. »Die Unterkünfte sind einfach, aber in schöner Lage und sehr liebevoll geführt.« Das deckte sich mit meinem Eindruck. Das Äußere des Hauses war so schlicht wie seine Einrichtung. »Die Jugendherberge in Kreuzlingen ist im Jugendstil des 17. Jahrhunderts gebaut, sie liegt mitten in einem wunderschönen Park.« Eins von beiden konnte zwar nur stimmen, entweder 17. Jahrhundert oder Jugendstil, aber selbst das klang noch reizvoll.

Damit stand mein Programm für den kommenden Tag fest: nach dem Ausschlafen erst mit dem Kajak zur Insel Reichenau und nachmittags mit der Bahn nach Konstanz, um von dort einen kleinen Spaziergang über die Grenze nach Kreuzlingen zu machen. Zur Jugendherberge – eine Art Anstandsbesuch.

Kurz nach den Kindern zog ich mich zurück. Ich ließ das Dachfenster weit geöffnet, um die Natur in meine Kammer hineinzulassen.

Der erste Zug ging um Viertel nach fünf. Morgens. Der nächste kurz vor sechs. Dann ging es Zug auf Gegenzug mit ohrenbetäubendem Getöse. An Ausschlafen war nicht zu denken. Die Naturfreunde hatten nicht nur dicht am Wasser gebaut, sondern auch an der Bahn. Rein historisch schon verständlich: Es handelt sich im Ursprung um eine Art von Wandervögeln der Arbeiterbewegung – lange bevor jeder Normalsterbliche ein eigenes Auto besaß und einen umzäunten Dauer-Campingplatz.

Aber wirklich erbaulich gestaltete sich die Bahnfahrt nach Konstanz: Schräg gegenüber saß eine Nonne, die den Rosenkranz betete, während ich im »Seehas« im »Seehas« las. Das Bordmagazin trägt nämlich den Namen des Zuges: Seehas. Ich studierte mit einem Auge einen Artikel über »Dix am Bodensee«. Mit dem anderen observierte ich die Umgebung.

Als die Nonne sich erhob, griff ich ihre schwere Kunstledertasche, geleitete sie zur Tür und reichte ihr das Ungetüm auf den Bahnsteig. Ich war mir recht sicher, dass ich in ihrem Abendgebet zumindest als Fußnote erwähnt würde.

Genauso erbaulich war das Treffen mit Bruno. Er saß vor seiner Jugendstilherberge in Kreuzlingen und rauchte. Er war heilfroh, dass ich erst jetzt kam. Am Vorabend war das Haus im Chaos versunken, da man es nach dem Umbau gerade wiedereröffnet hatte. Na bitte, dann hatte ich doch intuitiv richtig entschieden! Ich blieb zum Essen.

Bruno verstand nicht ganz, warum ich partout zurück nach Markelfingen wollte. Aber ein Kapitän schläft da, wo sein Schiff liegt – besonders wenn ihm ein Zimmer zum See zugesagt worden ist. Dort hörte ich den ersten Morgenzug nur noch aus reiner Gewohnheit. Guter, alter Seehas.

Führer Georg funktionierte auch als Gutwettergarant. Mit ihm kam wieder die Sonne und hielt sich bis Stein am Rhein. An der Schwaneninsel vor Mettnau war das noch gut für die Fotos. Entlang des Schilfgürtels vor der Hegenau trug das noch zur Heiterkeit bei. Aber auf der Höhe von Gaienhofen machte die Hitze schon langsam flügellahm. Wir trieben glatt am Anleger vorbei, von dem aus man zum

Hermann-Hesse-Museum käme … hätte kommen können. Wir versuchten das wettzumachen, indem wir ein paar Kilometer weiter bei »Andy« anlegten und »Körbli« bestellten: Dauerwurst, Käse, Brot, Tomate in einem Korb. Die kleine Terrasse über dem Wasser bevölkerte sich nach und nach mit Stammkunden, um die sich Andy angelegentlich kümmerte. Er trug eine bläulich eingefärbte Goldbrille, wie sie Leute tragen, die einen Ford Mustang oder eine Chevrolet Corvette vor der Tür stehen haben. Oder wenigstens einen Opel Manta.

Neue Batterien für mein Diktiergerät gab es dort aber nicht. Man empfahl uns den Laden am Hafen von Steckborn, gegenüber auf schweizerischer Seite: »Die Frau hat alles!« Wir legten wieder unsere Dienstkleidung an und zahlten. Vor der Tür stand ein Mustang.

Wir ritten über den Untersee und parkten die Boote auf dem schlüpfrigen Slip zwischen den Schwänen. Badener sind freundliche Menschen – aber die Schweizer überbieten das! Sie stellen sich in Sekundenschnelle auf ein Problem ein und machen es zu ihrem eigenen (vielleicht nur in Steckborn): Batterien, Batterien, Batterien … haben wir nicht, aber Moment mal! … Batterien, Batterien, Batterien …? Per Volksentscheid kam man auf den Kiosk am Platz. Die äußerst nette Dame dort zauberte sie unter dem Tresen hervor. Ich fragte sie, ob Deutsche unhöflicher seien als Schweizer. »Nein«, sagte sie höflich. Ob irgendein Unterschied bestehe, fragte ich. »Manchmal«, sagte sie. Welcher?, wollte ich wissen. »Die Deutschen sind sehr freundlich – von Ausnahmen abgesehen –, aber die Schweizer sind wohl ein wenig umgänglicher. Ja, doch. Aber das kann man nicht verallgemeinern …« usw. usw.

Ich betitelte die Reportage mit »Landgang vor Schaffhausen«. Der Stil war mir zu salopp. Das größte Manko war: Ich hatte den eigentlichen, den großen Bodensee immer noch nicht gesehen.

Und dafür blieb mir nur ein knapper Tag, weil ich abends an seinem anderen Ende, in Bregenz, mein Patenkind als Junior-Reporter an Bord nehmen würde. Dank eines letzten logistischen Kniffs von Georg stand mein Auto direkt vor der Jugendherberge.

Ich nahm die südliche, ländlichere Uferstraße Richtung Steckborn und Kreuzlingen. Irgendwo über dem See machte ich das letzte Foto für den Landgangsbericht: Über einen goldenen Misthaufen hinweg sah man einen Silberstreif des Autodachs, das knallrote, sonnenbeschienene Boot und den Untersee im Hintergrund.

Der SWR sendete eine Reiseschilderung aus alten Zeiten, in der es hieß »Wir kamen alsbald über die Schweizer Grenze … Da war ganz wohl keine Furcht vor dem Feind … Ein jeder lebte sicher unter seinem Weinstock.«

Hinter Kreuzlingen hatte ich endlich wieder die richtige Fahrtrichtung.

Der zweitausendste Kilometer meiner Reise durcheilte den Tacho zwischen Obstbäumen und überblümelten Wiesen – auf der anderen Seite des Sees das wesentlich versiegeltere badische Ufer. Das Wetter wurde etwas unentschlossen. Ich war es auch, weil ich zwischen klangvollen Namen zu wählen hatte: Rorschach oder Wasserburg und Lindau.

Südufer nach Bregenz oder doch das Nordufer? Vor Romanshorn kamen zu den Treibhäusern noch andere Zweckbauten hinzu, und in der Ferne ließ sich absehen, dass es mit der Heiterkeit der Landschaft bald vorbei sein konnte. Ich entschied mich für die Fährfahrt von Romanshorn nach Friedrichshafen. An der Kreuzung zum Anleger wartete ein Radfahrer in Uniform und gab mir durch eine drehende Handbewegung zu verstehen, dass ich mich beeilen sollte. Als Deutscher dachte ich: beim Abbiegen. Dann zeigte er auf seine Schweizer Armbanduhr, und ich verstand: Der Kapitän kam vom Schichtwechsel und wollte mir bedeuten, dass ich mich sputen musste, wenn ich die Fähre noch erreichen wollte. Wie aufmerksam. Ich drückte drauf. Er ersparte mir eine ganze Stunde: Ich fuhr als Letzter aufs Wagendeck. Vierzehn Euro für einundvierzig Minuten Seefahrt.

In der Ferne konnte ich die österreichischen Alpen sehen und sogar den Schnee.

Am deutschen Ufer hielt eine kurzsichtige Zollpraktikantin den ganzen Verkehr auf, weil sie von jedem alle Papiere von vorne bis hinten mit den Augen abtastete. In Friedrichshafen wagte ich gar nicht erst einen Bogen durch die ausflüglergesättigte Stadt.

Draußen in der Natur von Oberschwaben boten »Eva und Bea«, am Waldesrand parkend, »Sextelefon, Massagen und Badespaß« an – vielleicht machten sie auch nur einen Osterausflug im Dienstwagen.

»Verkleidet? Dann komm ich mal!«

Lindau linderte und labte. Die bayerische Stadt im Wasser entleerte gerade den Osterverkehr auf die Autobahnzubringer. Im Schritttempo rollten sie von der Insel.

Ich rief meine Schwester an, sie waren noch im Allgäu unterwegs, und wir einigten uns doch auf die Grenze vor Bregenz. Es blieb Zeit für einen Kaffee in den Stadtmauern. Der spezielle, grüne Lindau-Bus schob sich durch die Gassen, Menschen tranken an Stehtischen den Abendschoppen, hinter Hausdurchgängen lagen kleine Gärten, von der äußersten der zahllosen Mauern konnte man am Ende der Bucht Bregenz sehen.

Das Handy klingelte, sie warteten bereits in Bregenz. Auf der Autobahn hätten sie keine Grenze bemerkt. Wir machten eine möglichst unsentimentale Übergabe am Straßenrand. Zu mir kamen der kleine Fahrgast, sein Gepäck, sein Pandabär und ein großer Umschlag von meiner Liebsten. Meiner Schwester übergab ich dafür eine Tüte mit Wäsche, die ich – gewaschen – in einer Woche gegen ihren Sohn zurücktauschen würde. Ich bekam seinen Kinderausweis und ließ mir von ihr die Einwilligung unterschreiben, in der auch der Grad der Verwandtschaft beglaubigt wurde – vielleicht eine übertriebene Maßnahme, aber bei einem Dutzend Grenzübertritten mit verschiedenem Familiennamen oder beim Einchecken auf einem Campingplatz mit einem misstrauisch-wachsamen Betreiber … besser war es.

Justus stellte mir stolz den Panda vor, er hieß Peking. Seine Mutter hatte ihn kurz vorher gekauft. Sicherheitshalber. Ich führte zwar selbst einen kleinen Reisebären mit mir, merkte aber, dass ich vermutlich zwei Justus an Bord nahm: den kurz geschorenen, kräftigen, halben Halbstarken und ein verspieltes, blondes Kind. So war das wohl mit Zehnjährigen.

Der Wagenwechsel war unkompliziert, zumal mein Kangoo hinten mehr zu bieten hatte als der bayerische Familien-Kangoo. Verabschiedungen und Hupen kreuz und quer, und los ging's. Wir brauchten nur noch die Jugendherberge von Bregenz zu finden.

Sie befand sich in einem umdefinierten hohen Fabrikgebäude. Auf der Rückseite führten Bahngleise vorbei. Wir bekamen ein Zimmer ganz für uns allein mit freier Bettenwahl und eigenem Bad. Nicht schlecht für den Anfang, obwohl ich stutzte, als ich den Preis erfuhr: vierzig Euro.

Ich rüstete Justus mit meinem zweiten, schlagfesten Handy aus. Wir steckten es in das wasserdichte Paddelfutteral, dazu meine Visitenkarte. Außerdem kam er in meinen Speicher und ich in seinen. Falls erforderlich, konnten wir immer und überall miteinander telefonieren.

Und dann machten wir das, was Männer halt tun: Wir gingen an die Bar und bestellten nach Herzenslust verbotene Getränke. Ich durfte sogar rauchen. Wir öffneten das Päckchen, das an beide und für beide war, und verteilten die Sachen, mit denen meine Freundin uns ausrüstete. Ich bekam den kleinen Kompass und Justus unter anderem einen winzigen Block, einen Bleistift und ein Radiergummi. Auf fast allem stand »La Palma«. Dazu Sahnebonbons satt für beide. Er tat umgehend, wozu ich mich oft erst zwingen musste: Er führte das Tagebuch à jour. Es wurde eine ganze Seite: »Österreich. 1. Tag: Wier sind am Bodensee entlang bis zur Jugendherberge in Bregenz«. Statt mit einem Verb schloss er mit einer Skizze des munteren Logos des Hauses.

Das Familiengästehaus öffnete seine Türen um sieben Uhr. Fassungslos saß ich im Treppenhaus, weil mir der Weg durch das Foyer und zu meinem Wagen versperrt war – und zu einer ersten Zigarette. Wäre das im Falle von Feuer eine Feuerfalle, oder träten dann andere Paragraphen in Kraft? Justus frühstückte, als hätte er niemals vorher gegessen. Wir statteten der Stadt – auf dem Roller über die Promenade – einen Pflichtbesuch ab. Mal fuhr er, mal fuhr ich, aber wir konnten mit etwas Geschick auch gleichzeitig auf dem Trittbrett stehen. Bregenz war sehr stolz auf einige neue Gebäude und auf den alten Kern. Zu dem Teil, den wir sahen, fiel mir so früh am Morgen nur ein: Etwas mehr Pracht bitte!

Wir rollten bergab, kamen von hinten zum überfüllten Parkplatz von »Hofer« und kauften bei dem österreichischen Aldi einige Kleinigkeiten. Printen gab es nicht.

Justus richtete sich hinten im Wagen mit seinem karokarierten Kinderkoffer, meinen Kissen und dem Panda ein. Ich versuchte den Weg zur Landstraße gen Oberstdorf zu finden. Die Stadt ging nahtlos in den nächsten Ortsteil über, und das Landkind bemerkte, dass sie »hier die Schilder mitten in den Ort stellen, während bei uns fährt man dann erst mal eine Strecke«. Andere Fragen konnten wir beide nicht beantworten: Hält man in Österreich vor Zebrastreifen?

Endlich erwischte ich die 200, die Straße, die Rommel mir in Trier eingezeichnet hatte. Sie führte schnell in die Höhe, die Häuser schüttelten ihre Staubigkeit ab, und die Landschaft vervorarlbergte. Man erhaschte einen letzten Blick auf den Stadtbrei am Ufer und weit über den Bodensee.

Auf den Gipfeln lag Schnee. Wiesen fielen vom Berghang über die Straße und weiter als Wald zu Tal. Durch das Boot auf dem Dach schwankte der Wagen im Wind wie ein Wohnmobil. Justus erlebte das Panorama auf dem Rücken und in sein Buch vertieft.

Abgesehen von Wien, reichten meine Besuche in Österreich etwa vom zehnten bis zwanzigsten Lebensjahr. Außer unwirklichen Berglandschaften, durch deren Täler Modelleisenbahnen fuhren, verband ich die Alpenrepublik mit einigen Produkten oder Spezialitäten, in die man nach und nach hineingewachsen war: Almdudler, Landjäger, Smart-Zigaretten.

Wir verließen die 200, um über Hittisau nach Balderschwang zu gelangen, und kamen durch Lingenau, wo mitten im Ort nicht nur die Kirche und ein Wirtshaus standen, sondern auch ein roter Lastwagen mit der Aufschrift »Almdudler«. Der Fahrer war nicht zu sehen, und so gingen wir zum Kaufmann und deckten uns mit zwei Sorten Landjäger, Lingenauer Bergkäse und Semmeln ein. Ich wollte eigentlich nur wissen, woraus Almdudler gemacht wird. Der Fahrer blieb aber verschwunden, der Wirt am Platz wusste es auch nicht und verwies uns an die Firma Alfi-Getränke am Ortsausgang.

Aus dem Wohnhaus vor einer modernen Halle kam ein junger Mann in Jeansjacke. Ich stellte uns als zwei Reporter aus Deutschland vor, die nur zufällig miteinander verwandt seien. Lächelnd nahm der Junior von Alfi das Ansinnen ernst und führte uns durch die menschenleere Produktionshalle und zu den Bergen mit Zucker und dem Lager mit den Kanistern der Grundessenz, die aus zwei Teilen – einem großen Geheimnis wie bei Coca-Cola, aber in diesem Falle aus der Lizenz einer Familie Klein aus Wien – bestand. Zwanzig Abfüller gebe es im Land, zwei in Vorarlberg. Er sagte, Almdudler sei – nach Coca-Cola – die zweitbekannteste Limonade in Österreich. Die Produktion ruhte gerade, weil die Maschinen gereinigt wurden.

Normalerweise hätten sie vierzehn Beschäftigte. Sie lieferten bis ins Kleine Walsertal.

»Alfi« bedeutet Alois Fink, der die Firma vom Gründer-Vater übernommen hatte. Der nette junge Mann hieß aber Joachim, war der Enkel des Gründers und gerade im Begriff, das Familienunternehmen in dritter Generation weiterzuführen. »Ich müsste mich also eigentlich ›Jofi‹ nennen«, sagte Joachim Fink. Auch das verstand Justus. Zum Abschluss überreichte Jofi jedem von uns eine Flasche Almdudler, und für den Junior-Reporter holte er aus dem Büro einen knallroten Modelllastzug mit dem bekannten weißen Schriftzug. Justus freute sich.

Ich machte ein Foto mit beiden, unseren Autos sowie Alfis Getränkehalle und Vorarlberg als Hintergrund.

Endlich hatte Justus begriffen, worin die aufreibende Arbeit bestand: »Geil!«, nannte er, was Fachleute mit »Free food, free drinks, free press« umschreiben. Außerdem ging es darum, vom Besonderen aufs allgemeine Ganze schließen zu können: Er fand die Österreicher sehr nett. Na bitte, mein Patenkind hatte Talent. Nun musste ich eher dafür sorgen, dass die Bäume nicht in den Himmel wuchsen.

»16 % auf 4 Kilometer« aufwärts. Und in Serpentinen abwärts. Die Nase des Kajaks wurde im Regen noch roter, die Dachlast wirkte noch absurder. Links und rechts der Fahrbahn steckten Markierungsstangen in den Schneeresten. In einer Kurve lag ein feuchter, vereinsamter Skihandschuh, gekrümmt wie eine Ritterklaue. Rommel hatte bei seinem Tourenvorschlag eher an Juni gedacht, das wusste ich. Ich befragte mich selbst zu meiner Verantwortlichkeit und Bereifung, fuhr dadurch aber nicht souveräner. Das gefährdete Subjekt lag hinten, naschte, las und döste.

Sicher erreichten wir das »Heimatdorf Oberstdorf mit dem größten Schuh der Welt« und dann auch Oberstdorf selbst mit dem ausgeklügeltsten Parkleitsystem der Welt. Ich widerstand allen Lockangeboten von Abstellflächen an der Peripherie, stieß hemmungslos fast bis zum Bahnhof vor und platzierte das Auto im Halteverbot direkt gegenüber vom Fremdenverkehrsbüro. Ich versorgte mich mit Wissen – wo zum Beispiel das Kino lag –, während draußen eine Politesse mit Interesse mein Auto umkreiste. Sie zeigte aufs Dach. »Ist das ein Roller oder ein Fahrrad?« So etwas hatte sie noch nie gesehen. »Kann man damit auch dreißig oder vierzig Kilometer am Tag fahren?« So etwas hatte ich noch nicht probiert. Ich fischte eine der finnischen »Kick-Bike«-Broschüren aus meinem Bücherregal und überreichte sie ihr. (Das könnte doch interessant werden für meinen Sponsor, wenn in Bayern Strafmandate in Zukunft von Rollerstreifen verteilt würden.)

Wir gingen durch den zum Fußgängerparadies und zur freien Ladenfläche gewandelten Ortskern, aber unmittelbar gab es nichts, was mich lockte. Das lag wohl am Regen. Die südlichste Jugendherberge Deutschlands befand sich etwas südlich, Richtung Kleinem Walsertal. Auch hier durften wir vierzig Euro bezahlen, allerdings mit warmem Abendessen; auch hier bekamen wir ein eigenes Zimmer, allerdings mit Dusche und WC auf dem Flur. Damit war für mich das Thema Jugendherberge eigentlich abgehakt, wenngleich ich verstand, was die vielen Eltern mit ihren zahllosen Kindern hierher brachte: der Kickerraum oder das Fernsehzimmer im Keller oder einfach die langen Korridore, wo die Gören kreischend auf und ab laufen konnten. Das Haus war fest in der Hand von Familien. Justus spielte mit anderen im Hof ein paar Runden Fangen, während ich die Nachmittagsverabredung mit jenem Oberstdorfer Kinobesitzer traf, den ich in Baden-Baden zugeparkt hatte. Natürlich musste der Junior-Partner mit.

Das Kino am Park fiel aus dem Gesamtbild im Innendorf von Oberstdorf, das sich aus großem Dach, weißem Putz und verzierten Balkonen zusammensetzte. Dies dagegen: viel Glas, aber nicht kalt; einige Attribute von Cine-Center, aber sympathisch niedergetönt; keine abgehobene Spitzenarchitektur, eher traditionell, fast brav – aber völlig okay. Und so hieß es auch: »O.K. – Oberstdorfer Kino«.

In der Form erst seit 1998. Justus entdeckte mit Entzücken, dass »Johnny English« alias Mr. Bean in der Stadt gastierte. Schon beim Anblick des Plakats kicherte er.

Florian Stiglhofer, mit Schnäuzer und Schottenhemd, wieselte noch umher und wies seine Mitarbeiter an. Wir setzten uns ins Bistro, das auch einen Wintergarten hatte. Neben Mr. Bean (ab sechs) und »Nirgendwo in Afrika« (ab sechs) lief erstaunlicherweise auch Michael Moores »Bowling for Columbine«.

Bis zum Angebot, uns ein Getränk unserer Wahl zu bestellen – und bis es kam –, reichte Justus' Interesse am Thema »Anspruchsvolles Programmkino in der Grenzprovinz« noch. Danach fiel es rasant ab und brach mit der Aufmerksamkeitsspanne zusammen. Mein Fehler. Ich teilte meine Konzentrationsfähigkeit nun zwischen seinem Dahinscheiden vor der halb leeren Cola und den Ausführungen des engagierten Kinomanns Stiglhofer, der aus dem Ort stammte, früher im alten Lichtspielhaus gejobbt hatte und es – nach einem längeren auswärtigen Umweg – zwei alten Damen abgekauft hatte. Justus überhörte glatt, dass die »Lichtspiele am Lindenacker« 1920 mit dem Erfolgsfilm »Die Katastrophe eines Volkes« eröffnet worden waren, der vom Ersten Weltkrieg handelte. Er schaltete sich aber kurz ein, als Stiglhofer sein Konzept erläuterte, dass Kino mehr als nur Film sein sollte – Restaurant, Bistro, Kabarett, Lesungen oder Sonderveranstaltungen –, und ich meinen Mitfahrer fragte, ob wir nicht stattdessen hier essen sollten: Nein, Justus zog die Herbergskost vor. Stiglhofer wollte sich mit Gebäude und Programm »ganz bewusst vom Hirschgeweih absetzen«.

Ein Teil des Kino-Stammpublikums kam aus dem Kleinen Walsertal. Sie seien sehr interessiert, äßen auch oft vorher im Restaurant oder blieben noch nach dem Film; sehr sympathische Leute – sehr offen. Ich erkundigte mich nach ganz besonders symphatischen Walsern, und ihm fiel die Familie Riezler in Riezlern ein. Justus bekam gar nicht mit, dass das schon die Planung für morgen war.

An uns erging auch eine Frage: Ob wir heute Abend ins Kino wollten? Da merkte ich, dass Justus gar nicht geschlafen hatte: »Jaa, Johnny English!« Er wusste, wovon er redete, denn er hatte die Klamotte schon gesehen. Über den Slogan auf dem Plakat konnte ich ebenfalls lachen: »Er hat keine Furcht – Er hat keine Angst – Er hat keine Ahnung«. Stiglhofer holte zwei Karten von der Kasse. Preisgruppe 0. »Geil«, sagte Justus. »Oh, recht vielen Dank!«, sagte ich. »Für alles!«

Wir mussten uns sputen, waren aber hoch motiviert. Den Kampf um das tägliche Brot im lärmgesättigten Speiseraum bestand er mit Bravour. Essen wirkte bei Justus als effektiver Stimmungsaufheller. Während ich noch kaute, klierte er den »2. Tag« runter. Es wurde wieder eine ganze Seite. Die erste Hälfte handelte von »Almdutler« und dem Lastwagen, und die zweite lautete: »Dann sind wir zur Grenze gefahren und haben probiert wo das Essen besser schmeckt. Am Abend sind wir umsonst ins Kino gegangen.« Punkt. Da er den Film schon kannte, brauchte er ihn nicht ausführlicher zu besprechen.

Bei dem Kleinen Walsertal handelte es sich weder um eine Enklave noch Exklave, sondern um ein lang gestrecktes Tal in den Allgäuer Alpen, das aber, durch hohe Berge von Österreich abgeschlossen, deutsches Zollgebiet ist. Lange Austria und D-Mark, allerdings – wie Getränkelieferant Jofi gesagt hatte – »mit einem guten Gefühl für den Schilling«. Mittlerweile herrschte auch hier der Euro.

Hinter der Grenze wohnte ein »Tierpräparator« einsam am Waldesrand, aber bald häuften sich die Häuser zu Hotels, der »Heustadel« lockte mit »Table Dance«, und selbst ein Kasino brauchte der Tourist. Acht Dörfer lagen im Tal verstreut.

Auch Familie Riezler führte ein Hotel: Die »Walser Stuba« lag etwas mehr abseits, gegenüber einem der zahlreichen Skilifte, und in der Gaststube hatte man an Schnitzwerk nicht gespart. Wir setzten uns mit Herrn Riezler an einen Tisch. Weil Justus nichts trinken wollte – auch keinen Kakao –, verzichtete ich ebenfalls. Das wirkte einheitlicher. Riezler war offen und sympathisch, wie es der Stiglhofer Florian versprochen hatte. Wir hörten ein wenig von den Walsern, den freiheitsliebenden Alemannen, die vor Jahrhunderten aus dem Schweizer Wallis ins Tal eingewandert waren. Sie seien »gemütlich und strittig«, sagte der Walser Wirt, laut Lexikon sogar »ein kriegerisches Bergvolk«. In den zwanziger Jahren habe der Tourismus mit Gästen aus Thüringen und Sachsen begonnen.

Vater Riezler hatte einen weißen Vollbart, kräftige Zähne und eine Ausstrahlung, der Justus sich nicht ganz entziehen konnte. Ich konnte mir gut vorstellen, dass sich Gäste bei ihm wohl fühlten. Ich fragte vage nach Mentalitätsunterschieden, und er sagte: »Der Karneval: Einem Walser würde es nie einfallen, einen ganzen Tag in einem Umzug mitzulaufen. Und schon gar nicht – wie die Rheinländer – sich mit Flaschenbier im Hotelzimmer einschließen und alles von morgens bis abends am Fernseher verfolgen!« Sie feierten *auch* Fastnacht – aber da würden sie auf Skiern, verkleidet, die Hänge runterrauschen. »Was!«, rief Justus. »Verkleidet? Dann komm ich mal!« Er überlegte etwas und sagte: »Ich glaube, ich nehme doch einen Kakao.«

Erst mal mussten wir Strecke machen, weil wir laut Planung die Zugspitze erreichen sollten und abends die Jugendherberge in Mittenwald. Oder in Garmisch-Partenkirchen. Ich wusste es gar nicht mehr. Von diesem Teil des Plans hatte ich schon Abstand genommen. Die Eckdaten, die Rommel mir in Trier diktiert hatte, lauteten jedenfalls: Sonthofen, Bad Hindelang, Oberjoch, Tannheimer Tal, Reutte, Ehrwald, Zugspitze.

Die Straße hinauf zum Oberjoch wurde für Wohnwagengespanne nicht empfohlen. Ganz oben wand sie sich und schlang sich fast um sich selbst. Ein paar Wanderer rasteten, die Füße im Schnee. Nach dem nahen »Weißen Sonntag« würde sich die Landschaft überall erst einmal von der Wintersaison erholen und nicht zuletzt die Wirtsleute und Hoteliers. Ein Campingplatz kauerte zwischen den letzten grauen Schneeplacken auf dem letzten Stück Deutschland. Der Grenzübergang lag fast an der höchsten Stelle, ich nahm den nächsten Parkplatz, um mich für zehn Minuten hinzulegen – aber mein Bett war bereits von einem schlafenden Kind belegt.

An einer Tankstelle kaufte ich Diesel für 79,9 Cent, Erfrischungsgetränke und, weil die Kassierin so bezaubernd – und völlig grundlos – lachte, noch eine Mautplakette dazu.

Ich dachte lange nach und fand dann ihren Grund: Sie war Tirolerin!

Vor dem Massiv der Tannheimer Berge erstreckte sich ein See und vor dem See ein Parkplatz. Ich verurteilte Justus zum Herumtollen in der wunderbaren Bergluft. Er nahm den Klappstuhl, setzte sich – wie ein echter Holländer – direkt neben das Auto und vertiefte sich wieder, das Panorama im Rücken, in die letzten Kapitel von »Berts heimliche Katastrophen«. Ich schloss meine Augen. Für zehn Minuten.

Die Kommunikation zwischen Onkel und Neffe ruhte während einer längeren Konzertübertragung direkt in Justus' Ohren. Nur der Panda Peking und natürlich mein kleiner Reisebär hörten mich, während ich auf Reutte zuhielt, in Reutte das Ruder nach rechts – über den Lech – drehte und auf der Europastraße Richtung Ehrwald in einen Stau geriet, der sich erst auf der Höhe von Heiterwang wieder in Wohlgefallen auflöste. Ich konnte endlich auch den Lastzug von »Hofer« überholen.

Noch vor Ehrwald wiesen Schilder den Weg zur »Tiroler Zugspitzbahn«. An etlichen Holzstapeln und an noch gar nicht gestapeltem Holz und dann sogar an noch nicht einmal gefälltem Holz vorbei ging es hinauf in die Einsamkeit, die aber oben am Parkplatz durch ein großes Hotel und einen fast leeren Campingplatz aufgelockert wurde. Wir drehten nach rechts und: blickten auf die Ruine einer Seilbahnstation! Und auf ein Schild, das diesen Eindruck bestätigte: »Zugspitzbahn closed«.

Das reichte allerdings nicht zur Erklärung. Aber deshalb standen kaum Autos auf dem Parkplatz. Seilbahnen in Betrieb sieht man häufiger, aber das hier sah nach Abenteuer aus. Oder Pionierleistung. Ein wenig roch es auch nach Desaster. Mir persönlich gefiel diese Erlebnisversion gut. Hier würden wir bleiben, selbst wenn eine stehende Seilbahn dem Bewegungsdrang eines Zehnjährigen nicht gerecht würde. Ich holte für ihn den Roller vom Dach.

An dem halb abgerissenen Gebäude der Talstation wurde gearbeitet. Es gab keine Kabinen, kein Seil und keine Plattform. Ein Arbeiter erklärte mir, die Station sei vor einigen Monaten abgebrannt und – jetzt bauten sie sie wieder auf. Ich ging in das große Hotel, in dem fast kein Mensch war, und mir wurde an der Rezeption gesagt, dass es vor einiger Zeit in der Talstation gebrannt habe, sie aber hofften, den Betrieb bald wieder aufnehmen zu können. Ich fragte, ob ein Zimmer frei sei. Nein, das Hotel bleibe vorläufig geschlossen, nur der Betriebsleiter der Zugspitzbahn und einige Teilnehmer der Baubesprechung wohnten hier. Ich erkundigte mich gerade nach den Möglichkeiten auf dem Campingplatz, als zum Glück die Managerin für die ganz Anlage aus dem Restaurant kam, und an sie konnte ich alle Fragen in beliebiger Reihenfolge noch einmal richten. Sie war frisch und fix. Hotel? Nein. – Restaurant? Nein. – Campingplatz? Eventuell. – Wie viel? Viel. – Ob sie was dagegen habe, wenn wir draußen vor dem Campingplatz übernachteten? Nein. – Ob ich den Betriebsleiter sprechen könnte? Schlecht – aber sie wisse auch alles: Am 6. Februar morgens sei im Büro des Betriebsleiters ein Feuer ausgebrochen, habe den ganzen oberen Teil der Station in Brand gesetzt, durch die Hitze sei das Seil gerissen und mit einem Knall bergauf in den Wald verschwunden – aber man hoffe, dass man mit Beginn der Wintersaison wieder einsatzbereit sei. »Fragen Sie einfach nach Uschi!«, sagte Uschi und gab mir noch die fast aktuellen Broschüren und eine Festschrift »75 Jahre Tiroler Zugspitzbahn«. Sehr gut – dann hätte ich nur noch die Bitte mit dem Betriebsleiter …

Auf dem Platz stand ein Bus mit der Aufschrift »Auffi von der richtigen Seite!«

Justus hatte hatte große Lust, hier draußen im Wagen zu übernachten, und noch größeren Hunger. Da deckten sich unsere Interessen wieder, und so trollten wir uns hinunter nach Ehrwald, das in fast idyllischer Ruhe dalag. Nur ein quer über die Straße gespanntes Transparent »Schafausstellung« kündete von aufregenden Dingen. Allerdings erst zum 1. Mai. Trotzdem erkundigte ich mich im Zigarettenladen, ob mehr als ein Schaf gezeigt werde, und bekam von einem Fachmann so viele Farben, Formen und Rassen aufgezählt, dass ich fast bedauerte, zu der Zeit schon im Bayerischen Wald zu sein. Ich vergaß sogar mein Päckchen Smart. Alle Restaurants, bis auf das »Central Café«, hatten geschlossen, und im Fremdenverkehrsbüro erklärte man mir, dass es so Brauch sei mit dem gemeinsamen Ruhetag. Die Dame empfahl uns, lieber ins nahe Lermoos zu fahren, und stattete mich zudem mit einer Schrift über die Geschichte Ehrwalds aus.

Das Restaurant in Lermoos sah aus wie eine Schnitzelkonditorei, hieß auf den ersten Blick »Durchgehend geöffnet«, auf den zweiten »Grubigstube« und war fast bis auf den letzten Platz besetzt – auch weil in Ehrwald Ruhetag herrschte.

Noch während wir auf das Essen warteten, konnten wir vom Katzentisch an einen richtigen umziehen und hatten mehr Platz für unsere Notizblöcke. Obwohl mir der Junior-Reporter ein wenig zu dicklich um den Bauch erschien, durfte er sich nach der Riesenportion Frittierware noch ein Eis bestellen, da ich befürchtete, dass er sonst vor Hunger nicht durchschlafen könnte. Ich sah in meinem Block, dass ich an der Zugspitzbahn kaum Notizen gemacht hatte, weil noch gar nichts passiert war. Wann wollten die fertig sein? Zum 1. Mai?

Ich konstatierte fallende Merkfähigkeit bei abnehmendem

Arbeitseifer. Ich war ein wenig aus dem Tritt und Konzept. Justus hatte sein Tagebuch schon hinter sich gebracht und machte freie Zeichnungen. Ich nahm mir seine zwei Seiten vom

»3. Tag – Walsertal (beides): Wir sind im Walsertal zu leuten gegangen die ein Wirzhaus betreiben, und sie interwjut. Dann sind wir nach Tirol auf die Zugspitze doch wir konnten nicht weil das Seil der Gondel abgebrant war, deshalb ist sie bis September Gespert. Jetzt sind wir im Gasthaus und heute schlafen wir im Auto.«

Dann hatten wir ja doch einiges erlebt. Ich trug bei mir den »September« nach.

Zu seinem Bericht gehörte auch ein Bildbeitrag: Auto mit Boot auf dem Dach und zwei Köpfen im Innenraum. Einer oben, einer unten; der untere etwas schwarz.

So machten wir es. Wir versteckten den Wagen hinter zwei Tannen auf dem oberen Parkplatz, schlossen den Roller an der vorderen Stoßstange an und bereiteten für ihn zu Füßen der Liege ein zu kurzes Notlager mit Daunenschlafsack, Pullovern und Kissen. Es wurde sehr still und sehr kalt. Wir verriegelten die Tür gründlich. Nacht auf 1125 Metern. Ich guckte noch einmal die Zeichnung an: Vielleicht sollte der untere Kopf der vom Panda sein. Aber wo blieb ich dann? Ich setzte mich so leise wie möglich ins Wohnzimmer und las hinterm Steuer, wie ein Herr Köfler die Geschichte Ehrwalds beleuchtete: »Mehr als durch kriegerische Ereignisse litt man in der Bayernzeit an den militärischen Einquartierungen. So mussten im März 1812 714 bayerische Offiziere und 15 153 Soldaten aufgenommen und verpflegt werden. Das war wohl nicht die richtige Art des Fremdenverkehrs.«

Ganz am Ende kam Köfler auf den Anfang der Geschichte, einen Grabfund aus der La-Tène-Zeit: »Ein römischer Soldat wohl hatte hier in Ehrwald, fern der Heimat und etwas abseits der großen Heerstraße, seine letzte Ruhestätte gefunden, der erste Gast.«

Uschis Festschrift war wirklich interessant. Was das Panorama anging, nahm sie mir das Wort aus dem Mund: »Von österreichischer Seite aus imponiert die Zugspitze nicht durch die Höhe, steht sie doch im Schatten vieler Dreitausender.« Ferner wurde »die auch heute noch verbreitete Meinung widerlegt, Kaiser Franz Josef I. habe dem deutschen Kaiser Wilhelm II. bei dessen Besuch in Wien 1898 den Zugspitzgipfel geschenkt«, denn der Verlauf der Grenze war dort oben schon 1766 und noch genauer 1844 festgelegt worden.

Mit der Eröffnung der Tiroler Seilbahn nahm die Geschichte erst richtig ihren Lauf. Kurz: Die Österreicher waren mit ihrer Bahn vor den Deutschen fertig. Kurz nachdem die Garmischer Strecke eingeweiht worden war, kassierten die Deutschen Österreich ein. Nun hatten sie zwei Bahnen, aber als Nächstes den Zweiten Weltkrieg. So brach der Fremdenverkehr völlig zusammen. Gegen Kriegsende bombardierten die Amerikaner die Ehrwalder Talstation und schossen das Hotel in Brand. Und dann: »Nicht zuletzt durch den tatkräftigen Einsatz der bald hernach eingerückten US-Truppen konnte die Tiroler Zugspitzbahn mit 1. Juni 1945 den Betrieb wieder aufnehmen.«

Die Worte »Tiroler Zugspitzbahn« gingen mir mittlerweile recht gut von der Zunge.

Schon morgens um sechs saß ich klappernd auf dem Klappstuhl vorm Auto und beobachtete den Gang der Sonne hinter dem grauen Massiv und einige grüne Jagdherrchen mit Hunden, die zielstrebig ihre Morgenroute abschritten. Justus fürchtete die Kälte so sehr, dass er bis zur Abfahrt weder Wagen noch Schlafsack verließ, sondern lediglich eine Etage höher robbte.

Wir umfuhren wieder die Holzstapel und dann im Halbkreis das Massiv. Es waren kaum Autos und keine winkenden Menschen unterwegs. Ein Schild übernahm die Aufgabe: »Ganz Tirol sagt auf Auf Wiedersehen!« Wir hielten Ausschau nach einem Frühstück, aber selbst der »Kiosk zum Grenzstüberl« hatte noch geschlossen. Die Hochspannungsleitung der Bahn folgte eine Zeit lang einem Fluss. Eine kalkweiße Brücke führte über das türkise Wasser. An einem Parkplatz nannten uns Paddler, die vor ihrem VW-Bus frühstückten, den Namen: Es war die

Loisach. Die Häuser verdichteten sich, die Zierart wucherte aus – ein Gasthof wirkte regelrecht tätowiert – bei den Namen ging nichts ohne Alpen- oder Zugspitz-Hinweis. Endlich ein Laden.

Wir kurvten durch den Wald hinauf und noch höher, und dann sahen wir es: Alle anderen waren schon da. Fast alle. Weitere wurden erwartet oder waren schon da gewesen: Der Schilderwald sprach sogar Chinesisch und Japanisch. Braun gebrannte Männer in quittengelben oder himmelblauen Strampelanzügen holten ihr Equipment aus den Kofferräumen ihrer Coupés und staksten in hochglanzlackierten, offenbar direkt an den Füßen gegossenen Monsterboots zum Lift. Sie bewegten sich, als hätten sie an allen Zehen Hühneraugen. Für den nächsten Schock sorgte Justus: Er wollte gar nicht nach oben. Immerhin bequemte er sich aus seinem Schlafsack. Ich folgte dem staksenden Tross, auf der Suche nach einem guten Grund, dem Wunsch des Reisegefährten nachzugeben, und fand ihn an der Kasse. Nicht nur die Warteschlange, sondern auch der Preis: vierunddreißig Euro. Mir gingen beide touristischen Grundtugenden, Geduld und Zahlungswilligkeit, ab. Das war nicht immer richtig, das wusste ich wohl.

Dem libanesischen Parkwächter gefiel es jedenfalls hier. Er hatte vorher als Koch und meist nachts gearbeitet: »Und dann die gute Luft – jetzt kann ich immer gut schlafen!«, sagte er und wies der stinkenden Wagenschlange Wege in die letzten Lücken. Es war bald neun Uhr, und wir frühstückten im Wagen. Das hatte etwas von Jetset: Schlafen in Tirol und Frühstück in Bayern.

Justus' virulentes Heimweh meldete sich bereits.

Die alte Zollstation in Scharnitz stand noch, aber außer einem Turnschuh, drei leeren Flaschen und einer halb geschälten Apfelsine war an der Grenze nichts Auffälliges zu beobachten. Ganz bis nach Salzburg wären es bestimmt noch zweihundert Kilometer. Bald stürzte die Straße an einer wunderschönen Felswand entlang in das weite Tal, das sich, ganz in unserem Sinne, von West nach Ost ausstreckte und nicht nur genügend

Platz für einen Fluss und die Autobahn bot, sondern auch für eine ganze Landeshauptstadt. Von Innsbruck sah ich aber nicht viel mehr als die Kläranlage. Baustellen und Tunnel verstellten den Blick, ich musste meine Augen dem Verkehr widmen. Hinter Innsbruck unterbrachen wir den rasanten Vormarsch kurz auf einem Parkplatz, und endlich, nach nur wenigen Tagen im Separee, setzte sich der Junge nach vorne. So hatte ich es mir vorgestellt. Weiter ging's zu Musik von Radio Tirol oder Antenne Innsbruck, während wir eine große Tüte grüner Tiere niedermachten, die vermutlich aus vergessenen Skistiefeln hergestellt waren. Mit etwas Glück würden wir uns heute noch übergeben können.

Ganz erstaunlich, was man schafft, wenn man erst mal auf der Autobahn das Gas gut durchgetreten hat. Sie führte in einem Bogen nach Norden wieder auf die Heimat zu, hinter Kufstein kam die Grenze, aber wir drehten unmittelbar dahinter bei Oberaudorf ab, überquerten den Inn und wollten die unbesetzte Zollstation von Niederndorf passieren, als ich doch anhielt, weil ich auf dem deutschen Ufer mit einem Auge etwas gesehen hatte, das mich interessierte. Mich. Justus nicht unbedingt. Wir gingen zurück. In dem braunen Holzzollhaus richtete eine junge Frau gerade einen Laden für Reiterzubehör ein, der »No Saddle's« hieß. Wir kamen mit ihr sehr schnell ins Gespräch, weil vor der Tür ein Holzpferd stand, auf das Justus sich setzte, was sie sehr entsetzte: Sie war im Nu vor der Tür. Es sei sehr alt und wertvoll!

Sie hatte Sommersprossen. Von Beruf sei sie eigentlich »Hindernisverkäuferin«. Sie wollte eine Prosecco-Bar im Souterrain auf der Gartenseite einrichten. Wir gingen die Stufen hinab, und sie zeigte mir die Waschmaschine für die Pferdedecken, während Justus am Ufer Steine ins Wasser warf. Bis ihm auch das zu langweilig wurde. Es hatte sich für ihn wohl ausreportert.

Obwohl unsere eigentliche Absprache war: Ich mache, was ich mache, und er darf mit. Von seiner Schreibtätigkeit war ursprünglich nicht die Rede gewesen. Wir diskutierten das aber alles nicht, weil wir beide etwas scheu und Männer waren. Auch über sein Heimweh ließ er wenig vernehmen. Wir ertränkten aufkeimende Sorgen am Walchsee in einem Strandcafé. Irgendwo würden wir eine passable Pension finden und erst mal ausspannen. Am anderen Seeufer fuhr ein meditierender Trecker auf dem Feld am Hang hin und her und her und hin und her. Die Sonne schien, das Wasser plätscherte, und nur die überforderte Kellnerin machte alle verrückt.

Wir nahmen gleich die dreistellige Bundesstraße nach Ruhpolding. Alles beruhigte sich. Die Natur kam zu ihrem Recht. Einsam und urwüchsig. Ein paar Kilometer weiter saßen rastende Radler an grünen Tischen vor einem mächtigen Wirtshaus in der letzten Sonne. Ein paar Häuser standen in der Nähe, sonst nur die Berge ringsherum. Wir waren offenbar da, wo wir hinwollten. Wir setzten uns zu den anderen Urlaubern.

215 Kilometer hatten wir an einem Stück gemacht und damit eigentlich einen Extratag rausgearbeitet. Es gab ein freies Zimmer für zwei Nächte und keinen Grund zur Eile. Ich bestellte mir noch ein Weizenbier, Justus erkundete das Terrain. Alles schien gut. Der Druck fiel von mir ab. »Fritz am Sand« hieß unser »Alpengasthof und Pension«. So in etwa hatte ich mir immer den Ort vorgestellt, an dem Erich Kästner »Das fliegende Klassenzimmer« geschrieben hatte. Wenn man die Balkontür in unserem Zimmer öffnete, standen die Berge schon grußbereit. Wir schleppten das Gepäck nach oben. Justus nahm die Bettseite zu dem Fernseher mit vierundzwanzig Kanälen. Er wollte gleich loslegen. So nicht!

Wir schienen die einzigen Gäste zu sein, aber die Besitzer konnten mit drei Generationen aufwarten. Dazu gehörten auch die Zwillinge. »Dann kann er ja gut mit unseren Jungs spielen«, sagte die Wirtin. Justus gesellte sich zu ihnen, nun donnerten sie zu dritt den Fußball gegen die Garagentür. Die meisten Gäste waren gegangen. Es wurde kühl, blieb aber schön. ich war fast der einzige

Ansprechpartner für den Kellner, zumal er selbst »aus dem Norden« stammte. Ich rief meinen Schwager an, um zu sagen, dass alles so weit gut sei, dass sich die Lage aber schnell ändern könnte.

Ich bestellte noch ein Weizenbier, sann über das Leben nach, machte Notizen und unterhielt den Kellner, indem ich ihm zuhörte. Er war schon überall gewesen und kam aus Rostock. Mein kleiner Zwischensatz »Ach, aus Rostock« barg für ihn wohl genug westlichen Subtext, um trotzig zu erwidern: »Ich sagte doch: aus dem Norden!«

Justus kam um die Hausecke geschlichen, die Zwillinge hätten angefangen, auf ihn zu schießen. Er schniefte.

Vor dem Zu-Bett-Gehen sprach er das Wort Heimweh zum ersten Mal aus. Er stand in einem Dilemma: Er hatte bis Salzburg – jedenfalls eine Woche – zugesagt und jetzt … Ich hatte den Eindruck, er wollte zu Hause nicht sein Gesicht verlieren. Er war aber noch gefasst genug, um aus der Sentimentalität der Situation eine unbefristete Lizenz zum Fernsehen zu schlagen.

Ich strich ein wenig ums Haus herum. Neffe und Onkel unterschieden sich in zwei wesentlichen Punkten: Ich habe niemals Heimweh gehabt, und es hat mir nie etwas ausgemacht, einfach »nur mit« zu sein. Aber es gehörte schon immer zu meinen Unarten, von mir auf andere zu schließen – bis zum *break even point*. Ich rief noch mal an, um die erhöhte Wahrscheinlichkeit mitzuteilen und die diplomatische Sprachregelung zu vereinbaren. Vielleicht war es sogar die Wahrheit.

Wenn ich nicht aufpasste, wäre es bei mir auch bald mit dem Reportern vorbei.

Justus' Aufzeichnung entnahm ich, dass er bis in die Puppen Fernsehen geguckt hatte und ich geschnarcht. Das klang sehr wahrscheinlich. Wir machten die Lage faktisch und sendeten den offiziellen Hilferuf und Heimholauftrag nach Hause.

Er versuchte es noch mal mit den Zwillingen, ich noch mal mit der Hausecke, dem Kellner und einem Stammgast. Mit wechselndem Erfolg.

Wir probierten noch einige herzhafte Tellergerichte, fuhren mit dem Roller durch den Wald zu einem verwunschenen Weiher, in dem er nicht baden durfte – aber eigentlich warteten wir den ganzen Tag. Zunehmend. Aber es ging ihm gut. »Schreibst du auch ein Kapitel über mich?«, fragte er. »Na, klar!«, sagte ich.

Er packte seine Tasche, ich bekam den kleinen Block. Vom Tisch an der Ecke hatten wir die Straße gut im Blick. Als sein Vater aus dem Auto stieg, rannte er ihm entgegen und sprang ihm mit einem Riesensatz in die Arme. »Ham Sie gesehen, wie der gesprungen ist?«, fragte der Kellner völlig baff. Das hatte ich. Die Szene stand außerdem bereits im Block. Ich bestellte noch etwas zu trinken für alle drei. Die Sonne schien. Wir tauschten Neuigkeiten, Höflichkeiten und Wäsche aus. Stan war über Ruhpolding gekommen.

Ich bekam von meinem Neffen, Patenkind und Junior-Reporter einen Kuss auf die Nase, dann sprang er zu seinem Vater ins Auto. Ich wendete mich halb zum Kellner, der Subtexte deuten und Körpersprache lesen konnte, und der machte sich auf den Weg zum Kühlschrank mit den Weizenbieren. Jetzt konnte ich ungestört die Geschichte im kleinen Block lesen. Es war – bis auf ein paar Leerstellen, die ich leicht nachtragen konnte, und ein paar Rechtschreibfehler – im Prinzip alles da. Bis hin zum

»5. Tag – Deutschland: Guterlaune aufgewacht eine Milch und einen Orangensaft getrunken, gefernseht mit den Zwillingen gespielt Mittag gegessen, und Abends holt mich Dadi ab. Ende.«

Da saß ich nun am Ende der Welt als frisch gebackener Soloreporter und freier Vogel. Erst einmal musste in meine eigene Rolle wieder hineinwachsen. Seit dreißig Tagen war ich unterwegs. Vor mir lag noch eine enorme Strecke. Deutschland wurde immer größer.

»Manchmal stell ich mir vor, ein Journalist kommt vorbei«

Ich ließ den Ferienort Ruhpolding links liegen und rollte in jenen Sack hinein, der sich auf der Deutschlandkarte vor Salzburg bildet, das Berchtesgadener Land, in dessen letztem Winkel sich der Königssee versteckt, angeraten im Tourenplan von PR-Rommel aus Trier. Mal schauen.

Auf Ramsau zu wurde die Landschaft schnell alpin und imposant. Wasserfälle und Radler stürzten zu Tal, die Sonne schien, und ich gewann langsam wieder an Kontur. Bei einer kurzen Rast am Wegesrand machte ich ein Foto: Silbergraues Auto auf grauschwarzer Straße vor grausilbrigem Fels, mittendrin stach das rote Boot wie ein Torpedo ins Ungewisse. Das Land wurde sattgrün, von beschaulicher Einsamkeit, liefertüchtig in bildschönen Panoramen, aber auch in vielen Klaftern Holz. Ich bereute zum hundertsten Mal, kein Taschenlexikon mitzuführen, sonst hätte ich ins Regal greifen können, um Klafter nachzuschauen und Fuder gleich dazu, denn an Heu würde hier sommers kein Mangel herrschen. Hinter Ramsau lag der »Zauberwald«, das klang recht wahrscheinlich, ich beließ es aber bei einer Erfrischung im Gastgarten vom »Oberwirt«, dessen rötlich-runde Bedienung ihren sommersprossigen Busen im Dekolleté so zurechtgelegt hatte, dass es nach der doppelten Portion ausschaute. Von den Bergen grüßten die Gipfel – oder wie immer der alpine Poet es auszudrücken beliebte –, irgendwo sang eine Säge in der Mittagshitze, auf den Bierdeckeln stand »900 Jahre Berchtesgaden«. Das meiste schien mir weitaus älter.

Der Königssee war ein Schock. Ich kam nur bis Schönau, das keinesfalls schön war, sondern sich aus meinem Blickwinkel aus einer Tankstelle, einem McDonald's und einem Drei-Euro-Parkplatz zusammensetzte. Ich bezweifelte fast, dass es den See noch gab, bis ich auf die Werbung für das Musical »Salzsaga« stieß, das den Roman »Der Mann im Salz« von Ludwig Ganghofer in Szene setzte: »Die Authentizität des Standortes Königssee ermöglicht dem Musicalbesucher, sich optimal auf das Stück einzustellen.« Zu Preisen zwischen 39 und 119 Euro ließ sich »das Leben, Lieben und Leiden des einfachen Volkes … in der emotionsgeladenen Zeit des 17. Jahrhunderts« verfolgen. »Fiebern Sie mit bei zwei kurzweiligen Stunden voller Irrungen und Wirrungen.« Ergriffen und schaudernd fuhr ich von dannen, um mich im nahen Berchtesgaden zu verfangen. Eine merkwürdige Stille lastete auf der Stadt, besonders auf dem grauen Bahnhofsvorplatz mit einem Stationsgebäude von großdeutscher Statur und einer Atmosphäre von osteuropäischer Hoffnungslosigkeit. Aus dem Zug aus Salzburg stiegen gerade mal zwei Fahrgäste aus, dickliche Teenager mit viel zu schwerer Reisetasche, keine Kundschaft für die wenigen Taxis oder den Mann im Würstl-Wagen. Die Machtergreifung lag lange zurück, die Fahnen waren eingeholt, nicht einmal die einfallslosen Grafitti zeigten Farbe. Die gab es nur in Unmengen von Büchern und Guides in allen Weltsprachen im Bahnhofskiosk zu: »Hitler's Adlerhorst« auf dem Obersalzberg, offenbar der lokalen Attraktion schlechthin.

Ich schwankte etwas, ob ich der deutschen Sommerfrische des Führers einen Besuch abstatten oder mir die dafür erforderlichen Energien lieber für seinen österreichischen Geburtsort Braunau aufheben sollte, gab dann aber dem Wagen die Sporen und quälte mich den Berg hinauf zur Villa Wahnsinn. Es wollte kein Ende nehmen. Die Sonne verzog sich, und faktisch quälte sich das schwer beladene Auto sehr, die Steuerung knarrte, wir schwitzten beide trotz zunehmender Kälte, und ich reduzierte bereits meine gebremste Neugier auf den Besuch des Dokumentationszentrums auf halber Höhe. Es war zwar schon ausgeschildert, aber bei weitem nicht fertig. Bauarbeiter schoben Extraschichten, außer mir und einem jungen Touristenpaar die einzigen Menschen. Mein Handy sprang auf einen österreichischen Anbieter um – das wäre unter Hitler nicht passiert. Aber die endgültige Entscheidung über den weiteren Weg überließ ich an der nächsten steilen Haarnadelkurve dem Wagen: Er wollte ganz eindeutig lieber bergab, und das war mir nur allzu recht. Die Sonne, die ersten zarten Knospen an den Bäumen, das satte Grün der Wiesen kamen wieder. Eine steinerne Brücke führte über einen Bach. Oberhalb der Kreuzung von Oberau lag neben einer Kirche mit Zwiebelturm ein zünftiger Gasthof. Sehr einladend. Ich bog nicht rechts nach Salzburg ab, sondern parkte auf dem Platz vor der Kirche, fand ein freies Kissen auf der sonnigen Hausbank und traf in rascher Reihenfolge drei Entscheidungen: Ich wollte ein Glas frischer Buttermilch, ein Zimmer und endlich einmal wieder ein paar zusammenhängende Sätze in mein Notebook schreiben. Nur eine kleine Geschichte oder eine flüchtige Impression. Die Wirtin, die mir das Zimmer zeigte, sagte: »Ein gescheites Bett und ein gescheites Frühstück – achtzehn Euro kann sich doch wohl jeder leisten.« Ich leistete mir außerdem eine gescheite Steckdose.

Aus nahe liegenden Gründen schrieb ich über Naheliegendes: die Terrasse unter mir und meine Fluchtreflexe angesichts der dunklen Schatten der Vergangenheit.

WAS UNTEN UNTER DEM FÜHRER PASSIERT
– Ein Abend beim »Auerwirt«

Der weite Blick von der Bank am Haus besticht, erheitert und erhebt: Die Berge stehen so entrückt, dass selbst chronische Seebeseher und Meereshorizontsüchtige durchatmen und das Schauspiel ohne klaustrophobische Anfälle genießen können. Zudem wird während der ganzen Vorstellung aufmerksam serviert …

Der Logenplatz misst etwa sechzehn mal zwei Meter, ist aus dunkel gebeiztem Holz und füllt die gesamte Breite des gelb getünchten Gasthausgiebels. Die Kulisse für das Schauspiel besteht aus naturbelassenem Alpenpanorama: ganz vorne grüne Wiese, ganz hinten der raue Fels des Watzmanns, zu guten Teilen schneebedeckt. Die Zuschauer sitzen mit Blick zur Bühne auf den zerschlissenen Polstern auf der an die Hauswand geschraubten Bank. Sie könnten auch auf Plastikstühlen um die Tische sitzen und dem ausklingenden Sonnentag den Rücken zukehren, aber das tut niemand. Denn keiner möchte sich dieses Stück entgehen lassen, das allerdings für jeden einen anderen Titel hat.

Für die schwarzhaarige Dame zwei Tische weiter lautet er: »Das habe ich überhaupt nicht gewusst!« Für die Familie links neben mir heißt das Thema: »Nächstes Mal sind wir klüger!«, und für mich wäre »Feigheit vor dem Feind« wohl die Überschrift: Hoch oben auf dem Berg kauert gut erkennbar Hitlers »Adlerhorst«, den ich am Nachmittag nur halb angesteuert hatte.

Es ließ sich nicht vermeiden: Beim Ausfahren der deutschen Innengrenzen kommt man zwangsläufig am Obersalzberg vorbei. Ich entschloss mich, der Einsicht Dauerhaftigkeit zu verleihen, und nahm ein Zimmer zwei Stockwerke über der Loge. WC auf dem Gang, aber dafür mit Balkon. Das hintere Auge des Adlerhorstes schaute durch die Balkontür auf mein rotweiß bezogenes Federbett in Zimmer 23.

Unter mir, in der Loge, versichert der polnische Kellner der nichts ahnenden Dame (»Muss man denn überall daran erinnert werden …?!«), Hitler habe sich dort oben nur zweimal aufgehalten, und heute sei es in erster Linie ein Restaurant mit bis zu fünftausend Gästen täglich. Freunde von ihm arbeiteten dort. Die übermüdeten Kinder der Nachher-klüger-Familie, die versucht hatte, den »Adlerhorst« zu Fuß zu erreichen, singen Verse über alles, was sie essen und sehen, und so auch über »Hii… hii… hitlers Haus«. Die Mutter sagt: »Das haben wir fürs nächste Mal gelernt: An der Nordseite schmilzt der Schnee später!« Der sehr virile Vater, der Deutsch mit englischem Akzent spricht, erwidert mit finsterem Blick zum Haus auf dem Kamm: »Nie wieder geh ich da hinauf!«

Der »Auerwirt« hat Preise, die alles verzeihen lassen: Plastikstühle auf dem alten Balkon; Betten, die bei der kleinsten Drehung des Körpers quietschen; Daunen, die sich dauernd in einer Ecke des Decke ballen; eine Kirche nebenan, deren Glocken weder nachts noch in aller Herrgottsfrühe die Zeit für sich behalten wollen. Der Bach am Rand der Wiese plätschert lauter durch meine düsteren Träume als der unerwartet einsetzende Regen, und doch begeistert mich am Morgen der Blick aus dem Fenster: Dicke Wolken und wabernde Nebelschwaden bildeten ab Baumhöhe einen weichen Blickschutz zwischen meinem Balkon und dem Watzmann rechts sowie Adolfs Adlerhorst links. Ich saß hinterm Steuer, noch bevor die unbarmherzige Sonne das schauderschöne Panorama wieder sichtbar machte. Geschichten gehe ich fast nie aus dem Weg – Geschichte manchmal schon.

Ich saß natürlich noch nicht hinterm Steuer, sondern hinterm Laptop. Diese Form von vorausschauendem Schluss hatte ich bei Justus abgeguckt. Aber die Wolken behielten die Gipfel weiter für sich, während ich den Kirchgang überwachte. Dies war eine gläubige Gegend, denn der Parkplatz war randvoll. Frauen wie Männer trugen die Sonntagstracht. Wer es mit einer kurzen Plauderei auf dem Kirchplatz nicht bewenden lassen wollte, ging in die Gaststube. Am Gamsbart-Stammtisch fachsimpelten Bauern in Lederhosen bei einigen Maß Bier über europäische Agrarzuschüsse. Man sollte »a Regio-Mittel« beantragen, wie die anderen auch: »Die moasten san die Spanier und die Portugiesen und – und – die Österreicher!« So schaut es nämlich aus.

Ich nahm den Hintereingang nach Salzburg. Vorstadt mit Tankstellen (Diesel 75,9) und Automeile, zur Stadt hin bei abnehmender Tristesse und zunehmendem Farbauftrag. Ich kannte Salzburg im Prinzip, wusste aber nicht, wo ich war, sondern folgte Schildern und den Oberleitungen des Trolleybusses. An einer Ampel blickte ich nach links: Da lag wahrlich die Altstadt auf der anderen Seite des Flusses mit allem bekannten Zubehör, aber so leer und verfroren wie eine skandinavische Kleinstadt.

Ich fragte in einem Hotel nach meinem Hotel – es war gebucht und bestätigt, nur offenbar wenig bekannt. Ich hielt die grobe Richtung, bog in einen wunderschönen Boulevard und fragte erneut, diesmal in einem Café, das im selben Augenblick zu »meinem« Café in Salzburg wurde. Es hieß »Wernbacher« und verband »Szene« mit einem Hauch aus einer anderen Zeit. Zudem konnte der freundliche Ober helfen: Das Hotel lag an derselben Straße, der charmante neue Name »NH« hatte sich nur noch nicht durchgesetzt. Ich parkte mein Boot auf dem Hausplatz und wurde in der Lobby von tobenden spanischen Kindern empfangen.

Ich sondierte die Gegend um das Hotel und sah eigentlich kaum einen Grund, dieses Viertel wegen des »klassischen« Salzburg auf der anderen Seite der Salzach zu verlassen. Ein Stück die Franz-Josef-Straße hinunter lag ein winziger Markt mit grünen Buden, der am Sonntag natürlich geschlossen war. Ein schmaler Stand nannte sich »Marktlücke«. So vornehm die platanenbestandene Straße schien, wurde doch aller Sozialgruppen gedacht, wenngleich nicht jeder Name gleich gut von der Zunge ging: »Verein für interkulturellen Ansatz in Lernen, Forschen und Entwicklung« stand an einem Laden. Das Bistro im Eckhaus der »Seniorenresidenz Mirabell« hieß »Café Fingerlos« und lag auf Sichtweite vom »Wernbacher«. Man konnte vor beiden auf der Straße sitzen, was auch jedermann tat. Es herrschte eine entspannte Atmosphäre zwischen den hohen Gründerzeithäusern. Leise Gespräche. Lachen. So viel Pariser Flair erinnerte ich nicht aus den sechs Wochen, als ich hier vor Jahrzehnten einmal an der »Internationalen Sommerakademie« teilgenommen hatte.

Auf Höhe des »Wernbacher« hing ein weißes Transparent über der Straße: »artist – fünf Stücke – ein Ensemble stellt sich vor«. Außerdem: »Toihaus« – ich wusste aber nicht, ob das wie Schwab-Küchen und VW einer der Sponsoren war.

Günter Grass saß auch auf der Straße. Er sah nicht exakt so aus, wirkte nicht ganz so selbstgefällig – etwas frischer, gesünder und zugleich zerstreuter –, aber er ließ keinen Zweifel daran, wer am Tisch der Wichtige war. So salopp seine Joppe, so handgemacht die Schuhe. Alle fünf Minuten erspähte er über seine Brille auf dem Bürgersteig jemanden, den er kannte, sprang auf oder winkte heran. Es handelte sich wohl um Mr. Salzburg himself. Außerdem bestand eine Verbindung zwischen einem der Häuser schräg gegenüber und seinem Tisch. In Abständen kamen jüngere Männer aus einem Eingang, über dem »Eingang« stand, kreuzten die Straße und setzten sich einen Augenblick. Einer von ihnen ähnelte Karl Valentin in jungen Jahren. Ich verfolgte das gebotene Stück mit Freude und Interesse, bis mir klar wurde, dass das Toihaus ein kleines Theater war, das sich mir gerne vorstellen wollte. Es lag direkt gegenüber von meinem neuen Stammcafé: Warum in die Ferne schweifen. In dem Augenblick stob Mr. Salzburg die Straße hinauf davon, kehrte noch mal um, weil er das Wichtigste vergessen hatte – »De Tooschn!« –, und verschwand.

Ich fragte trotzdem, ob jemand etwas mit dem Theater zu tun habe. Der Licht- und Tonmann meldete sich eifrig. So gelangte ich in die letzte Probe für ein Tanztheater, die noch nicht angefangen hatte. Stattdessen gab Karl Valentin in der Rolle des Hausmeisters mit einer Leiter noch eine Probe seines Könnens und seiner Langsamkeit. Deshalb stürzte ich sicherheitshalber kurz auf die Straße, um unten an der Kreuzung an einem Imbisswagen eine »Bosna« – der Balkan beginnt in Salzburg – hinunterzuschlingen.

Das Stück für ein Cello und zwei Tänzerinnen trug den rätselhaften Titel »in2wischen«, und genauso teilte es sich mir auch mit. Für mich ist modernes Tanztheater schon immer tausendmal verwirrender gewesen als die Programmierung eines Videorekorders: In beiden Fällen hatte ich keine Chance. Die junge Regisseurin tanzte den einen Part, die Leiterin des Theaters saß, den Kopf in die Hände gestützt, in der ersten Reihe (von insgesamt fünf), der Ton-Licht-Mann versuchte seinen Einsatz nicht zu verpassen, und ich ließ mir nicht anmerken, dass ich fast einschlief.

Es kam der schwierigste Teil: die Kritik. Die schwarzhaarige Intendantin musste ihre Bedenken auf hohem intellektuellem Niveau und mit aller Vorsicht ausdrücken. Eine ruppige Frage wie »Und damit wollt ihr in zwei Tagen Premiere haben?!« hätte Seelen zermalmt. Der Tonmann kam zu mir, es stellte sich heraus, dass er nur vertretungshalber hier war, an sich arbeitete er auf dem Recycling-Hof in Laufen, aber der fest angestellte Beleuchter hatte sich … nun … etwas zu Schulden kommen lassen und saß jetzt »wegen Verdunklungsgefahr«. Wunderbar. Der Ersatzmann aus Laufen wusste nicht, worüber ich lachte.

Regisseurin Katharina Schrott wollte mit ihm unter weniger Augen ein paar Dinge besprechen, und die Überflüssigen gingen vor der Tür: ich und Tobias, weit gereister Musiker, Freund von Katharina. Er wohnte hinter der Grenze in Deutschland und war von großer Herzlichkeit und Unmittelbarkeit. Seit dreizehn Jahren spielte er indische Instrumente, deren Namen ich noch nicht einmal gehört hatte, tourte mit seiner Ethno-Band »spaceport orkestra of benares« durch die Bundesrepublik und hielt das Berchtesgadener Land für sensationell: Man müsste bis Nepal fahren, um auf diese Vielfalt, Kontraste und Größe zu stoßen. Wir ließen in2wischen die zweite Runde im Dämmerlicht tanzen und plauderten munter vor uns hin. Ich lernte einen Fachbegriff: »Störung des Zollfriedens«. Dessen hatte er sich einmal in Frankreich schuldig gemacht, als er an der Grenze ein Stückchen Haschisch nicht der Zöllnerin übergab, sondern aus der Tür rannte und es in den Fluss warf. Die Cellistin zwängte sich durch die Tür, wir lobten sie über alle Maßen. Aufrichtig. Die Regisseurin hatte ebenfalls das ihre getan. In Griechenland geboren, hatte sie in Frankreich und Deutschland studiert und lebte seit ein paar Jahrzehnten in Salzburg. »Ich bin ein europäisches Produkt«, sagte sie. Seit achtzehn Jahren leitete sie das kleine Off-Salzburg-Theater. Mir wurde klar, dass ich bis in den Mai warten müsste, um alle fünf Stücke und das Ensemble kennen zu lernen, und verabredete mich stattdessen mit der Intendantin Myrto Dimitriadou für den nächsten Tag.

Tobias sagte Katharina Bescheid, und wir gingen schon vor, einmal um den Block, in eine Kneipe, die, passend zu unserem Gerede, einen starken studentikosen Anstrich hatte. Lärmend, verqualmt, mit unmöglichen Sitzen. Tobias sammelte überall auf der Welt Tonspuren, nahm – mit deren Einwilligung – lokale Musiker auf und mischte das Ganze zu Hause im Studio neu. Wir hatten schon ein paar Biere Vorsprung, als Katharina zu uns stieß. Sie hatte, wie ich, Hunger. Ich bestellte mir eine fettige, fragwürdige Frühlingsrolle. Katharina wollte natürlich wissen, wie ich auf ihr Stück gekommen war. Ich spielte ihr Mr. Salzburg und sein Gebaren vor, und sie sagte: »Das ist mein Vater! Und genau so ist er.« Er sei eine Mischung aus grauer Eminenz, Privatgelehrtem und buntem Hund.

Nun kannte ich theoretisch ganz Salzburg. Ich verabredete mich vage mit Tobias, leerte mein Glas und ging – das Maß war bei mir voll.

Nachts brach die Hölle los. Ich dachte, ich müsste sterben. Ich wusste nicht, ob es die bosnische Wurst, die chinesische Rolle oder das Salzburger Bier war – ich musste mich jedenfalls in nicht endenwollenden Anläufen von allem trennen, was ich in den letzten Stunden, Tagen und Wochen zu mir genommen hatte. Immer wieder und aus allen Rohren. Es war nicht das Bier – es war vermutlich die Cholera. Mit den letzten mir verbliebenen Kräften dankte ich dem Herrn, dass ich in einem Kettenhotel mit weltweit 34 276 Zimmern zittern und wimmern durfte und nicht etwa in meinem wasserlosen Wagen.

Ich erholte mich nicht. Ich hatte einen Aktionsradius von 3,30 Metern, einen Zeittakt von sieben Minuten und war zu kraftlos, um den Parkpagen, der meinen Autoschlüssel hortete, zur Medikamentenkiste im Wagen zu schicken.

Oder zu dumm. Ich hoffte auf die Selbstheilungskräfte des Körpers. Irgendwann kroch ich zum Fahrstuhl und trank einen Tee in der Lobby. Es ging gerade noch gut. Beim nächsten Mal besser. Gegen Mittag traute ich mir einen Gang bis ganz vor die Drehtür zu. Am späten Nachmittag stöpselte ich mein Mikrofon und wankte die Franz-Josef-Straße hinab zum Toihaus, um Myrto Dimitriadou Fragen zu stellen, die ich genauso schnell wieder vergaß, wie ich sie langsam vortrug. Sie erzählte meinem Recorder viel über Salzburg, über das Kulturleben – neben »Jedermann« und über Mozart hinaus –, von der von Touristen gebeutelten Innenstadt, in der kaum ein Salzburger wohnte, und von ihrer Revue »es ist hier schön! – Von der Kunst der Japaner in Salzburg zu lächeln«. Ein Stück über die Stadt als Heldin des Tourismus, mit japanischen Augen wahrgenommen. Aber mit Informationen aus Salzburg gespickt. Heiteren, harmlosen und hinterhältigen Fakten.

Sie suchte nach dem Video. Ich stellte auf Pause und schrieb mit zitternder Hand einen Passus aus dem Hausjournal ab, der von einem fatalen Hemd handelte: »Ein Salzburger Schneidermeister entwarf – inspiriert von den Afrika-Uniformen – das Braunhemd und konnte Hitler dafür begeistern. Das fatalste Hemd des 20. Jahrhunderts wurde erstmals 1925 von den Nazis in Salzburg ›vorgeführt‹.« Myrto kam mit Programmen und der Kassette zurück. Sie schenkte sie mir. Myrto fand, Salzburg sei eine schöne Stadt, in der es sich leben ließ. Besonders hier, im alten jüdischen Viertel. Sie zählte und kam auf zwei Salzburger in einem Ensemble von fünfzehn. Ich wollte wenigstens eine Frage stellen, die ich mir merken konnte: Wie wenige Zuschauer haben Platz?

Dreiundsechzig! Ich stellte mein Gerät auf »Good bye«, dankte und schlich von dannen mit unlesbaren Notizen, einer Tonspur, die ich nicht abhören, und einem Video, das ich nicht anschauen konnte. Ich erreichte die andere Straßenseite mit Müh und Not und bestellte im »Wernbacher« einen Tee. Es war nach dem Krieg eine Jazz-Bar gewesen und ein wenig älter als ich, wirkte aber im Vergleich jung, frisch und farbenfroh. Es war, wie gesagt, für eine sehr kurze Zeit mein Salzburger Stamm-Café – bevor es Tee wurde. Ich fieberte dem nächsten Tag entgegen.

Ich war sogar so weit vernehmungsfähig, dass ich mich durch den Mirabellgarten und über den Fluss zum deutschen Konsulat in die Altstadt wagte, um mich dort – ein weiterer Schritt im Papierkrieg für die Lizenz zum Heiraten – beglaubigen zu lassen. Im Warteraum hing eine Karte mit den Bundesländern. Bayern wirkte furchterregend groß: Ich hatte noch nicht einmal die Hälfte seiner Konturen erfahren.

Im eigenen Krankenwagen fuhr ich aus der Stadt. Zu gern hätte ich dabei hinten gelegen. Die Landschaft flachte ab, die Straße verlief, wie der Grenzfluss, in nordwestlicher Richtung. In Tittmoning baute ich meine Kompetenz in Sachen Sanitäranlagen weiter aus. Die Gaststätte lag am Ende des riesigen, komplett von alten Häusern umschlossenen Platzes. Ein Hauch von Niederbayern lag über dem sechshundert Meter langen Areal. Hier setzte man mehr auf die Metzger als auf die Mode. Gegenüber im Supermarkt kaufte ich Mineralwasser für den Tag, an dem mein Körper wieder aufnahmebereit für starke Getränke sein würde. In der schleswig-holsteinisch-bayerischen Landschaft blühte bereits der Raps. Obwohl es pottflach war, fiel das Terrain nach Burghausen steil ab. Ich trank keinen Tee in der schönen Altstadt, sondern erweiterte meine Kompetenz, nur so, in einem Kulturcafé und schritt die in die enge Hauptgasse eingelassene Hall of Fame des Jazz-Standorts ab: Oscar Peterson, Count Basey, Albert Mangelsdorff. Es gab auffallend viele Künstler und Ateliers in der Kleinstadt mit der längsten Burg Europas, so viele, dass sie bis ins alte Zollhäuschen am anderen Ufer geschwappt waren, wo hinter geschlossenen Türen unklare Kunstwerke gezeigt wurden, aber an der Scheibe der glasklare Satz klebte: »Wir stellen in unregelmäßigen Abständen hier aus, in diesen Räumen, wo früher nicht nur Papiere, sondern auch Menschen abgestempelt wurden.«

Ich blieb auf dem österreichischen Ufer. Die Salzach gesellte sich zum Inn, wodurch sie ihren Namen verlor. Braunau lag nur noch am Inn. Am Platz herrschte Feierabendstimmung, alle, die nicht noch schnell einkauften, aßen Eis, jeder grüßte jeden.

Einen Tee später verließ ich den Geburtsort von Adolf Hitler wieder. An keiner Stelle, die ich passierte, rühmte sich die Stadt ihres Sohnes. Hitler verließ sie sehr früh und lebte danach in Linz und sechs Jahre in Wien, bevor er 1913 nach München übersiedelte. Vom Reichtum durch den Salzhandel schien Braunau nicht so viel abbekommen zu haben. Durch Simbach, die deutsche Schwester auf der anderen Seite, fuhr ich auf der Bundesstraße weiter gen Nordosten auf Passau zu, drehte irgendwann ab auf kleinere Straßen, dichter zum Fluss, und gelangte durch einige Dörfer und durch Zufall an den wahren Ort meiner Bestimmung: auf den »Kur-Camping Max 1«. Nein, »Max II«. Oder doch »1«? Alle anderen kannten den Unterschied, denn sie kurten und campten hier schon ihr halbes Leben. Ich befand mich, laut Prospekt, »in ruhiger landschaftlicher Umgebung«. Das stimmte nur teilweise, denn hinter dem Drahtzaun lagen flache Äcker, aber über mir summte und knarrte eine gigantische Hochspannungsleitung. Dafür hatte ich den Stellplatz mit dem kürzesten Weg zu den Waschräumen. Es ging mir nach wie vor dreckig. Die elf Euro inklusive Kurtaxe waren gut angelegt. Vielleicht taugte die Leitung zu einer Gratis-Elektrotherapie.

Wie auf einer Ameisenstraße kamen die Gekurten aus Bad Füssing zurückgeradelt. Vor den Vorzelten und Wohnwagen tauschte man sich ausgiebig aus. Ein Beinprothesenträger fuhr ohne Prothese auf einem Elektromofa Flaschen zum Altglascontainer, mir stockte der Atem, wenn er anhielt, aber er stützte sich immer mit dem richtigen Bein ab. Vor dem einen Kiosk konnte man unter einem Maxi-Zeltling sitzen und speisen – wenn man dazu in der Lage war. Auf dem Gelände gab es einen Masseur, sodass man sich das Radeln in den Kurort auch noch ersparen konnte.

Ich legte mich in meinen Krankenwagen und fühlte mich manchmal für Minuten besser. Volt, Watt und Ampere sangen mir das Tiefschlaflied.

Ich setzte mich flussaufwärts nach Österreich ab, in die »Barockstadt Schärding«. Ein farbenfroher, urbaner Traum. Am malerischen Stadtplatz las ich die kurze Fassung der langen Geschichte: »Seine Süd-Nord-Wasserstraße wird seit alters her vom West-Ost-Landweg von Regensburg nach Linz geschnitten. Kelten und Römer wussten um den beherrschenden Platz. Nach den Wirren der Völkerwanderung nahmen die Bajuwaren das Land im 6. Jahrhundert in Besitz.«

Weiter kam ich nicht, weil sich aus zwei schwarzen Mercedes mit deutschem Kennzeichen eine komplette Mafiafamilie pellte. Der halbwüchsige Sohn hatte das Cabriolet abgekriegt. Sie bestellten ein paar Kilo Eis für jeden. Ganz ohne Vorurteil: Sie wirkten auf mich nicht so deutsch wie ihre Kennzeichen. Ich konnte mich täuschen. Aber sie sprachen auch nicht Deutsch, es klang eher Balkanesisch.

Der Platz bezog seine Wirkung aus seiner Asymmetrie und einem am Rande platzierten Extrablock aus sechs oder neun Häusern, die die sofortige Wahrnehmung der Zusammenhänge angenehm erschwerten. Ein wunderbarer Ort, wo man sich endloser Lektüre hingeben könnte. Stattdessen kam die Polizei mit Blaulicht auf einem Motorrad angebraust und sperrte die Straße ab. Alle hielten den Atem an und waren umso erleichterter, den Grund zu sehen: Ein Trecker zog den unendlich langen Maibaum zum Brunnen.

Außerhalb des hochbarocken Kerns sah es dann nicht mehr so romantisch aus. An der Tankstelle standen die Autos in langen Schlangen, wie am Tag vor einem Generalstreik. Fast ausschließlich deutsche Kennzeichen, darunter auch meine Tischnachbarn. Es handelte sich wohl doch um eine rechtschaffene Familie, die sich mit ihrer eigenen Hände Arbeit die beiden Karossen vom Munde abgespart hatte.

Die Landschaft bereitete sich auf die Donau vor, noch einmal hinauf, um dann zum Strom eindrucksvoll abfallen zu können. Die Lenkung meines Wagens machte in Kurven sonderbare Geräusche. Bauernhäuser groß wie Klöster lagen in den Hügeln.

Oberhalb Passaus erreichte ich mit dem letzten Winkel des Innviertels die Grenze, durch parkartige Gehölze am Hang »Innstadt« und dann über den Inn die Altstadt. Ich kannte Passau ein wenig und mochte immer die Lage an den zwei Flüssen (in Wirklichkeit drei, aber die Ilz macht sich nicht sonderlich bemerkbar). Für meine weichen Knie war die Stadt aber zu groß, und ich stoppte nur kurz auf ein Mineralwasser – »Bitte nicht so kalt!« – am Ratskeller. Das »Glasmuseum« nebenan, das der Besitzer der »Rotel«-Bushotels aufgebaut hatte, ließ ich andere bestaunen: »Also, was där alles gesammelt hat, Hut ab, ich muss schon sachen. Und was für Wärde das sind.«

Ich sammelte stattdessen weitere Eindrücke für meinen – noch zu schreibenden – Guide durch den südbayerischen »Cordon sanitaire«. Große Spendernamen sollten eine Rolle spielen, wahrscheinlich sollte man Rollen und Papierspendesystemen ein paar Extrakapitel widmen. Nicht zuletzt »Kimberley Clark«. Man könnte die Frage aufwerfen: Wie schafft eine Firma es, vorzüglich funktionierende Gerätschaften von großer Präzision und Laufruhe herzustellen und gleichzeitig – unter demselben Namen – undurchdachtes Pfuschwerk auf den Markt zu werfen?

Als der Feierabendverkehr alle Nadelöhre in Form von Brücken und Baustellen hinter sich gelassen hatte, hielt von der Zahnradfabrik an nur noch eine zuckelnde Baumaschine an der Spitze von der Jagd ab.

Sogar die jungen Männer jeden Alters, die auf ihren Skates an der Donau langstrichen, waren schneller als die Schlange. Zwanzig Kilometer waren es bis in den äußersten, hoffentlich ruhigen Winkel. Ich fühlte mich wie eine angefahrene Katze, die ein Versteck braucht, um ihre Wunden zu lecken. Die Baumaschine bog ab, und die von der Leine gelassenen Niederbajuwaren zeigten, dass sie fahren konnten wie die Belgier.

In Obernzell verabschiedete ich mich aus dem Verkehrsgeschehen und fuhr zu einer Fährstelle an der Donau. Und dort stand ein Schild, das den Campingplatz des Gasthofs »Kohlbach-Mühle« pries: »Nur 2 Kilometer«. Die kleine Straße führte direkt an der Donau zu dem Haus direkt an der Donau mit einer Terrasse direkt an der Donau: Es war genau das Richtige. Etwas zu viele mahnende Hinweistafeln, aber perfekt. Ich sprach mit dem Wirt und bekam einen freien Platz auf der Wiese direkt hinter der Terrasse, fast schon im Wasser. Mit einem Ponton fürs Paddelboot, mit Sanitärräumen direkt hinter dem Wagenschlag. Vor lauter Euphorie schwindelte mir ein wenig – zusätzlich zum anderen Schwindel.

An der Wand des Klohauses hing ein Kaugummiautomat, dessen amerikanische Hässlichkeit durch eine bayerische Holzummantelung abgemildert wurde. Da wusste ich, dass der Wirt, Herr Fesl, auch auf Details Wert legte. An der fensterlosen Seite meines Autos hatte ich keine Aussicht, weil dort die Siedlung der Dauercamper begann. Das Bauprinzip bestand in einer mobilen Kernzelle – etwa einem abgemeldeten Wohnwagen ohne Räder – als Ausgangspunkt zum Anbringen von Fest- und Meterware aller Art: Profilbrettern, Dachrinnen, Außenwänden aus sturmfestem Markisenstoff – sogar Garagentore aus gespanntem Markisenstoff. Jägerzäune, Rosenspaliere.

Mein nächster Nachbar hatte seinen unverbaubaren Blick auf die Donau durch eine mehrere Quadratmeter große Glasscheibe, die von außen verspiegelt war. Er hat mein ungläubiges Staunen über so viel Komfort sicher von seinem Sessel verfolgen können.

Weiße Dampfer mit vielen Plätzen und wenigen Passagieren fuhren gen Passau, bulgarische Binnenschiffe stampften den braungrünen Strom hinab Richtung Budapest. Das gewundene Flusstal Donauleiten von Passau bis Jochenstein nannte sich auch »Das Tor nach Südosteuropa«. Mein Nachbar bastelte an seinem Holztor – und half mir, das Kajak vom Dach an die Stallmauer zu hieven. Auch der Roller bekam dort seinen Platz. Ich richtete das Reha-Lager her, es war gemütlich und eng wie in einer Schiffskabine. Ich war auf ein paar Ruhetage eingestellt, die ich einfach aus dem Fahrplan nehmen würde. Auf der Terrasse trainierte ich mit einem »Toast mit Toast« meinen Magen. Köstlich.

Über der Sahara braute sich ein Sandsturm zusammen: Ein faszinierendes gelbes Licht, eine unwirkliche Unschärfe, die die grünen Hänge mehr und mehr verhüllte, eine unheimliche Ruhe – die Fesl nutzte, um alle Sonnenschirme und Speisekarten zu evakuieren –, und dann brach der Sturm los. Alle Pollen von Passau abwärts fegten über Kohlbach-Mühle und Campingplatz, drangen in alle Ritzen und unter jede Motorhaube. Ich verfolgte das Schauspiel von meinem Liegeplatz in der ersten Reihe. Die Naturgewalten schickten durch diesen natürlichen Windkanal nach Südosteuropa einen Platzregen, der das Wasser der Donau direkt mit dem Himmel verband, die gelben Staubmassen verfolgte und verpappte und so lange auf das Autodach trommelte, bis ich mich fragte, ob es noch gemütlich oder schon gefährlich war.

»Das Schlimmste sind die Pollen«, sagte Herr Fesl, als er sich die Folgen besah. Den bayerischen Scirocco kannte er schon. »Diese verfluchten Pollen – schlimm!«

Um morgens meine Hose anziehen zu können, musste ich nach draußen gehen. Die fehlende Stehhöhe des Wagens korrespondierte mit der Lauffläche vor der Liege, die sich durch halb leere Kartons mit Lebensmittelresten und Broschüren auf Din-A4 verringert hatte. Ich machte klar Schiff – und die Bedienung das Frühstück –, dann rollerte ich durch die grüne Aue von Grünau vier Kilometer Richtung Linz, Wien und Budapest. Ich verpustete am Anleger vorm Kraftwerk Jochenstein, ein Dampfer aus Passau fuhr nicht in die Schleuse, sondern direkt auf mich zu. Er konnte sprechen: »Hallo, wollen Sie mit?« Ich winkte ab.

Direkt vor dem Kraftwerk kauerte ein neu erbautes Reptil mit schuppigem Dach, das »Haus am Strom«. Vor der Tür standen Tische. Ein junger, freundlicher Typ, dem offenbar ein Arm fehlte, brachte den bestellten Tee nach draußen. Er sprach einen Dialekt, den ich kaum verstand.

Ich rollte weiter, an den letzten Häusern vorbei, bis zur Grenze, wo in einer offenen Schutzhütte drei Sessel standen, die ein wenig nach Katzenpisse rochen. Radler zogen vorbei, einige hielten kurz im Treten inne, wenn ihnen bewusst wurde, dass sie Deutschland verließen. Zwei Frauen, die aus Österreich kamen, stiegen ab und fragten, ob sie ihren Ausweis zeigen sollten. Als sie das Dienstfahrzeug bemerkten, wollten sie es gern ausprobieren. Ich ließ das ganz formlos zu.

Die Ausläufer des Hochwaldes reichten bis an die Ufer. Ein Stück weiter wartete eine winzige Fähre auf Wanderer und Radfahrer. Fährmann und Fährfrau teilten sich die Arbeit. Auf der anderen Seite lag Engelhartszell, wo die Zöllner im alten Zollhaus nur noch als Puppen amtierten. Früher wurde nachts eine Kette über die Donau gespannt. Für die Schiffer stellte das Deklarieren Schwerstarbeit dar, weil sie ihre Kähne jedes Mal komplett entladen mussten. Und danach wieder beladen. Eine Ausnahme wurde sicher gemacht, als der österreichische Kaiser seine frisch angetraute Sisi im Triumphzug von Bayern nach Wien verbrachte.

Damals gab es das Kraftwerk noch nicht. Damals war die Donau ein nicht immer befahrbarer, kraftvoller Strom, mit Schnellen und Fallen, sogar mit einem Abklatsch der Loreley: einem Fels, der die Boote magisch anzog. Es war der Jochenstein.

Auf einem Pfad rollerte ich auf das Kraftwerk zu. Betrieben wurde es von der zweistaatlichen Grenzkraftwerke GmbH. Als es gebaut wurde, erklärte man das Areal zu zollfreiem Gebiet, was nicht nur die Ein- und Ausfuhr von Material und Maschinen bürokratisch hantierbar machte, sondern auch die Stimmung in und um die Baukantine beträchtlich hob – und das in einer Gegend, die traditionell sowieso über großes Schmuggel-Know-how verfügte.

Eine Überflutung der kurz vor der Vollendung stehenden Anlage führte nicht nur zu großen Schäden, sondern auch zu der fortan nützlichen Entschuldigung, dass wichtige Zollunterlagen dabei für immer verschwommen seien …

Ich überquerte die Donau trockenen Fußes über das Kraftwerksgelände mit der Schleuse und besuchte noch einmal »Das Haus am Strom«. Wieder sprach ich mit dem freundlichen Dialektler. So viel wurde klar: In dem Ausstellungsgebäude arbeiteten vorzugsweise Menschen, die Probleme hatten, anderweitig eine Beschäftigung zu finden. Er war jedenfalls sehr froh über seinen Job. Bruno hieß er und wohnte in den Ausläufern des Bayerischen Waldes, fast im Dreiländereck. Ich erzählte ihm, was ich so machte, wenn ich nicht gerade Cholera hatte. Er empfahl mir einen wunderbaren Gasthof dort oben, direkt auf der deutsch-österreichischen Grenze. Die Ausstellung variierte und sezierte das Thema Wasser, das Gebäude war gewagter als die Didaktik, aber es war ein ungewöhnliches Projekt für diesen abgelegenen Winkel und hatte nicht nur viel Geld gekostet, sondern auch fünf Leiter in vier Jahren.

Beim Zurückrollen zum Schilderwald von Herrn Fesl hatte ich den Eindruck, dass es in der Donauleiten – jedenfalls um Grünau – in beide Richtungen bergab ging. Vielleicht war der Radwanderweg deshalb so beliebt. Es tat mir gut, so zu tun, als hätte ich Zeit, hier herumzuspielen. Ich ließ auch noch das Boot zu Wasser und wagte mich flussaufwärts bis ins Ausland.

In einer von einer Landspitze geschützten kleinen Bucht am anderen Ufer sah es aus wie bei Herrn Fesl – nur dass man in der Ummantelung der mobilen Kerne noch schonungsloser vorgegangen war: Hier standen reelle, nach und nach zu Freizeitfestungen ausgebaute Häuser. Am Steg spielte ein älterer Mann in seinem Motorboot. Das behauptete jedenfalls seine Frau, und er leugnete es nicht. Sie klärten mich darüber auf, dass ich gar nicht in Österreich war, sondern in einer deutschen Exklave, entstanden durch die neue Grenzziehung nach dem Kraftwerksbau, als sich die traditionelle Definition »Flussmitte« irgendwie verschoben hatte. Ich konnte nicht alles nachvollziehen, zumal ich während des Gesprächs immer wieder mit meinem Kajak abtrieb. Aber es war eine nette Unterhaltung, trotz der herben Enttäuschung. (So muss man sich fühlen, wenn man aus Versehen den falschen Kontinent entdeckt.)

»Ist es nicht wunderbar ruhig!?«, sagte Herr Fesl gern, wenn er nicht gerade sein neues Dauerthema Pollen zu fassen hatte.

Es war so ruhig, dass ich sogar Lust und Muße spürte, darüber eine Glosse zu schreiben. Eigentlich nur für mich. Ich nannte die Geschichte

DIE MÜHLE IM SCHILDERWALD

»Ist das nicht eine paradiesische Ruhe?!«, sagt Herr Fesl zu mir, als er auf die Terrasse tritt. Ich kann ihm nur beipflichten. »Wissen Sie«, sagt Herr Fesl, »manchmal stelle ich mir vor, dass einmal ein Journalist vorbeikommt und all das sieht … verstehn Sie?«

Bei fast allem, was dem Gastwirt in den Tagen, die ich dort weile, über die Lippen kommt, verkündet die Stimme zwar Hoffnung und Frohsinn, doch seine Augen hinter den Brillengläsern melden bereits latenten Zweifel an den eigenen Worten an. Die permanente Gegenwärtigkeit der Zukunft mag einen durchaus ängstlich machen.

Die Kohlbach-Mühle gibt es bereits seit 1635, aber da die Donau in ihrer jetzigen Form erst seit 1955 existiert, musste sich auch die Mühle den neuen Gegebenheiten des Flusses anpassen: Sie wurde nicht weit von ihrem alten Standort komplett neu erbaut. Hätte man damals das alte Gemäuer nicht abgerissen, stünde es heute bis zum ersten Stock im Wasser. Und auch sonst passte sich der alte Besitzer den neuen Zeiten an, indem er sich der Mühlentätigkeit enthielt und stattdessen auf nur einen der traditionellen Geschäftsbereiche – Mehl/Bretter/Braten – konzentrierte: Fortan ging es allein um den Wirtschaftszweig Gastgewerbe. Der Sohn in dritter Generation, Alois Fesl, sicherte das Terrain nach links und rechts mit je einem Campingplatz ab und 1978 schließlich zur Donau hin mit einem fünfzig Meter langen Bootssteg aus selbst verschweißten Stahlplatten, die – blau lackiert und an Kanten und Pollern gelb abgesetzt – die große Gartenterrasse an Ausmaßen übertreffen. Es ist ein so schöner Steg, dass Alois Fesl noch heute – wenn Motorbootkundschaft an- oder ablegt – gern hinzutritt und sagt: »Gelt, des ist doch a scheener Steg – so was hat's net so füe hier an der Donau.« So spricht kein Niederbayer und auch nicht der Herr Fesl, aber in meinen Ohren klingt es so ähnlich. Unmittelbar hat man den Eindruck, der Erbauer freue sich einfach darüber, dass sein Werk gebraucht wird. Ich darf den Ablegeplatz sogar über Nacht für mein Kajak nutzen, obwohl der Bootsrumpf beim Heranschieben an eine der Bänke diesen oder jenen Kratzer verursachen könnte. Auch bei der Zuweisung des besten Stellplatzes für meinen Liegewagen zeigt sich der Herr Fesl konziliant: ein Stückchen Rasen mit unverbaubarem Donaublick, obwohl er dort hatte nachsäen müssen und mein Auto das Projekt Neubegrünung schwer zurückwerfen könnte. »Gelt, wo haben Sie des heut noch an der Donau – so a Ruhe«, sagt er.

Ich kann ihm nur zustimmen und genieße besonders die Schilderfreiheit auf diesen letzten Metern bis zum Wasser. Denn Herr Fesl schützt sein Anwesen mit Anweisungen. In der Campingplatztoilette steht »Nicht auf die Toiletten stellen!« und »Bitte nachspülen!«. Ich habe – im Gegensatz zu Herrn Fesl – keinen Hund, aber wo ich gehe und stehe, sind sie »an der Leine zu führen«. Im Restaurant werden Hund und Halter gemahnt: »... nicht auf die Sitzflächen!«, und auf dem asphaltierten Platz vor dem Haus empfängt den Ankommenden – neben vielen anderen Schildern – die Aufforderung: »Nur vorwärts einparken!« Vorm Zugang zu Restaurant und Garten stehen mannshohe Palmen in Töpfen, aber man glaubt die tropische Unbekümmertheit schon in dem Augenblick nicht mehr ganz, wenn einem die Hauptbotschaft der Speisekarte ins Auge springt: »Umbestellung 0,50 Euro!«

Wäre ich nicht so umgänglich wie der Wirt, hätte ich sofort eine dieser vorzüglichen »Umbestellungen« geordert, zumal sie bei weitem der günstigste Posten auf der Karte sind. Das hätte aber Frohsinn und Ruhe sicher auf eine harte Probe gestellt. Letztlich möchte ich mich auch nicht gern mit einem Mann anlegen, der einer der großen optischen Plagen unserer Zeit – nämlich den Automaten – beigekommen ist: Den dreiteiligen Kaugummispender an der Außenwand des Sanitärhauses hat er zünftig mit Naturholz ummantelt.

Die aufflackernden Zweifel in seinem Blick kann ich ihm nicht nehmen, aber ich hoffe für ihn, dass irgendwann einmal ein Journalist an der Kohlbach-Mühle vorbeikommt »... und all das sieht«.

Ich packte Laptop, Boot und Roller, kurte kurz mit einer gekochten Forelle, beglich die moderate Rechnung, wünschte dem Herrn Fesl alles Gute und machte mich auf den Weg zum einsamen Wirtshaus im Dreiländereck.

»So viele Sprach du bist so Mensch«

Dreizehn Prozent Steigung auf dreieinhalb Kilometer von der Donau den bewaldeten Hang hinauf in den Hunsrück. So wirkten die gewellten, weiten Ackerflächen jedenfalls auf mich. Geologisch ausgedrückt, bewegte ich mich wohl auf der böhmischen Masse. In ökonomischer Hinsicht wollte ich das, was Autofahrer hier tun: im österreichischen Neustift tanken. Man hatte erzählt, dass Benzin manchmal schon samstagmittags komplett ausverkauft sei.

Die Anlage sah aus wie die Zufahrt zu einer Schweinemast, der rotwangige Tankwart in blaugrauem Kittel und mit zerknautschtem Hütchen wie der Bauer persönlich. 70,9 Cent für Diesel. Rechts neben mir füllte ein Fahrer noch fünfzig Liter in einen »Reservekanister«. Vor mir wurden 114 Liter Super für einen Kleinwagen bezahlt – wo immer sie hingeflossen waren. Sonst schlief der Ort.

Im ebenfalls wenig bemerkenswerten Oberkappel kreuzte ich zurück über die Grenze, um in Wegscheid vorbeizuschauen, weil dort wirklich der Hund begraben sein sollte. Es wirkte zwar ruhig, aber nicht tot. Immerhin rief die Orts-SPD in einem Fenster zu einer Diskussion im »Gasthof zum Bayerischen Wald« auf, eine Drogerie hieß »Zangenfeind«, und ich konnte zwischen drei Wirtshäusern wählen. Ich hatte Glück: Die Feuerwehr war schon da – bereits gut betankt. Sie lagen in den letzten Tönen: Über hundert Freiwillige übten im Saal für den Sankt-Florians-Sonntag. Einige konnten kaum noch pusten, obwohl der Marsch mit Musik in die Kirche unmittelbar bevorstand. Der Nachwuchs durfte auch zum Glase greifen, und sogar ein Feuerwehrmädchen trug die schneidige Uniform – alles nicht weiter dramatisch, solange im Umkreis von zwanzig Kilometern vor morgen früh kein Feuer ausbrechen würde. Ich schaffte es gerade noch, meinen Recorder zu holen, bevor der Umzug begann.

Auch anderswo läuteten die Glocken, alte Frauen auf dem Weg zur Messe trugen wollene Kopftücher. Es herrschte Frieden im fernsten Winkel Deutschlands. Ich fühlte mich wie auf einer Patrouillenfahrt. Nein: Ich war wieder auf Fahrt. Und freute mich auf ein Weizenbier in deftiger Umgebung.

Bäume markierten den geschwungenen Verlauf der Straße, im Osten ging der Mond auf, von Thalberg ging es bergab auf Kohlstatt zu. Drei Meter hinter der Grenze lag der große, schlichte Gasthof.

Hier war es nicht die Feuerwehr, sondern eine Geburtstagsgesellschaft, die den schmucklosen Saal in Beschlag genommen hatte. Ich ließ mir vom jungen Wirt ein Zimmer zeigen. Es war neu renoviert, großzügig und geschmackvoll. Ich nahm es sofort und blieb auch bei meiner Meinung, als er darauf bestand, die Türen zu älteren und preiswerten Alternativen zu öffnen. Hier kaufte keiner die Katze im Sack. Die Halle mit der Kunststeintreppe hallte und hatte den Charme einer Tiefkühltruhe –

die dort tatsächlich einsam stand –, aber die Art, wie er mich herumführte, war absolut stilvoll. Sie passte weder ganz zur Schankstube noch zu seinem etwas mitgenommenen Hemd. Vielleicht ein Vorurteil: Ich wähnte mich in Österreich. Ein paar Stunden, ein paar Weizenbier und ein köstliches Schinkenbrot später erhob ich das Vorurteil zum Urteil. Ich schleppte so viel Gepäck nach oben, als wollte ich eine Woche bleiben. Am Fenster stand ein Tisch zum Schreiben, in der Ecke ein Sessel zum Lesen, und das Bett taugte tatsächlich zum Schlafen. Die Nachkur konnte beginnen.

Noch vor dem Frühstück lief ich durch den nahen Wald über eine Höhe, bis ich die ersten Dörfer im Mühlviertel sehen konnte. Ich war bisher viel zu wenig gelaufen. Über Äcker und Wiesen riet ich mich zurück zur Straße nach Kohlstatt. Gegenüber vom Gasthof wartete die hölzerne Zollbude auf erneuten Dienstbeginn: Sogar das Telefon stand noch auf dem Tisch hinter der Scheibe. Ich setzte mich auf den Stuhl. Auch kein schlechter Ort zum Schreiben – mit freiem Blick auf die Kegelbahn. Auf der Wiese vor dem Gasthof stand eine solide Tischbank mit besserem Blick ins Land. Hier nagelte ich mich fest. Meine einzige Sorge war, dass ich zu lange an diesem Ort bleiben würde. Ich wusste, wann ich in Sachsen zu sein hatte und wann auf Rügen. Kohlstatt bildete eine echte Gefährdung.

Der junge Wirt Stefan hatte den Betrieb von seinen Eltern übernommen, die Gaststätte von der Mutter und die Landwirtschaft vom Vater. Beide lebten noch im Haus und machten, was sie vorher gemacht hatten. Der Vater mit Mühe, weil er seit Jahren an Rückenschmerzen litt. Mutter Greiner war eine kleine, zierliche Person von wunderbarer Direktheit. Sie nahm einen in den Blick und sagte, was sie meinte, dachte oder wollte: »Sagen Sie mir doch, wie Sie heißen, damit ich Sie beim Namen nennen kann!« Früher führte sie einen kleinen Gemischtwarenladen direkt neben dem Hauseingang. Heute ging sie selbst einkaufen. In Österreich. Nur in Österreich. Lebensmittel, Fleisch, Gemüse, alles sei besser. »In Deutschland kaufe ich mir höchstens mal einen Schlüpfer.« Darüber musste sie selbst kichern.

Bis zur endgültigen Aufhebung der Grenze verwaltete Mutter Greiner den Schlüssel und machte morgens auf und abends zu.

Wo ich saß, stand früher ein steinernes Zollgebäude der Österreicher. Die Familie kaufte das Grundstück, wenn ich es recht verstand, als die historische Situation beide Länder vereinte – um es euphemistisch zu formulieren. Oder wie Stefan den Vorgang sehr bewusst nannte: als die Österreicher sich anschlossen. Jedenfalls glaubte man, nie mehr ein Zollhaus zu benötigen. Bis 1955 waren dann die Russen hier. Den Luftraum über dem einstigen Ostblock konnte ich von meiner Bank aus sehen.

Es ging mir gut. Ich wollte nicht einmal mehr wandern. Mein Wagen parkte samt Boot neben der Haustür. Vater Greiner fuhr mit seinem Trecker in den Wald, den er auf der deutschen Seite hatte – daher das Recht des ungehinderten Grenzübertritts. Gegen Nachmittag tauchten Ausflügler auf.

Und dann passierte etwas Wunderbares: Mein Auto tropfte. Ein forscher, junger Fahrer, der kurz vorbeischaute, weil sein Wagen Bewegung brauchte, entdeckte die Lache. Vermutlich der Kühler – eine der allerüblichsten Katastrophen bei Fernfahrten. Normalerweise wäre ich erst einmal verrückt geworden. Stattdessen sah ich es mit klammheimlicher Freude: Vor Montag brauchte ich nicht weg.

Erst ein kranker Fahrer, dann ein kranker Wagen – das sollte wohl so sein.

Die Runde um den Stammtisch wuchs. Die Unverständlichkeit nahm zu. »Waren Sie denn schon auf unserem Hausberg?!«, verhörte mich die Mutter. Sie meinte den Friedrichsberg auf der deutschen Seite. Das war ich nicht und stellte deshalb die Gegenfrage: »Wieso nennen Sie einen Berg in Deutschland Ihren Hausberg?« Das fand sie völlig irrelevant. »Weil er vor unserer Haustür liegt!« Und Julbach solle ich mir anschauen, das »Meran des Mühlviertels«. Ich versprach es.

Zum Frühstück, das ich draußen in der Sonne einnehmen wollte, wurde eine weiße Decke aufgelegt. Das Brot in rotweißem Tuch, der Kaffee im Kännchen, der Bach in der Wiese – die weißen Grenzsteine mäanderten mit ihm durchs saftige Gras –, der Böhmerwald in der Ferne, die Spitze der Bergkette, wo Tschechien beginnt, als Dreiländereck, alles lag in perfekter Abfolge und größter Unaufdringlichkeit da.

Durch höhere Gewalt gezwungen, konnte ich mich nur entspannt zurücklehnen. Es war wohl der beste Augenblick der letzten Wochen.

Auf der Straße am Wäldchen hinterm Bach schob der Grenzschutz im VW-Bus im Schritttempo eine Sonntagspatrouille.

Abends kam Bruno, der als kleiner Junge hier schon »Rumstangerl« gekauft hatte.

»Ja, waren die nicht herrlich?«, sagte die Mutter. »Es gab drei Arten: braune, rote und weiße – mit Kokos.« Sie sprach zwei harte K und zwei kurze O: Kokos.

Weil Rumstangerl aus waren, nahmen wir zwei Weizenbier. Auf mich: Ich dankte für die Empfehlung. Außerdem schenkte ich ihm für seine Kinder das Buch, in dem ein anderer Bruno auch Bruno heißt.

Bruno erzählte, wie er den Arm verloren hatte: als kleiner Bub, von einem Älteren gelockt, auf einer Hochspannungsleitung. Der Strom schlug komplett durch seinen Körper – er hatte sozusagen Glück. Jahrelang war er mit einem Arm nachts in München Taxi gefahren. Das ging. Nur den Schnupftabak musste ich ihm auf den Handrücken häufeln. Bei einer Umschulung hatte er seine Frau kennen gelernt. *Das* war sein großes Glück. Und seine Kinder. Er zeichnete eine komplizierte Skizze, wie ich zum nächsten Autofrickler finden würde. Ich neigte mehr zu einem Anruf beim ADAC. Mal sehen.

Wie üblich hatte ich Probleme mit dem Handy. Es gelang nicht, den deutschen Notruf von österreichischem Boden aus zu erreichen. Auch nicht, wenn ich über die Grenze hinter das alte deutsche Zollhaus ging, in dem ein Heilpraktiker aus Israel wohnte. Ich nahm die Auslandsnummer, wurde mit dem österreichischen Inland verbunden, das meinen genauen Standort aufnahm. Wieder saß ich auf der Bank – bis der Laster des ÖATMC, kraftvoll und gewappnet wie ein Einsatzfahrzeug in Belfast, aus dem Wald kam. Ich ähnelte nicht just einem Notfall.

Die Pumpe war kaputt. Ich musste in die Werkstatt. Aus Kompetenzgründen in Österreich. Der Retter telefonierte mit Renault in Ulrichsberg, während ich Mutter Greiner fragte, ob sie für mich etwas Wäsche mit waschen könnte. Sie stand direkt vor mir – also unter mir – schaute mir fest in die Augen und sagte: »Aber sicher!«

Zeitnot, höchste Verzweiflung und tiefste Armut standen mir schon tief ins Gesicht gekerbt, als wir auf den Hof der Werkstatt fuhren. Man ließ Gnade vor Reihenfolge ergehen, der Mechaniker setzte sogar seine Mittagspause dran.

Der Konzern in Frankreich übernahm siebzig Prozent der Ersatzteilkosten wegen zu frühen Dahinscheidens des Aggregats. Hocherfreut rollte ich vom Hof und bergauf und talab auch noch durch das Meran des Mühlviertels, falls ich Mutter Greiner noch Rede und Antwort stehen müsste.

Ich packte für den Kaltstart am Morgen. Mir reichte ein schneller Kaffee ohne Tischdecke.

All die Tage, in denen ich intensiv den Bayerischen Wald durchstreifen wollte, hatte ich in lustvoller Bewegungsstarre auf den Böhmerwald geblickt. Und auf die Donau. Jetzt stand ein großer Sprung nach vorn an. Die Lenkung knarrte immer noch. In der Werkstatt hatte ich komplett vergessen, dies auch nur beiläufig zu erwähnen. Das Bewusstsein, dass mein Wagen tatsächlich kaputtgehen könnte, fuhr von jetzt an mit. In tieferen Lagen tanzten die Pollen immer toller. Ich versuchte erst gar nicht, mir vorzustellen, welche Wipfel mir auf dem Kamm entgingen. Der Nationalpark Bayerischer Wald war in etwa so alt wie mein Wunsch, ihn zu durchwandern: dreißig Jahre.

In der stickigen Hitze war das Fahren vermutlich die beste Tagesbeschäftigung. Durch die nördliche Richtung stellte sich zum ersten Mal das Gefühl ein, mich im Kreis um Deutschland zu bewegen.

Auf dem Weg nach Lam wurde es schön. Auf 843 Metern Höhe hielt ich beim »Langlaufzentrum Eck«, weil der Europawanderweg 6 kreuzte. Ich grüßte symbolisch und rollte zu Tal, folgte bei Arrach einem Bach und der Bahn, schwang mich noch einmal auf die Höhen, noch einmal durch Wald, Wald, Wald und stellte mich vorm Bäcker in Neukirchen beim Heiligen Blut in den Schatten einer Hauswand. Es war so heiß, dass ich lieber ins Wallfahrtsmuseum ging. Das war keine schlechte Entscheidung, denn ich wusste weder, wie wichtig der Ort für die Gläubigen war, noch dass sich Wallfahrten thematisch so weit auffächern und mit unzähligen Ausstellungsstücken untermalen lassen. Allein die große Sammlung der Danksagungen: »Maria hat geholfen!« Selbst gemalte Schilder, angefertigte und die Fertigware. Kerzen als vergängliche Kunstwerke.

Der gesamtbayerische Anteil von siebzig Prozent Katholiken wurde in der Oberpfalz und in Niederbayern weit übertroffen: neunzig Prozent Gläubige. Neukirchen lebte davon. Jetzt auch von Wallfahrern aus dem Osten. Angeregt durch eine Vitrine suchte ich die »Rosenkranzindustrie J. Neumeier/Devotionalien en gros«. Der Laden hatte leider geschlossen. Nur »Mo./Do. 9–12 Annahme für Heimarbeiten«. Im Schaufenster schwitzte eine Abendmahlsrunde.

Ich fuhr das kurze Stück bis zur Grenze und rundete dabei meinen dreitausendsten Kilometer. Tschechen kehrten von ihrer Arbeit zurück. Der deutsche Beamte entdeckte, dass mein Auto als Lastwagen zugelassen war – der Grenzübergang aber nur für PKWs –, überließ die Endausscheidung aber den Tschechen. Die traten zahlreicher an. Ich pochte nicht auf die lächerliche Größe meines Fahrzeugs, sondern brachte das enorm stichhaltige Argument vor, dass ich nur kurz mal gucken wollte.

Das reichte. Wie versprochen, nahm ich die Straße zum nächsten Übergang in nördlicher Richtung.

Dorthin zeigte auch das Schild zum Kasino »American Chance – 11 km« in Česká Kubice. Es war eine schöne kleine Straße – mehr für die Augen als fürs Auto. Die Häuser am Wegesrand konnten kaum noch stehen, das aber offensichtlich seit Jahrzehnten. Eine Polizeistreife in einem alten Lada kam mir entgegen. Die Straße schlängelte sich durch die Wiesen und Obstbäume, es gab sogar eine kleine Pension. Erst vor kurz Česká Kubice trat die neuzeitliche Volkswirtschaft auf den Plan: Hinter einem Zaun in einer Senke lockte der völlig renovierte »Club for Men« mit eigenem Pool in das »Party-Haus«. Ich hielt mich nicht ganz an die Absprache, weil an der Hauptstraße ein Schild nach »Babylon« wies. Ich drehte nach rechts, Richtung Prag. Am Ende des Waldes warteten drei Prostituierte auf Fernverkehr, das Hotel dahinter war von einem so nostalgischen Transitcharme, dass ich sofort vor dem Plattenbau parkte, in das große, gardinenverhüllte, lampengefüllte, plastverbrämte Restaurace ging und irgendetwas Teures mit Salat bestellte.

Direkt vor dem Übergang lag ganz offensichtlich Sodom und Gomorrha, jedenfalls was Kasinos anging. Die B20 bei Schafberg bildete zugleich Aufmarschgebiet für die LKWs nach Prag oder weiter gen Osten. Der ganze Verkehr aus Regensburg und München verwickelte sich hier.

Bei Furth im Wald scherte ich mit meinem Klein-LKW aus und nahm die erste mögliche Nebenstraße durchs Land, durch den Wald, über die Berge bis Waldmünchen. Wie ein Kleinod wirkte es auf mich nicht, aber hinter der Stadt lagen der Perlsee und ein Campingplatz. Bevor die Dunkelheit hereinbrach, gab es wieder ein Naturschauspiel: Es erhob sich ein Wind, nicht heftig, aber stark genug, um alle Pollen, die im Laufe des Tages noch nicht unterwegs gewesen waren, hoch emporzuheben und in einer geschlossenen grünbraungelben Staubwolke übers Land zu tragen, bis sie sich sachte irgendwo zum Befruchten niederließen – auf dem Boot, der feuchten Badehose an der

Leine oder der Windschutzscheibe. Schlimm, würde Herr Fesl sagen.

Bei Waidhaus stand am Ortsrand frei in der Landschaft ein Gebäude des Zolls. Freundlich, ältlich und ein wenig amtlich: Hier hätte der Hauptmann von Köpenick sich wohl gefühlt. Ich klingelte, weil ich einen leichten Anfall von investigativem Journalismus verspürte: Ich konnte doch nicht fröhlich pfeifend durch dieses Gegend kutschieren, in der es von Schleppern und Schmugglern nur so wimmelte, ohne wenigstens einmal mit einer Grenzstreife mitzufahren. Der Zollkommissar, der das entscheiden konnte, war in einer Sitzung.

Ich hinterließ meine Telefonnummer. Man legte mir einen Besuch bei der neuen Zollstation an der Autobahn nahe. Obwohl der Anfall schon wieder abklang, machte ich mich – statt aus dem Staub – auf den Weg. Und es war in der Tat imponierend: Ein durchgehendes Dach, das es mit jedem Flughafenneubau aufnehmen konnte, schwebte über sechs Abfertigungsbahnen und, aus lauter Übermut, über je einer Wachstube links davon und rechts davon. Darüber hinaus gab es ein spiegelblankes Bürohaus für den Zoll, eine große Rastanlage, Auffahrgelände für LKWs und Entsprechendes für Busse. Vom Verkehrsaufkommen her konnte ich mir diese neue Pracht schon erklären – aber nicht unter den zukünftigen Perspektiven der Verschiebung der EU-Außengrenzen nach Osten.

Obwohl ich nur diese einzige Frage hatte, begab ich mich ins Bürogebäude auf der anderen Seite, bahnte mir den Weg durch zweihundert Trucker, die in langen Schlangen vor einer Unzahl von solide verglasten Schaltern warteten, wurde recht zügig und großzügig durch ein paar Türen, Treppen und Korridore gelotst und landete im Büro des Leiters der deutschen Zollstation. Der nahm sich sofort Zeit. Die Frage, ob hier 2004 ein Drive-in-Kino eröffnet werde, stellte sich für ihn nicht. Der Zoll werde verschwinden, die Polizei aber nicht. Es werde noch Jahre dauern, bis die Grenzpolizei der neuen Beitrittsländer den Qualitätskriterien genügen würde.

Die sechzig Millionen Mark teure Anlage war in mehreren Punkten ungewöhnlich, zum Beispiel aufgrund ihrer Größe, die aber durchaus dem wachsenden Ansturm entsprach. 2001 waren es 3,6 Millionen Fahrzeuge gewesen. Die Zahl der LKWs hatte sich von 370000 im Eröffnungsjahr 1997 auf 750000 im Jahre 2001 verdoppelt. Also alle vierunddreißig Sekunden ein Laster. Speziell war auch die Besitzform: Das Zollamt Waidhaus-Autobahn stand mitten auf tschechischem Territorium, und die Gebäude wurden geleast.

Mit Schleppern und Schmugglern hätten sie im polizeilichen Sinne nichts zu tun – es sei denn, sie gingen beim Übertritt ins Netz –, aber bei so vielen PKWs könne man nur Stichproben machen und sonst auf die Erfahrung der Beamten bauen. Außerdem gebe es gewisse Kriterien. Ich hakte nach, und er zählte sieben auf, von denen ich das letzte am schönsten fand. Er nannte: Nervosität, Papiere, Herkunft, Ladungsart, Erscheinung, Reiseziel und ... »Legendenlosigkeit«. Ein plausibler Grund – nicht die übertriebene Geschichte – war maßgebend. Gar kein Hintergrund (öööh) war also schlecht. Ich hätte mich gern weiter aus erster Hand fortgebildet, aber mehr wollte der Zollrat sich nicht in die Karten schauen lassen. Selbst hatte er sich bisher nur einen illegalen Grenzübertritt erlaubt. Als sich am 23. Dezember 1989 die Außenminister Genscher und Dienstbier in Neuhäusl trafen, hatte er sich – magisch angezogen vom Mantel der Geschichte – kurzerhand auf einen Lastwagen im Konvoi geschwungen, außer Dienst zwar, aber ohne Visum. Dann sagte er etwas, das mich – den jede Dienstmütze zu schwitzendem Schuldbewusstsein treibt – tief beruhigte. Grenzübertritte seien auch für ihn privat – etwa im Urlaub – mit einer gewissen Unannehmlichkeit verbunden: »Selbst als Kollege habe ich ein mulmiges Gefühl.« Er gab mir seine Visitenkarte, genierte sich aber wegen seines hohen Beamtenrangs. Er überreichte mir noch eine fünfundsiebzig Seiten starke Broschüre über die »Via Carolina«, die alte Straße zwischen Nürnberg und Prag, die heute als Autobahn ganz profan A6 und D5 heißt; mit zahlreichen Stichen, Karten und Fotos. Mein erstes Buch über eine Autobahn.

Die Broschüre war zweisprachig: »dočasné ukončení dálnice u Amberku« bedeutete »derzeitiges Autobahnende bei Amberg«. In Geleitworten dreier Minister tauchte jedes Mal Kaiser Karl IV. (1316–1378) aus dem Hause Luxemburg auf. »Gleichzeitig förderte die Straße – ›Via Carolina‹ – schon damals den Zusammenhalt Europas«, ließ Staatsminister Beckstein schreiben, und: »Die Bürger von Waidhaus können jetzt endlich aufatmen. Sie werden nicht mehr … vom Durchgangsverkehr geplagt.«

Ich fuhr durch Waidhaus auf einer kleinen Straße gen Norden. Erst hinter Hinterbrünst kam Brünst, irgendwo gab es ein Krautwinkel. Vor Flossenbürg bog ich bergauf in einen Waldweg und konnte von dort auf die Dächer des Städtchens schauen und auf die Burgruine hoch oben, die wie ein steiler Zahn aus der Bergkuppe ragte – oder wie ein modernes Mahnmal.

Es war ruhig und heiß in Flossenbürg. Ich hielt an einem Platz, halb Denkmal, halb ungepflegter Friedhof. »… für 121 Opfer der nationalsozialistischen Gewaltherrschaft. Sie starben nach der Befreiung 1945 an den Folgen der Konzentrationslagerhaft.«

Ich fuhr weiter die Hauptstraße hinauf. Ein Schild wies zur »KZ-Gedenkstätte«. Die Straße führte durch eine Wohnsiedlung, an einer Friedhofsmauer entlang und drehte vor einer Trinkhalle nach rechts. Das KZ-Gelände lag versteckt und still. Ich parkte neben dem Gebäude der ehemaligen Kommandantur, das genauso gut eine Schule hätte sein können. Der Platz hinter dem Tor ähnelte einer Baustelle, schwer zu sagen, wie alt die wenigen Baracken waren. Etwas oberhalb am Hang schauten Siedlungshäuser direkt auf das Lager. Vor einer Kapelle aus Feldsteinen fiel das Gelände ab in eine Senke, die bepflanzt und gestaltet war. Ich ging die Stufen hinab zum »Platz der Nationen«, einem Rechteck mit verwitterten, in den Boden eingelassenen Gedenktafeln, nicht wenige mit Blumensträußen: Die

Stadt Turin gedachte 3143 Opfern; vierzehn Spanier, zwanzig Dänen, 450 Griechen. 1750 Jugoslawen und zehnmal so viele Polen. Fast sechstausend Deutsche. Die allermeisten Opfer stammten aus der Sowjetunion: 26430. Ein Gärtner tuckerte mit seinem Kleintraktor vorbei.

Das KZ Flossenbürg war bereits 1938 errichtet worden: von den ersten Häftlingen. Man hatte den Ort wegen seiner strategischen Lage, seiner Eisenbahnanbindung und seiner Granitvorkommen gewählt. Die Expansionspläne Nazideutschlands lagen »schon ausgearbeitet in den Schubladen«, las ich, »sie wurden im Oktober 1938 mit dem Anschluss der Sudetengebiete an das Deutsche Reich sowie der Zerschlagung der Tschechoslowakei im März 1939 dann auch vollzogen. In der Nähe der Ostgrenzen mussten Kapazitäten für die zu erwartenden Häftlinge aus den besetzten Ländern geschaffen werden.«

Ursprünglich für 1600 Insassen geplant, dann für drei-, schließlich für fünftausend, »war das Lager der Masse ständig neu Eingelieferter zu keiner Zeit gewachsen. In der Endphase 1945 waren bis zu 15000 Personen unter unbeschreiblichen Bedingungen zusammengepfercht.« Noch kurz vor Kriegsende wurden Angehörige der Bekennenden Kirche und des militärischen Widerstandes nach Flossenbürg verbracht, unter ihnen der Theologe Dietrich Bonhoeffer und Admiral Canaris, der an dem gescheiterten Attentat auf Hitler beteiligt gewesen war. »Einziger Zweck der Verlegung vom Reichssicherheitshauptamt in Berlin nach Flossenbürg war die bereits langfristig geplante Ermordung.« Am 7. April 1945 wurden sie eingeliefert, am 8. bekamen sie ihren Prozess, am Morgen des 9. wurden sie exekutiert.

Zwei Wochen später erreichte die US Army das Lager.

Auf dem Parkplatz sprach mich ein Mann auf mein Auto an, weil er ein ähnliches hatte: »Der ist länger, nicht?« Es war der Gärtner, der gerade Feierabend machte. Ich fragte ihn nach der Siedlung am Hang, von der man direkt ins Lager schauen konnte. Er erklärte, dort hätten auch Baracken gestanden – das ganze Lager sei viel größer gewesen –, kurz nach dem Krieg seien dort dann Vertriebene untergebracht worden. Sie – oder ihre Nachfahren – wohnten noch immer da. Zwar nicht in den Baracken, aber auf den Fundamenten. »Das muss doch merkwürdig sein«, sagte ich. »So was fragen die Leute mich auch«, entgegnete er. »Wie kannst du nur jeden Tag da arbeiten!«

Auf der anderen Seite des Bergs wohnten Leute in den Blockhausvillen der SS-Offiziere – ob ich die gesehen hätte. Das hatte ich. Sie waren mir sogar angenehm aufgefallen. Ich zeigte ihm noch die Inneneinrichtung meines Autos.

Ehemalige Häftlinge hatten sich bald nach Kriegsende um »ihr« KZ gekümmert und auch die Kapelle aus den Steinen von Wachtürmen gebaut. Erst in den späten Neunzigern hatte sich Flossenbürg selbst durchringen können, die Gedenkstätte an der Gedächtnisallee 5–7 im ausstellungstechnischen Sinne »professionell« und öffentlichkeitsgerechter zu betreiben. Immerhin – besser spät als gar nicht.

Ich kreuzte kurz durch das Schachbrettmuster der Siedlung: »Schlesierstraße, Sudetenstraße«. In einem der Gärten stand eine Rentnerin in einem Haushaltskittel. Ich verhörte sie nicht, sondern rechnete für mich selbst aus, dass sie zu der Zeit dreizehn oder vierzehn gewesen sein musste. Ich klingelte auch nicht auf der anderen Seite an einem der soliden Holzhäuser mit Fernblick, um zu hören, wie es sich denn dort so träumt, sondern setzte mich vor den »Burg-Kiosk«, einst der erste Wachposten vorm Lager. Er führte neben Postkarten und etwas Informationsmaterial in erster Linie Eis und Alkohol für die nähere Umgebung. Offensichtlich gingen ein paar der Nachbarn zwischen den Flaschenkäufen nur selten nach Hause. Kleidung und Gesichtshaut deuteten darauf hin. Einer der üblichen Verdächtigen schlurfte unsicheren Schrittes über die Straße herbei, sein heiseres Organ passte ins Bild: »Immer dieselben, die hier sitzen!«, grüßte derselbe und ließ sich (wieder) nieder.

Hinter Silberhütte lichtete sich der Wald allmählich, die Landschaft öffnete sich, Birkenalleen brachten Leichtigkeit. Ich befand mich auf gut siebenhundert Metern an den Ausläufern des Oberpfälzer Waldes – fast genau auf der Höhe von Trier. Ich hielt an einer Gruppe von Birken und setzte mich auf eine Bank. Flossenbürg ließ sich nicht so einfach abstreifen. Der Blick ging sehr weit – vielleicht bis nach Tirschenreuth. Mein Nacken tat weh, obwohl ich erst hundert Kilometer gefahren war. Für heute sollte es reichen, ich entschloss mich, in Bärnau auszurollen. Ein Bach kreuzte die Straße, der nächste folgte der Straße. Am Ortseingang lautete die Begrüßung: »Willkommen in der Knopfstadt Bärnau«.

Drei Knöpfe saßen an einer hohen Steinstele – eher groß wie Wagenräder. Auch mit Partnerstädten war man nicht kleinlich, ich zählte zehn, vorwiegend im Osten. Das »Knopfmuseum« hatte bereits geschlossen, der Gasthof gegenüber hielt sich bedeckt, und deshalb orientierte ich mich erst mal, geriet wieder aus der Stadt hinaus, an Knopffabriken, dem BGS, einer Wallfahrtskapelle vorbei, war schon mitten zwischen Wiesen und Wäldern, als der Übergang auftauchte. Sehr neu und doch persönlich – mittlerweile hatte ich dafür einen guten Blick; das Gebäude ähnelte mehr einem dänischen Kindergarten.

Der Zöllner schien auf mich gewartet zu haben. Er öffnete die Schiebetür seiner Glaskabine. Wir unterhielten uns, wie man sich unterhält, wenn man Zeit hat. Oder sich Zeit nimmt. Er war braun gebrannt, hatte schwarze Haare, und ich wusste nicht, an wen er mich erinnerte: einerseits an irgendeinen Schauspieler, andererseits an eine Kasperlefigur und – obwohl Mitte fünfzig – an meinen Großvater. Nein: an Toni Sailer. Er gehörte zur Grenzpolizei, die sich diesen idyllischen Dienstort mit dem Zoll teilte. Seit 1975 war er in Bärnau, aber einen Übergang gab es erst seit den Neunzigern. Vorher hatten sie zu observieren, registrieren und rapportieren, ob sich hinterm Eisernen Vorhang etwas tut. Meist tat sich nichts. Drei- oder viermal im Jahr galt es, einen Republikflüchtigen in Empfang zu nehmen und an den Bundesgrenzschutz weiterzugeben. Die Begründung der Flüchtlinge war meist, dass sie mit dem System nicht zurechtkämen. »Etliche von denen kamen mit unserem System auch nicht zurecht und sind wieder rübergegangen.« Nach der Wende hatte wirklich ein reger Austausch stattgefunden. Es wurde auch von hüben nach drüben geheiratet: »Ich hab immer gesagt: Wer jetzt keine Frau findet, findet nie eine.« Zwei Tschechen wollten nach Deutschland hinein, sie zeigten ihm ihre »Tageserlaubnis«, und er kam die paar Schritte zu mir, um zu erklären, wie so ein Dokument aussah. So lange mussten sich die beiden gedulden. Und ein Wagen hinter ihnen auch. In ihrem Ausweis war als Arbeitgeber »McDonald's, Schwanstein« eingetragen.

Er wartete nur noch auf seinen Ablöser. »Schade, dass ich nicht mehr Zeit habe!« Er müsse sich sputen, weil er am Abend eine Vereinssitzung habe und vorher noch tanken müsse. »Tanken?«, fragte ich hellhörig. »Ja – wollen Sie mit?«

In seinem kleinen Ford roch es nach Benzin. Wegen der Reservekanister. Nach zwei Kilometern durch Niemandsland tauchte der tschechische Kontrollpunkt auf, und der ähnelte weit mehr einer Kaserne als einem skandinavischen Kindergarten.

Seit der Öffnung hätten dort schon vier Leiter wieder gehen müssen: zwei wegen Alkohol und zwei wegen kommunistischer Vergangenheit. Wir durchfuhren einen ausgedehnten Wald. Lange Zeit sah man keine Häuser, dann passierten wir eine Art Wochenendhaussiedlung, die ein Dorf darstellen sollte, und bogen ab nach Halže. Die Tankstelle lag am Rande des Ortes. Sie war recht proper. Ich kaufte eine Packung tschechische Zigaretten, während mein Fahrer noch die beiden Kanister mit den zulässigen zehn Litern füllte. Es sah recht kurios aus, vor dem Hintergrund von Plattenbauten und anderem östlichem Zubehör einen deutschen Polizisten in beigebrauner Uniform angelegentlich über einen kleinen Kanister gebeugt zu sehen, als bereitete er sich auf eine längere Verfolgungsjagd vor.

Anfangs hätten sich deutsche und tschechische Beamte häufiger zu gemeinsamen Veranstaltungen und geselligem Zusammensein getroffen, »aber letztlich redeten am Ende des Abends

Deutsche mit Deutschen und Tschechen mit Tschechen – die Sprachbarriere ist einfach zu hoch«. Ich erkundigte mich vorsichtig nach Möglichkeiten zum Campieren. Am liebsten würde ich eine Nacht direkt auf der alten Trennlinie zwischen Ost und West stehen. Er wusste eine Ecke. Sein Ablöser sah das genau so. Sie schauten sich an und sagten: »An der 37!« Sie nickten. »An der 37 steht man eigentlich am besten.« Das war, wie ich erfuhr, ein Eckgrenzstein ein kleines Stück den Feldweg hoch. Quasi im Niemandsland – und Kompetenzbereich des Bundesgrenzschutzes.

Ich stieg in mein Auto, um an dem ein paar Kilometer Richtung Bärnau liegenden Revier des BGS vorzusprechen, damit sie nicht mitten in der Nacht das Feuer auf mich eröffneten. Immerhin erweckte an deutschen Ostgrenzen nichts größeren Verdacht als geschlossene Kastenwagen, in deren Laderäumen häufig erstaunliche Mengen von Menschen aufgegriffen wurden. Es wirkte (auf mich) sehr professionell, als ich sagte: »Ich stehe an der 37.«

Ein halbes Dutzend grüner Streifenbusse parkte vor der Tür.

Es dämmerte, als ich den Glaskasten vor der Grenze passierte, gleich dahinter in den Feldweg einbog und durch die Schlaglöcher den Hang hinaufschaukelte. Erst bei »37« bestand die Chance, vom Weg ins Gestrüpp zu fahren. Ich setzte rückwärts neben den Grenzstein, zwischen die zwei Warnschilder »LANDESGRENZE« und »POZOR – Státni hranice«. Auf dem Höhenzug in tschechischer Ferne zählte ich drei Gipfel, ich konnte sie aber nicht zuordnen, da meine Karte vorher endete. Ich lief ein paar hundert Meter durch eine dichte deutsche Tannenschonung, bis ich von weitem eine schwarze Silhouette über den Wipfeln entdeckte. Sie schien zu schweben. Schwerfällig hob sie die Arme zum Kopf: ein Jäger auf einem Hochsitz, der zum Fernglas griff. Ich zog mich eilig zurück, bevor er mich für einen Hirsch hielt. Am Feldweg stand eine Bank zum Meditieren. Im letzten Dämmerlicht blinkte ein Teich in den Wiesen, Rapsfelder verloren ihre Farbe, zwei Mühlen drehten sich auf einer Lichtung. Ein Flugzeug stieg von Süden fast senkrecht in den

Himmel, ein anderes schwebte waagerecht von Norden ein. Ich glaubte kaum, dass man bis Nürnberg sehen konnte. In Bärnau gingen die ersten Lichter an. Neben der Bank befand sich ein Holzkasten mit einer Klappe: »Stempelstelle«. Bis auf eine orangefarbene Wäscheklammer war er leer. In der Astgabel eines Busches hing der Gekreuzigte in Miniaturausgabe. Auf dem Weg fand ich eine unbenutzte Schnur »20 Meter Naturfaser – Für schwere Pakete«. Sehr verdächtig: vermutlich Paketschlepper. Ein Schuss krachte. Wie gut, dass ich einen möglichen Grund kannte. Ich zog mich in meine Wagenburg zurück.

Im Schein der Schreibschlafzimmerlampe schrieb ich, bis ich müde genug wurde. So hatte ich mir die Fahrt über große Strecken vorgestellt, sogar mit Kocher und Heizung, dafür allerdings ohne formale Rückendeckung durch staatliche Organe. Ich verschloss alle vier Türen auf einen Schlag mit der Zentralverriegelung, und an allen vier Ecken meldeten die Blinker Vollzug. Statt Schmuggler zählte ich Schafe.

Um die Sonne im Osten aufgehen zu sehen, brauchte ich nur die hintere Tür am Kopfende zu öffnen. Die Schilder und der Grenzstein waren noch da. Der Stein hatte in letzter Zeit frische weiße Farbe bekommen, auch über das »S«, das viele Jahre hinter dem »Č« gestanden hatte. Unvorstellbar als eine der Konsequenzen des Auseinanderdividierens von Tschecho und Slowakei, dass jemand mit dem Farbeimer loslief und alle paar hundert Meter um das ganze Land herum kleine Ausbesserungsarbeiten an schwarzen Buchstaben vornahm. Ich bürstete meine Zähne auf dem Territorium von Č und spuckte den Aldi-Sprudel in hohem Bogen über den Weidezaun.

Auf dem Feldweg kam mir eine Streife entgegen. Weil ihr Bulli darin geübter war, wichen sie über den frisch gepflügten Acker aus. Sie wollten nichts.

Als ich über dem Hügel sichtbar wurde, standen im Glashaus alle – zwei oder drei – auf, und auch vor dem Zollgebäude blieb ein Beamter jäh stehen. Es herrschte höchste Aufmerksamkeitsstufe. Ich bog um das blaue Schild »Bundesrepublik Deutschland« und wurde sofort gestoppt. Ein dicker Grenzpolizist raunzte halb erbost und halb verblüfft: »Wie sind Sie denn überhaupt da durchgekommen!?« Hier wusste die linke Hand wohl nicht, was die rechte tat. Ich meldete mich in der Heimat zurück, und um mein spezielles Interesse an alternativen Fahrrichtungen zu unterstreichen, nahm ich den nächsten Weg links, der an einer »Tillyschanze«, einem »Grenzlandturm« und einer offenen Hütte vorbeiführte.

Statt Frühstück nahm ich Informationen zu mir: »Diese jahrhundertealte Grenze zwischen Bayern und Böhmen – letztmals 1862 vertraglich festgelegt – wurde erst nach 1945 zur rauen Wirklichkeit.« Es gibt »in der näheren Umgebung keine menschliche Siedlung mehr, denn nach 45 wurden auf der anderen Seite die grenznahen Dörfer und Weiler geschleift«.

Ich stoppte kurz, hundert Meter vorm Übergang, um hinten das Schlafzimmer aufzuräumen, als mein Freund vom Vortag, mit der Zeitung in der Hand, zum Schichtwechsel mit dem Grantler im Glaskasten schritt. Er sah mich und rief erfreut und mit hoch erhobenem Arm: »Halloooo!«

Erst recht am Tage war Bärnau ein nettes Städtchen. Das Knopfmuseum hatte zwar geschlossen, und in der Knopffabrik Zwerenz war man auf überraschenden Besuch nicht vorbereitet, aber in der fensterlosen Hinterstube der Bäckerei am Markt bekam ich ein Frühstück und im Rathaus gegenüber bunte Broschüren. In einer konnte man unter »Der Knopf und sein Land« lesen: »Stille Waldwege, sattgüne Wiesen oder verschneite Hänge, ein gewachsener Ortskern: Nicht nur Knöpfe können sich hier wohl fühlen.«

Am Markt befand sich auch der Gasthof »Zur Post«, der in seiner Broschüre auf ein anderes wirtschaftliches Momentum hinwies: »Gesunde Luft ist heute ein wertvolles Kapital, das im Urlaub voll zur Anwendung kommen sollte.«

Noch hatte ich mir Oberst Dick nicht ganz aus dem Kopf geschlagen, zumal auch mein origineller Grenzpolizist den mysteriösen Vorfall erwähnt hatte. Ich fuhr über Griesbach und Redenbach gen Treppenstein. »Bach« war im »Stiftland« nicht nur so dahingesagt. Hecht- und Karpfenland. Über zweitausend Fischteiche sollte es hier geben. Ich passierte mehrere, mir gefiel das Schild von »Fischzucht Dürrmaul – Staatlich anerkannter Beispielsbetrieb« am besten. Bei Treppenstein war ich wieder etwas ratlos – in solchen Fällen ging ich mittlerweile am liebsten zum Zoll. Man wies mir nicht nur die Richtung zum Tatort, sondern fügte auch Details hinzu, die ich nicht kannte: Der pensionierte Oberst der Bundeswehr war im Wald in unmittelbarer Nähe der Grenze spazieren gegangen – hatte sich auf jeden Fall dort aufgehalten –, als die Tschechen einen Republikflüchtigen bis nach Deutschland verfolgten und beschossen. Der Oberst wurde tödlich getroffen, und die Verfolger schleppten Dick mit sich zurück über die Grenze. Er wurde in Pilsen »obduziert« – und erst fünf Tage später den Angehörigen übergeben.

Der Beamte erzählte noch, dass sie früher hier nicht so viel zu melden hatten. Es seien mehr die Russen und die Amerikaner gewesen, die mit ihren Flugzeugen lärmende Drohgebärden ausgeführt hätten. Auch den neuen Übergang habe es damals noch nicht gegeben: »Früher waren wir der Arsch der Welt – jetzt sind wir das Herz von Europa.« Er lachte. Sie seien der Grenzposten in Bayern mit dem besten Verhältnis zu den tschechischen Kollegen. Sie spielten sogar Fußball zusammen. Die gegnerische Mannschaft stand unmittelbar daneben. Da ich nun schon so weit gekommen war, fuhr ich über die Grenze und ein wenig ins Land hinein. Wieder dehnte sich der entsiedelte Wald, nur unterbrochen von einem Plattenbau, an dem das P der olizei abgefallen war, einem eingezäunten Gastank und einem Schild davor, das den »Radfernweg Cheb« in der »Euregio Egrensis« erklärte und veranschaulichte.

Cheb hieß einmal Eger, als es noch die Hauptstadt des Egerlands war. Mehrere Leute hatten mich bereits vor Cheb gewarnt – oder es empfohlen, falls ich mich gern ausrauben lassen wollte. Nun wollte ich aber nur nach Broumov und dann schnell wieder zurück. Die heilige Dreieinigkeit von Puff, Tankstelle und Markt hielt man in dem Ort nicht ein. Ich sah keinen Markt, während das Bordell fast außerhalb lag: Zwei Mädchen auf sehr hohen Schuhen stöckelten auf der Landstraße ihrem Arbeitsplatz entgegen.

Der Tankstelle gegenüber befand sich eine Vertrauen erweckende Gaststätte »Stará Hospoda Broumov« mit Bänken auf dem Hof, an dem auch eine Autowerkstatt lag. Als ich mich setzte, stand der Mechaniker auf und schloss – warum auch immer – das Garagentor. Ich bestellte eine Gulaschsuppe und bekam eine sehr sämige Erbsensuppe mit Wurststücken. Das gelb gestrichene Haus umgab ein brauner Holzzaun, im Garten blühten die Obstbäume. Oberhalb der Tankstelle grasten vier Pferde und unterstützten damit den Eindruck beschaulicher Ruhe. Ich drehte am beflaggten Rathaus um und rollte ortsauswärts, als ich ein recht desolates Haus erblickte, vor dem unter einem Sonnenschirm eine Schöne in einem Bikini saß und neben ihr the Local Sheriff mit blauer Brille. Der Polizeiwagen parkte hinterm Haus. High Noon in Broumov: Das konnte ich mir nicht entgehen lassen. Ich stieg aus und sagte nicht: Heh, wie praktisch: Zuhälter und Gesetzeshüter in einer Person!, sondern »Guten Tag!« Der junge Polizist bot mir einen Stuhl, seine hübsche Frau brachte einen Kaffee und zog sich zurück. Beide waren bei der Polizei, aber sie hatte frei. Beide stammten aus Mähren. Dreizehntausend Euro hatten sie für das hundert Jahre alte Haus bezahlt, es gab noch viel Arbeit, sie mussten ihr Geld einteilen. Er holte eine Postkarte von 1904, die sie beim Umbau gefunden hatten – mit österreichisch-ungarischer Briefmarke und deutschsprachigem Gruß. Seit sieben Jahren war er Polizist und schätzte, dass seit der Öffnung des Eisernen Vorhangs die Kriminalität um vierhundert Prozent gestiegen sei. Nicht gerade hier – aber in Städten wie Cheb, wo dummgeile

Deutsche erst den wilden Mann markierten und dann plötzlich nicht viel mehr besäßen als ihre Unterhose. Er sprach sehr gut Deutsch, wenngleich er das Gegenteil behauptete. Ich ließ dem Polizeipaar den Rest seiner Mittagspause und hielt nur noch einmal an: auf dem Parkplatz an der Rückseite des toprenovierten Bordells. Das war bepflanzt und mit Außenleuchten ausgestattet wie ein besserer Poloclub. Es gab vorn eine Öffnungszeit von siebzehn bis vier Uhr und hinten den »Tageseintritt«. An einem Tisch im Schatten scherzten ein Mann und eine Frau miteinander – beide trugen einen gelben Blumenkranz auf dem Kopf. Das sah mehr nach Borneo als nach Böhmen aus. Er war kein Kunde, sondern »gute friend« des Bordellbetreibers. Hamburg kannte er, weil er als Fernfahrer regelmäßig vietnamesische T-Shirts aus dem Hafen abholte. So verstand ich seine mimisch untermalten Brocken jedenfalls: »Hamburg – Camion – T-Shirt – Vietnam – zwei years – gutte Arbeit – keine Probleme«. Er hatte sehr leuchtende, jungenhafte Augen, wohnte in einem Campingwagen auf dem Parkplatz, manchmal half er in der Bar. Die langhaarige Blumenfrau neben ihm stammte aus der Ukraine. Vier Girls arbeiteten tagsüber im Haus, sechs in der Nacht. Wegen der Sprachhürden wurde eine falschblonde Gabrielle aus dem Osten beziehungsweise aus ihrem Zimmer gerufen. Sie trug ein hoffnungslos überfülltes T-Shirt, einen schlecht gebohrten Nasenring und viel Unverständnis zur Schau, als ich statt ihrer nur ein Wasser bestellte. Es kostete fünfzig Kronen, während sie zwischen sechzig und neunzig Euro verlangte – je nach Lage und Dauer. Die Kunden kämen aus dem Westen. Kein Wunder: Das waren auch sehr westliche Preise. Gabrielle stöckelte wieder nach oben und drehte trotzig ihre Anlage auf volle Lautstärke. Ich zahlte, dankte und machte mich auf den Rückweg. Blieb noch Dick.

Wie immer musste ich meinen Ausweis zeigen. Wie meistens bekam der dunkle Laderaum nur einen angedeuteten Kontrollblick an meinem Kopf vorbei und das Boot etwas zweifelndes

Staunen. Hinter dem edlen Stahlübergang bog ich auf einen Stichweg, gelangte über die Felder zum »Forellenhof Treppenstein« und stellte den Wagen ab. Sicherheitshalber fragte ich noch einmal genau nach. Ein Mann in Arbeitskleidung behauptete, an der Stelle, wo Dick erschossen wurde, stehe ein Kreuz. Es sei ganz leicht zu finden. »Wenn man am Weiher im Wald ist, dann ist man schon zu weit.« So machte ich es. Ich ging zu weit, wieder zurück, dann einen Saumpfad direkt an der Grenze entlang, der erst moosig und später moorig wurde. Als ich bis zu den Knöcheln einsackte, kehrte ich um. Ich fragte mich nicht nur, warum eine genaue Beschreibung für mich stets die sicherste Art ist, etwas nicht zu finden – ich fragte mich auch, was dieses morbide Unterfangen eigentlich bezwecken sollte. Außerdem wurde es später und später. Wolken zogen auf, die kurvenreich beschwingte Straße lief so dicht an der Grenze, dass ich die Warnschilder mit bloßem Auge erkennen konnte. Es boten sich schöne Blicke ins Tal. Ich war in der Mitte Europas, schaute genauer hin – und trat auf die Bremse. Denn in Neualbenreuth wies ein Schild zum »Mittelpunkt Europas«. Der lag etwas höher und noch etwas höher, verlor seine Schilder, ohne jedoch hinter der nächsten Kurve aufzutauchen. Statt seiner stellte sich ein Turm in den Weg. Er sah aus wie ein Wasserturm, nannte sich aber Grenzlandturm. Eine Hecke und eine Wiese umgaben ihn, in einer Ecke des Geländes sägte ein alter Mann Holz.

Die Geradlinigkeit des soliden Bauwerks glich ein Kiosk mit rundum laufender Wirtschaft wieder aus: Rüschengardinen, putzige Tischdecken und mit altdeutschen Lettern beschriftete Landkarten vom Kaiserwald, vom Egerland oder der »Heimat Sudetenland«. Der Alte schlurfte herbei, und ich bezahlte für das Besteigen der Aussichtsplattform. Der Blick war in jede Richtung fantastisch. Statt eines Fernrohrs lieferte ein Münzlautsprecher mit sonorer Stimme dem »lieben Besucher« alle nur denkbaren Informationen. Etliches hatte mit dem Egerland zu tun, das jenseits der Grenze gelegen hatte – und auch noch lag. Die neuen deutschen Kureinrichtungen im Sibyllenbad und die tschechischen in Marienbad bekamen ebenso ein wohl tönendes Wort mit auf den Weg wie die Abtei in Waldsassen.

Aber vor allem wurde die Lage des Mittelpunktes Europas geografisch und historisch geklärt: Ursprünglich lag er lange Zeit drüben. Als Drüben nach dem Krieg zum Jenseits wurde, legte man einen Ersatzmittelpunkt ins Diesseits. Er befand sich irgendwo in den Wiesen zu meinen Füßen. Ein wenig benommen von so viel neuem Wissen stieg ich nach unten und kaufte eine Postkarte mit einem Gedicht von Annemarie Scharnagl, München (nachträglich aufgestempelt: »Vertont von Hans Heiduk, Obertraubling«). »An der Egerquelle« hieß es. »Wir stehen still an deiner Wiege/und sehnsuchtsvoll geht unser Blick/dorthin, wo unsre Höfe liegen/und ziehn mit dir ein kleines Stück.« Dann machte die Eger in der nächsten Strophe alleine rüber, und am Ende der dritten lautete die Klage: »Dir ist's vergönnt, du kannst's allein/denn ich bin von daheim verbannt/und muss ein irrend' Fremdling sein.« Was die Dichterin trotz großen kalligrafischen Einsatzes nicht vermochte, das schaffte der Alte in kurzer Zeit und ganz ohne Versfüße: Er stammte aus Beneschau an der Europastraße nach Pilsen und erzählte ganz ruhig – und schlicht wie er selbst – von seiner Vertreibung und Flucht aus dem Egerland als seinem persönlichen Schicksal. Das war sehr anrührend. Seit bald zehn Jahren betrieb er den Turm, der schon sehr viel länger stand, und guckte jeden Tag von dieser Kuppe in sein Egerland. Der Tillenberg gegenüber ist 930 Meter hoch, der Turm steht auf 630 Meter, hier »im Sibirien Bayerns«, wie er es nannte. Der Frühling immer vier Wochen später als in Weiden.

Die Eger fließt nicht hier, sondern vom Fichtelgebirge über Cheb bis Theresienstadt, wo sie in die Elbe mündet. Fast vom Mittelpunkt Europas aus fuhr ich über das Sibyllenbad nach Waldsassen, würdigte die Stadt kaum eines Blickes, sondern bog dort auf die Bundesstraße 299 nach Cheb/Eger ab. Ich machte lediglich einen kurzen Boxenstopp bei Aldi-Süd für Kraftfutter und Buttermilch.

An der Grenze beschlichen mich alte Helmstedter Gefühle, als ich die graubeigen Ost-Abfertigungsanlagen der Tschechen sah. Prompt verhielt ich mich auch so: Ich übersah ein Schild, einen Strich und einen unsichtbaren Beamten hinter einer Luke, dem ich unaufgefordert den Ausweis hätte zeigen sollen. Drei Vergehen in Tateinheit am selben Fleck. Ich wurde rausgewunken, mit der Fünfhundert-Kronen-Buße bekannt gemacht – »Zu Fuss zurik und finfhundert Korunen!«, frohlockte der fette Grenzer –, musste alle Türen öffnen, und tatsächlich fand er etwas Konkretes: Nach mindestens achtundachtzig Grenzquerungen in den letzten Wochen, acht davon nach oder aus Tschechien, entdeckte der dicke Schikaneur als europaweit Erster, dass ich kein D-Schild hatte. Ich war sprachlos – der Punkt ging an ihn.

Es musste ihm so viel Befriedigung verschafft haben, dass die Strafe lediglich darin bestand, am Wechselstubensouvenirkiosk für 2,95 Euro einen D-Aufkleber zu erstehen. In gewisser Weise hatte er mich vor weiterem Ärger weiter im Inneren und weit weg von der nächsten Verkaufsstelle für Abziehbilder bewahrt. Ich hatte mir noch mehr zu Schulden kommen lassen: Nach der Karte war der Übergang nur für örtlichen LKW-Verkehr. Das sagte ich ihm aber nicht.

Beim Anflug auf Cheb fühlte ich mich wie in der Po-Ebene – und zwar im hoch industrialisierten Teil. Alles atmete Ödnis, und die legte sich auf meine Brust. Ich befand mich im Geiste schon auf der anderen Seite der Stadt, als ich auf einer im Bogen talwärts führenden Straße vermutlich auf dem Weg ins Zentrum war. Sie wurde gesäumt von einem Kordon nicht besonders sanitär wirkender Mädchen, die keineswegs in Reih und Glied standen, sondern irgendwie herumhingen, sich aber beim Anblick meines hoch beladenen Kleinlasters – obwohl ich mich mit beachtlichen achtundvierzig Stundenkilometern in die Kurve legte, mit dem bloßen Auge also kaum zu erkennen war – alle umdrehten, eindeutige und andere Zeichen machten, riefen oder pfiffen. So, am helllicht heißen Tag, unterstrich das nur die Traurigkeit, die Cheb ausstrahlte. Ich gab Gas, was aber dazu führte, das ich den Abzweig verpasste und in einem merkwürdig toten Viertel wenden musste, bis ich endlich den Zubringer zu fassen hatte, der mich an Franzensbad/Františkovy Lázně vorbei ein Stück nach Norden katapultierte, bevor ich vor der Spitze jenes südlichsten Zipfels, in dem der Freistaat Sachsen hier auslief, nach Nordosten abbog und mich erst mal auf die Höhen rettete. Cheb war nicht unschön, sondern ungut. Die Straße wurde ländlicher und schmaler, aber der Eindruck, nur der Stadt entwichene, verwilderte Vorgärten zu durchfahren, hielt noch genau so lange an, wie Zäune aus Maschendraht vorherrschten. Ab und zu hing irgendwo ein buntes Schild, das zu einem kilometerweit entfernten »Sex-Club« wies. Die Fahrtrichtung blieb eher im Unklaren. Das lag auch an mir, weil es für mich anfangs keinen markanten Unterschied machte, ob ein Ort Křižovatka, Květná oder Kostelní hieß. In einer kleinen Ortschaft, deren steile, leere Hauptstraße vor Stille fast schrie, zog ich am Bankomaten zweihundert Kronen. Leider wies die Quittung nur den Betrag und einen besten Dank aus, verriet aber nicht den Standort. Je höher ich kam, desto mehr kehrte die Natur zurück. An einer schönen Wiese trank ich die Buttermilch und machte mich mit Hilfe der Euregio-Fahrradkarte mit einigen Namen vertraut: Hinter Opatov stand Absroth, hinter Počátky Ursprung und hinter Hrzín Hörsin. Ich musste weiter rüber nach Kraslice/Graslitz, das müsste zu finden sein. Irgendwann, nachdem ich mich mehrfach in einer Kohlenhandlung statt in einem Dorf wähnte, gelang das auch. In Kraslice flanierten Menschen auf der Hauptstraße. Sie verdienten ihr Geld vermutlich in großen Fabriken, die nicht zu übersehen waren, und wohnten in den Hochhäusern, die den Abschluss der Straße bildeten. Sogar ein Restaurant mit einer kleinen Veranda gab es und einen Laden unten im Haus. Erfreut über so viel Leben und Treiben, stieg ich aus. Jemand stürzte auf mich zu und bettelte mich auf Deutsch an. Das war nicht die Art von Empfang, mit der ich gerechnet hatte. Ich vertröstete ihn. An allen Tischen auf der hoch gelegenen Holzveranda tranken, aßen und schwatzten Leute. Aber dazumengen mochte ich mich nicht und stieg wieder hinunter zu dem derangierten Mann, um Genaueres über seine bevorzugte Biersorte zu erfahren. Er trank das billigste, das es in dem kleinen Laden gab – er war immerhin markentreu und vermutlich Anfang fünfzig. Deutsch hatte er von seiner Mutter gelernt, einer Holländerin, die einen Tschechen geheiratet hatte. Ob er auch Holländisch sprach, verriet er nicht, wohl aber, dass er in Russisch immer eine Fünf gehabt hatte. Er bat um eine Zigarette zum Bier. Ganze drei Zähne saßen noch in seinem Unterkiefer. »So viele Sprach du bist so Mensch«, zitierte er einen auch mir nur ungefähr bekannten Satz. Er wollte eine weitere Zigarette, das fand ich etwas fordernd, weil wir beide noch rauchten. Er zog die Anfrage zwar zurück, gesellte sich aber grollend wieder zu den Zechern hinter meinem Auto.

Allmählich musste ich mich um eine Bleibe kümmern, obwohl mir nicht unbedingt nach Bleiben zumute war. Ein paar Kilometer nördlich von Kraslice überholte mich hupend und grölend ein mit Halbstarken überladener Škoda. Er schleuderte gefährlich, als er auf der engen Straße an mir vorbeizog. Hinter der nächsten Kurve hielten sie am Straßenrand, weil zwei der betrunkenen Jünglinge nicht mehr an sich halten konnten. Sie standen nicht *an* einem Sandberg, sondern oben drauf und schifften schwankend in hohem Bogen. Ich machte mich schon auf das nächste Überholmanöver gefasst, erreichte aber noch vor ihnen Bublava, das sich offensichtlich als Wintersportort gerade zum Schlafen gelegt hatte. Dennoch war man auf durchreisende Besucher eingestellt. Es gab teilweise sehr schöne Holzhäuser und mehrere Restaurants und Pensionen. Gegenüber einer Pension am Ortsrand sah ich eine große Parkfläche, die ich gerade erreichte, als der Škoda-Saufexpress wieder die Straße entlanggeschlingert kam und im Wald verschwand. Noch konnte man auf der Terrasse sitzen, abends würde die Küche geöffnet haben, freie Betten gab es auch. Alles akzeptable Bedingungen. Ich entschied mich, kein Zimmer zu nehmen, weil ich das unselige Boot und das Rad besser unter Kontrolle hatte, wenn ich im Wagen schlief. Ich bugsierte mich so dicht, wie es ging, an die Kante des Parkplatzes, an der das Gelände steil abfiel. So hatte ich mich – im Falle, dass – nur nach zwei Seiten zu verteidigen. Der Wirt billigte zwar meine Platzwahl, wirkte aber nicht so, als ob ich von seiner Seite mit irgendeiner Form von Engagement rechnen könnte. Er blieb schmallippig und moody. Das frisch renovierte Etablissement trug einen deutschen Namen, die näheren Bezüge wollte er nicht erläutern; die musste ich selbst herstellen: In der Gaststube waren die Bezüge vorwiegend beigebraun, allerdings in einer Vielzahl von Abstufungen. Auf mich wirkten sie tschechisch. Die letzten Nachmittagsgäste setzten sich in ihre Autos und verschwanden mit der Sonne. Gelber Nebel stieg aus dem Tal, der den gesamten Pollenstaub aus dem Bayerischen Wald mit sich zu bringen schien. Der wortkarge Wirt rettete die Sonnenschirme aus den braunen Monotischen. Einen Augenblick glaubte ich, meine Mahlzeit vor dem Einsetzen des Regens vollenden zu können, fand mich aber schneller in der Schankstube wieder, als ich gedacht hatte. Ein wetterleuchtendes, stürmisches Spektakel zog über die umliegenden achthundert Meter hohen Berge in Richtung Sachsen und Dresden. Das Wetter beruhigte sich ein wenig, machte sich aber bald an die Ausschüttung der Regenquote für das laufende Quartal.

Mir gefiel die gemütliche Gaststube plötzlich ganz ausgezeichnet.

Als ich morgens aus dem Bett in die Wasserlache taumelte, die meine Burg sicherte, parkte neben mir die Zugmaschine für einen Dreißigtonner – den hatte ich offenbar doch überhört. Der ganze Ort tropfte.

Die Pension schlief noch, aber der »Konsum« an der Straße war bereits wach, und am kalten Büfett der »Snackbar« gab es heißen Kaffee – zu dem man auch anderes Wärmendes trinken konnte, was allerdings nur einer der Handwerker und Baggerfahrer an den Stehtischen tat.

Postkarten gab es nicht, und so kaufte ich mir im Laden einen Europa-Kugelschreiber. Ich verfolgte weiter meinen Weg entlang der Grenze, der so dicht am Kamm immer unwegsamer wurde. In einem Dorf, in dem es den »Konsum« nur noch als Zeichen an der Wand gab, wiesen mir zwei Männer, die vor einem neu verputzten Haus aus alten Balken Nägel entfernten, die Richtung – das Hinweisschild entdeckte ich erst hinter der Abzweigung. Sehr sinnvoll. Im Radio erwischte ich für kurze Zeit einen deutschen Sender, der ein paar Takte vom Jazzfestival in Burghausen erzählte und spielte. Ach, Burghausen, wo in den alten Gassen und auf Plätzen am Fluss die Sonne geschienen hatte. Mir machte der Rückfall in den Vorvorfrühling zu schaffen. Vielleicht war ich auch einfach nicht der Erzgebirgstyp. Die Straße begnügte sich mit anderthalb Spuren, die Bickbeerbüsche wuchsen bis auf Kniehöhe, ein Stallgebäude verfiel in aller Stille, ein Mann rodete, als wäre es das Einzige, was einem Leben Sinn und Dauerhaftigkeit verleiht, ein Wiesenfriedhof strahlte letzte bescheidene Ruhe aus, in der Ferne ein Kirchturm. Rudné verriet am Ortseingang nicht, ob es ein Dorf oder ein Städtchen werden wollte: Ein Haus wurde gebaut, in einem hatte es gebrannt, in einem dritten hätte es dringend einmal brennen müssen.

Die Sonne wagte sich hervor – das half beträchtlich – und legte ihr Licht über große Partien schieren Hochmoores, auf der das Asphaltband wie ein Fremdkörper spannte, der sich dort nur hielt, weil er an je einer Ortschaft festgemacht war. Graue Felsen ragten zwischen spärlichem Bewuchs hervor. Neben der Straße lief ein Graben, der aus Bohlen gezimmert war. Die Zahl der Radler, Wanderer und Autoausflügler nahm stark zu. Mütter hielten im Gebüsch ihre wasserdicht verpackten Kinder ab. Die Ebene öffnete sich, das Hochmoor wurde zum Lehrpfad mit großzügigen Infotafeln, und auf dem kahlen Höhenrücken zeigte sich Boží Dar oder Gottesgab, das sich als das höchste Städtchen Mitteleuropas bezeichnete, wenngleich es gar nicht so hoch erschien – und mehr wie ein norwegisches Dorf wirkte. Die Ausrichtung auf den Wintersport war zu spüren und auf den Tourismus, in dessen Sinne zwei nette Damen im kürzlich eröffneten Informationszentrum freigebig ihre Broschüren und fotokopierten Flyer verteilten. Ich setzte mich in den Garten des Wirtshauses nebenan und bekam den Kaffee mit einer Aufmerksamkeit serviert, als hätte ich Kaviar – oder zumindest Karpfen blau – bestellt. Zum gelben Faltblatt bestellte ich eine zweite Tasse. Es handelte von Nikos Kazantzakis, dem berühmten griechischen Dichter, der »Alexis Sorbas« geschrieben hat. Vor hundertzwanzig Jahren geboren, unternahm er in den dreißiger Jahren zahlreiche Reisen in alle Welt, lebte auch einige Zeit in Österreich und Deutschland, »woher er im J. 1929, wahrscheinlich auf Empfehlung des Journalisten und Schriftstellers Egon Erwin Kisch, in die damalige Tschechoslowakei kam. Auf der Fahrt nach Prag riet ihm im Zug ein Bergmann, lieber gleich in Joachimsthal auszusteigen und eine ruhige Unterkunft in Gottesgab zu suchen.« Schon den Namen nahm der Dichter als gutes Omen. Fast zwei Jahre wohnte er mit einer Unterbrechung im Haus einer Familie Kraus »inmitten von Schnee« und fand die Ruhe, die er für die zweite Fassung der 33333 Verse seines Epos »Odyssee« brauchte. Ins Gästebuch schrieb er: »Hier habe ich das größte Werk meines Lebens geschrieben – Auf Wiedersehen. Dr. Nikos Kazantzakis. Grieche.«

»Isch wussde ja gorni, was isch sachng sollde«

Die propere, holzverkleidete Grenzstation glich einem Skihotel, der Straßenbelag schaltete auf Bundesrepublik, die Landschaft sah auf einen Schlag aufgeräumter aus – als ob ein staatlich geprüfter Gärtner auch noch die letzten Ecken des Landes abgrast und mit einer Rosenschere hier einen Zweig wegnimmt und dort einen Baum kupiert.

Ich war ohne jeden Zweifel im Westen. Oberwiesenthal bezeichnete sich als die höchstgelegene Stadt Deutschlands. Wie waren wir nur all die Jahre ohne sie ausgekommen? Weiter bergab ließen einige Zutaten Rückschlüsse darauf zu, dass der Osten des Westens vor mir lag: Ein mehrspaltiger Firmenwegweiser wusste eigentlich keine Firmen zu nennen, »Tagesschönheitsfarm« war mir ebenso wenig geläufig wie »Fremdenhof«, alte Fabrikanlagen wirkten wie von der Treuhand zu hart angefasst. Neben mir zuckelte die »Fichtelbergbahn« mit bestens erhaltenem Büfettwagen.

Lange vor Annaberg, wo ein Herr Ries, genannt Adam Riese, im 16. Jahrhundert seine Rechenbücher schrieb, bog ich ab und rollte auf Königswalde zu, an einem Penny-Markt im Grünen vorbei, vor dem ein Fahrzeug des Bundesgrenzschutzes parkte. Ein anderes überholte mich, ein drittes näherte sich auf einer Straße in der Ferne Königswalde. Auf Jöhstadt zu wurden es immer mehr, es sah nicht nach einem Einsatz aus, sondern mehr nach Bienen, die zu ihrem Korb zurückflogen. Ein Schild verkündete mir bis dahin völlig Unbekanntes: »70 Jahre Freibad Schmalzgrube«. Das sollte man sich nicht entgehen lassen. Mir schien, dass die BGS-Bullis demselben Ziel zusteuerten. Vor der Schmalzgrube teilte sich das Lager: Links stand der Fuhrpark der Grenzpolizei, rechts verstrichen zwei Maler die letzten Eimer blauer Farbe im leeren Becken. Ich war eindeutig zu früh. Deshalb klingelte ich an der mehrstöckigen, weißen Dienststelle. Der Summer ertönte, ich trug meinen Wunsch vor, ein wenig über die Lage an der Grenze zu erfahren, ich wurde um etwas Geduld gebeten, und die brauchte ich dann auch im konspirativen Gespräch mit jemandem, dessen Aufgabe es war, die »offene Polizei« nach außen zu vertreten, ohne aus dem Grund nur simpelste Fakten preiszugeben. Die Statistik über die Vorfälle von Schmuggel und vor allem Schlepperei hing zwar in dem Zimmer, in dem man mich warten ließ, aber das war keineswegs beabsichtigt, weshalb ich die Zahlen sofort wieder vergaß. Schon im Gespräch mit dem Polizeiobermeister POM entschloss ich mich, auch seinen Namen zu vergessen und die genaue Örtlichkeit, vielleicht würde ich vage etwas vom Freibad Schmalzgrube fallen lassen. Jeder nicht autorisierte bayerische Grenzpolizist war auskunftsfreudiger als dieser sächsische Öffentlichkeitsarbeiter.

POM war in dem Grade nicht geneigt, mir auch nur andeutungsweise das zu schildern, was jeder Bürger von Annaberg und Umgebung gestern oder morgen in der Zeitung lesen könnte, und um das wieder gutzumachen, erzählte er mir alles mögliche andere, bis hin zu seiner ersten Jeans, die eine Vietnamesin geschneidert hatte – damals, bevor sie in die freie Marktwirtschaft entlassen wurden. Mein Eindruck war: Vietnamesen seien alle Verbrecher, könnten aber verdammt gut nähen. Davon ganz unabhängig seien seit der Wende die Sauberkeit und die Solidarität geschwunden: Keiner würde mehr eine Kippe aufheben, die vorm Haus liege – als Beispiel. Die Leute seien »wärmer und heller« gewesen. Das Vorkommen von Schlepperei stritt er nicht ab – obgleich das zu seiner Art des Exkurses gut gepasst hätte –, dahinter stünden Deutsche, Tschechen und Vietnamesen. In vielen Fällen könnten einem die Geschleppten Leid tun. Neuester Kundenkreis: Chinesen. Mein Eindruck war: Der BGS sicherte in dieser Gegend nicht nur die Grenze, sondern auch die Arbeitsplätze. Das stimmte wohl. Eigentlich war man nirgendwo sicherer als hier. In Annaberg geschah kaum etwas, das nicht von einer nachtsichtigen Kamera beobachtet wurde. Meine Daten hatte er auch (aber das war erstens völlig in Ordnung und zweitens kein Kunststück). Trotzdem schienen sie hier auf Leute, die sie selbst im Wald einsammelten, besser vorbereitet zu sein als auf einen relativ unbescholtenen Besucher in einem zugelassenen Fahrzeug, obendrein mit D-Aufkleber. Eigentlich wollte ich gehen und das alles vergessen, als Informant POM – als Privatmann, nahm ich an – eine einprägsame Faust-

und Volksformel brachte, die mir einiges erklärte: »Wenn ein Deutscher sieht, das sein Nachbar einen Mercedes hat, sagt er sich: Den will ich auch. Wenn ein Tscheche den neuen Mercedes des Nachbarn sieht, sagt er: Dem zerstech ich die Reifen!« Dieses Zitat wollte ich nur zu gern vergessen, es gelang mir aber nur teilweise.

Ich sah zu, dass ich aus Schmalzgrube wegkam. Immerhin war ich in relativ kurzer Zeit für eine ganze Weile wieder von dem Wunsch nach Grenzbetrachtungen aus der Amts- und Nachtsicht kuriert.

Ohne Frage könnte man im Erzgebirge die Grenze maßstabsgetreu abfahren – oder noch besser: laufen –, aber meine Motivation dazu war momentan nicht sonderlich stark ausgebildet, denn die Grenze verlief mehr oder weniger auf dem Kamm, und das hieß auf unwirtlichen achthundert Metern Höhe.

In Olbernhau machte ich Pause, bestellte ortstypischen Reibekuchen und bekam eine Handyverbindung zu meinem Freund Stefan in Dresden, der aber leider gerade auf dem Weg nach Italien war. Mit ihm als Führer hatte ich eine Herrenpartie in die Lausitz und ins Dreiländereck machen wollen. Es war nur ein schwacher Trost, dass er mir als Anlaufstelle eine sehr interessante Begegnungsstätte bei Zittau empfahl. Dafür boten Yvonne und Remo, die Bekannten in Glashütte, ein Bett und eine »Fluthilfe-Fete« am nächsten Abend in ihrem Bistro »H4«. Die Möglichkeit, alle, die ich im Vorjahr im Laufe einer Woche dort kennen gelernt hatte, auf einem Fleck zu sehen, wollte ich mir nicht entgehen lassen.

Die Kellnerin in der »Hüttenmühle« in Olbernhau wusste auch von der Flut zu erzählen. »Wir konnten gar nicht begreifen, wo all das Wasser herkam – bis heute nicht.« Hätte der Staudamm der Rauschenbachsperre nicht gehalten – nicht auszudenken.

Bis zur Talsperre waren es nur ein Dutzend Kilometer. Ich fragte zwei Halbwüchsige nach der Straße zum Stausee. Sie wussten es nicht hundertprozentig und verweigerten die Aussage: »Wir wollen Ihnen ja nicht was Falsches sagen!« Dabei blieben sie. Ich tastete mich selbst bis Neuhausen vor – wo ein Banner über der Straße für das kommende »Nussknackerfest« warb – und sah bald die riesig hohe Sperrmauer. Hinter dem Sperrwerk war die Straße um den See gesperrt, weil eine Brücke gebaut wurde. Die Durchfahrt über die Mauer war verboten. Zwei Rentner besichtigten das Bauwerk. Ob sie sich damit auskennen? »Ja«, sagten sie, »in gewisser Weise: Wir haben es gebaut.« In den Sechzigern und als LKW-Fahrer. Die Kontrollstation war nicht besetzt, in den drei Reihenhausscheiben daneben machte niemand auf, aber ich fand ein Schild mit einer Notrufnummer, die ich in meiner Not – oder besser Neugier – anrief. Erst am nächsten Morgen sei die Anlage wieder besetzt. Ich überlegte einen Augenblick – während im Hintergrund die Kinder des Wasserwärters lärmten – und sagte zu. In Cämmerswalde konnte ich sicher einen Campingplatz finden. Spät genug war es.

Ich musste bergab zurückfahren, um auf der anderen Seite der Flöha bergauf nach Cämmerswalde zu kommen. Der Campingplatz gefiel mir nicht, aber ein Stück vorm Ort lockte ein Schild zur »Gaststätte am Flugzeug«. Der Besitzer schloss gerade sein Garagentor. Feierabend. Wie anderswo eine unschuldige Minigolfanlage, standen im Garten neben dem Restaurant ein MIG-Jet und eine russische Passagiermaschine. Der Wirt hatte nichts dagegen einzuwenden, dass ich unter den Alleebäumen gegenüber mein Lager aufschlug.

Der Stausee war von hier nicht zu sehen, aber der Blick über den Hügelrücken ganz wunderbar. Am Ende ragte der Kirchturm von Cämmerswalde hervor. Es sah wieder nach Regen aus. Trotzdem ging ich zu Fuß in den Ort. Alle Häuser zu streichen hatte man in den letzten zehn Jahren noch nicht geschafft. Es war niemand zu sehen und kaum ein Laut zu hören. Im Landgasthof »Jandusch« brannte Licht. Zum Kaffee trank ich Mineralwasser, was an solch einem Ort fast eine Sünde ist. Ab und zu tropfte der nächste Stammgast durch die Tür, klopfte zum Gruß auf den Tisch – auch auf meinen –, bekam sein Bier und beteiligte sich an der Produktion jener Art von flachen Scherzen, die nicht zu viele Kalorien verbrauchten. Mein Schreiben wurde immer wieder beäugt, schließlich setzte sich ein Jüngerer zu mir, um herauszufinden, ob ich »von der Stasi« sei. Nach seiner Einschätzung befanden wir uns hier am Arsch der Welt, mit einer Arbeitslosigkeit von 35 Prozent, wo der Chef den Lohn festlegen könne, wie es ihm passe, und auch diktiere, wie viele Stunden eine Woche – bei gleichem Lohn – habe. Mit der realistischen Drohung in der Hinterhand, dass er sonst einen Tschechen für vier Euro einstellen könnte. Er arbeitete als Fahrer einer Möbelfabrik, hatte also nicht zu klagen. Ansonsten hätte in der Gegend kaum jemand Geld zwischen den Fingern, und Skat würde meist drüben gespielt, weil das Bier nur vierzig Cent kostete.

Als ich in den vernebelten Regen hinaustrat, blubberte ein BGS-Bulli untertourig die Hauptstraße entlang. Nach zwei Bechern Kaffee konnte ich kaum schlafen.

Sehr frisch fühlte ich mich nicht, als ich dem jungen Wasserwärter morgens im Kontrollraum gegenüberstand. Natürlich konnte er sich an den letzten August haargenau erinnern. Ihr großes Glück war gewesen, dass sie wegen der Brückenarbeiten ziemlich viel Wasser aus der Talsperre abgelassen hatten. Es regnete von Sonntagabend bis Dienstag früh. Wasser aus einem Einzugsgebiet von siebzig Quadratkilometern strömte herbei. Am zweiten Tag fast sechzig Kubikmeter in der Sekunde. Maximal vierzehn Millionen Kubikmeter können gestaut werden. Innerhalb von fünf Tagen wurden es »nur« zehn Millionen Kubikmeter. Der Entscheidungsspielraum zwischen rechtzeitigem Ablassen oder dem Risiko eines Bruchs der überlasteten Mauer werde mit den letzten Metern und Zentimetern immer enger.

Die Talsperre wurde in den sechziger Jahren gebaut, weil die Tschechen auf der anderen Seite ebenfalls eine errichteten und man sich gewissermaßen nicht das Wasser abgraben lassen wollte. Ein Dorf in der Senke, die heute die Mitte des Sees bildete, musste damals daran glauben: Neuwernsdorf mit zweiunddreißig Häusern.

Stephan Burchart, Instandhaltungsmechaniker, Reparaturschlosser und Hausmeister in einer Person, erläuterte mir an einer Karte an der Wand den Lauf des Wassers von der Talsperre bis ins fünfzig Kilometer entfernte Freiberg, der nach wie vor auch auf dem Graben- und Stollensystem beruhte, das man 1858 angelegt hatte.

Alles war tiptop. Ein wichtiger Teil des täglichen Programms bestand im aufmerksamen Ablaufen der Kontrollgänge, die sich oben und unten in der Sperrmauer befanden. Da wurde ich endgültig wach – aber er musste mich enttäuschen: Seit dem 11. September sei das Reglement verschärft worden. Ich musste mit der Broschüre vorlieb nehmen. Er warf sich eine warme Jacke über, ich begleitete ihn noch bis zu der Pforte, hinter der unendlich viele Treppenstufen an der Betonwand nach unten zu einer Tür in der Mauer führten. »Tschüs!«, rief er auf halber Strecke, und seine Stimme klang schon so wie aus einem Brunnen.

Die Ausführungen der Bauarbeiten von 1960 bis 1968 lagen in den Händen von »VEB Spezialbaukombinat Wasserbau, Betriebsteil Talsperrenbau Weimar«. Sie dauerten ein Jahr länger als geplant, weil: »Während der Bauzeit wurde die Baustelle durch ein seit fünfzig Jahren nicht dagewesenes Hochwasser überflutet.«

Einer der Flüsse, der Teilen von Glashütte den Garaus gemacht hatte, war die Müglitz, die oben im Erzgebirge entspringt. Ihrem Lauf würde ich automatisch folgen, wenn ich mich von Zinnwald Glashütte näherte.

Der neue Grenzübergang Altenberg-Zinnwald lag im Nebel, und eine lange Warteschlange staute sich in Richtung Deutschland. Ein Grund mehr, dem »längsten Autostrich Europas« keinen Besuch abzustatten, wenngleich mir vorher ein Hamburger Fotograf mit kopfschüttelnder Faszination davon berichtet hatte: Die Lotterbuden, in denen sich die Mädchen zur Schau stellten, seien mit Bewegungsmeldern versehen, sodass ein passierendes Fahrzeug gewissermaßen einen Lichtschweif hinter sich her ziehe. Man konnte sich das wohl genauso gut als einen Spießrutenlauf vorstellen.

Ich ließ Cinovec rechts liegen wie Altenberg links und machte auch keinerlei Anstalten, das »Schaubergwerk Silberstollen« zu besuchen. Altenberg ist nicht nur ein – zu neuem Leben erweckter – Wintersportort, sondern durch die E55 das Einfallstor zum Schwarzen Meer: Prag, Bratislava, Budapest, Bukarest. Zumindest bis zur Fertigstellung der Autobahn von Dresden über Bad Gottleuba und Aussig würde das so bleiben.

Dass Glashütte eher Assoziationen an »In einem feuchten Tale« erweckte als an »Im Frühtau zu Berge«, hatte ich ein paar Jahre vorher bei einem Besuch gesehen. Weshalb ich seinerzeit in einem Artikel schrieb: »Grob gesagt, schmiegt sich Glashütte in zwei Senken; es gibt das gewerbliche Tal und das Wohn- und Geschäftetal. Ich wohne im ›Silberstollen‹, im kleingewerblichen Teil, an jenem Ende, wo auch der Edeka-aktiv-Markt liegt, Ford und – bei der Eisenbahnbrücke gegenüber vom Bosch-Bremsendienst – die Firma für Dental- und Feinmechanik Grießbach. Die Schienen verschwinden hier im Berg, die Müglitz fließt in einer Haarnadelkurve entlang der Straße, die natürlich, wie überall, dem Fluss folgt.«

Einer der wenigen Läden, die brummten, war der Imbiss von Remo und Yvonne. Meistens. Remo Steinigen stammte aus Glashütte, wo seine Eltern immer einen Laden gehabt hatten. Er hatte erst mit seiner Frau »rübergemacht« und zehn Jahre als europaweiter LKW-Fahrer im Westen gearbeitet – und dabei festgestellt, dass die Bayern sehr verschlossen waren. Nach der Wende kehrten sie zurück, kauften ein Haus an der Hauptstraße und richteten das Lokal nicht wie die meisten Betriebe im Gastgewerbe im Osten mit vorgestanztem Naturholz, sondern mit grauem Laminat ein. Es wirkte in gewisser Weise »modern« – statt nur »neu« (wie etwa die Zimmer im »Silberstollen«, dessen schwer zu entlüftendes Kellerrestaurant dafür in schmiedeeiserner Deftigkeit daherkam).

Entlang der Müglitz schien kein Meter Ufer unberührt: entweder von Schotter überschüttet, von den Fluten angefressen, auf natürliche, brutale Weise begradigt oder von Baumaschinen wieder ausgebessert. Das Wasser, das Glashütte demolierte, sorgte gleichzeitig dafür, dass lange Zeit kaum Hilfe durchkommen konnte. Die unterspülten Schienen der Bahn hingen streckenweise immer noch in der Luft. Man konnte sich lebhaft vorstellen, warum Wasserkraft eine Energiequelle darstellt. Die Getreidemühle und Großbäckerei im Weiler Bärenhecke – kein kleiner Arbeitsplatz für diese Gegend – hatte es ebenfalls schwer erwischt. An der Wand hingen gerahmte Fotos der Unglücks- und Aufräumungsetappen, und in bewegten Worten wies man darauf hin, dass man letztlich Glück gehabt hatte und schon nach fünf Tagen wieder Brot ausliefern konnte.

Die Straßenbrücke unmittelbar vor Glashütte gab es nicht mehr, die Behelfskonstruktion, die daneben errichtet worden war, ließ eher an die Landung der Alliierten in der Normandie denken; sie trug als Inschrift: »THW 2002«. Auch die Brücke hinterm Bahnhof war mitgenommen. Das war ich auch. Ich parkte vor dem »Silberstollen«. Ich setzte mich vors Haus und bestellte ein Bier. Auch vor dem »Silberstollen« markierten die Sonnenschirme den ungefähren Pegelstand. Die erste Reaktion des Wirts war: Weg hier! Schluss, aus! Nicht noch mal von vorne! Aber dann stellte es sich heraus, dass er eine gute Versicherung hatte, die sogar erst einmal die Gehälter der Mitarbeiter weiterzahlte. Wer keine Versicherung hatte, konnte mit Hilfe aus anderen Quellen rechnen – abgesehen von den Sachspenden, die die Gegend als Nächstes überfluteten: Firmen und Fabriken warfen ganze Wagenladungen von Herden und Kühlschränken ab. Das kam auch denen zugute, die keinen Schaden erlitten hatten, aber gern eine neue Waschmaschine haben wollten: »Noo, wer hatte denn Zeit, durch die Hallen zu tigern …?!«

Auf der Hauptstraße stand noch alles Kopf: vom Bahnhof ganz hinauf bis zur Permot-Spielzeugfabrik, die es dort oben – gegenüber vom Möbelhaus – nur noch als Bausatz gab. Die Wasserwalze war mitten durch den Betrieb gegangen. Das Areal vor der Freiwilligen Feuerwehr, das zuvor eine gewisse städtebauliche Ödnis ausgestrahlt hatte, schien ein Tummelplatz der Fluten gewesen zu sein. Da, wo es sich bergab zur Hauptstraße verengte, stand der Spar-Laden von Remos Schwester leer und verwüstet. Vor den Fenstern des Bürgermeisters, ein paar Häuser hinter der Kino-Gaststätte »Goldenes Glas«, waren die Bauarbeiten am Lauf der Prießnitz so weit wie vor vier oder sechs oder acht Jahren. Ich kannte wenige Kleinstädte, in denen sich auf Hunderten von Metern im Voraus ausmachen ließ: Hier geht keiner, hier kommt niemand – warum auch!

Die einzigen Laute an diesem grauen Samstagfrühnachmittag kamen von der Baustelle neben dem Bahnhof, wo eine kleine Crew ein altes Mietshaus vom Keller bis zum Dach komplett entkernte. Bauherr und Vorarbeiter: Remo. Das zeugte doch von einem gewissen Optimismus, direkt neben der heimtückischen Müglitz sein Geld anzulegen. Und von einem Glauben an den Standort Glashütte. Der war ihm während der Katastrophe manchmal abhanden gekommen. Beispielsweise als er darum kämpfte, dass ihnen der Lagerkeller im Bistro nicht mit dem kontaminierten Wasserschlamm voll lief. Dabei öffnete er zufällig die Kellertür und entdeckte, dass das von unten eingeströmte Druckwasser schon bis zur obersten Stufe stand. Erst durch den hoch motivierten Reinigungseinsatz von anderen ließ er sich – Tage später – davon abbringen, das zu tun, was ihm unmittelbar vorschwebte: den ganzen Dreck mit Beton zu versiegeln. Seinen Optimismus hatte er noch, als er sich kurz nach dem Eintreffen der Wasserwalze auf den Weg machte, um eine Pumpe aufzutreiben und beim Waten mit dem Fuß auf eine Forelle stieß. Angeblich konnte man auf einem Video sehen, wie er sie hochkickte. Die Bewohner selbst hatten ihr Ungemach ausgiebig dokumentiert, lange bevor die Medien Zugang in die Stadt bekamen.

Yvonne bezog ein Bett in einem der Appartements über dem »H4«, und ich wechselte vom eleganten grauen Campinglaminat mit Autoradio und Sprudel hinauf in Kiefer mit Fernsehen und Dusche. Auch den Reporter ließ ich im Wagen zurück: Ich beschloss, dass mein Besuch diesmal rein privaten Charakter haben sollte. Ich wollte endlich einmal all die Biere trinken, die ich damals eine Woche lang – nach dem Motto Dienst ist Dienst, und Schnaps ist Schnaps – nur über den Tresen gereicht hatte, ohne auch nur die leiseste Ahnung zu haben, wie erträglich die Stadt mit Alkohol sein könnte – oder wie unerquicklich mit einem Kater. Das war die richtige Entscheidung, denn ich kannte nicht einmal ein Fünftel der Gäste, die nach und nach eintrudelten. Remo bemühte sich mit Erfolg, das Glashütte-Video zu beschaffen und alles so einzurichten, dass ich nur noch auf Start zu drücken brauchte, um später vom Bett aus die stundenlange Director's-Cut-Version des Amateurstreifens zu verfolgen.

Vernünftigerweise waren anfangs die wenigen Zugänge zur Stadt abgesperrt worden, und so hatten die Fernsehteams außerhalb gegeiert und sich auf jeden gestürzt, der sich bewegte. Eine Frau am Tisch, die in der Nähe dieser Wartewiese wohnte und also genauso wenig wusste wie die Pressemeute, wurde dennoch vor die Kamera gezerrt. »Isch wussde ja gorni, was isch sachng sollde – und isch sah aous!«, erzählte sie mir.

Nicht mehr ganz Herr meiner Sinne, versuchte ich vom Bett den Bildern auf dem Video zu folgen. Andy Warhol hätte über weite Strecken seine Freude an der konsequenten Standkamera gehabt. Sie bildete in drei Stunden recht gut ab, wie lang sich dreißig Stunden anfühlen – und wie man seinen Blickwinkel langsam verändert. Das wirklich intensive Geräusch des strömenden Wassers bewirkte, dass ich hin und wieder wegnickte und dann vom selben Lärm wieder geweckt wurde. Remos Imbisswagen tauchte auf, der auf dem Platz vor der Feuerwehr von den Fluten erfasst und gegen die Hauswand geschleudert wurde. Er hatte ihn dorthin verbracht, weil er am Montagvormittag mehrfach von den Rettungskräften aufgefordert worden war, ihn von seinem Standort im Freibad zu entfernen, da dieses überzulaufen drohte. Das war so. Zwar gab es in weiter Ferne eine Talsperre, die eventuell nicht halten würde, aber die Gefahr für das Wohn- und Geschäftetal ging tatsächlich vom Schwimmbad aus, weil der Lauf der Prießnitz dort durch einen Damm ging, der verstopft war, weil man ihn – um unerlaubten Zugang zum Freizeitbad zu verhindern – vergittert hatte. So lautete die eine Theorie. Die andere kam zum Tragen, nachdem der Damm gebrochen war und man sehen konnte, dass er seinerzeit unsachgemäß auf eine große Felsplatte gesetzt worden war. Das Sperrmauersyndrom: Sollte man darauf hoffen, dass der Regen nachlassen, sich der Zustrom vermindern, das Wasser sich irgendwie Schluck für Schluck andere Wege suchen würde, oder sollte man das gefährliche Hindernis rechtzeitig einreißen? Gegen das Toben der Müglitz entlang der Straße und der Bahn im Gewerbetal konnte man nichts machen, aber hier hatte man für eine gewisse Zeit einen kleinen Entscheidungsspielraum. Den man nicht nutzte.

Was immer die »Wende« gebracht hatte – außer tatkräftigen Investoren in der Uhrenindustrie –, es gab jedenfalls genug Videokameras in der Stadt. Eine davon befand sich in einem Fenster im ersten Stock auf Höhe des Ford-Händlers am Bogen der Müglitz, deren Wasser längst das Flussbett hinterm Haus verlassen hatte, die Straße überschwemmte und an den Gebrauchtwagen leckte. Als dann der Wasserschwall der Prießnitz dazukam, war kein Halten mehr: Ein Auto nach dem anderen wurde in kreiselnde Bewegung gebracht. Die gedämpften Kommentare aus dem Off spiegelten blankes Entsetzen und tiefste Ergriffenheit wider – »Ohh, das Audo!« –, das in fortwährendes Staunen überging – »Gug! Gug!« –, um sich nach Stunden oder endlosen Minuten fast in eine gewisse Zufriedenheit zu verwandeln, dass auch der letzte Wagen flussabwärts verschwunden oder an den dahinter liegenden Garagen zerdrückt war. Was die Glaubwürdigkeit und das Verstehen des Wesens der Katastrophe anging, war ein Filmbericht einem Aufsatz in einer Stadtchronik haushoch überlegen.

Ich wachte viel zu früh auf – sozusagen lange vor meinem Kater – und suchte in der menschenleeren Stadt nach einem heißen Kaffee oder einem sauren Hering. Das »Goldene Glas« hatte bereits geöffnet, weil dort die Sonntagszeitung verkauft wurde. Der gelernte Schlachter-Koch, verschmitzte Kinobetreiber und professionelle Pleitier Michael Schirmer bereitete die Tische für eine Konfirmationsfeier vor. Ab und zu hielt ein Auto vor der Tür, und ein Zeitungskäufer gab Anlass zu dem, was man in Dänemark »ein paar Worte abschlagen« nennt. Etwa über ein Ehepaar, das zu einem Ostpreußen-Urlaub gefahren war: »Früh um fünfe sind sie los, abends um viertel sieben waren sie schon dort – die Hilde, seine Frau, die kommt ja von da. Wollt das noch mal sehn.« – »Miedm Bus?« – »Nä, miedm Audo!« – »Hamse 'ne Garage?« – »Nä, en Bewohnerbarkblatz!« – »Soll sie's sehn. Wenn sie es sehn will, soll sie's sehn.«

»Good bye, Lenin« hatte so viele Zuschauer angezogen, dass er unbedingt verlängern wollte, aber es gab nicht genug Kopien. Sonst war es ein schwieriges Geschäft, klagte der Kino-Schlachter. »Starwars und so was zieht hier nicht – vielleicht noch ›Herr der Ringe‹ oder der ›Harrü Bodder‹.«

Am Montag war der Sonntag zum Glück vorbei. Sonnenschein und Alltag kleideten Glashütte auf jeden Fall besser. Und ein geöffnetes Bistro, wo der Kaffee im Pott gereicht wurde. Ich bedankte mich für die Wohltaten in flüssiger und fester Form und versuchte, über Baustellen und über Liebstadt, über Umleitungen, über Berg und Tal nach Bad Schandau in der Sächsischen Schweiz zu kommen.

In Königstein an der Elbe gab ich den Versuch auf. Die von der Flut arg mitgenommene Innenstadt wirkte – neun Monate danach – immer noch feucht. Kein Laden war verschont geblieben. Elbaufwärts blieb die Straße weiterhin gesperrt, ich musste über Pirna, um auf die andere Seite zu gelangen. Der Himmel gab eine weitere Niederschlagsprobe.

Es wurde dunkel wie die Nacht, und der Regen, der über die Höhen peitschte, war so furchterregend, dass ich sein Ende lieber in dem reißenden, meterbreiten Bach im Rinnstein abwartete. Trotzdem tat der Anblick uralter Bäume, trutziger Villen und bewirtschafteter Felder gut.

Das Elbsandsteingebirge wird vom Tourismus stark heimgesucht, nicht nur an seiner »Vorderseite« hoch über der Elbe, sondern bis hinunter ins letzte Wandertal oder hinauf auf die Burg von Hohnstein. Hier hätte die Herrentour mit Stefan in etwa beginnen können. Nun musste ich mich allein durch sein Hinterland schlagen. Ich nahm Kurs auf Zittau. Eine der erst jetzt hervorstechenden guten Eigenschaften des Erzgebirges war die weitgehende Abwesenheit von Verkehr – und vor allem von Wohnmobilen – gewesen. Und von sinnloser Kriminalität, wie Metropolen sie viel leichter hervorbringen. Die Nachrichten meldeten die Ernte der letzten Nacht: Zweiundzwanzigmal hatte der mysteriöse Reifenstecher in Chemnitz wieder zugeschlagen. Was ein Reifenstecher war, wusste ich, aber Umgebindehäuser kannte ich auf den ersten Blick nicht, auch nicht auf den dritten oder fünften. Mir fielen sie nur auf, je mehr ich mich der Spree näherte. Wunderschöne Konstruktionen mit wuchtigem Holz, die auch dann noch Würde und Gediegenheit ausstrahlten, wenn sie durch Umbauten oder Eternitplatten entstellt waren. Dörfer bekamen fast Gartencharakter: umzäunte Obstbäume, kleine Kanäle vor den Pforten. Es regnete immer noch, als ich die »Wasserscheide Nordsee-Ostsee« überfuhr. »Herzlich willkommen in Sohland an der Spree!« Mir wäre es lieber gewesen, wenn da gestanden hätte: »Nach Aachen – über Rügen, Sylt und Helgoland – nur noch 199 Kilometer«. Ich hatte die Halbwertzeit meiner Umrundung erst knapp erreicht – aber schon 3775 Kilometer. Meine Versuche, mit der Begegnungsstätte Kontakt aufzunehmen, hatten wechselnden Erfolg. Schließlich rief mich ein Andreas Schönfelder aus Großhennersdorf an. Ich wusste nicht, welche Funktion er hatte, er klang aber schließlich recht nett, und ich verabredete mich mit ihm für den späten Nachmittag. Ich schenkte mir die zwei Varianten Ost: Polen unmittelbar hinter der mit Bodenwellen und Slalomkurs bewehrten Grenze links oder Tschechien, das man ein Stück hinter der Neißebrücke rechts erreichen konnte.

Aufgrund einiger Unklarheiten in der Verkehrsführung geriet ich zu dicht an den Innenstadtkern Zittaus. Welch ein Glück! Unwissenheit schützt vor Überraschungen nicht. Ich nahm alles Schlechte, was ich jemals über die südöstlichste Stadt Sachsens gedacht haben könnte, umgehend zurück, parkte direkt vorm Neorenaissance-Rathaus und lief staunend durch ein paar Straßen, einige Gassen und den von Schinkel umgebauten Kirchenraum. Schließlich setzte ich mich vor eine türkische Pizzeria, die mehr Sorten Belag im Angebot hatte, als mir in Hamburg jemals auf den Teller gekommen waren. Den Überraschungsfaktor eingerechnet, ordnete ich Zittau sofort unter die schönsten der bislang besuchten Städte ein. Ich erfand sogar eine zusätzliche Kategorie, in der »die Reiche«, wie sie einst im Lausitzer Sechsstädtebund genannt wurde, einen sicheren ersten Platz belegen konnte: Zittau war gut für die Nerven. Nicht zu groß, nicht zu klein, ausgiebig genutzt von seinen Bewohnern, wodurch die architektonischen Perlen im Stadtbild eine elegante Beiläufigkeit bekamen: Der Einzige, der gaffte, war ich. Immerhin galt diese Ecke als »das schwarze Dreieck« Deutschlands – nach Kattowitz oder Tschechien verlängert sogar Europas. Davon merkte ich nicht viel, mir fielen mehr die von Obstbäumen gesäumten Straßen, die Hügelketten, die Großzügigkeit der Landschaft ins Auge, die entfernt an Schleswig-Holstein erinnerte. Statt vom Meer im Norden wurde das uferlose Becken allerdings von den Zittauer Bergen im Süden begrenzt.

Es gelang mir, den langhaarigen Andreas Schönfelder in der verschachtelten »Bäckerei« von Großhennersdorf aufzustöbern: Ich war ganz offensichtlich im Freakhausen der ehemaligen DDR. Die um meinen Wagen versammelten Gesichter und die zahlreichen Schilder vom »Diakonischen Werk« deuteten allerdings darauf hin, dass sich die Schaltzentrale der Alternativen

Ost inmitten der »Alsterdorfer Anstalten« oder in »Bethel bei Bielefeld« befand.

Dem war auch so: Zwei Randgruppen des Sozialismus hatten sich unter einem Dorfdach zusammengefunden. Schönfelder war mir auf Anhieb sympathisch – vielleicht auch, weil er beide Gruppen gut repräsentierte. Um seinen weißhaarigen Kopf loderte angenehm viel Verrücktheit, und ich gab es bald auf, seinen atemlosen Monolog mitschreiben zu wollen, sondern beließ es bei Gesamteindrücken und ausgesucht pointierten Zitaten. Historisch vertrat er die antiautoritäre, unorganisierte Opposition am Ende der Welt. Über seine Mitbürger in der DDR sagte er – wenn ich mich nicht täusche: »Die verfressen zwei Milliarden und sagen noch nicht mal danke.«

Bis in die achtziger Jahre wollte die DDR der Realität von »Behinderung« nicht so recht ins Auge blicken, weshalb man das Problem weiträumig auslagerte und zufrieden war, dass sich Randgruppen um diese Randgruppen kümmerten. Es war relativ leicht, eine Anstellung im »Katharinen-Hof« in Großhennersdorf zu finden. Man wurde nicht nur in Ruhe gelassen, sondern musste sogar selbst dafür sorgen, dass einem die dünne Personaldecke nicht auf den Kopf fiel: Großhennersdorf entwickelte sich zu einem beliebten Ziel für stadtflüchtige Andersdenkende. Es konnte leicht passieren, dass 120 sozialistisch-anarchistische Bohemiens aus allen Ecken der Republik am Wochenende einfielen und das Fest kein Ende finden wollte. Oder kein gutes: »Wenn ich den Bogen mal wieder überspannt hatte, suchte sich meine Frau einen Musiker mit Anhänger«, skizzierte Schönfelder das Sittengemälde zwischen »Woodstock« und »Einer flog über das Kuckucksnest«. Wie jeder Selbstinstitutionalisierte, der einmal Ordung in die Biografie organischer Prozesse gebracht hat, konnte er Jahreszahlen und den Begründungszusammenhang nur so runterspulen.

Sie hatten – dachte ich – nichts anderes gemacht als wir im Westen: Wege in die Freiheit gesucht, allerdings unter erschwerten Bedingungen. Einer davon war der Zugang zu Informationen: »Wie wenig wir wussten!« Daraus entwuchs nach seiner Meinung eine neue Kompetenz: die Erfahrung der Diktaturgeschundenen, die sie mit den Polen teilten. Von denen wurden sie Anfang der achtziger Jahre, nachdem »Solidarność« ihren Aufruf veröffentlicht hatte, auch noch getrennt. Zu der ungeliebten Mauer nach Westen kam die von etlichen geschätzte Mauer nach Osten. Sie seien beschmutzte Diktaturspezialisten, die dem System gegenüber eine hohe Loyalität bewiesen hätten, Teile des Problems gewesen seien und eigentlich deformierter Schrott. Er komme aus einem Land ohne Opposition mit sechzehn Millionen Einwohnern, wovon 2,2 Millionen Parteimitglieder waren und hunderttausend Stasimitarbeiter. Aus dieser Erfahrung schöpften sie. Der klapprige Gartentisch auf der Wiese der »Bäckerei« wackelte jedes Mal bedenklich, wenn ich doch ein paar Aufzeichnungen machte.

Obwohl er so vehement für die Zusammenarbeit mit dem Osten eintrat, machte er sich keinerlei Illusionen: »Man kann damit nicht wirklich werben.« Die GUS übersteige das Fassbare: »Gigantische Territorien, die nicht mehr regiert werden.« Und dann nannte der Ost-Freund die Mischkalkulation von der Wende bis GUS: »Erst sechzehn Millionen Habenichtse und jetzt noch vierzig Millionen Alkoholiker.«

Anfang der Neunziger, als der Rassismus in dieser Ecke Deutschlands stark überhand nahm, wurde eine Untersuchung gemacht, die nach dem Verhältnis zu den Nachbarn fragte und die gegenseitigen Abneigungen zeigte: Deutsche mögen höchstens die Tschechen; Tschechen hassen die Polen, neiden aber den Ostdeutschen, dass sie so glatt an die Futtertröge gekommen sind. Was die Polen dachten, bekam ich nicht mit – wahrscheinlich weil wir schon beim nächsten Thema waren: »Im Grunde schauen alle nach Westen.«

Schönfelder war ein guter Gastgeber der alten Schule – und auch ein Vertreter des (leider langsam aussterbenden) Ostgebarens, aus einem Besuch so viel für beide zu gewinnen, wie es ohne übertriebene Verrenkungen möglich ist. Wir fuhren noch nach

Herrnhut, und er führte mich auf den Hügel auf dem Friedhof und in den beschaulichen Ort zu dem hochmodernen, rostigen Bau der Bibliothek der weltweit verstreuten Pietisten. Drinnen lagerten, neben Büchern von unschätzbarem Wert, auch tausende Biographien von Herrnhuter Brüdern, die von überall aus der Welt ihr Leben in Briefen geschildert hatten. Auch die Herrnhuter hatten in diesem fernen Winkel vierzig Jahre Diktatur mit leicht gesenktem Kopf relativ unbeschadet überstanden.

Wir waren die Einzigen im 1500-Seelen-Ort, denen es noch nach einer leichten Mahlzeit gelüstete. Für den morgigen Tag war ein Treffen der internationalen Arbeitsgruppe für die »Lernende Region« anberaumt: eine gemeinsame Besichtigung des größten polnischen Kohlekraftwerks. Ich meldete mein Interesse an. Man war dabei, innerhalb des Dreiländerecks eine »Lernstraße Energie« zu etablieren.

Vor einer Kirche in Zittau trafen wir auf einen weißbärtigen Westler, den hauptsächlich private Gründe in den Osten verschlagen hatten und der eigenhändig sein günstig erworbenes Umgebindehaus restaurierte. Die slawischen Sorben hatten diesen Baustil mitgebracht, als sie sich in der Lausitz ansiedelten. Im Grunde besteht es aus der Kombination eines sehr winterfesten Blockhauses mit einer Fachwerkkonstruktion, die den ersten Stock trägt. Dadurch kommen die schönen Pfeiler und Rundbögen zustande. Es vereint östliche und westliche, fränkische Traditionen und ist eigentlich *das* Haus für ein erweitertes Europa. Wir warteten auf eine Künstlerin, die sich verspätet hatte, und so führte mich Andreas noch auf die Schnelle am alten Salzlager vorbei, auf dessen imposanten acht Stockwerken sich seit kurzem die Kultur angesiedelt hatte, zeigte mir den Park, der sich auf dem Terrain der ehemaligen Stadtmauer einmal um Zittau zog, und das Gerhart-Hauptmann-Theater, das immerhin über ein eigenes Ensemble verfügte. Zittau litt nicht an einem Mangel an Angeboten, sondern an der rasant schwindenden Einwohnerzahl. Das wiederum eröffnete interessante Möglichkeiten für Künstler, die für dasselbe

Geld, das sie anderswo für ein lumpiges Loft bezahlen mussten, hier eine ganze Fabrik bekommen konnten. Wir setzten im Zweierkonvoi über einen Grenzübergang, hinter dem sich ein Polenmarkt ausbreitete, der in seiner chaotischen Lebhaftigkeit und seinem überquellenden Angebot an Entbehrlichem in mir Erinnerungen an China aufkommen ließ. Teddys schienen in Polen nicht zur Mangelware zu gehören.

Nicht weit dahinter begann das größte Erdloch, das mir jemals unter die Augen gekommen war.

An der Aussichtsparkplattform oberhalb der fünf mal zehn Kilometer großen Abraumhalde stießen weitere deutsche Anoraks zur Energiekommission. Die Männer wirkten nicht freakig und freigeistig wie Andreas. Sie vertraten ihr ehemaliges Kraftwerk Hirschfelde – ehrenamtlich und aus Passion für ihren lebenslangen Arbeitsplatz, der nach der Wende stillgelegt und abgewickelt worden war. Sie hatten es geschafft, dass Teile der Anlage in ein Industriemuseum verwandelt worden waren. Genau genommen brauchten sie keine Führung durch ein Kraftwerk. Die Kühltürme des riesigen Kraftwerks in Tuchów waren zwar lustig bemalt, aber zu Füßen des erhöht liegenden Komplexes klumpte sich eine unordentliche Siedlung, die Marx und Engels noch einmal zur Feder hätte greifen lassen.

Die Polen waren dem offiziellen Anlass gemäß gekleidet: Anzug oder Kostüm. Auch der Ingenieur, der die Führung vornahm. Bindeglied zum Freizeitlook bildete der Übersetzer, ein pensionierter Arbeiter mit sehr warmen, wachen und klugen Augen, der biografisch keineswegs immer Nutzen aus seiner deutschen Abstammung gezogen hatte. Er hieß Semper und stammte aus Ostpreußen. Mit diesem Namen war er im Polen der Nachkriegszeit häufig wenig gelitten gewesen.

Es war eine Führung, wie sie – ohne Ingenieur – jede angemeldete Schulklasse bekommen konnte: Kühltürme, Turbinenhalle, Kontrollzentrum – und am Schluss der weite Blick vom Dach über das Abbaugebiet, die Förderstraßen, die Stromleitung bis zu den Kirchtürmen von Zittau oder Herrnhut. 1,5 Milliarden Dollar hatte man in die Modernisierung der Anlage investiert, um sie – auch in Hinblick auf die Emissionswerte – auf den neuesten Stand zu bringen. Sie lägen in allen Punkten unter den geforderten europäischen Standards, wurde versichert. Die Umrüstung der einzelnen Blöcke auf Westturbinen – wie Alstom – war noch im Gange. Bis 2035 würde das Zweitausend-Megawatt-Kraftwerk am Netz bleiben. Acht Millionen Tonnen Kohle pro Jahr wurden in den Kesseln verheizt, das ergab 45000 Tonnen Asche pro Tag. Unvorstellbar. Früher beschäftigte das Werk 17000 Menschen, heute noch 2500. Edward Semper hatte dreißig Jahre im Tagebau gearbeitet und in Bogatynia gewohnt und versicherte glaubhaft, dass die Luft früher eine andere gewesen sei. Schönfelder erzählte, zwischen den sozialistischen Bruderländern hätten skrupellose Kämpfe um die Lufthoheit stattgefunden: Bei östlichen Winden hatten die Kraftwerke auf deutscher Seite ihre Schornsteine geöffnet und so viel Dreck wie nur möglich zum Nachbarn geschickt. Und umgekehrt. Den Wäldern sehe man das immer noch an, und die Wiederaufforstung bilde einen wichtigen Teil bei den Projekten für die grenzüberschreitende Zusammenarbeit. Kläranlagen gehörten ebenso dazu, schließlich gelte die Neiße als eines der giftigsten Gewässer, die man sich vorstellen könne.

Der Energieweg oder Lernpfad oder wie immer man ihn nennen würde, sollte sich keineswegs nur aus Kraftwerken oder Braunkohlehalden zusammensetzen, es konnte sich auch um eine alte Wassermühle am Wiesenrain handeln. Jeder der drei Partner sollte vorschlagen, was er für richtig hielt. Für Planung und Etablierung gab es, nach einem bestimmten Schlüssel, Mittel aus europäischen Töpfen. Um es ganz abstrakt zu halten: Je nach Land, könne eine unterschiedliche Sicht auf Sinn, Zweck und das Recht auf diese Gelder herrschen. Das als ein Problem zu erkennen sei bei weitem leichter, als es zu benennen – es könne die Kommunikation stark trüben, wenn auf einmal Sätze fielen, die …, ja, dann könne es sehr heikel werden, und im ungünstigsten Fall müsse man wieder von vorne anfangen. Im weiten Spektrum zwischen

Befremden und offenem Missverstehen rangierte etwa der Vorschlag, die nächste Ortsbesichtigung gemeinsam per Fahrrad vorzunehmen, unter den harmlosen Delikten. Der Gedanke mochte nahe liegen, da auch viele Nutzer des erschlossenen Lernwegs diese Art der Fortbewegung wählen würden, dennoch ließ man dabei außer Acht, dass eine mittelalte Leiterin eines polnischen Großbetriebskindergartens es als unter ihrem gesellschaftlichen Status … Kurz: Man musste umsichtig sein. Wie überall in der Diplomatie gab es nichts Gedeihlicheres als ein gemeinsames Essen. So standen denn alle ein wenig abwartend und artige Höflichkeiten austauschend im Halbkreis umeinander herum, aber diesmal waren weder warmes Informelles noch eine sitzende Evaluierungsrunde geplant. Nach meinem Eindruck empfanden die deutschen Teilnehmer dies eher als »einen Schritt zurück«. Bestenfalls als Nullrunde, denn immerhin hatte man das Kraftwerk gesehen. Es blieb also nur noch, den nächsten Termin zu vereinbaren und sich zu verabschieden.

Das tat ich auch, besonders von Andreas Schönfelder, den ich – ohne ihn näher zu kennen – als eine Art »Vetter im Geiste« empfand. Ich nahm mir nicht einmal mehr die Zeit, die Siedlung zu Füßen des Kraftwerks anzuschauen, sondern drehte die Nase Richtung Görlitz, das auf der polnischen Seite der Neiße Zgorzelec heißt. Am Kreisverkehr, noch in Tuchów, stand ein Tramper. Endlich einmal. Im Europa von heute kam das nicht einmal mehr alle tausend Kilometer vor. Jedenfalls nicht auf Nebenstrecken. Er wollte nach Zgorzelec, weil er dort wohnte. Er sprach kein Deutsch und ein etwas selektives Englisch – aber besser als ich Polnisch. Er würde gern »Informatika« studieren. Nach Görlitz hinüber ging er selten, seit er dort einmal von Skinheads verprügelt worden war. Dreißig Kilometer waren zu wenig, um einen profunden Sprachschatz aufzubauen, und wir ließen es irgendwann bleiben. Zgorzelec wirkte eindeutig polnisch, ich war erstaunt zu sehen, dass »Karstadt«, »Plus« und die »Deutsche Bank« mit Filialen vertreten waren – vielleicht bekam man auf dieser Seite Kredite billiger.

Zum Verabschieden reichten die sprachlichen Möglichkeiten wieder. Der Stadtteil weiter unten am Fluss erinnerte mich an einen Ausriss eines Stücks Kreuzberg, recht belebt und fidel, aber es roch bereits nach Grenze, und ich war nicht so geneigt, den Wagen sich selbst zu überlassen, und so blieb ich in der Warteschlange, die sich Stück für Stück um die Ecke auf die Brücke zubewegte. Fußgänger hatten einen separaten Durchgang durch eine Gittertür, die nur auf der einen Seite einen Handgriff hatte.

Görlitz sollte mindestens so schön wie Zittau sein. Ich parkte auf einem weitläufigen Platz in der Altstadt und fand es auf Anhieb weit weniger atmosphärisch. Man hatte sich ungeheure Mühe mit der Restaurierung gegeben, aber offensichtlich vergessen, es zu beatmen. »Die Perle« wurde sie im »Sechsstädtebund« genannt. Man konnte sofort sehen, warum, aber Perfektion in vielen Gebäuden und etlichen Ensembles garantiert keine Urbanität. Im Gegenteil, ich hatte das Gefühl, dass die Stadt in Zukunft dazu verdammt sein würde, ihren Status als Perle Tag für Tag für Busreisen unter Beweis stellen zu müssen. Dennoch hatten vierzig Jahre Sozialismus und zehn Jahre Aufbauhilfe Ost gemeinsam einen beachtlichen kunsthistorischen Schatz vor dem Schicksal westdeutscher Städte bewahrt. Ich würde mir alles einmal genau ansehen, wenn Görlitz die Umrüstphase auf »Museum« komplett abgeschlossen hatte. Ich verließ das »Tor zum Osten« Richtung Norden. Nach Rothenburg.

»... a fool in every village«

Ich schlug einen Haken durch die östlichste Kleinstadt Deutschlands, konnte aber nichts Auffälliges entdecken. Es glich nicht Rotenburg an der Wümme, wenngleich – hier wie da – die feuchtflachen Wiesen oder große Kiefern auf Sandboden das Umland bestimmen. Hinter dem Flughafen begann ein endloses Waldgebiet, in dem Soldaten auf Lastwagen standen und ihren unsichtbaren Feinden Platzpatronen verabreichten. Der rote Ball war oben, und es war besser, den Kopf einzuziehen. »Truppenübungsplatz« klang für mich immer halb nach Krieg – dabei war es im Grunde nur ein unwirsches Wort, um zum Ausdruck zu bringen, dass sie es noch nicht konnten. Die rot schraffierte »Pechernsche Heide« maß bestimmt sieben mal einundzwanzig Kilometer. Rechts führte eine nagelneue Asphaltstraße nach Podrosche, das vielleicht auch sorbisch Pudrutze hieß, was ich nicht nachfragte, da auf der anderen Seite der neuen Grenzbrücke Przewów (Priebus) lag und mein Bedarf an P's dadurch gedeckt war.

Ich ließ meinen Wagen in Podrosche, Gemeinde Krauschwitz, Niederschlesischer Oberlausitz-Kreis, und ging hinüber zu dem überdeckten Polenmarkt, der ein Stück rechts der Ortschaft lag, hinter einer Tankstelle, die mit Import-Brennstoffen warb. Zwei polnische Händler versuchten mich vor der Halle mit einem sehr unfreundlichen »Hallo« abzufangen, das sie ein paarmal aggressiv wiederholten, weil ich nicht reagierte. »Deutsch immer unfreundlich!«, riefen sie hinter mir her. Ohne die Qualität beurteilen zu können, gefiel mir die große Auswahl an Handwerkszeug und Angelgeräten. Das fehlte noch in meiner Outdoor-Sammlung: eine gute Rute für Fische, die ich weder töten konnte noch kochen wollte. Die hüfthohen Gummistiefelhosen hatte der Händler nicht in meiner Größe – könnte sie aber bis morgen beschaffen. »Keine Problem!« Ich machte einen Bogen um die Basarbanausen, weil ich die Sammlung an konfrontativen Situationen so klein halten wollte, wie sie bislang zum Glück war, und kaufte meine Zigaretten lieber weiter oben vorm Ort. Achtzehn Euro für die Stange Filterlose. Auffallend war das große Blumenangebot, auch im Dorf selbst. Sonst herrschte tristes Grau vor. Das galt nicht für die polnische Flagge, die oben aus der Kirche lugte, und nicht für den »Night Club Amor«, der über das fleischliche

Wohl hinaus Zimmer mit Dusche und einen bewachten Parkplatz bot.

Das sächsische Landeskriminalamt bat auf einem Plakat, das am Grenzübergang aushing, um Hilfestellung bei der Aufdeckung von Schleusertätigkeit, nämlich: bei angemieteten Transportern auf unsicheres Kurvenverhalten zu achten. Sicherlich meinten sie nicht mein Fahrzeug, aber vielleicht meine Fahrweise.

Über Pechern fuhr ich durch die flache Landschaft auf Bad Muskau zu, ohne zu wissen, was mich dort erwartete. Sie firmierte auch unter dem Begriff »Fürst-Pückler-Land«, also war es wohl angemessen, beim Namensstifter selbst einmal vorbeizuschauen.

Und Bad Muskau hatte sogar Berge. Jedenfalls bewaldete Hügel. Abgesehen von einem dramatischen Auftrieb vorm Grenzübergang und den üblichen Straßenbauarbeiten, wirkte der Ortskern sofort beschaulich. Er bestand nur aus zwei in einem flachen Bogen geführten Straßen. Dahinter lag der Park. Ich lief ihn in meiner japanischen »Sechs europäische Länder in fünf Tagen«-Art ab, geriet in ein Geviert, das wohl das Vorwerk gewesen war, an dem Bedienstetenwohnungen lagen. Sie besaßen nach hinten kleine Gärten, die in ihrer Privatheit auf wunderbare Weise mit der »Orangerie« kollidierten, die im schrägen Winkel dazu stand und nordmaurisch und industriell zugleich wirkte. Am anderen Ende des Innenhofs des Vorwerks befand sich ein Café, das Fürst-Pückler-Torte anbot, und eine Ausstellung, in der man einige Bücher über den Park kaufen konnte. Zufälligerweise warf ich, bevor ich mich vors Café setzte, um Handwerkern beim Gaubenbauen zuzuschauen, auch einen schnellen Blick in den Park. Welch ein Glück! Das ganze Gelände stellte die Art von »Englischem Garten« dar, für die ich als lebenslanger Nutzer des Jenischparks in Hamburg genetisch konditioniert bin. Ich nutzte unseren praktisch – hier hatte ich nun die Möglichkeit, mir die Parklandschaft theoretisch zu erlaufen. Nämlich lesend auf einer Bank. Ich wusste auch schon, welches Buch: eine Biografie von Heinz Ohff mit dem Titel »Der grüne Fürst«, die ich auf dem Büchertisch entdeckt hatte. Perfekt.

Während ich noch die Torte kaute, hatte Ohff mir bereits auf Seite 14 den Zahn mit dem »Pückler-Eis« gezogen: Das Rezept stammte von einem Cottbuser Konditormeister, der sich nur den fürstlichen Namen dazu geliehen hatte.

Ich musste noch klären, wo ich die Nachtstunden verbringen könnte. Meine weitere Suche führte mich zum Nächstliegenden überhaupt: dem Bad von Muskau. Vorne gingen die Kranken rein, und hinten auf dem Parkplatz wurde das gesunde Moor gelagert. Es sah aus wie auf einem Bauernhof. Eine Tür führte in einen holzgetäfelten Speisesaal, der die Eigenschaften von Burgschänke, Bahnhofsgaststätte und Betriebskantine in sich vereinte. Ich fragte, ob ich nicht hinten in der Ecke des Parkplatzes stehen bleiben und das Frühstück im Hause einnehmen könnte. Man ließ sich, ein wenig zögernd, darauf ein.

Mit dem Buch als einzigem Gepäck spazierte ich in den Park. Gleich neben dem Kurbad stand das Schloss. Es war schwer zu sehen, was ihm fehlte – abgesehen davon, dass es umgebaut wurde. Es ähnelte einer Modellritterburg, die man zu früh aus der Kunststoffgießform genommen hatte. Ich hätte trotzdem nichts gegen ein paar hundert Quadratmeter im zweiten Stock gehabt, zumal von hier die optimalste der Sichtachsen durch das Parkgelände lief. Was ich nicht schnell genug von Ohff erfuhr, schnappte ich bei den Gruppen auf, die sich den Luxus einer Führung durch »die größte englische Gartenlandschaft Europas« leisteten. Diese Art der Informationsvermittlung passte gut zu meinem bruchstückhaften Wissen. Es kamen mir auch nagelneue Lieferwagen entgegen, auf denen stand: »Arbeiten und Lernen über Grenzen«. Im Buch las ich, dass der junge Graf Pückler »Practical Jokes« nicht abgeneigt war: Er ritt vierspännig durch Berlin – aber mit dressierten Hirschen! Und damit das nicht zu normal wirkte, las er dabei geistesabwesend in einem Buch.

Bis hinüber auf die andere Seite der Neiße war der Park mit

einzelnen Baumgruppen und großen Rasenflächen offen gehalten, von Teichen, Wasserläufen und Inseln unterbrochen. Ungefähr in Verlängerung vom Schloss auf die große Eiche auf der Höhe jenseits der Neiße zu, führte eine weiße Brücke, die dann aber nur halb über den Fluss reichte, weshalb sich die Besucher hier stauten. So bekam ich mehrere Versionen der Geschichte mit: dass es sich um das deutsch-polnische Projekt handelte, beide Seiten des berühmten Parks wieder miteinander zu verbinden. Die Deutschen hätten ihre Brückenhälfte schon im Jahr 2000 feierlich eingeweiht. Ob es an Geld mangle? »Nein, das Geld ist da, aber sie sagen: nicht genug …« Das war kaum zu glauben bei den paar Metern Vierkantholz, die fehlten. Und bei den vielen Projektautos, die im ABM-Tempo durch die Anlagen rollten. In Sichtweite rechts führte eine blauweiße Straßenbrücke von Muskau hinüber in etwas, das einer Fafela in Südamerika glich und den Polenmarkt darstellte; mit Blech und Pappe mühsam davon abgehalten, nicht aus den Fugen zu geraten.

Der junge Graf war auch dem Glücksspiel nicht abgeneigt gewesen und auch nicht einer flotten Lebensführung und vor allem nicht den Frauen. Das führte zu so hoher Verschuldung, dass seine Eltern den Erben wegen Verschwendungssucht entmündigen lassen wollten, zumal die Standesherrschaft Muskau ökonomisch nicht auf besten Füßen stand. Er begab sich auf eine jahrelange Reise durch Europa, an deren Ende er 1810 auch Goethe besuchte, der ihm die Landschaftsgärtnerei ans Herz legte. 1815, als Dreißigjähriger, nach dem Tod seines Vaters und einer ausgiebigen Englandreise, begann er mit den Vorbereitungen des großen Projekts: Dafür musste er erst mal zusammenhängende Grundflächen kaufen. Sowieso nicht mit der besten Ökonomie ausgestattet, betrieb er die ruinöseste Form von Landwirtschaft: einen Park fürs Auge. Bald ging es ihm so dreckig, dass er dringend reich heiraten musste.

Er legte auch die Neiße um, da ihm ihr gerader Verlauf ein wenig fad vorkam und weil er fürs Ohr auch noch ein paar Wehre haben wollte.

Der weitaus größere Teil des Parks liegt auf der polnischen Seite. Heute kann man ihn nur über die Eisenbrücke erreichen. Ich checkte auf dem deutschen Ufer nach Polen ein, bummelte zur anderen Seite.

Die Budenstadt ließ wirklich an einen anderen Kontinent denken. Es herrschte ein Designkampf zwischen gegebenen Containermodulen und nachträglich zugefügten Variationen. Es waren weitaus mehr Händler als Kunden zu sehen. Man blieb relativ unbehelligt, es reichte, einmal nein zu sagen. Am Ende der Hauptstraße der Kaufstadt führte der Weg durch eine Siedlung, in der nur zwei der Häuser – die bunten – mit dem Gewerbezweig Erotik firmierten.

Ich ging hinunter zum Fluss und hinauf auf den Hügel mit dem neuen Pücklerstein und einer alten, angeschossenen Eiche. Gegen Ende des Kriegs war es zu langen und harten Gefechten im Park gekommen. Siebzig Prozent von Muskau wurden zerstört. Das Schloss ging wenige Tage nach Kriegsende durch Brandstiftung in Flammen auf. Erst in den letzten Jahren waren die Spuren des Krieges auf dieser Seite beseitigt worden. Lange Zeit gab es für die dreihundert Hektar auch keine Definition als Park oder Kulturgut, so wie von den fünfziger Jahren an drüben in Ostdeutschland, sondern der Wald wurde forstwirtschaftlich genutzt, sodass seine alte Grundstruktur und Substanz teilweise verschwand. Die Initiative zur gemeinsamen Rettung und Reetablierung gab es schon 1988, doch bekam sie mit dem Fall des Eisernen Vorhangs – der ironischerweise auch hier in einer historischen Variante hing – eine ganz andere Realität und Förderung. Spätestens 2004, wenn die EU-Außengrenze im Osten Polens liegen wird und nicht in Muskau in der Kurve, müsste es auch möglich sein, die weiße Holzbrücke fertig zu stellen und zu öffnen. Unten am Ufer saß Janosch mit kaputtem Rad und schlaffer Angel.

Brücken, die zu nichts führten – oder besser über nichts –, gehörten auch zum Pückler'schen Parkkonzept. Vom Schloss aus konnte man das nicht sehen, auf dieser Seite von der Eiche aus schon. Zwei Soldaten mit geschulterten Gewehren und Schlafsäcken marschierten vorbei. Ich folgte ihnen zufällig, weil ich zu der angetäuschten Steinbrücke wollte. Das machte sie wohl nervös. Sie fingen mich ab und fragten, was ich wollte. Auf Polnisch – vielleicht fragten sie auch: »Wohin des Wegs, Kamerad? Willst du mit uns in die weite Welt ziehen, um das Glück zu versuchen?« – Ich sagte, ich sei Tourist, ich schaute mir den Park an. Der eine von ihnen notierte, mit meiner Hilfe, alles haarklein in seine zerknautschte Wachkladde.

Ich verzichtete lieber auf eine weitere Begehung der Pückler'schen Sichtachsen bei anbrechendem Abend, streifte über die Neißewiesen zurück zum Brückenkopf und trank in einer Budenbar an der Marktstraße ein Bier. Die Wände waren mit Landkarten abgedeckt: Polen, Europa, die Welt. Dazwischen ein Spaltbreit vom Friseursalon nebenan. Rote Kunstblumen zierten die ramponierten Tische. Die Sicherheitsgitter vor den Fenstern waren auf Messing getrimmt, blieben aber Gitter. Alle paar Minuten trat einer der jungen Händler durch die Tür, stürzte an der Bar ein Glas Schnaps hinunter oder kaufte einige Biere und eilte zurück an seinen Stand. Ich holte mein Buch hervor, um Weiteres über das Liebesleben des Grafen und späteren Fürsten und seine Ansichten über das Anlegen natürlicher, künstlicher Landschaften zu erfahren. Das Kunstwerk sei vollendet, wenn »kein Baum noch Busch sich wie absichtslos hingepflanzt zeigt«. Ohne jedoch »die Schönheit nackt vorzulegen, sondern immer verschleiert genug, um der Einbildungskraft ihren nötigen Spielraum zu lassen – denn ein vollkommener Park oder, mit anderen Worten, eine durch Kunst idealisierte Gegend sollte gleich einem guten Buch wenigstens ebenso viel neue Gedanken und Gefühle erwecken, als es ausspricht«.

Bad Muskau verfügte über eine Art von Nachtleben: Häufiger, als ich bei dreitausend Einwohnern und Niedrigpreisen auf der polnischen Seite vermutet hätte, schimmerte aus einer Schänke Licht. »Kaffee König« am Markt bezeichnete sich auch als

»Tanzlokal«. Eine Runde herrenloser Frauen saß beisammen und unterhielt sich prächtig, auch als sich die ersten Stammtischschwestern verabschiedeten. Ich las die Geschichte der Ehe des Fürsten, die erst richtig erfolgreich wurde, als er sich nach neun Jahren scheiden ließ, da das Geld seiner Frau Lucie aufgebraucht war und er mit ihrer Einwilligung in die weite Welt – nach England – fuhr, um sich dort auf dem Heiratsmarkt umzutun. Erotisch und gesellschaftlich fehlte es ihm an nichts, worüber er seiner Exfrau in unendlich vielen Briefen Bericht abstattete, allerdings fand er in den zwei Jahren nicht die Art von reicher Erbin, auf die er spekulierte. Als er nach Muskau zurückkehrte, lagen seine gesammelten Briefe – um viele amouröse Stellen gekürzt und auch sonst ansatzweise redigiert – fertig zum Druck vor. Diese schöne Idee seiner ihm treu ergebenen Lucie erwies sich als durchschlagend: Die selbst von Goethe hoch gelobten »Briefe eines Verstorbenen« wurden ein Bestseller. So sollte es sein!

Ich zog mich in mein Anwesen in einem dunklen Winkel des Pückler-Parks zurück. Sechs Autos weiter brannte Licht in einem Wohnwagen mit Vorzelt, auch hier war man also mit dem Kurcamping vertraut. Ich fühlte mich gut aufgehoben.

Schon um sechs wandelte ich gerädert durch den Park, studierte die Wirkung von Morgengrauen auf Eichenpflanzungen und Morgentau auf Holzbänken und am Ende auch von MDR-Morgenmusik auf mich und einige Maurer, die die Rekonstruktion eines Pavillons namens »Gloriette« in aller Ruhe vorantrieben.

Die Nachbarin im Wohnwagen lud mich zu einem Plausch ins Vorzelt. Sie und ihr Mann schworen auf das schwarze Moor, das »täglich frisch aus … also, wenn Sie durch Weißwasser nicht der Straße links folgen, sondern einfach geradeaus« … der Nähe von Boxberg kommt.

Hinter Weißwasser zeigte die Lausitz ihr zweites Gesicht: geschürfte, gegrabene, ausgehobene, aufgeworfene und von oben nach unten gekehrte Landschaft. Im durch die Eiszeit gebildeten Muskauer Faltenbogen hatte man die ersten Braunkohlevorkommen entdeckt, die griffbereit in Augenhöhe lagen. Nach und nach fraßen sich die Abraumhalden in gigantischen Ausmaßen durchs Land, dessen Himmel durch den Rauch aus den Kraftwerken schwarz wurde. Viele Werke wurden stillgelegt, aber keineswegs alle. Nach wie vor ließ sich mit Kohle Geld verdienen, drohten Dörfer abgerissen zu werden und in Löchern zu verschwinden.

In Schleife stand die gelbe Kirche immer noch mitten im Dorf, ein altes Mütterchen im plessierten Rock und mit Kopftuch mühte sich vom Rad und humpelte in die »Lebensmittelhandlung«. Ich kaufte Brot und Putenröllchen in Aspik.

Eigentlich hätte ich mich mit Jonas, meinem schwedischen Freund, hier verabreden sollen. Er als Designer könnte jeden Tag ein Dutzend Visionen für die Lausitz entwickeln. Jetzt war er der Grund, warum ich mich ein wenig sputen musste, damit wir etwa gleichzeitig auf Rügen eintrafen. Wie so oft auf der Reise zog Verweilen die Lust, noch länger zu bleiben, nach sich. Das einzige Mittel dagegen war, Gas zu geben, Aussichtspunkte genauso links liegen zu lassen wie Seen oder Transparente gegen den Energiekonzern Vattenfall. Hands off Hornow!

Endlich erreichte ich die Bundesstraße 112, wild entschlossen, mich bis hinter Frankfurt an der Oder nach Norden zu katapultieren.

Wenige Minuten später verfing sich mein Blick an einem Schild mit der umständlichen und an sich unverständlichen Mitteilung: »Europäisches Begegnungszentrum Oder-Neiße e.V.« Obwohl mein Bedarf an Projekten gedeckt war, bog ich ab und kam auf ein Dorf zu, das mir in der Art, wie es in der Landschaft lag, und der Weise, wie meine Frage nach der »Begegnungsstätte« beantwortet wurde, sofort gefiel. Ich sollte immer weiter – »bis da, wo die Welt zu Ende ist«. Ich tat wie geheißen und rollte auch noch durch Ratzdorf, wo am Ortseingang ein

Schild zur Neiße-Mündung wies, und als ich *die* sah, wusste ich, warum ich abgebogen war: Mit meinen Gedanken schon halb auf Rügen, hätte ich das Bild »Oder-Neiße« glatt verpasst. Breit und behäbig kam die Oder in einem weiten Bogen aus Polen, gerade und schmallippig spuckte die Neiße ihr bisschen Wasser dazu. Beide flossen durch satte Wiesen, die, von Weiden und Pappeln bewachsen und von Buhnen gebremst, meinen Augen sehr norddeutsche Signale sandten – die Weser unterhalb von Bremen oder die Elbe ab Krautsand. Ich wusste nicht, aus welchen Zutaten dieses Heimatgefühl entstand. Zum ersten Mal nach nur viertausend Kilometern. Es mochte auch der Himmel sein oder das geduckte, alte Haus »Gast- & Tanzwirtschaft Kajüte« auf dem Deich. Leider war sie geschlossen. Das »Begegnungszentrum« weckte dagegen Assoziationen an Namibia. Mit seiner hell geputzten Fassade und den roten Fertigdachplatten wirkte es wie ein Fünfsternehotel in der Dritten Welt. Neu, aber altbacken.

Der Digitalanzeiger im Häuschen auf der Steinpyramide am Ufer flimmerte den Pegelstand. Eine Gruppe von Rentnern strömte durch die Wiesen einem kleinen Ausflugsdampfer zu.

Ich hatte alles gesehen, ich hätte weiterfahren können, hatte aber Lust zu bleiben. Die letzte Chance, die Neiße zu befahren. Morgen.

Ein Radfahrer stellte sich neben mich, von dem ich schon auf der Kopfsteinpflasterstraße durchs Dorf bemerkt hatte, dass er mich bemerkt hatte. »Seltener Besuch«, sagte er mit Blick auf das Rentnerrudel. »Der Dampfer aus Eisenhüttenstadt. Die gehen zur Mündung, dann einmal kurz durch den Ort, dann sind sie wieder weg. Was sollen die auch machen – ist ja nichts los.« Er arbeitete sich ohne jede Hast durch alle Blickrichtungen. Das Restaurant des »Zentrums« bekam die Bemerkung mit, es sei »nur für Promis – bei den Preisen«. Besser esse man oben im Ort im »Bauernstübel«, die »Kajüte« habe ja geschlossen. »Ja, leider«, sagte ich. Die »Kajüte« war von einer Gruppe von Künstlern wieder hergerichtet worden, nachdem sie seit der

Wende daniedergelegen hatte. »Das war früher *die* Kneipe im Ort.« Mit Tanzsaal, Kegelbahn und allem Drum und Dran. Er kam zu dem, was ich nicht sehen konnte, dem Vereinsleben: »Wir haben einen sehr aktiven Angelverein mit über hundertdreißig Mitgliedern.« Und er streifte eine Frage, die mich durchaus bewegte: »Hier kann man sich über Nacht ruhig hinstellen, da sagt keiner was. Hier stehen manchmal große Camper, ein, zwei Nächte, dann sind sie wieder weg.« Er wechselte das Bein und hängte das andere über die Stange des Fahrrads. »Ist ganz schön windig geworden, deshalb habe ich mir lieber einen Pullover übergezogen.« Für den letzten Tag der Eisheiligen war Nachtfrost angekündigt. Das würde mich nicht davon abhalten, mich im Windschatten des Pegelmessers einzurichten. Dass hier nichts los war, passte mir gut. Er drehte sich halb um und zeigte hinauf zum Deich bei der Tanzwirtschaft: »97, ja, da war was los, da hatten wir sogar die Ehre, den Bundeskanzler in Gummistiefeln hier rumlatschen zu sehen, von allen Seiten das Fernsehen, da waren wir auf einmal weltberühmt – bis nach Amerika. Aber jetzt ist es wieder ruhig.« Er half mir noch, das Boot vom Dach zu heben. »Neulich kamen hier welche mit Ruderbooten. Achtern. Die wollten ganz bis Stettin.« Er musste nach Hause, die Gartenpflanzen gegen den Frost abdecken. Sonst bekäme er Ärger mit seiner Frau – die war zur Kur.

Der Pegel meldete 2,43, also 4,46 Meter weniger als im Juli 1997.

Die Eisheiligen meinten es ernst. Es wurde bitterkalt. Ich begrub mich unter zwei Schlafsäcken. Ein Hubschrauber des BGS donnerte im Tiefflug über mich hinweg. Im Morgengrauen lag eine wabernde Nebeldecke über dem Wasser, die von der aufgehenden Sonne nach und nach vertrieben wurde. Der Tag versprach schön zu werden.

Ich rüstete mich zu der fälligen Expedition Neiße aufwärts. Der Himmel bezog sich. Vorsichtshalber packte ich mich in eine Regenjacke. Es begann leicht zu nieseln. Ich umschiffte die kräftigen Wirbel, die an der Mündung der Neiße in die schnell fließende Oder entstanden, und tauchte in den grünen Tunnel, den die Bäume von beiden Ufern bildeten. In der Ferne war Donnern zu hören. Das Fahren gegen die Strömung war sehr mühsam, aber ich kam voran. Der Wind frischte auf, ein Platzregen setzte ein, der mir nicht viel anhaben konnte, außer dass die Brille beschlug. Aber dann brach ein Gewitter los, das Grollen verwandelte sich in Schüsse, der Regen peitschte, und die ersten Blitze zuckten. Wenn ich vor etwas Respekt habe, dann vor einem Gewitter auf dem Wasser. Ich wendete das Boot und jagte, getrieben von der Strömung und der Angst, mit panischen Schlägen zurück zur Mündung, riss das Boot hinter den Strudeln herum, rammte den Bug in den Ufersand und sprang an Land. Irgendwie hatte ich mit meinen Kajakausflügen kein rechtes Glück.

Dafür hatte die »Kajüte« geöffnet. Für die gemütliche Schankstube mit dem Oma-Sofa und dem Kachelofen war das Wetter perfekt. Es hatte etwas von einem Geheimtipp aus einer Zeit, als man diesen Ausdruck noch nicht benutzte. Das Lokal füllte sich. An dem einen Tisch saßen zwei Bestatter. Der eine ähnelte einem ausgedienten Schlagersänger, der ohne das treue Publikum in der Provinz nicht mehr überleben konnte, und der andere rauchte sich fast zu Tode. Sie warteten wohl auf die Trauergemeinde, aber es wirkte mehr so, als warteten sie auf den Drehbeginn für den Dreiteiler »Das Wirtshaus«.

Freund Jonas rief an. Er war bereits in Berlin und schon früher als geplant reisebereit. Wir verabredeten uns für den nächsten Tag vorm Bahnhof in Frankfurt an der Oder. Ich konnte also sitzen bleiben.

Über Eisenhüttenstadt, am Werk von EKU-Stahl vorbei, fuhr ich nach Frankfurt, fand heraus, wo der Bahnhof lag, und suchte danach ein paar Stunden die Stadt. Auf dem deutschen Ufer der Oder gab es sie, nach meinem Eindruck, nicht. Oder nur als Versuch: ein Hauch von Wolfsburg, einige Brocken Lübeck, etliche Villen, in denen man gern wohnen würde, aber nicht gerade hier. Das unurbane Häuflein bröckelte stadtauswärts in von Straßenbahnschienen zerschnittene bräunliche Steinbrachen ab, die wohl jeden Filmausstatter, der originale DDR-Locations sucht, erfreut hätten. Mich schockierte es, eine so vom Krieg und von der Zeit mitgenommene Stadt zu sehen.

Der Grenzübergang samt Oderbrücke wirkte dagegen unnötig aufgedonnert, als ob auf der anderen Seite ein Großflughafen läge. Nichts passte zusammen. Von einer Bank am Fluss beobachtete ich eine Zeit lang den Verkehr von hüben nach drüben und beschloss dann, die Wartezeit lieber am Bahnhof mit dem Aufräumen meines Wagens zu verbringen, bis mein Fahr-Gast auftauchte.

Wir verließen die Stadt in nördlicher Richtung, sobald das Auto bestaunt und seine Taschen verstaut waren. Aufmerksam, wie er war, trug er die gebrauchten Schuhe, die ich ihm zum fünfzigsten Geburtstag geschenkt hatte. Ich hatte sie ihm im Winter beim Ausverkauf auf Teneriffa vor der Nase weggekauft, er hatte sie beim Rundgang durch Santa Cruz getragen und nur ungern wieder hergegeben. Es waren keine Schuhe, sondern enorm platt gedrückte Fußkonsolen, die mich wie Goofy aussehen ließen, während sie bei ihm das Selbstvergessen-Pastorale positiv unterstrichen. Also hatte ich sie ihm geschickt. Sie passten genau zu seinem teuren japanischen Designerjackett, das an ihm allerdings wie die jahrzehntelang getragene Lieblingsjoppe eines Klosterbibliothekars aussah. Kurz: Man konnte sich mit ihm im Osten wie im Westen sehen lassen.

Wir steuerten hinüber nach Polen, was für Jonas der erste Besuch in diesem Land war. Ich beneidete ihn um seine Rolle als reiner Tourist. Er konnte auf die Straße schauen oder nicht, er konnte einen Ortsnamen lesen und gleich wieder vergessen, er konnte sich über Länder unterhalten, die ganz woanders auf dem Globus lagen, oder auf irgendein Detail achten, um es dann zum Thema zu machen. Manchmal sprach er Schwedisch, meist sprachen wir Englisch. Nachdem wir ein paar Orte hinter uns hatten, sagte er: »They have it like us: a fool in every village.« Das stimmte auch noch in den nächsten Dörfern: An irgendeinem Zaun stand immer einer, der mit langem Blick den Verkehr observierte. Am Ende einer lebhaften Ortschaft kehrten wir in eine Gaststätte ein, von der wir glaubten, dass sie »Bosman« hieß. Aber das war das Bier. Die Fassade des eingeschossigen Etablissements war mit Plastikschaum zu Ornamenten verspritzt, und im Klo ging das Licht an, wenn man den Deckel hob – dachte ich. Als ich wieder rauskam, stellte ich fest, dass auch in Polen nur mit Wasser gekocht wird: Die Wirtin saß mit ein paar Freundinnen und ein paar Bieren davor und drückte schnell auf den Schalter, wenn es jemand vergessen sollte.

Eindrücke setzten sich zusammen: Nachkriegszeit, Kohleofen, Vorstadt. In Orten konnten Bürgersteige sehr schnell wieder verschwinden; die Menschen waren nicht unterwegs, sondern auf dem Weg nach Hause, es bestand kein Grund, sich anderswo aufzuhalten als hinter dem eigenen Drahtzaun; Autoreparaturen nahm man gern auf undefinierten Freiflächen vor; von der Kirche zum Abstellplatz war es nie weit. In Königsberg/Neumark standen, wie Touristenbroschüren es gern ausdrückten, steinerne Zeugen der Geschichte. Aber sie verweigerten irgendwie die Aussage: Das Gotteshaus war noch nicht wieder ganz erbaut und die ehemaligen Gemeinschaftseinrichtungen noch nicht endgültig verödet. Ich überließ es Jonas, halt zu rufen, falls er irgendwo bleiben wollte. Die Landschaft machte fehlende Akkuratesse durch Vielfalt wett. Hier zu Fuß von Dorf zu Dorf zu ziehen konnte ich mir gut vorstellen. Über garstige, rostige Eisenbrücken wurden wir nach scharfer Kontrolle wieder aus dem Land gelassen und in Schwedt von realsozialistischen Neubauten in Empfang genommen. Als Gastgeber, der ich in gewisser Weise war, schwebte mir eher ein Landgasthof im Naturschutzgebiet vor. Aber die Stichproben nördlich von Schwedt verliefen im Sand. In einem hinterm Wald versteckten

Ort standen ein paar alte Tabakscheunen. Auch noch in Gartz klingelten wir vergeblich, obgleich an Zäunen die angeblich freien Zimmer angeschlagen waren. Verglichen mit Polen schien der Neue Westen, der noch stark an den alten Osten erinnerte, entvölkert. Wir holperten über die menschenleere Straße in den Ort hinein oder wieder hinaus, entdeckten dann aber am Mühlenteich eine Wirtschaft mit Pension, die alles bot: Matjes, Gäste, Zimmer, Service. Trotz der neuen Standardeinrichtung aus Gastronomiemahagoni brauchte man nicht zu vergessen, dass man in einem fernen Winkel Ostdeutschlands war. Jonas behauptete, er könne an der Art, wie die Leute ihr Besteck hielten, sehen, wo er sei. Ich bat ihn um seinen Eindruck von Polen, und er machte es recht prompt als Liste: Gerade Straßen; schöne Bäume; wenig Farben (sogar bei den Kühen); Gefühl der Leere; nur wenig Anmut; keine spürbare Energie; bunte Friedhöfe – der Wunsch zum Dekor sei also da, nur hätten die Leute es nicht gelernt, ihn auf sich anzuwenden, weil sie aus einer Gesellschaft kämen, in der man an die Gesellschaft denken sollte und nicht an sich selbst. Punkt.

Der »Nationalpark Unteres Odertal« bewahrt mit zehntausend Hektar Wiesen, Auwäldern, Mooren und Altarmen einen der letzten natürlichen Überflutungsräume in Mitteleuropa. Er bildet einen wesentlichen Bestandteil des deutsch-polnischen Schutzprojekts, das auf über sechzig Kilometern bis vor Stettin reicht. Unser Morgenspaziergang brachte nicht nur überraschende Ausblicke auf polnische Industrieszenerien, sondern führte auch zu einer in Deutschland fast aussterbenden Art: dem gemeinen Butterfahrer. In Gartz startete ein kleiner Dampfer von einer improvisierten Zollstation an der Westoder. Die Amtshandlung wurde – so erforderlich – an einem ganz normalen Resopaltisch vollzogen, an der die Warteschlange vorbeidefilieren musste. Die Passagiere der Morgentour kamen gerade zurück, und einige von ihnen schaukelten bedenklich, als sie mit prallen Plastiktüten auf ihre geparkten Autos zusteuerten.

Auch wir schwankten. Nämlich, ob wir direkt nach Rügen fahren oder vorher dem nordöstlichsten Zipfel, Swinemünde auf Usedom, einen Besuch abstatten sollten. Wir blieben im Vorpommerschen, wo Dörfer gern mit ow enden – Tantow, Krackow, Glasow, Rossow, Polzow – und wo man vor den Wagen oder den Pflug durchaus auch noch das Pferd spannte. Großzügig breiteten sich die Felder, am Himmel war bereits das Meer zu ahnen. Der schwedische Navigator legte den Kurs von Pasewalk durch die Uckermark und die Wälder bei Torgelow, wo wir – aufgrund unserer gemeinsamen Sprache – »took a lunch«. Jonas machte sich Gedanken über die Gestaltung eines Salz- und Pfeffer-Sets. Ich schlug zwei hüfthohe Behälter vor, die eventuell auch als Sockel für den Tisch dienen könnten: Nie wieder nach dem Salzfass suchen und »more than you can use in your lifetime«.

Wir hätten die Rast besser in Ueckermünde gemacht, von dem ich immer dachte, dass es ganz woanders lag. Die Uecker mündete zwar erst ein Stück weiter, aber die Stadt hatte schon das Flair von Meer, einen sehr schönen Markt und nicht nur sehr liebevoll, sondern auch einfallsreich zurechtgemachte Häuser. Ich nahm Ueckermünde in die Liste »s« (für später) auf, zumal noch weiter östlich eine Halbinsel lag, die mich reizte. Von ihrer Spitze ging eine Fähre nach Polen: übers Haff von Altwarp nach Neuwarp. Das wollte ich mir merken.

Um nach Usedom zu kommen, fuhren wir über Anklam. Es bewölkte sich zusehends. Jonas hatte ich durch eine Recherche über Design in Stockholm kennen gelernt. Wir mochten uns auf Anhieb. Das Interview geriet rasch aus der Bahn, und dabei hatte sich herausgestellt, dass er nicht nur der bekannteste Designer in Schweden war, sondern auch einer der widerwilligsten. Er ging nicht dem Erfolg aus dem Weg, aber dessen Folgen: der Vereinnahmung. Als Mittel dagegen hatte er 1994 – als alles lief, aber der Druck enorm war – eine seit Jahren geträumte Reise endlich wahr gemacht: In einem eigens dafür gebauten Boot war er in hundertsechzehn Tagen mit wechselnder Hilfe durch vierundfünfzig Freunde und Bekannte von Stockholm nach Paris gerudert. Über Flüsse, See, Meerengen und Kanäle mitten durch Europa. Danach hatte er aus der Schinderei samt dem Boot und handgefertigten Rudern eine Ausstellung gemacht, die enorm ästhetisch und anrührend zugleich gewesen sein musste. Er wurde stets dazugerufen, wenn sich »Swedish Design« in der Welt zeigen sollte. Dadurch war er in letzter Zeit oft nach Japan gekommen und in meinem Bekanntenkreis der Einzige, der schon einmal ein Wort an den Kaiser von Japan gerichtet hatte. Oder umgekehrt.

Es war enorm unangestrengt, mit ihm zusammen zu sein.

Auf der Seebrücke von Ahlbeck waren wir endlich auf einigen Quadratmetern Deutschland, die man den verwöhnten skandinavischen Augen bieten konnte. Zudem aus Naturholz. Gleichzeitig brauchte man sich nichts vorzumachen: Der Lack war ab, obwohl er überall frisch aufgetragen war. Im redlichen Bemühen, die alte Pracht wieder so herzustellen, wie sie einmal gewesen war, hatte man übersehen, dass sich die, für die Seebäder einst den Rahmen ihrer Zerstreuung darstellten, schon lange abgeschafft hatten: das Großbürgertum. Da es das nicht mehr gab, bestellten wir als die Kleinbürger, die wir waren, Toast mit Forellenfilet und Meerrettich bei dem völlig unnötig ausstaffierten Kellner. Draußen liefen pensionierte Anoraks durch den Regen bis zur äußersten Spitze der Brücke und wieder zurück.

Für Usedom hatte ich nicht einmal den Ansatz eines Plans. Wir fuhren einfach weiter, in der Hoffnung, irgendwo ein Strohdach über dem Kopf zu finden. Wie immer vermied ich dabei jeglichen Blick in Führer, Landkarten oder Übersichten, sondern verließ mich ausschließlich auf Blickfeld und Nase. Mal gab es Stroh, mal Dach, mal Zimmer, aber nie in der erwünschten Kombination. Der Tag neigte sich, als wir durch Karlshagen hindurch waren und schon beim oberflächlichen Augenschein viele Angebote, die man Urlaubern hier zumutete, abgewiesen hatten. Wie überall auf der Welt hatte man Siedlungen erstellt, die überall hätten sein können. Ferienwohnungen, die der Wohnung zu Hause aufs Haar glichen. Einziger Unterschied: der Strand. Wie ersprießlich wirkten da die von Großbürgern vorgewärmten Betten in Ahlbeck oder Heringsdorf.

Letzte Möglichkeit war Peenemünde. Es regnete.

Pechstein hatte Peenemünde gemalt, lange bevor es als Peenemünde in die Suchscheinwerfer der Zeitgeschichte und ins Bewusstsein der Öffentlichkeit geraten war. Ich kannte das Bild mit den gelben Kähnen im hellblauen Wasser viel länger als die Raketen von Wernher von Braun, es meldete sich ganz automatisch ins Gedächtnis zurück, als wir auf die Spitze der Insel zufuhren. Vielleicht folgte ich deshalb ohne Arg den Schildern nach Peenemünde. Starker Regen fiel vom bleigrauen Himmel. Lange bevor wir den Ort erreichten, umgab die Gegend etwas Dunkles und Militärisches. Je mehr man sich näherte, desto stärker fühlte man sich unter Beobachtung. Jede graue Baracke, jede Fabrikruine, jede Betonmauer lud sich mit zusätzlicher Bedeutung auf. Der einzige Bau, der halbwegs gastlich aussah, war eine lang gestreckte Gaststätte und Pension, die geschlossen hatte. Rechts davon frisch gestrichene, kasernenartige Wohnhäuser. Links ein graubrauner Riegel, der weitgehend leer stand. In der Mitte eine große Rasenfläche. Die Flanke bildete ein hoher Plattenbau, der ebenfalls wie von Menschen verlassen wirkte. Eine erstickte Stille. Jonas fand es »not frightening, but mysterious«.

Ein Mann in Arbeitskleidung kreuzte langsam den Platz. Er war sicher, die Gaststätte würde noch aufmachen. Wir setzten unsere Hoffnung weiter auf Bratkartoffeln und Gästebetten in der »Zwiebel«. Jonas fühlte sich etwas krank.

Im Schritttempo patrouillierten wir an einigen Siedlungshäusern vorüber, durch umzäunte Industriegebiete, auf Betonstraßen an kontaminierten Schwemmflächen vorbei, bis zu einem stillen Hafenbecken, in dem ein Zerstörer lag, aber noch weitere »Liegeplätze frei« waren. Eine Gruppe völlig durchnässter Segler, auf der Suche nach einer Gaststätte, kam uns auf der

Panzerstraße entgegen. Wir empfahlen ihnen die »Zwiebel«. Vielleicht konnte Mannschaftsstärke den Wirt erweichen. Es begann dunkel zu werden. An einem anderen Hafenbecken stießen wir auf Buden und ein Restaurant, alle geschlossen.

Der Mann in Arbeitskleidung kreuzte den Platz in anderer Richtung. Er könnte uns mit einem Appartement helfen – wie lange wir denn bleiben wollten? Wir schätzten: eine Nacht höchstens! Er holte die Schlüssel. Wir bezogen eine total renovierte Einraumwohnung in den ehemaligen Offiziershäusern. Mit Küchenzeile, Essecke und Couch. Dreiunddreißig Quadratmeter Deutschland, wie geschaffen für einen Designer aus dem neutralen Schweden. Jonas klärte mich darüber auf, dass sein Land damals den Stahl geliefert hatte; Görings Frau sei Schwedin gewesen. Da ein Bibliothekszimmer fehlte, konnte ich das nicht überprüfen und fragte ihn nur, ob wir seinerzeit alles bezahlt hätten.

Jonas behängte sich mit Decken und Pullovern, er war wirklich krank. Das kannte ich schon von ihm. Wenn der Stress abfiel, fiel der Mann erst mal um. Ich kochte Früchtetee und improvisierte aus den Resten der Autoküche etwas, das mit Bratkartoffeln nicht das Geringste zu tun hatte. Ich machte die Abendrunde allein und entdeckte mehr und mehr Häuser, in denen Zimmer oder Ferienwohnungen vermietet wurden. Ich fragte mich, wer – außer uns – sich das antun würde, in einer ehemaligen Waffenschmiede und Kaserne die Ferien zu verbringen.

Unser Haus nannte sich »Residenz am Peeneplatz«, die Broschüre zeigte Sonnenhungrige am Meer: »ca. 3 km vom feinsandigen Ostseestrand entfernt, kann hier in absolut ruhiger Lage Ihr Urlaub sofort beginnen«.

Ich träumte nicht sehr gut in der ehemaligen Heeresversuchsanstalt, der Geburtsstätte der V2-Rakete.

Am nächsten Morgen holte ich den Roller vom Dach, um den Ort noch einmal ohne Regen zu erkunden. »Nutzungsänderung des Kraftwerks Peenemünde zum Touristischen Informations-

und Dienstleistungszentrum« stand auf einem Schild. Von menschenleer konnte keine Rede mehr sein. Vor dem »größten dieselangetriebenen U-Boot der Welt« standen die Besucher Schlange, obwohl die Kasse noch gar nicht besetzt war. Am Kaffeestand neben einer abgebrannten Schaluppe stärkten sich die Männer, die das historische Schiff wieder auf Vordermann bringen sollten, damit die Piraten-Show mit sieben kulinarischen Gängen weitergehen konnte. Das Feuer war – vor einem halben Jahr – nicht etwa in der Kombüse ausgebrochen, sondern »von oben gelegt!« Kurz nach Mitternacht. Zu dem viel sagenden Blick musste ich mir meinen Teil denken, was ich auch versuchte. Vorm Ausflugsdampfer »Adler« wurde über Lautsprecher um Kunden zur Lotseninsel und zum Greifswalder Bodden geworben, und vom Deck des »Taucher II« wurde Räucherfisch verkauft. Früher hatte es als Hilfsschiff der Volksmarine der DDR fungiert und gehörte dem »Museumsschiffsverein Peenemünde e.V.« Axel Dietrich, einer der Initiatoren, führte gerade einen Journalisten durch die Maschine. Man konnte Dietrich wohl als eine Art Hans-Dampf in allen Peenemünder Gassen bezeichnen. Er trug eine Ledermontur à la Easy Rider, war aber Seemann und bis 1989 Kommandant eines Kutters der Volksmarine. Die Wende hatte ihn im Fehmarn-Belt erwischt. Es gab – mangels eines Staates – keine Funkverbindung mehr. »Das war ein merkwürdiges Gefühl«, sagte er. Für ein paar Stunden war er sein eigener Herr und verantwortlich dafür, dass die Situation ruhig ablief. So kam er zur Bundeswehr und half in der ersten Zeit dem alten Feind, seine neuen Gewässer kennen zu lernen. Und sie machten viele Freundschaftsbesuche. Die dänische Marine lud in mehrere Häfen ein. »Das war eine Horizonterweiterung«, sagte er. »Sein« Schiff, die »Bitterfeld«, wurde nach Indonesien verkauft. 1991 verließ er die Marine. Alles änderte sich, nur seinen Wohnort über zehn Jahre behielt er bei: Peenemünde. Als das »Historisch-Technische Informationszentrum« eingerichtet werden sollte, schrieb er einen Museumsführer, den er drucken ließ. So wurde er zum Verleger, machte weitere

Bücher, die sich gut verkauften, vor allem vor Ort, und so wurde er zum Buchhändler. Jetzt war er auch noch Kneipier, was eigentlich am besten zu seinem Rocker-Outfit passte. Die »Alte Wache«, an der fast jeder, der zum Hafen wollte, vorbeikam, verwandelte er nach und nach in Café, Pension, Buchhandlung & Information. Er hatte den Standort zu seinem eigenen gemacht. Eine Zahl machte mich sprachlos: 500 000 Besucher kämen jedes Jahr nach Peenemünde, 300 000 von ihnen besuchten das Museum.

Jonas meldete sich zu den Lebenden zurück, und wir feierten das mit ein paar Fischbrötchen und Bier an Deck des Hilfsschiffs. Wir aßen auf altem schwedischem Gebiet. Die Bewohner von Peenemünde hatten schon seit Jahrhunderten wechselnden Herren die Schanzen gebaut. Oder bauen müssen. Wir packten, zahlten und gingen abschließend in Dietrichs erstaunlich gut sortierte Buchhandlung. Wir setzten uns zu den kauenden Ausflüglern im Café, um ein Video anzuschauen, das vielleicht »Hitlers heimliche Waffe« hieß und mit der Neugier des Forschers begann und dem Bombenhagel endete. Danach war Jonas fast wieder krank. Es war nicht speziell wegen des Zweiten Weltkriegs, sondern weil es dem Menschen gegeben schien, sich und die Natur zu zerstören: »Geschichte ist traurig und der Mensch ein trauriges Tier«, sagte er.

Es war Zeit, nach Rügen zu kommen. Über Karlshagen und Wolgast fuhren wir in Richtung Greifswald. Katzow war ein schöner, kleiner Ort mit sieben Minuten Kopfsteinpflaster und der letzte mit -ow, bevor -hagen die Oberhand bekam: Lodmanns-, Kühlen-, Neu Bolten-, Rappenhagen. Die Teilung Deutschlands kannte Jonas nur aus der Schule. Die Tatsache, dass es einen richtigen Zaun zwischen Ost und West durch ein und dasselbe Land gab, überstieg für einen jungen Schweden das Vorstellungsvermögen. Die Rückseite – oder Vorderseite – des Eisernen Vorhangs lernte er erst Anfang der achtziger Jahre in Estland kennen, wo ihm Leute die Bitte mit auf den Weg gaben: »Please, don't forget us.«

Lange vor Stralsund ging es ab nach Stahlbrode, wo eine kleine Ponton-Fähre nach Rügen verkehrte. Ich kannte auf der Insel nur einen Ort, der hatte mir dafür aber sehr gut gefallen. Und Rügen hatte »meine« Landschaft: norddeutsch-dänische Eiszeithügel. Schon auf der Fähre entspannte sie mich. Ich lehnte an der Reling und dachte, dass ein paar Hektar Wasser eigentlich jeden friedlich stimmen müssten – wie immer es technisch möglich wäre, es allen zu reichen. Wie so oft, wenn ich Jonas einen Einfall erzählte, hatte er Ähnliches bereits gemacht: Irgendwann in den Neunzigern tagte in Stockholm die KSZE, die Konferenz für Sicherheit und Zusammenarbeit in Europa. Die Schweden ließen sich natürlich bei der Gestaltung der Lokalitäten nicht lumpen. Jonas Bohlin bekam den Auftrag und stimmte alle auf Wasser ein: als Mitte des runden Konferenztisches – da, wo sonst üblicherweise Blumen stehen – oder auch als Hindernis: Gewisse Bereiche konnte man nur erreichen, wenn man Schuhe und Strümpfe auszog.

Auf der schmalen Straße nach Garz ließen wir nach und nach die Autos von der Fähre an uns vorbei. Rügen brauchte man nicht zu erklären, es lag einfach da und sah wunderbar aus. Putbus war eine kleine weiße, absichtsvolle Stadt. Rechts der Straße versteckte sich ein großer Park, links öffnete sich die gerade Reihe von Häusern zu einem riesigen Platz, und am Ende kam das Prachtvollste als Anhang: der so genannte Stern, eine zirkelrunde Parkanlage, um die eine Straße führte, an der weiße Patrizierhäuser standen, die alle auf die Mitte ausgerichtet waren. Die Patrizier gab es nicht mehr, Fürst Malte, der alles hatte anlegen lassen, war seit ein paar Jahrhunderten tot, aber dafür hatte ein Galerie-Café geöffnet, in dem die Sahne zum selbst gebackenen Kuchen von Hand geschlagen wurde. Wir saßen an einem Tisch vor der weißen Fassade, die Sonne schien, und das Ganze begann dem zu ähneln, was ich mir vorgestellt hatte. Der »Stern« von Putbus erfüllte seine Aufgabe – zu überraschen –, und Jonas wusste nicht so recht, ob er in Richtung Paris oder eher in Italien nach einem Vergleich suchen sollte. Die Sonne sprach für beides.

Wir fuhren die wenigen Kilometer über die schaftige Allee hinunter nach Lauterbach und drehten ab auf das Gelände des Jachthafens. Die Boote versteckten sich hinter der Silhouette des Dutzends Holzhäuser, die aufgereiht an einem Steg im Wasser schwammen. Jedes Haus hatte eine Terrasse, die entweder Blick auf die Liegeplätze, auf das Ufer mit dem Badehaus oder auf die freie See bot. Eines der begehrten Häuser an der Spitze des Pontons war noch frei. Auf den 150 Metern dorthin konnte der Roller wieder seinen Dienst tun: als Gepäckkarre. Zur Abwechslung brauchten wir uns nicht einmal ein Doppelbett zu teilen. Jonas bekam das schmale Schlafzimmer, und ich nahm die IKEA-Couch, auf der man von drei Seiten von Wasser umgeben war. Das Paddelboot verholte ich am Seegeländer der Terrasse, auf den Tisch kamen – statt gekühltem Weißwein und Shrimps – ein paar Flaschen Bier vom Kiosk, und dann konnte die Pazifizierungsübung beginnen: auf die Wellen, über die Mole auf den Bodden und hinüber zur Insel Vilm zu schauen und dabei absolut nichts zu denken. Mir gelang das nur bedingt, weil ich glaubte, endlich dem Badehaus einen Besuch abstatten, mich im Ort selbst umtun zu müssen, und außerdem wollte das Boot bewegt sein. Jonas schien sich bei anderen Themen zu entspannen: seiner seit Jahren anstehenden Scheidung von seiner jungen, freigeistigen Frau, einer Schauspielerin, die gerade an einer Bühne in Berlin arbeitete, weshalb er dort den fünfjährigen Sohn abgegeben hatte, den er auch wieder mit zurück nach Stockholm nehmen würde. Phasenweise war er allein erziehender Vater; mit Laden-Büro und Wohnung in der Stadt und einem kleinen roten Holzhaus in den Schären. Der kleine Julius war sein eigentliches Glück. Eine andere Frage war: Wo und wie konnte man die Ruhe finden, die man brauchte, um den eigenen Gedanken und Projekten nachzugehen. Schon seit langem wollte er sich auf dem Grundstück in den Schären ein Atelier bauen, in dem nur seine eigene Kunst das Sagen hätte. Der Fußboden sollte teilweise aus den Felsen bestehen, wie sie da lagen, und auch der kleine Bach könnte seinen Weg durch den Innenraum nehmen. Sofern nicht sowieso alles durch die Scheidung den Bach runtergehen würde.

Wer bekommt was? Man brauchte kein Materialist zu sein, um diese Frage zu stellen. Wir lösten das Dilemma recht elegant mit einigen Skizzen für eine »Edition Scheidungsmöbel«. Jedes Stück war von Anfang an so konzipiert, dass es sich mit wenigen Handgriffen in zwei Teile zerlegen ließ, die auch als Einzelstück ihre Funktion erfüllten – und zudem der wahrscheinlichen Verkleinerung der Wohnfläche Rechnung trug. Unser von Wasser umgebenes Haus beruhigte wirklich.

Ich stach zwar noch in See, aber nur uferseitig, und hielt eine ganze Stunde lang auf eine schwedisch-rote Scheune auf einer grünen Landspitze zu, stieg kurz am Steinstrand aus, um mich zu erleichtern, wäre beim Ablegen durch die Brandung fast gekentert und brauchte zwei Stunden für den Rückweg durch die sehr bewegte See. Jonas hätte sich schon Sorgen gemacht, wenn er nicht eingeschlafen wäre.

Rote Nasen hatten wir beide und rafften uns zu dem weiten Weg zum alten Hafenbecken von Lauterbach auf, wo wir uns vor dem blauen Container, der ein Restaurant darstellte, erschöpft niederließen und bei einer etwas eigenartigen Bedienung ausnehmend gute Speisen bestellten. Bis zum Badehaus kam ich aber auch diesmal nicht.

Der Gedanke an die zwei langen Küstenstrecken, die noch vor mir lagen, machte mich etwas nervös.

Trotzdem fuhren wir am nächsten Tag die Kurven sauber aus, fanden abgelegene Alleen, wie es sie wohl nur noch auf Rügen gibt, wenn sie auch meist mit einem ununterbrochenen PKW-Teppich belegt sind. So war es auch jetzt. Die Nummernschilder kamen aus aller Herren Bundesländer. Die Landschaft begeisterte Jonas. An der südlichsten Spitze des östlichsten Zipfels waren wir schon wieder hungrig, bestellten im »Trauten Fischerheim« aber keinen Matjes, sondern Bauerntoast. Wenn wir realistisch auf unsere jeweiligen Zeitpläne schauten, mussten wir für alle Ecken von Rügen noch einmal einen zweiten Anlauf nehmen. Der Stau zwischen Göhren und Binz ließ den Plan, diese nächste Reise auf dem Wasser zu unternehmen, zusätzlich reifen.

Aber der Höhepunkt deutscher Erholungsarchitektur stand uns noch bevor: Prora. Ich hatte den »Koloss von Rügen« nie mit eigenen Augen gesehen. Jonas auch nicht. Im Gegensatz zu mir wusste er nicht, was ihn erwartete. Das war ein wenig hinterhältig von mir. Widersinn und Größenwahn schlugen einem mit Wucht entgegen. Für den Nichtsahnenden war es in keiner Weise ersichtlich, dass der sechsstöckige, kilometerlange Riegel am Strand der Prorer Wiek einmal der Erholung dienen sollte. Dagegen kam die Botschaft der Selbstherrlichkeit der Erbauer recht gut rüber. Und der Brutalität des Systems. »Power, Power, Power«, sagte Jonas, als er seine Sprache wiedergefunden hatte. Sinnigerweise hieß der Architekt Klotz, der mit Symmetrie als Waffe und Monumentalität als durchschlagendem Gestaltungsmittel allein durch Größe nach außen und Funktionalität nach innen die Anforderungen an die Anlage zum Ausdruck brachte: dass zwanzigtausend Werktätige hier gleichzeitig Ferien machen sollten. Hätten können sollen. So weit kam es nämlich nie. Das »Seebad Rügen« wurde, wie viele der architektonischen Heldentaten der Nazis, nicht vollendet, weil der Krieg dazwischenkam. Aber vollendet genug, um es neben dem Reichsparteitagsgelände in Nürnberg als den größten verwirklichten Entwurf für denkmalswürdig zu befinden. Wir fanden ein Eckchen auf dem gut besuchten Parkplatz. Landseitig konnte man sich mit einem Würstchen stärken, bevor man sich auf die Suche nach einem Durchgang durch die uferlose, graue Fassade machte. Lädchen, Initiativen und Maler von zweifelhaftem Talent hatten sich angesiedelt. Es war nicht ersichtlich, wer hier was von wem wollte. Und warum ausgerechnet hier. Das ganze Gelände war bis zur Wende Sperrgebiet gewesen – jetzt schien es hinsichtlich der Nutzung verschiedene Auffassungen zu geben. Durch die im rechten Winkel zur Kilometerfassade gestellten Treppenhaustrakte ergaben sich Höfe, die fast einen Eindruck von Hausbesetzung und Kreuzberg machten. Strandseitig gab es nichts dergleichen, und der Kilometerwahnsinn wurde gallopierend: Der Anspruch, dass man aus jedem der Zimmer die See sehen sollte, hatte der Meereslandschaft gewissermaßen den Garaus gemacht: Mit dem Koloss im Rücken müsste jeder normal Empfindende krank werden. Zwischen dem »Kraft durch Freude«-Gebäude und dem Wasser lag eine bewaldete Dünenlandschaft. Am Ufer sah man die Reste des aus Beton und Klinkern errichteten Kais, von dem später das Gerücht ging, es sollte dort ein geheimer U-Boot-Hafen angelegt werden. Von der Seeseite milderten die Dünen und Bäume das Bild. Jonas plädierte dafür, den Bau – wenn man nicht sprengen wollte, sollte oder konnte –, einfach bis zur Traufe mit Erde anzuschütten. Man hätte ihn so als Denkmal bewahrt, brauchte ihn nicht anzusehen und könnte oben auf dem Dach kilometerweit spazieren gehen und noch weiter gucken.

Als wir ins Auto stiegen, meinte Jonas, dass es für die Deutschen doch schwierig sein müsste, immer mit ihrer Geschichte konfrontiert zu werden. Was hätte ich darauf sagen sollen? »Danke, es geht so«?

Ich fand, ich hatte ihn meinerseits mit genug Geschichte in der Art bekannt gemacht, und es war Zeit, ein paar Kreidefelsen zu sehen.

Am Ende der Straße, oberhalb der Altstadt von Saßnitz, konnten wir am Anfang des Waldes, der schon zum Nationalpark Jasmund gehörte, den Wagen sicher abstellen. Mit Mineralwasser für eine ganze Expedition liefen wir in den letzten Sonnenstrahlen unten am Strand immer an der weißen Steilküste entlang. Unendlich weit, ohne Caspar David Friedrich oder dem Stubben andeutungsweise näher zu kommen. Aber es war auch so beeindruckend. Große Schiffe glitten gen Saßnitz, kleine Dampfer tuckerten zum Naturwunder an der Spitze von Rügen. Eine hölzerne Treppe führte hinauf in den Wald. Wir trabten durch die Buchen zurück, ohne zu wissen wohin.

Jonas' telefonische Feinabstimmung mit seiner Noch-Frau hatte ergeben, dass er schon am nächsten Tag den Zug nach Berlin nehmen würde. Wir zogen am Bahnhof Erkundigungen ein, bevor wir am Hafen – Auge in Auge mit vielen, vielen Fischkuttern und in einer Gaststätte, die »Moby Dick« hieß – Rinderrouladen aßen. Jonas neigte zu einem Hotelzimmer, während mir der Sinn nach wildem Campen am Wasser stand. Die Altstadt war wirklich alt und der Versuch, sie vor dem Verfall zu retten, erst zur Hälfte begonnen. Eine steile Straße schlängelte sich bergan. Oben fanden wir in einer Pension in einer weißen Villa ein Zimmer, in dem kleine Hexen über dem mit rosa Kissen geschmückten Bett schaukelten. Auch anderer Nippes sollte den Raum mit Wärme und Gemütlichkeit füllen. Nach hinten gab es einen Garten und einen Parkplatz. Ich holte den Wagen und zog mit ein. Wir entkorkten eine Flasche Aldi rouge, setzten uns in die Abendkälte und besiegelten die Rügenpläne: Jonas besaß auch ein robustes, offenes Motorboot, das er auf einem Trailer von Stockholm mitbringen würde. Schon in Polen hatten wir die Tagesleistung für solch ein Boot errechnet, da allerdings, um herauszufinden, wie lange man von Petersburg nach Santa Cruz de La Palma unterwegs sein würde. Realisten, die wir waren, planten wir jetzt erst mal die Umrundung Rügens mit Kocher, Zelt und Malkasten im nächsten Sommer. Der Wein war mittlerweile kalt wie aus dem Gefrierfach, wir klapperten mit den Zähnen, trotzdem bat ich Jonas, meinem MD-Recorder seine Eindrücke der letzten Tage mitzuteilen. »Auf Englisch?« – »Ja, auf Englisch.« Ohne zu zögern, legte er los.

»Ich möchte so gerne auf einen Poni Hof!!!«

Ich nutzte meine Chance, die Insel, die ich knapp zur Hälfte kannte, zu verlassen, und setzte Jonas auf dem Festland am Bahnhof in Stralsund ab. Er war, wie ich, müde. Aber gesund.

Auch an Stralsund würden wir bei der Umrundung von Rügen vorbeikommen. Und an Hiddensee, wo der Leuchtturm von Dornbusch stand – aber nicht am Leuchtturmwärter, denn der war pensioniert und lebte in Prohn. Ich hatte über die Jahre ein paarmal mit ihm telefoniert und mein Kommen angedroht. Das tat ich ein weiteres Mal, er war zu Hause und in einer Stunde bereit, mir die Tür zu öffnen. Ich kannte ihn nicht, sondern nur sein Gegenüber, den Leuchtturmwärter auf der Insel Møn. Bei einer Dänemark-Reportage für »GEO-Saison« war ich an seinem schmucken, gelben Dienstsitz vorbeigekommen, als er gerade auf dem Turm das Geländer feucht abwischte. Jahrzehntelang lief der Eiserne Vorhang – metaphorisch – mitten durch die Ostsee, und der Däne kannte von seinem deutschen Kollegen nur das Blinksignal, aber eines Tages, nach der Wende, seien ein Mann und eine Frau den Feldweg zu »Møns Fyr« hinuntergekommen und hätten sich vorgestellt. Sie wollten einmal wissen, auf wen sie all die Jahre geschaut hatten. Soweit ich erinnerte, hatten sie danach auch noch ein paar Postkarten hin- und hergeschickt.

Diese Geschichte mit den beiden Leuchtturmwärtern hatte ich nie gemacht. Nun wollte ich mich wenigstens anständig von diesem Plan verabschieden. Prohn liegt keine zehn Kilometer nördlich von Stralsund. Walter Hoerenz wohnte nicht im alten Ortskern, sondern in einer Neubausiedlung etwas außerhalb – ein paar sterile, städtische Straßen inmitten von Rapsfeldern – und im zweiten Stock. Hellbraune Ledergarnitur, Couchtisch, Schrankwand. Die Prohner Wiek war nicht weit, die Südspitze von Hiddensee zeigte ziemlich genau in ihre Richtung, aber es war doch eine ziemlich trockene Lage für einen Leuchtturmwärter. Er korrigierte mich, denn richtig müsse es heißen:

Leuchtfeuerwärter. Bei der Einstellung hieß es Leuchtfeuermaschinist. Außer dem Feuer gab es früher zusätzlich die Seeraumbeobachtung. Das Nebelhorn wurde auch noch gestreift, aber dann kamen wir zurück zur üblichen Ausdrucksweise, und in der war er »der letzte Leuchtturmwärter Deutschlands« gewesen und bis 1998 geblieben, obgleich die Automatisierung der Feuer in der DDR in den siebziger und achtziger Jahren eingesetzt hatte. Aber sie hatten ihren Chef wohl überzeugt. Sie, das waren er und seine Frau, die ebenfalls Leuchtturmwärterin war, aber keine Freundin von Interviews. Sie hatte mit dem Fahrrad das Weite gesucht. Hoerenz trug die Haare zurückgekämmt, Brille, ein schlappriges hellgrünes T-Shirt, und ich musste ihm im Geiste erst mal eine Schippermütze aufsetzen und mir das Akkordeon dazudenken, auf dem er tatsächlich spielte, auch wenn sie Sommergäste beherbergten und er »La Paloma« und die – natürlich – »Ostseewellen« erklingen ließ. Achtunddreißig Jahre hatte er seinen Dienst versehen. Wir hörten Frau Hoerenz im Flur, er versuchte sie dazu zu bewegen, in die Stube zu kommen. »Ich kenne sie.« An den Besuch in Dänemark konnte er sich gut erinnern, er habe wohl auch Fotos davon, und weil er die suchte, musste Frau Hoerenz nun doch dazukommen. Mit Blick auf Dänemark und den Westen sagte er: »Wir sind nicht vor Sehnsucht gestorben.« Vier Kinder hätten sie auf der Insel großgezogen, was bei einem kargen Gehalt und dem anfangs dürftigen Wohnhaus nicht einfach gewesen sei. Das habe aber nicht am Sozialismus gelegen. Obwohl ich die Frage gar nicht gestellt hatte, konnte sich Frau Hoerenz sehr aufregen, wenn sie mit der West-Frage konfrontiert wurde: »Konnten Ihre Kinder überhaupt fröhlich sein?« Das konnten sie allerdings, besonders als man die Errichtung eines Kindergartens durchgesetzt habe. Und im Elternbeirat habe man natürlich auch mitgemischt. Und in der Kommunalpolitik. Hoerenz war in der Baukommission gewesen. »Alles keine schlimmen Sachen. Und lieber mitmachen statt meckern!« Ich hatte ein kleines Müdigkeits-Blackout, während das Gespräch auf die Freude der Kinder über die

Uniform zur Jugendweihe oder zum Eintritt in die FDJ kam, oder hatte ich mich verhört? Ich fragte nicht nach. Ich setzte wieder ein bei der Frage: »Und ist es denn besser geworden?« Nicht ich stellte sie, sondern sie. Hiddensee war seit den zwanziger Jahren eine Promi-Insel gewesen, Asta Nielsen, Otto Gebühr, Ringelnatz. Das war sie auch zu DDR-Zeiten. Natürlich wurde da gekungelt, natürlich konnte Ernst Busch sein Holzhaus mitten in die Heide bauen. Aber es gab immerhin ein Bauverbot. Heute würde man den Leuten die Grundstücke abschwatzen und alles rücksichtslos besiedeln.

Ich fragte nach dem Klo und kam längere Zeit nicht wieder raus, weil er von oben bis unten mit Bildern von Leuchttürmen ausstaffiert war. Die Galerie des Hauses. Ich schenkte Hoerenz das Bilderbuch mit dem Leuchtturm und bekam von ihm eine seltene Schwarzweiß-Postkarte, auf die gedruckt war: »Kloster (Hiddensee). Der Leuchtturm bei Nacht«. Darunter, mit einem Stempel nachgetragen: »Leuchtfeuer- und Nebelsignalstation Dornbusch«.

Der Wärter begleitete mich zu meinem Auto, während die Wärterin oben aus dem Küchenfenster winkte – fast wie von einem Leuchtturm. Dann fuhr ich Richtung Zingst und Darß.

Es machte Spaß, am sonnigen Spätnachmittag durch Vorpommern zu gondeln. Um nach Zingst zu kommen, musste ich über Barth, und das wollte ich auch gerne, weil es für mich seit Kindertagen Synonym für »Ostzone« und »drüben« gewesen war: In unserer Kirchengemeinde wurde eifrig Kleidung gesammelt, um es der Patengemeinde Barth in Vorpommern zu schicken. Man sollte keine Erwartungen haben: Bis auf ein fremdkörperartiges, hippes Hotel am Hafen wirkte die graubraune Stadt so, als könnte man weiterhin Kleidung schicken. Auf der »Lokalseite für Fischland, Darß und Zingst« war der Reporter »Unterwegs mit Gerichtsvollzieherin Elke Struck«. Das Thema war Räumungsklage und Offenbarungseid. »Die Zahl ihrer Klienten steigt ständig.«

Auf dem Weg nach Rostock nahm ich laufend Stichproben vor, aber die schönsten Alleen und weißesten Strände hatte ich wohl schon gesehen, ganze Gegenden hatten sich Dauercampern oder Lungenkliniken und Erholungsheimen unterworfen. Schöne Namen wie Markgrafenheide entzauberten sich in Sekunden. Um nichts zu übersehen, fuhr ich weit und breit durch Datschanistan und machte mitten in einer Waldsiedlung dicht am Wasser im »Strandnest« Halt, wo der Trendbegriff Retro ein Zuhause hatte, wenngleich die Kap-Stachelbeere auf dem Gurken-Apfel-Salat schon von neuen Zeiten kündete. Ich saß bequem im Reklamestrandkorb auf der Terrasse, während auf das überbackene Steak der Regen tropfte. Ganz gegen meine Art interessierte ich mich unter diesen Umständen auch nicht für die Landesgartenschau in Rostock, sondern setzte mit der Fähre nach Warnemünde über, um nach Kühlungsborn zu kommen, das mir von anderen, die meine altmodischen Anforderungen an Seebäder teilen, als etwas ganz Besonderes geschildert worden war. So etwas sollte man nie glauben, aber in diesem Fall tat ich es.

Durch den grauen Nieselregen rollte ich auf der schmalen Straße am hüfthohen Deich entlang auf Heiligendamm zu, wo die Bauwut tobte: Die Straße wurde erneuert, die Uferbefestigung und die Hälfte der alten Villen und Badehotels.

Ich musste ein Stück landeinwärts Richtung Bad Doberan, um nach Kühlungsborn zu kommen. Dort gab es die alten Villen zwischen hohen Bäumen, aber durch ein Wirtschaftswunder hatten sie sich verdoppelt oder verdreifacht. Und zwar durch schlechte Kopien, die aussahen, als hätte man die Zeichnungen auf den Bauschildern nur in den Maßstab eins zu eins aufgeblasen. Es schmeckte nicht nach Retro, sondern nach Retorte. Außerdem lag – völlig unbegründbar – Randale in der Luft. Ich war froh, als ich mich auf Schleichwegen und durch Randlagen wieder aus dem Ort freigefahren hatte, wenngleich auch nicht in der Richtung, in die ich wollte, aber immerhin noch kurz vor Ladenschluss an Aldi vorbei. Alles deutete auf wildes Campen irgendwo an der Küste hin. Ich nahm die Witterung auf, und die führte mich durch die Felder am Ende eines holprigen Weges hinter einem unbeschrankten Bahnübergang zu einem grünen Platz unter Bäumen, auf dem einige Gleichgesinnte schon ihr Lager aufgeschlagen hatten. Ein paar Paare aus Hamburg saßen vor ihrer Wagenburg, die sie aus drei Wohnmobilen gebildet hatten. Ich rangierte mich zwischen sie und einen Schweriner. Nach meinem Eindruck war dies in Hinblick auf Ruhe, die Wasser- wie die Sicherheitslage ein idealer Platz. Sogar der Regen hatte aufgehört. Ich ging mit Klappstuhl, Buch und Käse zum Strand. An dem einen Ende der Bucht ließ sich hinter einem Buchenwald Heiligendamm ahnen, am anderen Ende sah man die Masten im Hafen von Kühlungsborn. Drei Zeilen und einen Bissen später setzte ein Platzregen ein, in dem sogar der Weg zu meinem Wagen zu weit wurde. Ich flüchtete mich unter die große Markise des Schweriners. Der trat aus der Tür, gewährte Asyl, bot einen Campingstuhl und spulte einen Vortrag ab, der unter der Überschrift: »Ich darf mich nicht aufregen, weil ich drei Herzinfarkte hatte« alles zusammenfasste, über das er sich aufregen würde, wenn er dürfte. Ich schätzte ihn auf Anfang fünfzig und mindestens 1,90, ein Kerl von einem Mann, mit dem ich mich ungern angelegt hätte. Er war Handballtrainer in Rente. Ich tat so, als ob ich kein Hamburger Nummernschild hatte, wenn er dem Westen rhetorische Fragen entgegenschleuderte, erklärte mich in Sachen Verlängerung der Trainerlizenz für inkompetent, teilte aber seine Ansichten, was die zunehmende Erschwerung und Verteuerung des Zugangs zum Wasser anging. »Früher konnten wir überall hin; wenn ich da heute laufe, sind da Schilder und Zäune. Für den kleinen Mann – und ich zähle mich nicht dazu – gibt es keine Erholungsmöglichkeiten am Ufer!«, bollerte er.

Er kannte den Platz seit fünfundzwanzig Jahren, seit Zelt- und Fahrradzeiten. Als man noch nicht um sein Eigentum zu fürchten brauchte. Mittlerweile würden nachts sogar aus der Mitte von Wagenburgen Gummiboote samt Außenborder gestohlen. Das war ihnen vor zwei Jahren passiert. »Weil sie keinen Respekt mehr haben!« Ungeachtet seiner vier Bypässe wiederholte er vielfach und hitzig die Frage: »Was habe ich denn heute für Freiheiten?! Wir durften nicht reisen und konnten nicht alles kaufen – aber sonst …?! Was habe ich denn heute für Freiheiten?« Ich kaute halblaut auf dem Wort Demokratie, nur so als Vorschlag. Er war nicht in der Partei gewesen, aber wenn irgendwas falsch lief, »bin ich zur Partei gegangen, und das wurde dann geordnet«. Das konnte ich mir bei seinem vehementen Auftreten durchaus vorstellen.

Neben der Treppe zum Strand stand seinerzeit ein Wachturm. Um zehn, bei Anbruch der Nacht, mussten sie vom Ufer weg. »So war es, und man wusste es. Es war doch überall um die Zeit Zapfenstreich.«

Da ich weder nach Bad Doberan noch nach Kühlungsborn wollte, geriet ich hinauf in einen Wald, der Kühlung genannt wurde und auch Kühlung bot, aber anders hieß. Auf unerlaubten Wegen schlidderte ich mit durchdrehenden Reifen durch Pfützen und Schlamm und überlegte, ob meine Mitgliedschaft im Automobilclub solche Gegenden abdeckte. In meiner Vorstellung hatte es etliche solcher Strecken gegeben, aber Deutschland war viel asphaltierter, als ich gedacht hatte. Ich geriet nach Rerik, von wo eine wunderschöne Strecke, die sich ein paarmal mit dem Europawanderweg und Ostsee-Radfernweg kreuzte, hinunter zu dem Damm auf die Insel Poel führte. Der Name war schon Grund genug: Poel. Obendrein gab es dort auch einen Ort Timmendorf, der unmöglich so aussehen konnte wie Timmendorf an der Lübecker Bucht. Er tat es immerhin ansatzweise. Die Promenade mit Läden und Buden für Bade- und Fotozubehör verlief sich nach achtundvierzig Metern in Richtung Campingplatz, es gab einen Hafen, an dem noch Fisch gelandet wurde, ein abfahrbereites »Pilot«-Boot, einen soliden Leuchtturm und eine Station der Gesellschaft zur Rettung Schiffbrüchiger. Im ehemaligen Haus der DDR-Grenzer hatte eine Tauchschule ihr Domizil. Ein Fischer, der an seinem kleinen Kutter bastelte, versuchte vergeblich, im winzigen Steuerhaus das Buch zu finden, in das sie früher bei jedem Verlassen des Hafens den Stempel bekommen hatten. »Ich persönlich habe nie Ärger gehabt.« Er fand, dass es jetzt mehr Auflagen gab als früher. »Heute werden wir dreimal mehr kontrolliert.« Er zählte auf: Grenzschutz, Wasserschutzpolizei, Zoll, Fischereiaufsicht Bund und Fischereiaufsicht Land. Seit es den Hafen gab, seit 1927, befand sich hier die Seenotrettung. Sie wurde immer reihum von Freiwilligen aus den Reihen der Fischer bemannt. Er gehörte seit siebenunddreißig Jahren dazu und zählte mir auch noch alle anderen großen und kleinen Stationen bis Fehmarn auf. In Grömitz lag die »Bremen«, und in Bremen war er zur Schulung gewesen. »Lassen Sie sich mal das Jahrbuch schicken, die sind sehr offen in Bremen.« Ich spendete einen Euro in das Schiffchen vor der geschlossenen Station und nahm das Faltblatt mit. Jetzt wusste ich, was ich in Grömitz machen wollte.

Vierundzwanzig Kilometer westlich von Wismar schwitzte Grevesmühlen in der Hitze. Es herrschte eine ausdrucklose Stille. Es gefiel mir überhaupt nicht. Fünftausend Kilometer war ich gefahren, um von der Namensschwester so enttäuscht zu werden. Seit der Geburt Rudolph Karstadts vor knapp hundertfünfzig Jahren schien hier nichts Bedeutendes passiert zu sein. Einen Augenblick überlegte ich, noch in den kühlen Schatten des kleinen Museums einzutauchen, beschloss dann aber, die Enttäuschung weiter auszukosten, und machte mich über die Dörfer und durch sehr schöne mecklenburgische Landschaften auf den Weg nach Rehna. Das war zwar eine Abweichung vom Küstenkurs, aber dort wohnte meine kleine Schwester mit Familie. Sie hatten kürzlich einen umbauwürdigen Hof erworben, und ich spielte mit dem Gedanken, Boot und Roller in der Scheune abzuladen, da ich sie im Grunde zu wenig nutzte. Meine zweijährige Nichte konnte das Auto besser zuordnen als den Onkel. Sie krabbelte sofort hinten auf die Liege, drückte den Kopf fest auf die Matratze und sagte: »Fahr jetzt, ich sslaf sson!«

Das Stadtbild von Rehna, das sich genau genommen nur aus einer Kurve, die sich zum Platz erweiterte, einer versteckten Kirche und einer Nebenstraße zusammensetzte, gab es auch als Ausschneidebogen. Zwei Abiturientinnen aus Wismar, die ihr Freiwilliges Jahr in Rehna absolvierten, hatten es in monatelanger Feinarbeit entwickelt. Zuerst hatten sie alle Häuser fotografiert. Wahrscheinlich wusste niemand so genau wie sie, wie viele verschiedene Farbtöne es im Städtchen gab.

So wie Rehna hätte ich mir Grevesmühlen gewünscht.

Es rührte mich nicht, an Hamburg vorbeizufahren. Aber seit Rostock und eigentlich schon seit Stralsund spielte ich mit der Möglichkeit, in Fuhlsbüttel den Flieger zur Liebsten auf La Palma – und damit einfach eine Woche aus dem Kalender – zu nehmen. Ich war bald zwei Monate unterwegs.

Ich bewegte mich – nach wie vor mit der Dachlast, von der ich mich doch nicht trennen konnte – an der alten »Zonengrenze« entlang über Schönberg, wo der Müll des Westens als künstlicher Berg ruhte, und Dassow, dessen »See« unmittelbar vor der Haustür auch zu DDR-Zeiten schon zu Lübeck gehörte, zurück zur Küste. Ich schloss eine Paddelpartie nicht aus, vor allem aber tat ich endlich, was ich schon lange hatte tun wollen: Teile des Ostseeufers zwischen Boltenhagen und Travemünde auf ihre Einsamkeit zu untersuchen. Es sah gar nicht so schlecht aus. Auf einem leeren Grasparkplatz, vor dem Wäldchen mit dem alten Kolonnenweg, fand ich einen einsamen Automaten, der 4,50 Euro für zehn Stunden Parken verlangte. Rekordverdächtig.

In Rosenhagen, einem schmucklosen Dorf fast an der Küste und das letzte auf dem Territorium der ehemaligen DDR – vor Priwall kam nur noch Pötenitz weiter landeinwärts –, versuchte ich noch einmal ans Wasser zu kommen. Die Dorfstraße endete in einem runden Platz, von wo aus ein Fußweg durch die Wiesen führte. Vor der Schaukarte der Umgebung standen vier Radtouristen mittleren Alters und lauschten den Ausführungen eines Führers. Oder vielleicht eines Mitglieds des Heimatvereins.

Ich setzte mich unauffällig auf eine Bank in der Nähe. Nach der Kleidung konnte es sich auch um einen Deutsch-Amerikaner, nach dem Dialekt um einen Berliner handeln. Ein korpulenter Herr mit Brille und zurückgekämmten grauen Haaren. Wortgewaltig sprach er über das ehemalige Sperrgebiet, von aufgepflügten und geeggten Zonen, vom Drahtzaun, der später zur Mauer wurde. Ich konnte nicht alles verstehen. Er war in Dassow aufgewachsen und als Achtzehnjähriger noch da, als es den Zaun schon gab, der sich aber überwinden ließ, wenn man dreist genug war. Einmal war er im Westen gewesen, um einen Kinderwagen zu besorgen, der sich hier schwer beschaffen ließ. »Für sechzig Mark schwarz geschossen.« Nachts hatten sie mit dem auseinander genommenen Wagen wieder rüber in den Osten gemacht. 1961 wurde für die vier Fischkutter, die in Dassow beheimatet waren, die Umverlegung nach Wismar verlangt. Alle legten im Verband ab, aber nur einer drehte in der Trave nach rechts Richtung Wismar, die drei anderen verschwanden nach Schlutup im Westen. Dann kam die Mauer. Seine Eltern wohnten weiter in der Sperrzone. Besuch nur unter bestimmten Auflagen und Tanzabende in der Kneipe nur bis zehn. Immer noch war es möglich, nach drüben zu kommen, »aber die Sicherheitskräfte haben jedes Jahr dazugelernt«.

Es war sehr interessant, was er erzählte und wie er erzählte, aber vor allem gefiel mir, wie er als Mecklenburger zwei hessischen Ehepaaren die Ostwelt erläuterte. Die konnten gar nicht genug kriegen und gingen mit ihm hinunter zum Strand, von wo aus man das nahe Travemünde sah. Ich hielt mich in der Nähe, wollte die Vorstellung aber auf keinen Fall unterbrechen. Er erinnerte mich entfernt an Heinz Erhardt. Die hessischen Urlauber setzten sich in den Sand, und er tanzte fast seine Erinnerungen, die allmählich zur Lebensgeschichte wurden. Hier hatte er mit seiner Frau gesessen, nachdem sie sich kennen gelernt hatten, im neu erbauten, hell erleuchteten Maritim-Hotel in Travemünde spielte abends die Kapelle im Kasino, und man konnte »mitsingen, so laut war die Musik«. Als Ingenieur kannte er die Rohstoff- und

Versorgungslage recht gut und merkte zeitig, wie alles den Bach runterging. »Die letzten zehn Jahre waren am schlimmsten.« 1985 bekam sein Stahlwerk den Auftrag, Nato-Draht nachzubauen. Als Vertrauliche Verschlusssache (im wahrsten Sinne des Wortes): Der scharfe Stahl sollte in Dosen gepresst werden, die ein Vopo im Lauf öffnen konnte, um angebliche »zweihundert Feinde aus dem Westen« außer Gefecht zu setzen. »Es war nicht zum Schutz!«, sagte er empört. Und zudem ein geklautes Patent. Aber dennoch eine Aufgabe. Ich spitzte die Ohren noch mehr, aber er war schon weiter, auf das Ende zu, das allein schon aus dem Umstand unvermeidbar war, dass der Staat 300 000 qualifizierte Männer im besten Alter für die Sicherung der Grenzen abgestellt hatte. Irgendwann habe seine Tochter angerufen und gesagt: »Ich bin in Ungarn.« Da wusste er endgültig, »dass es vorbei war«.

Es fehlte nicht viel, und alle hätten geklatscht.

Der alte Westen begann unmittelbar an der Grenze mit dem »Verein der Priwall Wochenendhausbesitzer e.V.« von 1950. Hinter der letzten Pforte bestellte ein altes Ehepaar seinen Garten. Als die Mauer noch stand, die Posten besetzt waren und die Wachhunde noch bellten, »da konnten wir beim Licht der Suchscheinwerfer Zeitung lesen«. Dafür gab es keinen Verkehr. Ich ging an der unsichtbaren Demarkationslinie entlang zum Strand, stieß auf ein paar Nudisten in den Dünen; da, wo die Mauer einmal bis ins Wasser ging, standen Schwäne. Obwohl ich im Prinzip wusste, wo ich war, kam mir erst beim Anblick des Turms der Lebensretter in den Sinn, dass ich hier schon gewesen war. Als Nebendarsteller in einem Fernsehmehrteiler, der nie gesendet wurde.

Fritz Tietz und Michael Höft, die ich von der Satiresendung »Extra Drei« kannte, hatten die US-Serie »Baywatch« in eine völlig abgedrehte deutsche »Buchtwacht« verwandelt. Der klapperdürre Kettenraucher Wulf Beleites spielte David Hasselhoff. Zum Glück war keine Folge länger als drei Minuten. Ich war als Jesus-Darsteller gewonnen worden und musste, von hinten erschossen, in einem dünnen Kleidchen und auf kunstvolle Weise in der dreizehn Grad warmen Ostsee zusammenbrechen.

Irgendein höheres Gremium im NDR unterließ die Ausstrahlung wegen blasphemischer Anmutungen. Wir hatten – wenn auch gegen Honorar – alle umsonst gefroren.

Man konnte der Halbinsel Priwall nicht so recht ansehen, ob sie ein Vorposten des Westens oder des Ostens war. Auf der kurzen Fahrt mit der Fähre klärte sich die Lage etwas: Travemünde war Westen, Tor zum Norden und Vorposten für meine eigene Verbindung zur Lübecker Bucht als Feriengebiet in der Kinder- oder Jugendzeit. Ich machte mich auf eine Menge Beton gefasst.

Ich wunderte mich, dass es so etwas scheinbar Verstecktes wie Brodten mit dem Ausflugsrestaurant am Ufer noch gab, schaute aber nicht nach. Auch Niendorf versetzte nicht den Schock, den ich erwartet hatte. Es war internationaler geworden: Die bunt bemalte Pizza-Bude »Canaria« betrieb ein Inder, vielleicht auch Bengale. Ich fragte ihn, wie er auf den Namen gekommen sei, und er erklärte, dass in der Gegend Klassiker wie »Hawaii«, »Miami« oder »Napoli« schon vergeben waren. Wie immer bei ersten Tagen im Ausland verließ ich mich ernährungsmäßig lieber auf Bekanntes wie Pizza. Niendorf hatte immer noch etwas Betuliches. Timmendorf strebte weiterhin nach Höherem, hatte sich dabei aber ziemlich zugestellt und bald selbst umzingelt. Hierher kam man nicht nur zum Baden und Eisessen, sondern auch zum Kauf teurer Handtaschen in extra dafür angelegten Zonen. Im Kurpark sprach ein als Cowboy verkleideter Penner eindringlich mit einer weißen Bank.

In Scharbeutz flachte das Niveau wie gehabt ab. Vor einer Strandbude mit vorzüglichem Blick auf die Straße bestellte ich ein Bier. Es wurden gerade die Folien mit den frischen Preisen der Saison angebracht. Ich schluckte, als ich drei Euro bezahlen musste – aber auch das kannte ich so vom ersten Tag in einem neuen Land. Jetzt fehlte mir nur noch als dritter Schritt, keinen Schlafplatz zu finden.

Irgendwo an der Bucht war vor ewigen Zeiten die Lebensgefährtin meines Patenonkels »ins Wasser gegangen«. Es war das einzige »Ernste«, das ich mit dem Strand verband. Urlaub hatten wir bei einer befreundeten Familie in einer Wochenendsiedlung am Steilufer von Sierksdorf gemacht. Man sollte sich mit Erinnerungen begnügen, statt alte Orte aufzusuchen: Die einstmals verschlungenen Sandwege waren in einen Irrgarten mit Halteverbotsschildern verwandelt worden. Ich erkannte kaum etwas wieder und konnte nirgendwo mein Lager aufschlagen. Ich wollte es auch gar nicht mehr. Mein Europa-Kugelschreiber aus Tschechien wackelte bedenklich in den Gelenken, auch der Abend ging auf sein Ende zu, und ich traf eine schwerwiegende, aber letztlich erleichternde Entscheidung. Zwölf Stunden später war ich in Neustadt in Ostholstein. In der Zwischenzeit hatte ich einige Stunden auf der Raststätte »Trave« geschlafen, war nach Hamburg gefahren, hatte Boot und Roller in der Garage verstaut, war einmal durch die Wohnung gegangen und an den Ausgangspunkt zurückgesaust. Niemand hatte es bemerkt, nicht einmal ich.

Die Federung quietschte, und die Lenkung knackte, obwohl die fünf Meter Windwiderstand fehlten. Ich war froh, die Dachlast losgeworden zu sein. Spätestens an der Nordsee würde ich das Boot sowieso nicht mehr benutzen wollen – in Tidegewässer wäre es Wahnsinn, alleine zu fahren. Außerdem fehlte die Zeit. Mir war der Wagen als ruhender, rollender Pol ans Herz gewachsen, wenngleich er mich in gewisser Weise unbeweglich machte und isolierte.

Dirk Lehmann, »GEO Saison«-Redakteur in Hamburg, hatte auf meine Bitte bei der DGzRS angerufen, um zu arrangieren, dass ich auf dem Rettungskreuzer, der in Grömitz lag, mitfahren konnte. Generell ließ es sich machen, es klang allerdings ein wenig nach in vier Wochen. Mein »heute oder morgen« passte dann aber mit einer Wartungsfahrt, die die »Bremen« am nächsten Morgen vor dem üblicherweise turbulenten Vatertagswochenende zu machen hatte. So blieb ein wenig Zeit für Neustadt, in den letzten Jahren bekannt für seine Gebrauchtwagentransporte in den Osten. Oder – spätestens seit dem Absturz der Concorde – als Sitz der Kreuzfahrtreederei Deilmann. Ich stellte mir einen einigermaßen öden Ort vor.

Neustadt überraschte mich, der Hafen war viel kleiner, als ich erinnerte, falls ich überhaupt mehr erinnerte als ein halbes Fischbrötchen im letzten Jahrhundert mit wesentlich kürzeren Hosen. Er lag auch nicht an der Ostsee, sondern dichter an dem Binnenwasser im Hinterland und fast in der Stadt. Der Durchgangsverkehr schlängelte sich über eine Brücke um ihn herum. Vom Ende des Hafens waren es nur einige Gehminuten bis zum großen Marktplatz. Bis auf die mächtige Kirche machte alles einen handlichen, ungeschminkten und alltäglichen Eindruck. Statt Bistros oder Cafés hatten die Bäckereien die Aufgabe übernommen, die Straßen zu möblieren. Ein Geschenk für mich, der ich anfangen musste, den Pfennig noch ein wenig mehr umzudrehen.

Auf der einen Seite des Hafenbeckens, vor einem Speicher und dem Silo, warteten in langen Reihen gebrauchte oder sehr gebrauchte oder gar nicht mehr zu gebrauchende Autos. Am Kai ein verbeultes Schiff aus Klaipeda, das eher einem Vieh- als einem Autotransporter glich. Männer standen in Gruppen herum, telefonierten, rauchten, begutachteten, klebten kaputte Scheiben mit Tape ab, zählten Geld, zahlten aus, inspizierten Kofferräume. Weiter vorn am Kai, vor einem Dampfer, stapelten sich Fernseher, Kühlschränke, ramponierte Waschmaschinen, erschöpfte Heimtrainer. Auch bei landwirtschaftlichen Maschinen schien das Alter keine Rolle zu spielen. Unmittelbare Nachbarn des Basars: Zollamt und Wasserschutzpolizei. Dahinter auf der Landspitze kamen die Marine und das »Bundesgrenzschutzamt See Küstenwachzentrum«.

Ich schlenderte über die Brücke auf die andere Seite des Beckens, wo die »Fischerzunft von 1474« residierte. Ein Einheimischer, den ich ein wenig zu dem Gebrauchtwagenhandel befragte, versicherte, dass der Platz vor dem Silo der einzige Ort in Deutschland sei, wo sich garantiert kein einziger falscher Euroschein fände. Die Observation sei zu stark. Das würde dem Geschäft schaden. Mittlerweile würden die Ladungen auch darauf überprüft, ob im Zielhafen alles wieder komplett gelöscht werde und nicht etwa über Bord entsorgt. Er sprach von »einer Straße aus Reserveteilen am Grund der Ostsee«, die in den ersten, wilden Jahren entstanden war. Nachdem er mich auf den vierzig Meter hohen Tauchturm der Marine aufmerksam gemacht, über die starke Strömung vor Sierksdorf gesprochen hatte, die Ertrunkene frühestens wieder vor Timmendorf entlässt, und auch noch darauf eingegangen war, dass Armin Mueller-Stahl in Sierksdorf ein Haus besaß – was ich wusste –, kam er auf Neustadt zurück und sagte: »Die ›Cap Arcona‹ war kein ruhmreiches Kapitel für die Neustädter: Als die Überlebenden an Land schwammen, wurden sie von den Bürgern erschlagen.« Das wusste ich nicht. Auch nichts von der Schändung der Grabstätte auf dem jüdischen Friedhof am Jahrestag der Katastrophe. Über den ganzen Fall »Cap Arcona« war mir im Grunde erschreckend wenig bekannt. Er empfahl mir, im Rathaus nach genaueren Informationen zu fragen. Es schien ihm leichte Freude zu bereiten, zu wissen, dass dort an diesem Tag jemand – also ich – die Vergangenheit ansprach. Ich machte mich auf den Weg zum Markt.

Im »Bürgerbüro« verwies man für weitergehende Auskünfte auf den Stadtarchivar Dr. Lange und das Museum. Es befand sich im alten Stadttor am Ende der Einkaufsstraße. Ich durcheilte die holsteinische Vor- und Frühgeschichte, stieg im Turm durch Pommern, Ostpreußen und Schlesien – die Räume der Vertriebenen mit zahllosen Stücken aus der verlorenen Heimat – hinab in einen kleinen Anbau, der dem Untergang der »Cap Arcona« und der anderen Schiffe gewidmet war. Ein weißer schlichter Raum mit einem Ziegelfußboden und wenigen Exponaten, wie dem Werbeplakat von 1927 für die zwölftägige Überfahrt der »Cap Arcona« von Hamburg nach Rio. In einer Vitrine gestreifte Kleidung eines KZ-Häftlings, ein Blechteller. Draußen gingen Passanten vor den Fenstern vorbei. An den Wänden Texttafeln. Neuntausend Häftlinge aus dem KZ Neuengamme bei Hamburg waren in den letzten Kriegstagen zu Fuß und in Güterwaggons nach Lübeck geschafft worden, in dem Versuch, das Ausmaß von Menschenvernichtung und Gräueltaten vor den anrückenden Alliierten zu vertuschen. Dort wurden sie auf Schiffe verbracht, mit dem vermutlichen Kalkül, sich ihrer auf See zu entledigen. »Keines der Schiffe war aufgrund der Tatsache, dass es aus der Sicht der Alliierten potenzielle Truppentransporter waren, vor deren Luftangriffen sicher.« Es gab keine Verproviantierung und keine Sicherheitsausrüstung auf den teilweise fahruntüchtigen Schiffen. »Die Häftlinge blieben unter Deck überwiegend in den Stauräumen eingeschlossen. Eine geringe Befüllung der gänzlich leeren Treibstoffbunker … bildete die brisante Hauptladung für eine schnelle Selbstversenkung durch eine vorbereitete Restgasexplosion.«

Fakt war, dass die »Cap Arcona« mit fünftausend und die »Thielbek« mit zweitausendachthundert Häftlingen an Bord am 3. Mai mittags von britischen Bomberstaffeln angegriffen wurden, wenngleich der Royal Airforce schon am 2. Mai konkrete Informationen des Schweizer Roten Kreuzes über die Gefährdung der Häftlinge zugegangen waren. Die »Thielbeck« sank sofort, die »Cap Arcona« fing über die gesamte Länge Feuer. Eine Restgasexplosion zerriss zusätzlich den Rumpf, das Schiff kenterte. Nur etwa fünfzig und vierhundertfünfzig Passagieren gelang es, dem Inferno lebend zu entkommen.

Am Morgen desselben Tages wurden am Strand zwischen Neustadt und Pelzerhaken sechzehnhundert Häftlinge aus dem KZ Stutthof bei Danzig, die, auf zwei Kähnen treibend, am Ufer aufgelaufen waren, eingekreist und zweihundert von ihnen durch SS und SD ermordet. Weder aus dem Faltblatt noch aus den Texttafeln konnte ich Übergriffe der Bevölkerung entnehmen. »Eine geregelte Rettungsaktion für die Schiffbrüchigen kam aufgrund der in Neustadt herrschenden Panik und des widersprüchlichen Verhaltens der deutschen Dienststellen nicht zustande … Wiederum an anderer Stelle verhinderten couragierte Bürger Erschießungen von schiffbrüchigen KZ-Häftlingen …«, notierte ich mir.

Der ehrenamtliche Museumswärter kam vorbei. »Wir schließen, wir haben keine Gäste mehr.« Dr. Lange war leider auch schon fort, ich besorgte mir noch einige Texte von ihm und ging in eine Buchhandlung, um einen Blick in die von ihm verfasste zweihundertseitige Dokumentation »Cap Arcona« zu werfen. Es war, so schien mir, ein weites Feld. Lange begegnete ihm mit fast mathematischer Genauigkeit, die mir ein Begreifen nicht erleichterte.

Beim nächsten Bäcker vertiefte ich mich in die Papiere, aus denen ich auch ersehen konnte, dass das Museum in Grevesmühlen eine »Cap Arcona«-Dauerausstellung hatte und auch das Heimatmuseum in Poel.

In einer der vielen Straßen, die auf den Markt zu führten, besorgte ich mir in der Redaktion von »der reporter – Das Familienwochenblatt« eine Fotokopie der drei Wochen zurückliegenden Ausgabe. Die Feierlichkeiten zum achtundfünfzigsten Jahrestag wurden beschrieben, der Besuch belgischer Hinterbliebener von überlebenden KZ-Häftlingen bei einer Familie, und unter der Überschrift »1000 Euro Belohnung« stand: »In der Nacht von Sonntag (3./4. Mai) wurde der jüdische Friedhof im Grasweg in Neustadt aufs Niederträchtigste geschändet. Unbekannte hatten unmittelbar vor den Grabstein ein aufgeschlitztes Ferkel abgelegt und den Gedenkstein mit Farbe, wahrscheinlich mit Blut beschmiert. Die Zeichen deuten auf eine rechtsextremistische Tat hin.«

Ich suchte den Jüdischen Friedhof und fragte eine Rentnerin nach dem Weg. Sie antwortete überhaupt nicht, sondern schaute mich nur an. Er lag am Rande einer Wohnsiedlung, der Gedenkstein fast an der ruhig gelegenen Straße. »They died on and after the day of liberation.«

In der Abendsonne ging ich zurück zum Hafen und am »Jungfernstieg« entlang, an Villen, Bootsstegen, Segelclubs und der Strandbadeanstalt vorbei zum – von Campingplätzen gesäumten – »Stutthofweg«, wo sich auf Höhe des Klinikums Neustadt der »Cap Arcona Ehrenfriedhof« befand. Radler, Jogger und Operierte an Krücken. Der Strandweg verengte sich als Teil der Anlage. Schilder forderten dazu auf, die Würde des Ortes zu achten. »7000« einfach als Zahl in der Mitte der Gedenksteine. Links und rechts die zwei Dutzend Herkunftsländer der Häftlinge.

Vieles, was zwischen 1978 und 1988 in Deutschland ernsthaft diskutiert, recherchiert oder auch einfach als Sensation auf den Markt geworfen worden war, hatte ich gar nicht mitbekommen, weil ich in Dänemark wohnte. Aber was mich erstaunte oder nachträglich beunruhigte, war, dass ich in früheren Jahren von keinem Erwachsenen auch nur eine Andeutung eines Hinweises auf die Vorkommnisse in der Neustädter Bucht bekommen hatte – nicht einmal in Form eines Verschweigens.

Bei einem Matjesbrötchen in einer Fischbude am Strandweg blätterte ich im neuen »reporter«. Zwischen Anzeigen für Markisen, Massagen und »Spargel satt« las ich, dass Armin Mueller-Stahl eine Ausstellung in »Schloss Weißenhaus« an der Hohwachter Bucht hatte.

Aber da ich mich bereits großspurig bei der DGzRS angemeldet hatte, fuhr ich am nächsten Tag in den Yachthafen von Grömitz, wo inmitten von 780 (möglichen) Freizeitbooten der Seenotkreuzer »Bremen« als einziges Nutzfahrzeug lag. Sozusagen zwischen den besten Kunden, denn im Hochsommer und an Wochenenden überwog der gesammelte Unverstand von Surfern, Gummibootkapitänen, Anglern und sonstigen Freizeitseeleuten bei Notrufen. Die kamen auch nicht immer von See, sondern von besorgten Ehefrauen am Ufer. Als ich vor vielen Jahren als mitsegelndes Kielschwein mich erst- und letztmalig in einer Art von Seenot befand, hatte ich jedenfalls kein Funkgerät an Bord gesehen. Da es Nacht war und uns niemand erwartete, verdankten wir es nur einem uns mild gesonnenen Schicksal, dass wir nach Stunden völlig erschöpft den Hafen von Grömitz erreichten.

Jetzt kam ich ohne jede Not von Land und als Journalist, als der ich mich gerade in solchen Situationen, wo extra für mich der Unnormalfall gezeigt werden sollte, überhaupt nicht fühle. Als erste Hilfe bekam ich einen Pott heißen Kaffee. Vormann nannte sich bei den Seenotrettern der Kapitän, der in diesem Fall Rolf Lange hieß, seit vierundzwanzig Jahren dabei war und ein wenig Moderator Carlo von Thiedemann ähnelte. Wenn er seine Sonnenbrille aufsetzte, hätte er mit seinem Schnäuzer und den neugierigen Nasenlöchern auch als Mitglied der Panzerknackerbande durchgehen können. Er zeigte mir Radar, Funk, Steuerstand, meldete sich in Bremen an und hörte den Wetterbericht ab. Nach dem Augenschein herrschte strahlendes Kaiserwetter, das, sollte es sich bis zum Vatertagswochenende halten, dem Stumpfsinn noch mit vielen kalten Bieren auf die Sprünge helfen würde. Lange öffnete die enorme Bordapotheke, die der eines Notarztwagens entsprach und in nummerierte Sektionen geteilt war. Selbst wenn die medizinischen Kenntnisse der Mannschaft einmal nicht ausreichten, könnten über die funkärztliche Beratungsstelle aus dem Krankenhaus von Cuxhaven Schritt für Schritt genaue Anweisungen zur Behandlung gegeben werden. »Malen nach Zahlen« notierte ich in meinen Block. Und machte hinter Telemetrie ein Fragezeichen. Die Stammbesatzung bestand aus acht Mann, von denen vier bis fünf zeitlich versetzt jeweils vierzehn Tage und Nächte Dienst taten. Lange ging hinauf auf den zweiten, offenen Steuerstand auf dem Turm, wo hinter panzerglasstarkem Plexi zwei Schalensitze mit Gurten standen. Bei gutem Wetter saß und sah man hier besser, bei Nebel hörte man besser. Außerdem konnte man ungehindert nach hinten gucken. Als die »Bremen«, die Langes viertes Schiff war, in Dienst gestellt wurde, hatte er sie bei Windstärke elf nach Grömitz überführt – oder eingesurft. Er hätte auch in Kiel abwarten können, aber er wollte gerne wissen, was der Kreuzer konnte. Beim Surfen wurden aus dreiundzwanzig Knoten Höchstgeschwindigkeit auch mal achtundzwanzig. »Ich habe nie das Gefühl gehabt, dass mir etwas passieren könnte.« Auch Rettungskreuzer waren schon havariert.

Die Position oben auf dem Turm, die kräftigen Motoren (über dreitausend PS) und das blaue Meer ließen Hemingway-Gefühle aufkommen, die Skyline von Neu-Sierksdorf nicht. Ich war mit den Gedanken woanders. Wir passierten einen Minensucher mit drei ferngelenkten Küken, die hier nach wie vor gut zu tun hatten. An Übungsmunition fehlte es nicht: Die Seekarte verzeichnete an etlichen Stellen »unrein (Munition)«. Nach wie vor gingen den Fischern Minen in die Netze. Aber keine Knochen mehr.

Wir fuhren das ganze Rund der Bucht ab, sozusagen entlang der tückischen Unterströmung bis nach Niendorf. Oder entlang einiger Sommerferien. Damit hatte ich nicht gerechnet, und darüber war ich persönlich sehr froh: Hier waren wir stunden- und tagelang in der H-Jolle rumgeschippert, unwissend, nichts ahnend und höchst vergnügt.

Ich betrieb gerade Amtsmissbrauch: Die Gruppe Externer, die auf Booten der DGzRS mitfahren durften, war streng limitiert, aber der Kreis derer, die es gerne einmal – nur so – wollten, natürlich sehr groß. So oder so: Mich versöhnte diese Fahrt wieder mit der Neustädter Bucht.

Mir fiel auf, dass es in Gegenden, die einem bekannter sind, leichter fällt, Leute zu beurteilen, als Natur zu beschreiben: So sehr ich die Alleen im Osten geschätzt hatte, war ich doch über das Wiedersehen mit der holsteinischen Landschaft höchst erfreut. Leichte Hügel, Felder und Wiesen, von Knicks gesäumt, dazu ein hoher, selten rein blauer Himmel, waren einige der Gründe, warum ich mich in Dänemark wohl gefühlt hatte. Heimatliche Prägung. Damals experimentierte man mit den ersten Windmühlen, lange bevor Vestas sie am laufenden Meter exportierte. Mittlerweile beanspruchten die Windmühlen für sich,

Teil der Landschaft zu sein. Auf dem Weg auf Lensahn zu hatte ich sogar das Gefühl, sie wollten Raps, Getreide oder Kühe auf den zweiten oder dritten Platz verweisen. Sehr grob geschätzt hatte ich auf der ganzen Fahrt bestimmt ein paar tausend Mühlen gesehen, aber noch nie so viele auf einem Fleck. Man fuhr mitten durch sie hindurch.

Im Prinzip war ich auf dem Weg zur Fähre in Kiel. Zum einen, weil die Verbindung nach Dänemark nach mehrjähriger Unterbrechung wieder etabliert worden war. Zum anderen, weil ein Freund aus Fünen an Krebs erkrankt war und dies wohl die einzige Chance, ihn innerhalb der nächsten Monate zu besuchen.

Ich tangierte die ersten Autohäuser von Oldenburg in Holstein, drehte westwärts, »Weißenhäuser Strand« war frühzeitig ausgeschildert. Der erste, von einem Trecker gezogene, wohnlich-trinkfest hergerichtete Vatertagsanhänger kam mir entgegen. Einige Kilometer weiter überholte ich die Variante nach Gutsherrenart: eine Kalesche, deren Insassen historische Anzüge, Hüte und Handschuhe trugen.

Der gut informierte »reporter« hatte zwar auch ausführlich auf das Ereignis »Ross & Schloss« hingewiesen, trotzdem überraschte mich der Auftrieb. Ich bekam einen der letzten wilden Parkplätze vor der Zufahrt.

Das Haus war tatsächlich weiß, seit 270 Jahren im Besitz der Familie Graf Platen. Die neunte Generation hatte das Anwesen »für Menschen, die Kultur erleben … oder sich in Restaurant, Café, Park … vom Alltag erholen möchten« weit geöffnet, wie sie schrieb. Heute waren es besonders viele Menschen. Waldhornbläser spielten, Eintritt wurde erhoben, an Ständen Bier ausgeschenkt, Würstchen verkauft, Sattel wurden präsentiert und fabrikneue Pferdeanhänger ausgestellt. Der Rasen des gräflichen Parks konnte die Demokratisierung leicht verkraften. Das bis zum Meer offene Gelände war so groß, dass sich selbst die Kraftwagenburgen der Teilnehmer am Traditionsspannfahren wie ferne Vorposten ausnahmen. Armin Mueller-Stahl hing im ersten Stock. Mit Lithographien, Zeichnungen und Malerei. Und seiner Biografie. Jetzt wurde mir auch klar, warum er eine Affinität zur Ostsee hatte: Er war – 1930 – in Tilsit geboren. Seine nächste Heimat wurde Ostberlin. Erst mit fünfzig – einige Jahre nachdem er gegen die Ausbürgerung Wolf Biermanns protestiert hatte – kam er in den Westen. Und fing von vorne an. Er war schon sechzig, als er in den USA seine dritte Karriere startete. Aus seinen Lithographien zum Ur-Faust wurde ich nicht schlau. Je skizzenhafter er arbeitete, desto besser war er. Er konnte mit Farbe umgehen, brauchte sie aber eigentlich nicht, weil er mit dem weißen Blatt zu viel sichereren Ergebnissen kam. Lange hatte mir eine Ausstellung nicht mehr so viel Spaß gemacht. Der tatsächliche Höhepunkt lag sehr schwer und teuer auf dem Büchertisch: »Rollenspiele«. Die Seiten des Drehbuchs für den Fernseh-Dreiteiler »Thomas Mann« von Breloer hatte er in ein gezeichnetes (und auch geschriebenes) Tagebuch verwandelt. Nach kurzem Überlegen gönnte ich mir das tragbare Werk. Ich hatte Armin Mueller-Stahl für einen der wenigen deutschen Filmschauspieler, die diesen Titel verdienten, gehalten – dass er nebenbei auch malte und musizierte, nur zur Kenntnis genommen. Tatsächlich war er ein sehr habiler Zeichner. Ich verstaute die Beute, entfloh dem Getümmel und fuhr weiter säuberlich die Küste ab, die es mir aber nur an wenigen Stellen, wie kurz hinter Hohwacht, dankte. »Hier ist es ein bisschen wie in Dänemark«, sagte eine Radlerin zu ihrer Freundin, und ich nickte. Meist endete die Suche in Halteverboten, Campingplätzen, einem Parkplatz und zunehmender Vatertagslaune bei allen anderen außer mir. Ich entdeckte ohne viel Hoffnung ein Schild zu einer Café-Galerie, rollte frustriert auf Lutterbek zu und war in dem großen Haus in der Mitte des kleinen Dorfes. Hier fand ich den gastlichen Rahmen meiner Generation: ein bisschen szenig, ein wenig alternativ, einen Hauch unkonventionell, eher zu dunkel als zu hell – und all diese Wirkung hauptsächlich erzielt mit Omas alten Möbeln. Dies war der perfekte Rahmen für einen Nachmittag mit Mueller-Stahl, Bier und Bratkartoffeln. Das führte erst zu Nachdenklichkeit und dann zu Müdigkeit.

Mich entspannten das Buch und das Lokal gleichermaßen. In einem Raum dieser Kulturinsel im Badeland befand sich die Galerie. Die Bilder waren noch fürchterlicher, als ich befürchtet hatte. Viel Freund und wenig Feind hatten sich im Gästebuch zur Ausstellung geäußert. Die beste Eintragung stammte von einem kleinen Mädchen, das schrieb: »Ich möchte so gerne auf einen Poni Hof!!!«

In Kiel waren Oslo- und Göteborg-Fähre an einen neuen Terminal am Industrieufer der Förde verlegt worden. Man setzte offenbar auf die Zukunft. Auf der Stadtseite – am alten Oslokai – behalf man sich mit Versatzstücken aus der Vergangenheit. Im ehemaligen Kontrollkiosk von Zoll und Grenzschutz befand sich der Ticketschalter der »neuen« Langeland-Kiel-Linie, der aber noch geschlossen hatte und auf das Touristenbüro in der Stadt verwies. Im einstmals modernen Terminal befand sich jetzt der Bundesgrenzschutz. Alle anderen Türen waren verrammelt. Der Lack war ab.

In der Fußgängerzone stemmten Schweden halbe Liter in der Morgensonne. Karstadt öffnete gerade, und ich deckte mich mit neuen Minidiscs ein. Vor Tchibo trank ich im Stehen den dritten Kaffee und dachte das, was ich immer in Kiel dachte: Hätten die Bomben hier nicht so stark zugeschlagen, könnte ich mir gut vorstellen, in dieser Großstadt am Wasser zu wohnen. Eine Landeshauptstadt mit eigenem Funkhaus, einer Kunsthalle und bestimmt einem Meter Förde für jeden – wenn man sich abwechselte und außerhalb der »Kieler Woche«.

»Meine Schmerzgrenze liegt jenseits von Sylt«

Nach der Abschaffung des zollfreien Einkaufs war die Fährlinie nach Dänemark 1999 eingestellt worden. Durch lokale Initiative auf Langeland konnte der Betrieb im Vormonat, nach dreijähriger Pause, wieder aufgenommen werden. Ich zahlte fünfundsechzig Euro für die einfache Fahrt. Das waren nicht gerade Butterfahrtpreise. In meinem wirtschaftlichen Unverstand hielt ich Ausschau nach der weißen »Langeland III«; sie war verspätet. Ich fragte die Kieler Festmacher, und sie sagten: »Die ist abgesoffen.« Im Scherz. Im Ernst sagte der eine: »Das ist ganz schlecht organisiert, ganz schlechtes Management, die Mannschaft ist nicht motiviert: Denen hat man gesagt, sie sollen hier hin- und herfahren, das tun sie, aber mehr auch nicht.« Die Reederei hatte versprochen, dass alles besser werden sollte und sie nicht dieselben Fehler wie die Vorgänger machen wollten, aber »wenn die Fördergelder aufgebraucht sind, wird das wohl wieder eingestellt«. Ich dankte dem Kompetenzteam am Kai für den erschöpfenden Bericht, denn jetzt tauchte der rotweiße Seelenverkäufer in der Förde auf. Es war eine der alten LKW-Fähren, die bis zum Bau der Brücke die Route im Großen Belt bedient hatten. Der Schiffstyp sah etwas unbeholfen aus, wie zwei hintere Hälften eines Frachters, die man verkehrt zusammengeschweißt hatte. Die hydraulische Klappbrücke für die Fahrzeuge war rostig und ächzte beim Herunterlassen. Dänische Familien, ein Pole und ein Schwede rollten an Land; ostdeutsche Angler, Hamburger, Bremer und Berliner fuhren an Bord.

Naturgemäß gibt es auf einer LKW-Fähre nicht so viel Platz für die Passagiere, aber man hatte die ehemaligen Pausenräume der Trucker ein wenig aufgebrezelt. Es gab ein Restaurant und eine Cafeteria. Ich vermisste das alte Stammpublikum, die Rentnergang. Die durften zwar nur vierzig Zigaretten zollfrei mitnehmen, aber die »Langeland« bot alle Bequemlichkeiten einer Altentagesstätte, Hinwendung inbegriffen: Die junge dänische Bedienung fragte einmal eine alte Kielerin, wo sie denn gestern gewesen war. Die Frau klang fast entschuldigend: »Ich mussdä zun Aazt!«

Der Duty-Free-Shop, der keiner mehr war, beanspruchte nur noch ein Drittel der Fläche. Offensichtlich lohnte es sich nach wie vor für Dänen, kartonweise Dosenbier zu kaufen. Ohne Pfand. Ich stellte mir die alte Frage, ob es günstiger war, den Rotwein hier zu kaufen oder erst im letzten Laden vor dem Haus möglicher Gastgeber. Die Tickets wurden beim Kauf von Spiritus oder Zigaretten abgestempelt.

Ich schlüpfte in meine Journalisten-Uniform und meldete mich auf der Brücke, um Kapitän und Steuermann kurz bei der Arbeit zu stören. Die waren so nett wie die meisten Seeleute und so unkompliziert wie die meisten Dänen. Wirklich kompliziert war nur der Weg des Schiffes durch verschiedene Routen und Reedereien. Und die Abgaben- und Mehrwertsteuerfreiheit von hüben nach drüben, die von drüben nach hüben wieder eine andere war. Relativ einfach die Technik: Es gab kein Ruder und keinen Hauptmotor – nicht aus falscher Sparsamkeit, sondern gesteuert wurde mit vier Schrauben an jeder Ecke, angetrieben von zehn Lastwagenmotoren, die in Kästen an Deck standen. Da konnte der eine oder andere ruhig einmal ausfallen. Das tat der eine auch etwas später, ohne dass der Maschinist es gleich bemerkte. Bei hartem Wind hatte das Schiff sehr schwer zu kämpfen – immerhin über zwei Stunden auf offener See. Aber das eigentliche Problem war ein ganz anderes: »Dies ist keine natürliche Route«, sagte der Kapitän, nahm sein Mikrophon und machte die Ansage: »Færgen er in havn om faa minuter …« Ich sauste hinunter zum Wagendeck, um wenigstens die deutsche Fassung noch aufzunehmen: »Die Fähre is in wenige Minudn im Hafn …« Zu spät.

Es standen keine Polizisten oder Zöllner an der Mole von Bagenkop. Wer unbedingt etwas deklarieren wollte, konnte das Formular in einen Briefkasten tun. Hier war ich fast nie gebeten worden, Tüten oder Gepäck zu zeigen und so gut wie nie den Ausweis, während ich in Kiel sowohl bei der Ausreise als auch erst recht bei der Einreise jedes Mal auf Gesinnung und Sympathisantenstatus überprüft worden war.

Ich wollte mich ab sofort dem Dänemark stellen, wie es jetzt war, und nicht in der Vergangenheit schweifen, als ich alte Autos mit dänischen Kennzeichen fuhr und so passabel Dänisch sprach, dass man mir den Deutschen oft nicht sofort auf die Nasenspitze zusagte – wodurch ich häufig genug erfuhr, was die »dummen Dänen«, wie sie sich dann nannten, von ihrem mächtigen und unermesslich reichen Nachbarn und alten Feind, der im Krieg das Land besetzt hatte, hielten: nicht sehr viel.

Aber nicht ein einziges Mal in zehn Jahren hatte man irgendeinen Vorwurf oder Anwurf direkt an meine Person gerichtet. Um das Bild vom typischen Deutschen zu bewahren, hatte man öfter sogar den Weg gewählt, mich für völlig untypisch zu erklären, mich nicht gerade zu einem Dänen zu machen, aber zu einer Art staatenübergreifender Ausnahme. Ein merkwürdiges Verfahren, gegen das ich aber keinen Einspruch erhob, weil das ganz sicher einer der Gründe für meine Anwesenheit war: einmal frei sein vom anstrengenden Deutschsein.

Auch das gehörte zu meiner Generation: zu den wenigen Nationen in der Welt zu zählen, in der junge Menschen ihre Zugehörigkeit zu »ihrem« Land nicht für eine selbstverständliche Sache halten. Solcherlei Gedanken konnte man noch viele Kilometer fortsetzen, aber ich fuhr bereits auf den mit Kies bestreuten Parkplatz des »Museums des Kalten Krieges« im Langeland Fort, das zu »meinen Zeiten«, vor 1989, Militärgebiet gewesen war.

Das Besucherzentrum verband sparsame und funktionale Bauweise mit sympathischem Understatement, mit allem, was dahinter kam, konnte ich weit weniger anfangen: Radaranlagen, Kanonen, Flak, Haubitzen. Ich verstand davon nicht mehr als das Kind, das vor mir lief. »Das ist, wenn man ein Flugzeug abschießen will«, erklärte der Vater dem Jungen und half ihm beim Drehen des Geschützes. Ohne die Rohre sähen die meisten aus wie Mähdrescher. Aus einer anderen Gefechtsstellung ertönte Kindergeschrei, und mit sabbernden Lippen wurden Salven nachgeahmt. In einem unterirdischen Depot wachte eine Soldatenpuppe im Halbdunkel über die Munition, die man klugerweise unzusammengesetzt in getrennten Kammern aufbewahrte. In einem Hangar stand eine Mig 23 mit allem fehlenden Komfort für den Piloten. Die Spitze an dem »Saab-Drakan« stellte sich als wirklich spitz heraus. Ich versuchte meinen zunehmenden Unwillen mit dem Argument zu unterbinden, dass man die spanische Armada – wenn man sie denn im Stück hätte – auch ausstellen würde.

Die Aufgabe des Forts war – außer hin und wieder eine Kanone abzufeuern, wodurch in den umliegenden Bauernhöfen so manche Scheibe zu Bruch gegangen war –, feindliche Flottenverbände am Eindringen zu hindern und eigene Minenfelder zu schützen. In einen Krisenfall wäre Dänemark, durch das die Hauptwasserwege in die Baltische See führen, ein zentraler Schauplatz geworden. Während der Kuba-Krise waren Observationen vom Langeland Fort Teil der Entscheidungsgrundlage in Washington: Am 22. Oktober 1962 sichtete der Telemechaniker Axel Christensen Raketenteile auf einem russischen Frachter mit Kurs Großer Belt und Nordsee. Das war doch ganz interessant. Für die Soldaten war das Warten am Ende der Welt weniger interessant. Mancher empfand es »als Deportation. Es kam vor, dass Soldaten ins Wirtshaus zogen und sich so betranken, dass sie Uniformteile verloren – oder verkauften.« Auch Fahrraddiebstähle kamen vor. Aber richtet man dafür ein Museum ein? War es eine Schnapsidee? Hatte jemand Angst, dass es bald keinen Krieg mehr geben würde und wir unseren Enkeln nicht mehr erklären könnten, was eine Kanone ist? Ich war sehr befremdet und konnte es mir nur so erklären, dass eine Ausstellung haptisch und vorzeigbar sein musste, damit es Gelder gab, die dann auch der Forschung zugute kamen. Das glaubte ich aber selbst nicht ganz.

Ich fuhr lieber zum Leuchtturm, der eine viereckige Holztreppe besaß und auf allen Absätzen Fenster, die genug türkises Wasser oder grüne Wiese, goldgelbe Felder und blauweißen Himmel zeigten, um wie ein vollständiges Bild zu wirken. Eine perfekte Ausstellung.

In dem einst zum Fort gehörenden Gehöft »Holmegaard« waren dreihundert Asylanten untergebracht. In Bagenkop war man darüber nicht so froh, da es sich zum großen Teil um Volksgruppen handelte, denen man ein gewisses Organisationstalent nicht absprechen konnte. Ich teilte solche Vorurteile nicht, nahm aber lieber mit meinem Wagen Logis auf dem Campingplatz zwischen Kirche und Strand. Ich ging lesen. Nachts auf dem Campingplatz war das auffallendste Geräusch die Stille.

Für die Fahrt über die untere Hälfte der langen Insel hatte ich alle Zeit der Welt. Vielleicht fand ich sogar noch das Buch über die Geschichte der Fährfahrt, das ich in einer Vitrine im Besucherzentrum des Museums gesehen hatte. Der Papierwaren-Buchhändler in Humble führte es leider nicht. Wir kamen ins Gespräch über Deutsche, Asylanten und Dänen. Er vertrat die Theorie, je mehr Flüchtlinge, desto besser die Integration, weil wenige leichter isoliert werden könnten. Von einer Deutschfeindlichkeit auf Langeland wusste er nichts. Und über seine Landsleute – und sich – sagte er: »Vi er jo nogen nikke-dukker.« Ich wusste aber nicht, ob er diese Jasager-Flexibilität als positive oder negative Eigenschaft auslegte.

Verglichen mit den Nutzkaten in Bagenkop wirkte Rudkøbing richtiggehend rausgeputzt. Eine viel größere Farbigkeit. Ganze Straßenzüge bestanden aus liebevoll restaurierten Häusern. Die Stadt begann sich ihres Hafens zu erinnern: als Wohnlage. Von hier gingen früher die Fähren, die Langeland mit der sehr großen Insel Fünen verbanden. Seit den sechziger Jahren gab es eine Brücke. Genau genommen mehrere.

Auf den Einkaufsstraßen wurde mit vielen Flaggen und Wimpeln und viel zu vielen Kleiderständern und Sonderangeboten der Sommer gefeiert. Schöne schwarze Frauen bummelten durch die Gassen. Ich fand das Buch, es war mir aber zu teuer, und so sog ich an Ort und Stelle etwas Wissen aus ihm: Eine Verbindung nach Kiel gab es schon um 1500. Und die erste Dampffähre 1911, als man die Südspitze auch über eine Eisenbahnlinie erreichen konnte. So viel zur »natürlichen Route«. Ich wollte mir die Seiten gern fotokopieren, aber so weit reichte die Flexibilität dieses Papier-Buchhändlers dann doch nicht. Drei Minuten vor Ladenschluss schaffte ich sogar noch Aldi. Am selben Platz gegenüber lag ein nagelneues Kino, ein schöner, klarer, fast sensibler Bau in Blau.

Es war ein sehr sonniger, warmer Tag mit ungewöhnlich weiter Sicht. Oben von der Brücke vor Rudkøbing konnte ich im »Südfünschen Inselmeer« als blassgrüne Flecken Strynø und Birkholm und andere Inseln schwimmen sehen und fühlte mich sehr zu Hause. Ich kreuzte über die kleinen Straßen von Taasinge, durch Buchenwälder und kleine Dörfer, an stillgelegten Meiereien und neuen Windmühlen vorbei nach Skovballe und bis zum Ende eines Feldweges, wo sich in einem sehr kleinen Haus, auf einer sehr großen Wiese und eigentlich auch im Inselmeer, das davor lag, ein »Seekajak-Zentrum« befand.

Zwischen Taasinge und Fünen verengt sich das Meer zum Svendborg-Sund. Ich konnte bereits sehen, wo ich hinwollte, mit dem Auto musste ich aber die Brücke nehmen und die lange Straße am Ufer entlang, die eine Art Elbchaussee von Svendborg ist – für den gehobenen Geldbeutel, mit und ohne verbaubarem Seeblick –, hinaus vor die Stadt, am Strand entlang und durch den Wald. Hier hatte ich etliche Jahre als Zimmermann, Zeichner und Träumer verlebt. Bevor ich den Freund, der an Krebs erkrankt war, aufsuchte, wollte ich mich zunächst bei H. C., einem anderen Freund, auf die Höhe der letzten guten oder schlechten Nachrichten bringen.

Ich nahm ein privates Wochenende. Am Montag würde ich die »Arbeit« wieder aufnehmen, indem ich dem Drehbuch- und Hörspielautor Peter Steinbach, der seit Jahrzehnten in Dänemark lebte, auf der anderen Ecke von Südfünen und auf meinem Weg nach Sønderborg und Flensburg einen Besuch abstattete. Steinbach war Co-Autor des Fernsehmehrteilers »Heimat« von Edgar Reitz – und außerdem ein großer Grantler vor dem Herrn. Oder besser: ein angenehm streitbarer Mann.

Und ich las die Sonntagszeitungen: »Politiken« bestätigte in einer Reportage von der Oder, dass die Häuser in Polen grau sind. Die Kinder, die dort in einem Hinterhof spielten, hatten gebeten, keine Fotos zu machen, weil sie sich der ärmlichen Verhältnisse schämten.

Das Foto gab es doch, zur Überschrift: »Hinterhof Europas«.

»Polen sind faul und unzuverlässig, und Deutsche sehen auf andere Volksgruppen herab. Das sind einige der Behauptungen, die man in den Grenzstädten an Oder und Neiße am häufigsten hört.«

In einer anderen, doppelseitigen Reportage versuchte ein Journalist den Unterschied zwischen Dänen und Schweden herauszuarbeiten.

»Schickt mehr Flüchtlinge« war eine weitere Überschrift, »Gemeinden suchen Flüchtlinge« eine andere. Es ging um die Gelder, die jeder Asylant zu den »Integrationszentren« bringt. Ausbleibende Flüchtlinge gefährden Arbeitsplätze von Sozialarbeitern oder Übersetzern und verringern die Einnahmen von Gemeinden oder Kreisen. »Das Budget für die Integration von Flüchtlingen und Einwanderern beläuft sich dieses Jahr auf 5,5 Milliarden Kronen.« Die Zahl stammte vom »Ministerium für Flüchtlinge, Einwanderer und Integration«.

Wegen Familienbesuch konnte ich meinen Freund Jesper erst am Montagmorgen besuchen. Er sagte, das Einzige, was er tun könne, sei, den Ärzten zu vertrauen und den Humor zu bewahren. An die Medikamente und die Behandlungen konnte er sich schnell gewöhnen, weil er durch den früheren Umgang mit Drogen »eine langjährige Erfahrung mit der Veränderung des Körpergefühls« hatte.

Ich fuhr auch noch die Restvergangenheit auf der Strecke nach Faaborg ab, wo Fünen vom Hügeligen fast ins Bergige gerät, dabei aber nie die Lieblichkeit verliert, nicht an Strohdächern, Fachwerk und Bauernrosen bis hin zu puppenstubenhafter Putzigkeit spart und erst kurz vor Assens etwas herber wird. Westfünen – far out there.

Peter Steinbach hatte ich indirekt zu verdanken, dass ich anfing, Bilderbücher zu machen. Das Erste, was ich von ihm gelesen hatte, war das Kinderbuch »Benny Sprachlos«, das von einem zurückgebliebenen Jungen handelte, dessen bester Freund ein Fussel war, der bei ihm unterm Kragen saß. Damals wohnte Steinbach mit seiner jungen Frau auf Südlangeland in einem Haus mit Strohdach. Als ich ihn vor Jahren dort zuletzt besuchte – sie hatten mittlerweile einen Sohn –, sprach er davon, vielleicht nach Spanien ziehen zu wollen.

Nun wohnte er in einem gar nicht so charmanten Dorf in einem riesigen, vierseitigen Gehöft aus gelbgrauem Klinker. Drei Seiten Stallungen und Remisen, mit Eternit gedeckt, das Wohnhaus, an der vierten Seite, immerhin mit Schiefer. Im Hof parkten ein Van und ein Straßenkreuzer »Chevrolet Caprice Classic«. In der Mitte eine Blutbuche. »Wenn du aus kleinen Verhältnissen kommst, kannst du es gar nicht groß genug haben«, sagte Steinbach. Er stammte aus Leipzig, Jahrgang 38, war Mitte der fünfziger Jahre nach Westdeutschland gekommen, zur See gefahren, hatte als Journalist und Dokumentarfilmer gearbeitet, bevor er anfing, Drehbücher zu schreiben. Unzählige. Das letzte, was ich mitbekommen hatte, war die Adaption der Klemperer-Tagebücher. Er hatte sich ausgiebig mit den dunklen Seiten der deutschen Vergangenheit beschäftigt. Und mit den Deutschen. So polterig er seine Meinungen zum Besten geben konnte, so sensibel und warm waren seine Dialoge. Oder so entlarvend. Er mochte einfache Leute.

Jetzt war er fünfundsechzig, gerade wieder Vater geworden und weißhaarig. Auch der Vollbart. Dazu eine Brille mit viel zu kräftigem schwarzem Rand.

Unter der blauen Latzhose ein Reklame-T-Shirt eines dänischen Tiefbauunternehmers. Ein paar Kilo brachte er wohl schon auf die Waage. Ein Dialekt schimmerte durch, den ich aber nie als Sächsisch ausgemacht hatte. Er war zwar dänischer Staatsbürger, aber »nach zwanzig Jahren fast zum Dänenfeind geworden«. Er hatte das Land gekannt, bevor er kam, und die Dänen als tolerant und nicht aufdringlich empfunden. Dazu die üblichen Verklärungen: Hans Christian Andersen oder: Sie hätten die Juden nicht ausgeliefert oder: Hier schloss niemand seine Tür ab. »Ich hielt sie für charakterfest«, sagte er, aber »der so genannte Fortschritt macht die Leute dumm im Kopf. Was von Europa so rüberwabert. Es ist genau dieselbe Scheiße: Sie fahren genauso schnell, sie sind genauso ungebildet wie die Deutschen, sie sind unwissend.« Ihren berühmtesten Bildhauer, einen der berühmtesten überhaupt, Thorvaldsen, würden sie nicht kennen. Oder das Schulsystem ... Ich legte meine Zigarette weg, um beide Hände zum Mitschreiben frei zu haben. Über die Arroganz, die Ausländerfeindlichkeit, über das Scheitern des skandinavischen Nivellierungsversuchs, über eine Politikerkaste, die über allem schwebt und sich selbst bereichert.

Fünfzehn Jahre hatte er auf Langeland gewohnt. »Tysker« nannte man sie sowieso, aber auch »Wehrmachtsdeutsche«. Dem Sohn wurde »Heil Hitler« nachgerufen. Das hatte ich nicht gewusst. Seit sechs Jahren wohne er jetzt hier und sei erstaunt über die Freundlichkeit. Er würde gern nach Schweden ziehen. Oder nach Irland. »Man müsste weg.« Aber er bleibe wegen der Kinder. Er habe auch eine Hütte in Schweden. Aber jedes Mal, wenn er von Deutschland nach Fünen zurückkehre, atme er auf.

Er würde seine Tür mittlerweile verschließen.

Das Erstaunliche an Steinbachs Vortrag waren die Übergänge: Die Ausländerfeindlichkeit der Dänen ließ sich schon daran ablesen, dass sie jeden, der nach östlichem Mittelmeer und ferner aussah, »Jallah« nannten. Steinbach hatte aber auch seine Erfahrungen mit »Jallahs« gemacht. Szenen auf Parkplätzen mit

Beschimpfungen und Spucken. Oder systematisches Ausspionieren von Einbruchsmöglichkeiten. Deshalb schloss er die Tür ab. Er wusste von Vergewaltigungen durch jugendliche Flüchtlinge oder Einwanderer.

Ich selbst hatte gelesen, dass in den harten Vierteln in Odense, der Hauptstadt von Fünen, Jugendliche Container angezündet und die Feuerwehr von oben aus den Häusern mit Steinen beworfen hatten. Das erinnerte mich an einige andere Länder, aber nicht an Dänemark. Es war ebenfalls »ein Potenzial von männlicher Kraft, das sich nicht kanalisieren kann«, wie Steinbach es mit Bangen für die Zukunft nannte.

Den Hör- und Medienprofi merkte ich, als ich ihn bat, etwas von all dem auf mein Gerät zu sagen: Er sprach pointiert, nuanciert und mit Timbre. Ein Satz, der noch immer in meinen Ohren klang, fiel dabei nicht: »Ich habe hier keine Freunde gefunden – außer meinem Automechaniker.«

Die Ironie der Geschichte wollte es, dass das Haus, das er hier gekauft hatte, der »Nazi-Hof« war. Was er damals nicht wusste. Er hatte dem dänischen Nazi Fritz Clausen gehört. Himmler war hier zu Besuch gewesen. Während des Krieges wohnte hier die deutsche Generalität. Wenn man die Klinker genau untersuchte, fanden sich gekratzte Hakenkreuze.

Ganz davon abgesehen, war er nach jahrzehntelanger Beschäftigung mit dem Dritten Reich zu dem Ergebnis gekommen, dass die führenden Nazis – vielleicht abgesehen von Hitler – einfach Kriminelle gewesen waren. Auf einem sehr hohen Niveau, aber schlicht Kriminelle. Mehr nicht.

»Ich bin stolz auf meinen fehlenden Nationalstolz«, sagte er, »und auf meine alte Tante Martha!« Seine Frau Ramona kam und mahnte die Arbeitsteilung an. Wir zuckelten ein wenig mit dem Kinderwagen über die Dorfstraße. Ich konnte es dann doch nicht lassen, dem Autor der »Heimat«, Peter Steinbach, die nahe liegende Frage nach seiner Heimat zu stellen. Er hatte eine kleine Wohnung in Leipzig gekauft – aus Sentimentalität. Er fand, die Dänen hätten eine schöne Fahne. Aber Zugehörigkeit … nur zu »Geisteshaltungen«. Für sein letztes Hörspiel, eine Geschichte über den Naturforscher Jean-Henri Fabre, habe er in Frankreich recherchiert. Und dort, in einem kleinen Nest in der Provence, auf dem Fabre-Friedhof, war es auf einmal da gewesen, dieses: »Hier fühle ich mich«.

Ich war ziemlich weit nach Norden vom Kurs abgekommen und musste wieder zurück.

Kurz vor Faaborg beginnt Horne Land, der kleine, südwestliche Zipfel von Fünen, der immer weiter abfallend immer spitzer zuläuft – bis zur Fähre hinüber nach Als, das zwar auch eine Insel, aber durch Brücken ans Festland angebunden ist.

Ich fuhr die schmale Landzunge nach Kegnæs hinaus, einem mit Campingplatz gesättigten Geheimtipp: Kam man aus Hamburg auf die Halbinsel, war es hier einsam; kam man von Fünen, wirkte es überfüllt.

Ich wählte die Methode des verfeinerten wilden Campens: Ich stellte mich neben einem Campingplatz am Strand und nutzte ohne Frage die sanitären Installationen – als ich kam, war die Rezeption bereits geschlossen, als ich fuhr, noch nicht wieder geöffnet. Ein Dutzend Kilometer weiter in Sønderborg am Hafen standen auf dem kopfsteingepflasterten Platz vorm Schloss direkt am Meer zwei Wohnmobile; hätte ich das gewusst, hätte ich sogar noch etwas vom Sønderborger Nachtleben gehabt.

In der noch leeren Fußgängerzone kaufte ich an einem Automaten Geld und in einem Pausenbrotladen drei »Haand-Mader«, die man mütterlich handverpackt mit zur Arbeit nehmen konnte. Ich nahm sie mit einem Kaffee, und die freundliche Schmiertesse stellte mir einen Tisch vor die Tür. Ich beobachtete, wie kaum einer vorbeiging, außer einem Inder mit einem ziemlichen Batzen Geld und einem Kind – vielleicht war es Kindergeld. Mittlerweile war ich auf alles gefasst. Nein, ich wartete nur darauf, dass das Museum jenseits des Als Sund – also in Südjütland – auf der Dybbøler Schanze öffnete. Am 18. April 1864 wurde innerhalb einer halbstündigen Schlacht Dänemarks

Schicksal entschieden. Der verlorene Krieg kostete das Königreich ein Drittel seiner Fläche und zwei Fünftel seiner Bevölkerung: Schleswig, Holstein, Altona, Lauenburg. Das heutige Südjütland und damalige Nordschleswig mit seiner oft dänisch gesinnten Bevölkerung blieb bis 1920 deutsch.

Dem halbstündigen Sturm ging eine lange Zeit von Belagerung und Kanonenbeschuss von den preußischen Stellungen auf die dänischen Schanzen voraus. Ich wollte nicht die Grabenkämpfe (noch einmal) erleben, sondern die Zusammenhänge verstehen und fühlte mich im Museum ziemlich fehl am Platze. Ich trottete mit einer siebten Klasse einer Schule aus Esbjerg mit, ließ auch noch die Aufzählung der Gegenstände in einem Tornister über mich ergehen und durfte, wie die anderen, eine alte Flinte in der Hand wiegen, mit der die Dänen zwei Schüsse in der Minute abgeben konnten – während die Preußen es mit ihren auf fünf brachten –, aber ich verließ die Stellung, bevor womöglich noch Bedarf an einem gefallenen Deutschen auftauchen sollte. Mir gefiel auch nicht das blecherne Unteroffiziersgebell des dafür sehr jungen und etwas übergewichtigen Führers. »1864« war die letzte Schlacht, die auf dänischem Boden stattgefunden hatte.

Für die Dänen wurde Dybbøl Banke zu einem nationalen Symbol. Der jetzige Verlauf der Grenze, von der Flensburger Förde an der Ostsee nach Sylt in der Nordsee, wurde 1920 durch eine Volksabstimmung festgelegt. Die jeweiligen Minoritäten erhielten besondere Rechte.

Von der grasbewachsenen, hohen Schanze sah man nicht nur über die Förde, auf die Halbinsel Broager und das deutsche Ufer, sondern auch auf das Sønderborger Schloss. Den tieferen Sinn von Geschichte zu verstehen fällt mir in aller Regel schwer. Im Falle des Schlosses war er sehr handgreiflich: Es wurde 1160 zum Schutz gegen Überfälle der Wenden gebaut, die die Bevölkerung von Als verschleppten und auf polnischen Sklavenmärkten verkauften.

Unten am Ufer lief der Gendarmenpfad, nach meinem Geschmack einer der schönsten – und leichtesten – Wanderwege am Wasser. Vierundsiebzig Kilometer von Høruphav fördeeinwärts bis nach Padborg. Hier patrouillierten von 1920 bis 1958 dänische Gendarmen, um die Grenze zu bewachen und die Schifffahrt zu kontrollieren. Danach schaffte man diese spezielle Fußtruppe ab, und die Polizei übernahm. Ich war den Weg nie gewandert. Auch jetzt schaffte ich es nicht. Hinter Rinkenæs bog ich wenigstens einmal ab und fuhr quer durch den Golfplatz nach Stranderød, wo ich ein paar Schritte in jede Richtung ging, um meinen guten Willen zum Ausdruck zu bringen. Ein völlig verträumter Ort. Hinter hohen Bäumen lag ein Café, das zum Glück noch geschlossen war. Ich hielt ein paar Kilometer weiter am Fördeweg, um angesichts der zwei kleinen Inseln »Okseø« und der Hochhäuser am anderen Ufer ein »Ristet Hot Dog« zu essen, weil ich das immer tat, wenn ich hier auf dem Weg von Flensburg oder nach Flensburg vorbeikam. Das war die letzten Jahre immer seltener geschehen.

Aber die Auswirkungen von »Schengen«, also die Aufhebung der Grenzkontrollen, hatte ich zuerst an den Übergängen von Padborg und Kollund bewusst – also mit Staunen darüber, dass das, was in der Zeitung steht, auch manchmal in Wirklichkeit passiert – mitgekriegt und es, was die Dänen anging, bedauert. Es fühlte sich an, als hätte man statt zum Gin versehentlich zum Wasserglas gegriffen: Irgendwie erheblich fader – war man schon drüben oder nicht?

Nichtsdestotrotz hielten sich vor der Grenze weiterhin etliche Läden, obwohl der Ort seines tieferen Sinns beraubt war. Besonders erfreut war ich, dass der »Sex-Shop«, der sich in unverändertem Aussehen vermutlich seit Erfindung der Pornografie in Schweden gehalten hatte, weiterhin an die Zukunft glaubte. Ich fuhr auf Flensburg zu, ohne zu wissen, was ich dort wollte. Meine Liebste stammte von hier, aber über das Familiäre hinaus gab es nur einen Einzigen, den ich in der Stadt kannte, dessen

Nachname mir aber gerade entfallen war und immer hoffnungsloser entfiel, während ich auf der abfallenden Straße auf den Hafen zu rollte: Rainer … Rainer …

Hinter der großen Werft, die in Betrieb war, und ein Stück hinter dem stillgelegten Puff fand ich da, wo der Kai für Touristen wie mich begann, einen Parkplatz am Wasser. Aus dem Kontorhaus auf der anderen Seite trat – Rainer. Unverkennbar mit der schmalen, großen Nase, dem Überbiss, dem silbernen Haarkranz, Bart. Alert, könnte man sagen.

Er ging stadteinwärts, sicher auf dem Wege, das nächste Projekt anzuschieben oder die jährliche »Rumregatta« ins Rollen zu bringen. Prüß war eine Art Mr. Flensburg. Da war's: Rainer Prüß.

Ich schnappte ihn mir.

Wir setzten uns in eine Wirtschaft am Hafen. Die »Rumregatta« war bereits gelaufen. Die gab es mittlerweile seit über zwanzig Jahren. Sie war Treffpunkt für alle, die das Vorzeigen ihrer restaurierten, historischen Segler mit einem gerüttelt Maß an Gequatsche, Gelächter und Getränken verbinden mochten und denen die Frage, ob sie bei dem Segelwettbewerb Erster oder Zweiter wurden, recht gleichgültig war, solange es den traditionellen Preis für den Letzten gab. Alles war sehr überschaubar, beschaulich und unaufgeregt. Für viele begann mit dem Wochenende die Segelsaison in skandinavischen Gewässern. Auch die Musik dazu war vorzugsweise handgemacht. Rainer war selber Segler und selber Musiker – er hatte jahrelang bei »Liederjan« gespielt –, aber vor allem der Mann hinter dem Konzept und zuständig für alles, was übers Auge lief: Plakate, Einladungen, Karten, Tickets. Parallel dazu war der Museumshafen entstanden, der mittlerweile fast einem alten, hölzernen Hafenquartier glich mit Bootswerft und Ladebaum und allem Tüddelüt. Von ihm entworfen und in trockene Tücher gebracht. Die Stadt selbst hatte mittlerweile mitgekriegt, dass es zu ihrem eigenen Besten war. Man konnte damit prahlen und werben.

Nach und nach hatte diese Seite des Hafenbeckens wieder ein Gesicht bekommen, Häuser waren renoviert worden, neue Gaststätten eröffnet. In so eine setzten wir uns.

Eine Privatbrauerei versuchte sich in den Mauern des einstmals ältesten Rumhauses von Flensburg an Hellem und Dunklem. Der Braumeister hatte als einzige Vorgabe bekommen, dass es auch Frauen schmecken sollte. Mir schmeckte das Helle: süßlich.

»Die Stadt hat einen schönen Maßstab«, sagte Prüß. Er sagte noch mehr, denn erstens kannte er sich hier seit vierzig Jahren aus, zum anderen war das Wort, neben dem Stift und diversen Instrumenten, seine dritte Waffe. Er kreiste gern etwas ein, um es dann auf den Punkt zu bringen. Damit verdiente er sein Geld: »Wirtschafts- und Kulturkonzepte Rainer Prüß« nannte er seine Firma, die ganz oben in dem Kontorhaus am Hafen saß. Wobei es für ihn keine klare Trennung zwischen beidem gab, denn Kultur ohne Geld … Ambivalenz war seine Stärke. Früher hieß es dann: »Der Junge muss sich doch mal entscheiden!«

Greenpeace zum Beispiel entschied sich für sein Konzept zum Thema »Grundwasser«. Mit großer Helferschar und beigeordnetem Künstler wurde in nur drei Monaten ein Binnenschiff komplett mit einer Ausstellung im Bauch versehen und auf die Reise durch Deutschland geschickt. An sich Unsichtbares auf siebzig Metern Schiff sichtbar und transportierbar gemacht.

Das Bier schmeckte im Abgang füllig-herb. Ich bestellte bei Prüß ein Kurzsymposium »Grenze« oder »Grenzerfahrung«. Er könnte eine Geschichte liefern, versicherte er, seine private: Er kannte seinen Vater nicht. Er stammte – als uneheliches Kind bei der Mutter aufgewachsen – aus Dithmarschen. Die ersten Jahre in Flensburg hatte er gar nicht mitbekommen, dass er in Südjütland war. Nicht bewusst. Obwohl es die dänische Schule und die dänische Bibliothek gab. Obwohl er viel in dänischem Fahrwasser segelte. Seine Tochter kam natürlich in den dänischen Kindergarten. Sein Boot stammte ursprünglich von der Nordseeinsel Fanø vor Esbjerg.

Es gab also viele Bezüge. Vor einigen Jahren, als er bereits fünfzig war, klingelte das Telefon, und jemand sagte: »Hallo, Rainer, hier ist dein Vater.« Der hatte in der ganzen Zeit durchaus um seinen Sohn gewusst und wohl auch bezahlt und seine Entwicklung beobachtet, sogar aus der Nähe, denn er war eine Zeit lang etwas Höheres bei der Bundeswehr in Flensburg; jedenfalls war sein Vater in Haderslev geboren, und die Vorfahren waren Fischer auf Fanø, und sein Ururgroßvater hatte ein Segelschiff besessen, mit dem er außerhalb Fanøs Geld verdienen musste. Deshalb war er nach Flensburg gekommen, und seine Lagerräume hatten genau neben dem Gebäude gestanden, das später zum Vereinshaus des Museumshafens wurde. Rainer war also halber Däne. Unbewusst. Auf jeden Fall wusste er seitdem, warum er sich als Junge nie hatte entscheiden können.

Sein Bild der Dänen hatte das weder verändert noch romantisiert. Die Sympathie war da, aber: »Die Dänen sind nicht sozialer, dort gibt es genauso viele Zäune wie hier.« Sie kämen zwar immer sehr harmlos und leutselig daher, aber die wüssten schon, wie sie ihren Schnitt machten: »Die geben dir zwar immer erst mal die gemütliche Tasse Kaffee, aber auch, um zu beobachten, was du mit der anderen Hand machst.« Den Satz nahm ich auf Band auf.

Ich bedankte mich, zahlte wenigstens die Biere und verließ den Mann, durch den die Grenze lief, samt Flensburg wieder Richtung Norden. Ich bunkerte etwas Proviant in einem der zahllosen Läden, in denen Dänen dänisches Bier und dänische Süßigkeiten und eingelegte Heringe kauften. Weil die meisten viele Kilometer Anfahrt auf sich nahmen, deckten sie sich hemmungslos ein.

Ich war unschlüssig, ob ich mich für die kommende Nacht um ein Bett im KZ bemühen oder lieber den Rest des Tages nutzen sollte, um ein Stück nach Westen zu kommen. Ich hatte vom Internierungslager »Frøslev Lejren« einmal gelesen, dass man dort eine Form von Jugendherbergsübernachtung eingerichtet hatte, was ich etwas sonderbar fand. Unterwegs wurde mir dann gesagt, dass das nicht oder nicht mehr so sei. Es lag ein kleines Stück hinter Padborg, mehr oder weniger auf dem Weg. Ich entschied mich doch für den eigenen Augenschein. Hinter einem Gewerbegebiet mit Hallen in allen Größen, Firmen aus vielen Ländern, Zollgebäuden für Lastwagenabfertigung und dem ganzen Rattenschwanz an Infrastruktur, den eine Grenze hinter sich herzieht, ging es ein Stück in den Wald. Der Parkplatz lag außerhalb des weitläufigen Geländes, auf dem sternförmig angeordnet rote Baracken mit einem Wachturm in der Mitte standen. Jugendliche hingen in Gruppen herum, da das ehemalige Lager teilweise für eine »Efterskole«, eine Art Internat für Heranwachsende, genutzt wurde. Schulklassen schleppten sich in der schwülen Hitze von einer Baracke zur nächsten, weil sie die Geschichte des Ortes kennen lernen mussten. Andere Baracken wurden von Amnesty International für Ausstellungen genutzt oder vom dänischen THW »Hjemmeværns«. Es gab sogar ein UN-Museum, wo Weiß- oder Blauhelme als Schaufensterpuppen ein paar Sandsäcke bewachten. Andere der Gebäude dienten Verbänden als Büros. Außen der Zaun.

Der Wachturm und zwei der davor liegenden Baracken bildeten das Museum. Der Begriff KZ war nicht ganz korrekt, stammte aber vom damaligen dänischen Lagerchef Digmann, der es »das merkwürdigste KZ der Welt« genannt hatte, was an der merkwürdigen Geschichte lag: Um Deportationen von Dänen aus dem von den Deutschen besetzten Land zu verhindern, hatten die Dänen 1943 selbst vorgeschlagen, ein Internierungslager zu errichten. Das war, als es zum offenen Bruch zwischen Dänemark und der deutschen Besatzungsmacht gekommen war, worauf die Deutschen den militärischen Ausnahmezustand verhängt, den Reichstag aufgelöst und den König entmachtet hatten.

Das mit dänischen Geldern und Materialien – und gegen die Zusage, niemanden zu deportieren – errichtete Lager wurde

1944 fertig und war ursprünglich auf 1500 Häftlinge ausgelegt, die sich selber verwalteten und vom dänischen Gefängniswesen verköstigt wurden. Kommandant und Bewacher waren Deutsche. Aber die Widerstands-Gefangenen litten keine mit KZs vergleichbare Not. Die Deutschen hielten sich nicht an ihr Versprechen: Von über 1600 dennoch Deportierten, darunter vielen Polizisten und Gendarmen, fanden mehrere hundert, etwa in Buchenwald, den Tod. Nach der deutschen Kapitulation sperrten die Dänen Kollaborateure in Frøslev ein, und es wurden Zivile, die sich auf der Flucht befanden, untergebracht. 200 000 deutsche Flüchtlinge befanden sich durch das Ende des Krieges auf einmal unverhofft im Ausland statt im ausgeweiteten Inland.

Die kleine, handgestrickte Ausstellung über die Flüchtlinge befand sich in der Baracke des »Hjemmeværns Museet«, das von einem Ehepaar samt alter Mutter für ein paar Sommerwochen betreut wurde. Nette Leute. Hier konnte man für sechzig Kronen (fünfzehn Mark, wie ich immer noch rechnete) ein Bett bekommen. Ich wollte es mir – allein schon wegen der Duschen – überlegen. Nein, ich wollte die Nacht doch lieber in Freiheit verbringen.

Unvorstellbar, wie viel Leid die Deutschen in nur zwölf Jahren über die Welt, über Europa und über ihr eigenes Land bringen konnten. Die Anschaulichkeit verstärkte bei mir immer eher die Unfassbarkeit. Nichtsdestotrotz förderte sie das Verständnis.

Ich folgte mehr oder weniger der Panzerstraße entlang der jetzt Grünen Grenze. Außer mir fuhr keiner Patrouille, ein paarmal machte ich einen Abstecher in eines der dänischen Dörfer, die aber von einer gewissen Nüchternheit waren. Auch die Landschaft wurde von Ost nach West, besonders auf dem Übergang von Geest zur Marsch, nichts sagender. Telefonmasten wie in Texas: Sie verliefen sich in der Unendlichkeit des flachen Landes. Der Tag neigte sich dem Hunger zu. Ich wurde so hungrig, dass ich das erstbeste Angebot annahm, ein Kneipengrill im

IFA-Markt an der B199. Sehr romantisch. »Nackensteak Extra« für 8,50. Die Quittung wies den Betrag auch in Kronen aus. Ich saß vor der Tür und konnte die Autos zählen, die alle schwer beladen nach rechts, nach Dänemark abbogen, bis der Markt schloss und die Mitarbeiter auch manchmal nach links, in Richtung Süderlügum, fuhren. Der gegenüberliegende Parkplatz an einem Waldstück leerte sich bis auf meinen Wagen und den enormen Traktor eines jungen Bauern, der in der Kneipe als bester Stammkunde ungebremst tolle Geschichten über seinen Traktor erzählen durfte. Die Autos, die vorbeifuhren, hörte man von weitem, man sah sie früh, und man konnte ihnen lange nachschauen. Es hatte etwas Amerikanisches. Die Zeit blieb stehen. Und ich auch.

Morgens sauste ich im angemessenen Bundesstraßentempo über die verwaiste Grenze nach Tønder, das ich gleichzeitig mit einem Gewitter erreichte. Ich wartete die schlimmsten Einschläge ab, eroberte bei Sturzregen die wunderschöne, bewahrte und in sich geschlossene Innenstadt, fuhr bei zuckenden Blitzen durch eine Lindenallee in den königlichen Flecken Møgeltønder und sah mir das feine, alte Hotel an, wo man mich gerne untergebracht hätte, wenn ich vor drei Monaten den genauen Tag meiner Ankunft gewusst hätte. Dabei war ich schon froh, dass ich mit heilem Auto, guter Gesundheit und zusammengebrochener Planung überhaupt so weit gekommen war. Ich besorgte mir den Prospekt über das Versäumte und eilte weiter, wohl Sylt entgegen, wo, wie ich erfahren hatte, die Termine ebenfalls nicht ganz harmonierten: Mein Schwager, der dort als Sheriff Dienst tat, weilte zum reinen Zeitvertreib in Irland.

Højer war nicht mehr so herrlich wie Tønder oder so hochherrschaftlich wie Møgeltønder, dafür aber beschildert. Links ging es zu Emil Nolde in Seebüll. Rechts zu meinem wohl toten Onkel Hans Peter in Sønder Sejerslev. Ich wollte nur mal gucken. Seine Frau war lange verstorben, und er musste ebenfalls verschieden sein – oder hundertzwanzig. Ich konnte mich nicht erinnern, wann ich als Kind dort gewesen war. Wir hatten den Kontakt verloren.

Ich kurvte durch den Ort und fragte einen Radfahrer, wo Peter Post gewohnt habe. »Der lebt noch. Ich fahr mal vor.« Er lotste mich zu einem gelben Haus, rief in die Küche, und mein Onkel erschien, etwas desorientiert. Er konnte sich an nichts erinnern. Weder an meine Großeltern noch an mich, aber er bat mich herein. Er ähnelte sich selbst: hoch gewachsen, mit weißem Haarschopf über einem zerfurchten, vergnügten Gesicht.

Drinnen wie draußen erkannte man den Sammler, allerdings galt seine Vorliebe wohl eher alten Fahrrädern, Mofas, Dachgepäckträgern und was man sonst so mit gerade achtzig braucht. Sein Wohnzimmer wirkte fast aufgeräumt – vor vielen, vielen Jahren. Er ließ sich schwer in einen mit Stoffpolstern aufgerüsteten Ledersessel fallen, wobei er sich teils auf die Arme, teils auf die Erfahrung stützte, weil ihm seine Beine keinerlei Signale meldeten. Sie waren völlig gefühllos: »Meine Schmerzgrenze liegt jenseits von Sylt«, sagte er. Sie hätten ihn in einer Spezialklinik in Aarhus mehrfach untersucht und dabei auch Strom durch den Körper gejagt. »Wir haben viel gelacht: Die dachten zuerst, ihr Apparat wäre kaputt.« Bei seinen Bienen kam ihm das zugute, solange ihn nicht zu viele auf einmal stachen. »Ich freu mich immer, wenn es wehtut.« Die Körbe standen draußen im Garten – vor der Hecke. Daneben ein Mast. Er war Funkamateur. Der Mast stand nach dem letzten Sturm schief, er hatte das Fundament nicht etwa in Beton gegossen, sondern ein altes Lastwagenchassis, das er zufällig zur Hand hatte, eingegraben, um ihn zu befestigen. Er wusste stets, wozu Dinge *auch* gut waren; mit einer Bohrmaschine konnte man auch – wenn man aufpasste – den Motor des Rasenmähers anwerfen. Diese Vielseitigkeit spiegelte sich in seinen Berufen: Knecht, Milchfahrer, Hausmeister, Versicherungsvertreter, Landpostbote. Als solcher hörte er alles, wusste er alles – zumal seine Frau lange Sekretärin im Gemeindebüro gewesen war –, hatte aber Schweigepflicht.

Mit fünfundsechzig ließ er sich im Fernkurs zum Technischen Zeichner ausbilden. Er wusste – verständlicherweise – nicht so recht, was ich wollte. Jedenfalls, wenn ich Notizen machte.

An die Vergangenheit konnte er sich meist gut erinnern, obwohl »mein Spekulatius oft nicht mehr wirkt«. Als er den Lastwagenführerschein machen wollte, um das Milchfahrergeschäft zu übernehmen, ließ ihn ein anderer Fahrer mit seinem Zug mit Hänger üben, schlief aber auf dem Beifahrersitz ein, und Hans Peter legte das Gefährt samt Ladung in einer Kurve auf die Seite; eine selbst gebaute Straßensperre, die für alle recht teuer wurde. Dann brauchte er Geld für den eigenen Laster, und die dänische Sparkasse wollte ihm nichts geben. Er bekam es stattdessen von einem Großbauern, was böses Blut gab, weil der deutschgesinnt war, »wie alle Wohlhabenden und alle Kapitalisten«. Trotzdem behauptete er, »dass ein Däne sich niemals so sehr über Politik ereifern könnte«. Aus dem Krieg hielt er sich raus. »Ich wusste, was der tat, und ich wusste, was die taten.« Er selbst musste eine Zeit lang für die Deutschen am Flughafen in Vamdrup schaufeln.

Die Eltern meiner Tante waren mütterlicherseits deutsch, aber dennoch immer neutral: weil die meisten Kunden ihrer Gaststätte »Emmerlev Kro« Dänen waren. Den Kro gab es nicht mehr. Zum Militär musste mein Onkel nicht, weil er von Jugend an Krampfadern hatte. Er wollte auch gar nicht. Um sicherzugehen, ritt er auf einem alten Gaul zur Musterung, und zwar vier Stunden ununterbrochen. Das half. Sein Credo: »Det har aldrig været min mening, at nogen skulle bestemme over mig – Es stand mir nie der Sinn danach, dass irgendjemand über mich bestimmen sollte.«

Eine Spazierfahrt durch die Gegend wollte er nicht machen, empfahl mir aber den schönen »Høj Kro«, wenn ich unbedingt Geld ausgeben wollte. Er holte uns ein paar Bier aus der Küche. Normalerweise wurde er bekocht. Wohl auch von seinen »drei Geliebten«. Dafür fuhr er die »alten Weiber« jeden Donnerstag zum Einkaufen nach Deutschland. Selbstverständlich fuhr er noch. Morgen würde er seinen Nachbarn, einen Deutschen aus Hamburg, zum Zug nach Niebüll bringen. Zu tun hatte er immer genug. Aber wenn ich mal wieder in der Gegend wäre, sollte ich vorbeikommen. Ich war recht sicher, dass ich das bald einmal machen wollte – und er mich dann erkennen würde.

Der alte, strohgedeckte »Høj Kro« lag an der Strecke zu Emil Nolde. Die kleine, stolze, zähe Wirtin hielt das Zepter noch in der Hand, an der Wand hing das Foto eines längst abgelaufenen Königspaares. Ich bestellte drei verschiedene Arten »Smørrebrød«. Eines davon natürlich mit eingelegtem Fisch.

Das Land bekam seine eigene Kraft – dann, wenn es flacher einfach nicht mehr ging und man sich daran gewöhnt hatte. Dafür übernahm der Himmel wesentliche Gestaltungsaufgaben. Nach Sylt wollte ich nicht mit dem Autozug über den Damm, sondern mit der Fähre von der Südspitze der dänischen Insel Rømø nach List, dem nördlichsten Ort Deutschlands. Morgen.

Zum Ticket gab es als Beigabe einen Aufkleber: »Ja zur Fähre«. Da ich der Aussage natürlich beipflichtete, klebte ich ihn sofort auf mein Auto. Zur einstündigen Überfahrt wählte ich das Frühstücksgedeck. Strahlender Sonnenschein. So sollte man sich einer Insel nähern. Ihre runde Spitze glänzte bereits golden in der Ferne.

Ich sah ein, dass man mit mir keine Urlaubsplanung machen konnte. Dennoch war ich stolz, dass ich ziemlich genau zu dem von mir vermuteten Zeitpunkt auf Sylt ankam. Zugegebenermaßen hatte ich diese Vermutung für mich behalten. Zum Nachtisch orderte ich beim Steward eine um einige Abgaben erleichterte Packung Camel.

Es war eigentlich nicht meine Absicht, den Wagen mitzubringen – für den Fall, dass ich von hier ein Schiff zu einer anderen Insel bekommen sollte; und zur nächsten. Ich hielt das für verlockend. Sehr sogar. Vielleicht hatte ich gerade deshalb das Auto dabei: um Schlimmeres zu verhindern und mich nicht im Meer zu verlieren. Grob geschätzt gibt es zwischen Sylt und der holländischen Grenze entlang der Küste ein gutes Dutzend Nordseeinseln. Dazu einige Halligen und ein paar Sandbänke, die nur für Sturmvögel erreichbar sind. Und weit draußen in der Deutschen Bucht: Helgoland.

Beim Anblick von List mit seinem Dreiklang aus Militär-, Sozial- und Fliegenden Bauten in Form von Scampi-Buden fragte ich mich zunächst, was ich hier sollte. Die Frage klärte sich schnell, als ich, statt nach Süden, nach Nordwesten aus dem Ort herausfuhr und die Dünen und das Meer in der Bucht, die sich die Natur dort auf dem letzten Kilometer noch genehmigte, und vor allem das Licht über diesem blassgrünen, sandigen Nichts die Antwort gaben: Darum!

Obwohl ich Übertreibungen, ja Pathos nicht mag, dachte ich eine geschlagene Minute: Nie wieder woanders hin! Die ersten Mauthäuschen, Parkplätze und Gastro-Hütten, die mit gratis Parken beim Verzehr der gesamten Ersparnisse lockten, brachten mich wieder zur Vernunft. Die Natur hatte es trotz der beengten Verhältnisse so eingerichtet, dass zwischen Straße und Meer hohe Dünen lagen, die einerseits freien Blick aufs Wasser verhinderten, andererseits den Parkplatzwächtern so viel Windschutz und Komfort boten, dass sie ihre Areale schon hüteten, lange bevor die ersten Autos kamen. Mit einem von ihnen verhandelte ich erfolglos um einen Rabatt für einen Sekundenbesuch auf seinem leeren Platz, um nur einmal kurz von oben gen Westen zu schauen. Ich setzte meinen Weg gen Inselmitte fort.

In Wenningstedt wohnten meine Gastgeber. Das Durcheinander an Häusern, Läden und Unterkünften konnte man schon fast wieder als Stil bezeichnen. Meine Lust am Herumkritteln erstarb sowieso, als ich beim »Kliffkieker« das Meer und den endlosen Strand sah. Und das Licht. Und das Schild, das mir erlaubte, einfach so zu schauen. Zum Betreten brauchte ich allerdings eine Kurkarte. Ich bekam sie nettofranko am Schalter im Kurmittelhaus gegen Vorzeigen des Presseausweises und brauchte nicht einmal zu versprechen, kein Wort darüber zu verlieren, dass ein Großteil des Ortes mit Fünfziger-Jahre-Bauten völlig verschandelt war. Am Nebenschalter erklärte ein Farbiger einem weißen Kurgast mit großer Geduld und Verständlichkeit etwas, was dieser partout nicht einsehen wollte. Ich betrat den Strand über den mehrgeschossigen Stelzenbau, der sich in der Mitte »Selbstbedienung« nannte, weshalb ich mir die restlichen Stufen ersparte, da man dort hinter schützenden Scheiben heißen Kaffee trinken konnte. Der Platz stiftete endgültig Frieden.

Auch mit dem Ortsbild arrangierte ich mich noch auf der Einkaufsstraße, weil Wenningstedt nicht vorgab, anderes zu sein als das, was es nun einmal – gewollt oder ungewollt – war. Außerdem hege ich Sympathie für jeden Ort, an dem es gebührenfreie Parkplätze und Tellergerichte für unter zehn Euro gibt.

Für das Putzige war Braderup zuständig, das in gerader Linie auf der anderen Wasserseite liegt. Am Watt. Von kleinen Dünen und Heide umgeben, versteckten sich neue, alte Friesenhäuser hinter halbhohen Feldsteinmauern. Offenbar gab es einen Architekten, der die friesische Formensprache schlüsselfertig beherrschte. Nicht weit davon eine Müllhalde.

Meine Schwägerin in spe, die bei einem der vier Reetdachdecker der Insel arbeitete, war auf dem Weg nach Hause. Während ich an der großen Kreuzung in Wenningstedt, gegenüber vom Spar-Markt, wartete, beobachtete ich gleich zwei Beinahe-Unfälle. Das stimmte mich auf das anderes Thema ein: Die alte Wachstube hatte sich früher in einem kleinen Haus an der Kreuzung befunden – in dem sie jetzt nur noch wohnten –, während die neue Dienststelle in einem alten Haus neben der Post am Anfang der Einkaufsstraße untergebracht war.

Lydia brachte mich zur Polizei im ersten Stock.

Dort tat Frank Sönnichsen Dienst, der mich sofort duzte, weil er eine dänische Großmutter hatte und drüben auf dem Festland in der Marsch wohnte. Frank brauchte aber dennoch den höheren Segen für meine Anwesenheit bei Amtshandlungen und rief den übergeordneten Chef in der Hauptstadt Westerland auf dessen Handy an. Keine zwei Minuten später stand Polizeihauptkommissar Reinhard Becker in der Tür. Ich war beeindruckt. Er war aber gerade draußen vorbeigefahren, daher der kurze Dienstweg. Ich verzichtete, wie das üblich ist, auf alle Rechte in Bezug auf Zahlungen an meine Hinterbliebenen und so fort. Dann warteten wir, dass etwas passierte. Ich jedenfalls.

Wobei ich Unfälle gern aussparen wollte.

Die Pinnwand neben der Tür hing gespickt voll mit all dem, was auf den Straßen passiert war. Die Kreuzung vor der Tür gehörte zu den gefährlichsten. Ein tödlicher Motorradunfall lag nicht lange zurück.

Es gab vier Ländliche Stationen auf der Insel, dazu die Hauptwache in Westerland. In der Saison, wenn die Massen über Sylt hereinbrachen, wurde die Mannschaft aufgestockt. Fünfzigtausend Gäste Tag für Tag konnten das über Weihnachten sein, im Hochsommer über hunderttausend, eine ganze Stadt, wenn man so wollte, musste dann bedient werden: zusätzlicher Verkehr, zusätzliche Streitereien, zusätzliche Kriminalität. Die meisten brachten ihren Wagen per Autozug über den Damm mit. Das Chaos fange dann schon am Bahnhof an oder ende dort, mit Rückstaus über die ganze Insel. Das liege teils an der Menge, teils an der Ampel und teils an den Besuchern: »Die Touristen verlieren ihre Fahrfähigkeit, sobald sie vom Autozug rollen.« Und außerdem glaubten sie, »im Urlaub ist die Straßenverkehrsordnung außer Kraft gesetzt«. Der große Ansturm zu Pfingsten stand vor der Tür. Da wollte ich schon wieder weg sein. Im Moment passierte nichts anderes, als dass ein langer, schlaksiger Polizist durch die Tür trat. Sascha Schütt, zweiundzwanzig, gehörte zu der Saisonverstärkung. Man nannte es »Bäderdienst«. Insgesamt drei waren für die Wache in Wenningstedt abgestellt, zu deren Revier auch Braderup und Kampen zählten.

Frank zeigte mir den »Beritt« und nahm mich im Streifenwagen mit. Er war Mitte dreißig, rothaarig, klein, aber kompakt gebaut. Wir fuhren durch Kampens berühmte Whiskeystraße, die sich aber am Tage ganz normal aufführte, wenn man einmal davon absah, dass nicht Schlachter und Bäcker die Ladenszene beherrschten, sondern alle teuren Modelabels der Welt. Ich sah weder Peter Boehnisch noch Reinhard Mey, nicht einmal Mike Krüger, dafür von einigen die Häuser. Am hässlichen Riegel in den Dünen streiften wir hinunter Richtung »Strandhaube«, was Frank »den schönsten Blick von Sylt« nannte, zum Parkplatz am Kliff, und endlich passierte etwas: Eine trachtig gekleidete Dame beklagte sich, dass die gefährliche Stelle nicht abgesperrt sei. Frank ging auf sie ein, wies aber vorsichtig darauf hin, dass man schlecht die ganze Insel absperren könne, ein wenig sei auch die Verantwortung des … Aber die Dame dachte nicht nur an sich: »Ich spreche auch als Großmutter.« Frank machte darauf aufmerksam, dass zudem ein Schild vor den Gefahren warnte. Dieses Argument konnte sie stechen: »Aber letztes Jahr war es ganz zugewachsen!« (Sollte mich jemals jemand fragen, was der Unterschied zwischen Deutschen und Dänen sei: Sie war mit Sicherheit keine Dänin.)

Kampen war kein heißes Pflaster. Trunkenheit am Steuer kam vor. Nächtliche Ruhestörung. Parken in zweiter Reihe. Die meisten Einbrüche erwiesen sich jedoch als technischer Fehlalarm. Aber von der Klientel her war Kampen am schwierigsten, viele der ausgelassenen, »reichen Söhne wähnen sich im rechtsfreien Raum«. Das passierte an diesem Nachmittag nicht. Wie so vieles anderes.

Frank musste über den Hindenburgdamm nach Hause und ich zum Sonnenuntergang am Kliffkieker. Und in die Buchhandlung, um mich zu bilden. Wir verabredeten uns für den Dienstbeginn – am Bahnhof.

Ich setzte mich beim Kurmittelhaus mit Kurkarte und Buch in einen kostenfreien Strandkorb. Der kleine Wenningstedt-Führer zählte nicht nur die Einwohner (1485), die Gästebetten (6897) und das Spitzenjahr 1995 mit 114000 Gästen auf, sondern setzte den Seebadbetrieb auf Sylt auch in den historischen Kontext: Nach dem Sieg über die Dänen 1864 und zwei Jahre später gegen Österreich kam »eine Reise in den nordwestlichsten Zipfel des von Preußen dominierten Norddeutschen Bundes einer patriotischen Tat gleich ... Als dann 1871 auch noch der Deutsch-Französische Krieg für die deutsche Seite entschieden wurde, flossen Millionen von Goldmark als Kriegsentschädigung in das neu gegründete Deutsche Reich.« Und etliche Investoren entschieden sich – in der »Gründerzeit« eben –, Hotels auf Sylt zu gründen.

Gebaut wurde nach wie vor. Das konnte ich am nächsten Morgen um sieben vor dem Bahnhof von Westerland sehen. Maurer, Maler und Gartenbaubetriebe warteten mit ihren Firmenwagen, um die Plätze in den Doppelkabinen mit Pendlerkollegen aufzufüllen. Ohne Kräfte vom Festland könnte auch der Dienstleistungs- oder Servicesektor nicht funktionieren. Achttausend Einwohner, darunter Kinder und Greise, konnten schwerlich achtzigtausend Gäste bedienen. Umgekehrt war Wohnraum Luxusware. Das zwang viele Normalsterbliche von der Insel und zum Pendeln. Frank war dabei, sich auf dem Festland ein Haus zu bauen – auf Sylt wäre das mit einem Polizistengehalt undurchführbar.

In Wenningstedt gab es feste Zeiten für den Publikumsverkehr. Die inoffiziellen hatte ein Scherzbold auf dem Flur ausgehängt: »Wir öffnen meist um acht oder neun, manchmal auch schon um sieben oder um zwölf.«

Nachts gab es eine gemeinsame Streife der Außenposten, die von Westerland die Einsätze erhielten.

Im Laufe des Tages kam nur ein Publikumsverkehr, und ich dachte, es sei ein Sketch mit Diether Krebs. So sah der Kurgast obendrein aus. Er fragte nach einem Schlüsselbund, das er im Vorjahr verloren hatte. Den negativen Bescheid trug er mit Fassung: Er habe sich schon neue nachmachen lassen.

Sascha begleitete ich zu drei Einsätzen. Er stammte aus Eutin, war dort auch auf die Polizeischule gegangen, wäre aber genauso gern Landwirt geworden, wenn das heute noch seinen Mann ernähren würde. Er war auf eine zurückgenommene, fast schüchterne Weise straight. Vor die Wahl gestellt, zur Einsatzhundertschaft, die zu Demonstrationen ausrücken musste, oder in den Bäderdienst zu gehen, hatte er sich für Sylt entschieden: »Die Sonneninsel, sag ich mal …« Unser heißester Fall drehte sich um die abgelaufene Versicherung eines abgestellten Anhängers für den Bierausschank. Aufgrund mehrfachen Besitzerwechsels lernte ich viele Örtlichkeiten um den Flugplatz kennen, darunter einen Getränkegroßhandel, wo man den jungen Polizisten anfangs nicht ganz ernst nehmen wollte. Sascha gab nicht auf. Wir fanden die rollende Theke vor den Dünen von Wenningstedt, bei der ehemaligen Segelfliegerschule, wo in einer Halle im Winter 15000 Strandkörbe gelagert werden konnten. Ein Teil der Anlage wurde als Wohnraum für Angestellte der Kurverwaltung genutzt. Auch Sascha war hier untergebracht. Sozusagen gleich am Tatort.

Die Nachtstreife sollte Sascha mit dem Kollegen aus Hörnum fahren. Ich hinten. Bis dahin hatte ich Zeit, meine Ortskenntnisse um das Kurmittelhaus herum zu erweitern. Und mit Mamadou zu reden. So hieß der Farbige, der an der Ticket-Luke saß und sich den ganzen Tag bestaunen ließ. Ganz oft, erzählte er, gingen die Leute vorbei, stutzten und machten ein paar Schritte zurück, um zu gucken, ob sie auch richtig gesehen hätten. Er kam aus Togo, war als Asylbewerber vor neun Jahren zuerst in Mecklenburg-Vorpommern gelandet und schon etliche Zeit auf Sylt. Seit drei Jahren hatte er den Job in der Kurverwaltung, der in der Zeitung ausgeschrieben war. Vorher hatte er bei Spar gearbeitet, wo er beschloss, sich nur noch Mamadou zu nennen, statt sich bei seinem Vornamen rufen zu lassen: Bello.

Die Leute seien meist freundlich, aber suchten keinen Kontakt. Auf der Straße wüssten viele nicht, wie sie ihn ansprechen sollten. Schwarz gleich Englisch. Oder? In seiner Heimat hatte er als Journalist gearbeitet. Das war wegen der Militärdiktatur heikel und gefährlich. Deutsch konnte er nicht, als er kam. Dafür sprach er ausgezeichnet.

Er fand, Sylt sei kein guter Platz für Integration. Man könne wenig lernen. Die Kurgäste seien nach seiner Erfahrung häufig schlecht informiert. Ihr Afrikabild sei durchs Fernsehen geprägt: Hungersnot und Katastrophen. Darüber hinaus: »Den Kaffee, den sie trinken, wissen sie nicht, dass aus Afrika!« An den Strand ging er nicht; lieber zu Hause ins Internet. Er mochte Berge sowieso lieber als das Meer.

Ehrlich gestanden, wusste ich selbst nicht, ob es in Togo Berge gibt.

Im Haus an der Kreuzung bekam ich Abendbrot. Wo jetzt die Küche war, hatte sich über viele Jahre die Wachstube befunden. Die Kollegen holten mich zur Streifenfahrt ab.

Wir wurden nach »Sansibar« gerufen, was so weit draußen lag, dass die Unfallgegner lange warten mussten, bevor wir im Licht der untergehenden Sonne auf dem Dünenweg eintrafen. Auf dem improvisierten Parkplatz des Bistros für Betuchte hatte ein Pharmareferent ein Taxi angefahren. So sah es der Taxifahrer, und einiges deutete darauf hin, dass er Recht hatte. Sascha machte Fotos. Ob die schöne Begleiterin des Medizinmannes seine Gattin war oder seine Referentin, konnte ich nicht in Erfahrung bringen, weil ich unter Schweigepflicht stand.

Der Polizist für Hörnum und umliegende Dünen konnte nicht am Feuerwehrball im Heimathafen teilnehmen, weil er Nachtschicht hatte. Deshalb ließ er sich nur kurz in Hörnum blicken. Aus sozialen Gründen und präventiven. Er hatte (noch) nichts versäumt. Die Bootshalle war ganz geschmückt, aber nur zu einem Drittel gefüllt. Wir nahmen symbolisch einen kräftigen Schluck Antialkoholisches. Vom Hafen konnte ich Föhr und Amrum sehen und wurde fast verrückt, so nahe waren die Inseln. Und nur anderthalb Stunden brauchte die Fähre nach Helgoland.

Nach ihren Zeiten für Bundeswehr – oder Marine – standen die Kasernen am Ortsrand seit zehn Jahren leer. Im Zweiten Weltkrieg war Sylt zur Festung erklärt worden.

Die Mannschaftsstärke in der Wache in Westerland war üppig. Es gab kaum Einsätze und keinerlei Sensationen: Meine Anwesenheit garantierte ungewöhnliche Ruhe. Dann wurden wir doch noch gebraucht. Auf einem Campingplatz in südlicher Richtung wurde eine junge Frau von ihrem ehemaligen Lebensgefährten bedroht. Der war kurz zuvor schon einmal auffällig geworden, in gleicher Sache. Er galt als gewaltbereit. Es war dunkel. Als wir eintrafen, hatte er sich ein Taxi kommen lassen. Die Polizisten sprangen aus dem Wagen. Ich wollte es ihnen gleichtun, konnte aber nicht wegen der Kindersicherung. Erst als sie mit ihm fertig verhandelt und ihn mit dem dringenden Rat, den letzten Zug Richtung Hamburg zu nehmen, ins Taxi gesetzt hatten, befreiten sie mich. Wir fuhren zum Zelt des Mädchens. Sie war wirklich verängstigt – machte sich aber auch Sorgen wegen ihres weiteren Verbleibs auf dem Platz: Ihre persönlichen Beziehungen strahlten nicht gerade Ruhe aus. Sie kam aus dem Hamburger Umland, wollte sich auf Sylt Arbeit suchen »und ein neues Leben anfangen«. Sie wirkte auf mich tief naiv.

Der verschmähte türkische Exfreund war der Polizei bereits wegen aller erdenklicher Delikte, darunter auch durch Handel mit harten Drogen, bekannt. Sein Vorstrafenregister sollte, so wie ich es verstand, lang sein.

In der Stadt herrschte Ruhe. Auf der Wache wurde Kaffee gekocht. Der Einsatzleiter an den Telefonen thronte wie ein Amtsrichter erhöht.

Dann wurde Verstärkung gebraucht für einen delikaten Fall: In einem sozial schwächeren Stadtteil musste die Wohnung einer möglichen Trinkerin geöffnet werden, die dort lange in ihren Exkrementen gelegen hatte. Zustand ungewiss. Man stellte mir den Einsatz frei. Wir irrten etwas umher, bis wir die richtige Hausnummer und die anderen Fahrzeuge fanden. Einer der Sanitäter verteilte Gummihandschuhe an jeden Polizisten. Es roch nicht so stark und war nicht so verschmiert und verdreckt wie angekündigt, aber ein sehr trauriger Anblick. Die ältere Frau war ansprechbar, jedoch in desolatem Zustand. Sie wurde in einem Tuch aus der voll gestellten Wohnung bugsiert und in ein Krankenhaus gebracht.

Auf der Streifenfahrt in der Mitte der Insel wurden wir nach Sylt-Ost gerufen. Zwischen Keitum, Morsum und dem Anfang des Damms erweiterte sich das Land zu landwirtschaftlichen Flächen. Auf einer kleinen Straße durch die Wiesen bei Achsum war ein freilaufendes Pferd gesehen worden. Schließlich entdeckten wir es mitten auf der Fahrbahn. Die Scheinwerfer wurden ausgemacht. Das war Saschas Fachgebiet. Vorsichtig ging er Schritt für Schritt auf den nervösen Braunen zu. Ich entfernte mich lieber in die andere Richtung, weil ich pferdescheu bin. Sascha redete auf das Tier ein, das versuchte, über den Weidezaun zu gelangen. Er bekam es am Halfter zu fassen und konnte es halten und beruhigen. Der Besitzer des Stalls kam gefahren. Mit der Taschenlampe besah er sich den Schaden: Das einjährige Fohlen hatte sich am linken vorderen Kotflügel wehgetan und am Bein eine offene Wunde. Einsatz erfolgreich.

Es war gegen zwei. Mir schien die Episode mit dem Pferdeflüsterer ein passender Abschluss. Sascha sagte, dass er Pferde nicht mochte; er hielt sie für hinterhältig. Umso bewundernswerter. Zu der gemeldeten Ruhestörung fuhr ich deshalb gar nicht mehr mit, sondern wechselte das Fahrzeug. Als ich an der großen Kreuzung nach rechts, Richtung Fähre, einbiegen wollte, näherte sich ein Unfallwagen mit Blaulicht. Ich fuhr an den Rand und stieß beinahe mit dem Wagen eines Esseners zusammen, der damit nicht gerechnet hatte. Das wär's doch gewesen: »Kurgast verunglückte vor ehemaliger Polizeiwache: Er nahm selbst den Schaden auf.«

Mit dem Autozug wäre ich schneller gewesen. Das Retourticket und der Aufkleber der Fähre sprachen aber dagegen. Ich machte den Bogen über die Nachbarinsel und den befahrbaren Strand von Rømø, über den Straßendamm und nach Süden Richtung Nordfriesland und Husum. Ich widerstand den Verlockungen der Windparks im Friedrich-Wilhelm-Lübke-Koog genauso wie den anderen in der Wiedingharder Amts-Broschüre von Frank genannten Besonderheiten: »In dem 480 Einwohner zählenden Dorf Rodenäs waren in den siebziger Jahren nach einer Untersuchung der Uni Kopenhagen 28 Prozent der Bevölkerung fünfsprachig: Sie sprachen Hochdeutsch, Plattdeutsch, Friesisch, Hochdänisch und Plattdänisch.«

Husum, »die graue Stadt am grauen Meer«, war überhaupt nicht mehr grau, sondern moderat bunt oder aus roten Ziegeln. Um den alten Hafen herum hatte Husum einen fast englischen Touch. Es gefiel mir gut – nicht nur, weil mein Großvater mütterlicherseits von hier kam. Sein Name Retny stammte wiederum aus Posen in Polen. Unser Greve, wie Graf, geht angeblich auf holländische oder friesische Deichgrafen zurück. Ich müsste also eine Neigung zum Schaufeln und eine Vorliebe für Sturm in den Genen haben, was nicht der Fall war. Ahnenforschung interessierte mich nicht sonderlich, aber ich schaute dennoch ins Telefonbuch von Husum, fand aber keinen einzigen Retny. Ich war ausgestorben. In einem wunderbaren Antiquariat in einer Gasse hinterm Hafen fand ich stattdessen einen Canetti, Elias: den ersten Band seiner Erinnerungen, »Die gerettete Zunge«.

Hinter Wesselburen klarte es auf, und ich drehte bei Hedwigenkoog Richtung Außendeich ab, um einen Blick aufs Meer zu werfen – oder aufs Watt. Einige Autos standen hinterm Deich, Menschen rasteten auf dem von Schafen gedüngten Gras, Kinder spielten im Matsch, weiter draußen sah ich Wattwanderer. Zeit für Canetti.

Sehr kurze Zeit, denn das Wetter änderte sich schlagartig, die ersten Tropfen fielen, alle zogen sich in aller Eile an oder liefen halbnackt zu den Fahrzeugen. Es goss schon in Strömen und stürmte sehr heftig, bevor die letzten bei ihren Autos waren. Es blitzte. Ein Ende war nicht in Sicht, und alle setzten sich in Bewegung bis auf mich. Mir schien es unsinnig, bei dem Wetter zu fahren. Ich drehte das Auto lediglich in den Wind, weil ich ernsthaft Sorge hatte, dass der Sturm den relativ hohen und leichten Kastenwagen auf die Seite werfen könnte. Ich schaltete den Recorder ein. Es wurde eine sehr lange Natur-Aufnahme. Immer wieder rissen Böen am Fahrzeug, einige mit enormer Heftigkeit.

Regen und Sturm stabilisierten sich auf ein erträgliches Maß. In Büsum trug man Ölzeug, die Straßen schwammen noch, am Hafen packten die Händler zusammen. Mehr aus Verzweiflung über den hässlichen Badeort fuhr ich in den Industriehafen und hinaus auf die Spitze. Das Wasser stand bis Oberkante Mole, durch die enge Hafeneinfahrt trug die Dünung einen weißen Dampfer ins Becken, der sich dabei mal auf die eine, mal auf die andere Seite legte. Ich beobachtete das Manöver. Als er festgemacht hatte, standen an beiden geöffneten Türen die Menschen, aber nur für die eine gab es eine Gangway. Die andere hatte sich hinten auf dem Parkplatz in ein paar Autos gerammt. Ein Wasserpolizist ohne Boot nahm den Schaden auf und gab dann die Tatwaffe frei. Die Passagiere hatten keine so gute Überfahrt von Helgoland gehabt. Nicht weit vom Roten Felsen hatte der Orkan das Schiff einmal heftig auf die Seite gedrückt. Auf dem Kai entdeckte ein Mann von der Reederei eine Abdeckplatte von einem Strandkorb, die der Sturm vom Vordeich einmal über das ganze Hafenbecken getragen haben musste. Sie hätte leicht jemanden enthaupten können. Der Marketing-Mann hatte eigentlich frei und war nur aus Interesse gekommen. Nun konnte er gleich den Fall mit den Haltern der Fahrzeuge korrekt abwickeln. Sie bekamen als Zugabe Freikarten. Er gab mir auch eine. Vielleicht bestand morgen endlich die Chance, auf den Felsen in der Deutschen Bucht zu kommen.

Der Sturm hatte auch einen Verkaufsstand ins Hafenbecken

befördert. Eingewehte Segler lagen am Kai auf der Stadtseite. Ich fragte einen Freizeitskipper aus Meldorf, ob er den dortigen Apotheker kenne. Wir fanden heraus, dass ich den aus St. Michaelisdonn meinte. Vorteile der Provinz. Ich bekam dafür ein Bier und die hinterhältige Frage aufgetischt, ob ich denn nie vorher den Canetti gelesen hätte.

Ein Klugschnacker – in Dänemark »Bollwerksmatrosen« genannt – behauptete, dass die Wasserschutzpolizei kein Geld für Treibstoff habe: »Die werfen nur noch sonntags die Maschine an, um von Helgoland Sprit und Zigaretten zu holen.«

Es stürmte noch so heftig, dass es einem fast die Autotür wegriss, Äste lagen auf der Straße. Ich glaubte nicht so recht an eine gesegnete Überfahrt nach Helgoland, wenngleich ich selbst seefest war. Ich schlug mir Helgoland vorläufig aus dem Kopf.

Von Büsum waren es vielleicht zwanzig Kilometer nach Meldorf, das sich mittlerweile sieben Kilometer von der Nordsee entfernt hatte: Die Eindeichungen beraubten einige Häfen entlang der Küste ihrer einstigen Bedeutung. Deiche dienen nicht nur dem Schutz, sondern auch der Landgewinnung.

Das Neuland in den Kögen wirkte meist nicht besonders charmant. Auf mich. Dithmarschen auch nicht. Südlich von Meldorf näherte sich von Osten der hohe Geestrücken und machte dem flachen Einerlei auf der Seite ein Ende.

Der Apotheker von St. Michaelisdonn sah das so: »Die Landschaft ist zu jung, um eine Historie zu haben.« Nach Westen hin, über Marne bis zum Kaiser-Wilhelm-Koog oder bis Friedrichskoog schaffe die Marsch ihre eigene Atmosphäre. Dazu das Wetter. Die Dunkelheit im Winter. »Nebel hat seine eigene Akustik«, sagte er. Nichts für Schwermütige, es könne auf die Psyche schlagen. Er kenne einen Arzt, der nie ohne ein scharfes Küchenmesser losfahre, weil er allzu häufig jemanden vom Strick schneiden müsse. Viele Höfe lägen einsam. Das sei so. Ich glaubte ihm das, zumal er selbst aus Ostfriesland stammte und nicht etwa aus Berchtesgaden.

Sein Bruder, ein Freund von mir, wohnte in Dänemark. Daher kannte ich ihn und seine Frau. Ich hatte hier einmal gelesen – oder in Meldorf. Ich konnte es nicht erinnern, vielleicht war es neblig gewesen. Seine Mutter wohnte bei bester Gesundheit weiterhin in der Nähe von Aurich. Die wollte ich vielleicht besuchen. Was er von Ostfriesland erzählte, klang fast verlockend. Ich fühlte mich für die Fahrt motiviert.

Pfingsten war vorbei und die »Dithmarscher Zeitung« voller Katastrophenmeldungen nach dem Orkan: Auf der Elbe vor Brokdorf kenterte eine Yacht. In List auf Sylt war ein Urlauber von seinem umstürzenden Wohnmobil erschlagen worden.

Ich ordnete die alten Zeitungen, um den Artikel über die Sprachminderheiten zu finden und stieß stattdessen bei dem Bericht über den vor einer Woche vor Bornholm gesunkenen chinesischen Frachter wieder auf das »Havarie-Kommando in Cuxhaven«. Ich legte mir die Seite raus.

In Brunsbüttel konnte man am Nordufer des Nord-Ostsee-Kanals auf Bänken sitzen, den Schiffsverkehr aus aller Welt beobachten und dabei preisgünstige Spirituosen verzehren, weil Aldi nicht weit war. Etliche taten das, einigen von ihnen schien das auf Dauer nicht gut zu tun. Im Wartehäuschen tagten ebenfalls einige Zecher. Ich notierte mir für eine fernere Zukunft als Reportagethema: »Kanal voll – Trinken an der Schleuse«. Auch auf der Pontonfähre über den meistbefahrenen Kanal der Welt überwog der Anteil derer, die sozial gesehen nicht zu den Bevorzugten zählten.

Auf dem Kai am anderen Ufer stand ein abgehängter Campingwagen, daneben ein Wagen vom ADAC. Der gelbe Engel saß mit einer Frau an einem Tischchen davor. Sie tranken Kaffee. Wunderbare Szene. Ich fuhr hin. Sie sah aus wie eine Weissagerin. Der ganze Hänger war voller Gerümpel. Ein Reifen war geplatzt, ihr Freund gerade unterwegs, um Ersatz in der passenden Größe zu finden, damit der Helfer weitermachen konnte. Auf dem Tisch stapelten sich Lebensmittel. Sie fand völlig selbstverständlich einen Becher für mich, und ich setzte mich dazu. Es handelte sich um eine sehr verfeinerte Form des wilden Campens in bester Lage. Blick auf die Schleusen: Von hier fuhren die Schiffe, die von der Kieler Förde kamen, in die Elbmündung. Von der Ostsee in die Nordsee – und natürlich umgekehrt.

Als der Reifen eingetroffen und der ADAC mit der Arbeit fertig war, setzte sich stattdessen ihr Freund dazu, um zu frühstücken. Es war wie eine Szene aus einem englischen Film in der Richtung Stephen Frears. Die Wasserschutzpolizei kam gefahren, aber nicht unseretwegen, sondern um an Bord eines kleinen Frachters zu gehen, der an den Kai gerufen worden war, weil er die Kanalböschung gerammt hatte. Ein paar Zivilorgane kamen noch dazu, und Schaden, Schiff und Schiffsführer wurden untersucht. Die Matrosen sprachen Russisch, der Heimathafen war St. Johns auf den Bermudas, der Name allerdings »Helga« – die, wie man noch schwach sehen konnte, vorher »Hanne« hieß und aus Nordenham stammte. Wir mussten den Tisch nur etwas rücken, damit die Trosse festgemacht werden konnte. Sie riss mit einem Knall.

Meine unbeeindruckbaren Gastgeber hatten gerade mit mäßigem Erfolg die Pfingstflohmärkte in Nordfriesland abgeklappert, waren aber guter Dinge, was die Zukunft anging: Sie hatten nicht nur weiterhin einen ganzen Campingwagen voller Ware, sondern auch viele gute Ideen: von Seminaren »Ich bin eine wertvolle Frau« (Bitte eigenes Zelt und Verpflegung mitbringen) bis zum Verkauf von magischen, selbst bemalten Steinen. Ich kannte mich da nicht so aus, aber laut ihrem Auto stand Näheres unter www.crumlechcircle.com. Ich bekam einen der Steine als rituelles Gastgeschenk und erwiderte die Geste mit einer selbst gemalten Postkarte.

Meine kulturtechnischen Fertigkeiten reichten leider nicht aus, um herauszufinden, ob die Fähre von Brunsbüttel nach Cuxhaven noch fuhr, und ich setzte deshalb die Fahrt bis kurz vor Glückstadt fort, um bei Wischhafen über die Elbe zu setzen.

Brokdorf lag da wie eine bemooste Moschee – von Windmühlen umgeben. Nicht weit hinter dem größtmöglichen Störfall kam in einem Bogen die Stör selbst und floss, wenn das Sperrwerk es wollte, in die Elbe. Dies waren Landschaften, die ich kannte und mochte. Flach, aber nicht so gottverlassen, sturmerprobt, aber nicht windverblasen; im Frühjahr und Sommer fast lieblich – jedenfalls für einen Hamburger.

Vier Pontonfähren verkehrten permanent von und nach Wischhafen, dennoch gab es eine lange Warteschlange. Als ich endlich bis nach vorne vorgerückt war, sah ich vor dem Imbiss-Container mit dem euphemistischen Namen »Happy Town Beach Club« meine beiden crumlechcircle-coms sitzen und in der Sonne träumen. Vier Veteranentraktoren mit Freizeitanhängern rollten gerade an Land.

7,50 Euro kostete die halbstündige Überfahrt, was in einem angemessenen Verhältnis zum Gebotenen stand: die Elbe in ihrer vollen Breite. Von Schleswig-Holstein, dem »Land der Horizonte«, nach Niedersachsen, dessen Landesslogan ich noch nicht kannte, dessen Ausmaße mich aber ein wenig schreckten: Ein paar hundert Kilometer Küste und dann noch ein weiteres gutes Stück von Emden, entlang der holländischen Grenze, nach Süden musste ich noch absitzen – und abliegen –, bevor ich langsam anfangen konnte, mich auf Maastricht und Mechelen zu freuen.

Ich war bald zehn Wochen unterwegs – sehr nah der Heimat, aber fern der Liebsten –, und die Lust am Notieren, Memorieren und Fotografieren ließ merklich nach. Was allerdings Kilometer für Kilometer blieb: die Freude zu schauen und die gleich bleibende Lust, auch noch hinter der nächsten Kurve etwas zu entdecken.

»Ich habe viel gelernt an diesem Tag«

Das niedersächsische Ufer war lieblicher, grüner, baumreicher, es tauchten wieder Fachwerk auf und weiß gestrichene Zäune und Tore.

Hinter Freiburg an der Elbe entdeckte ich im alten Neuhaus an der Oste eine urgemütliche Pinte, in der ungeheuer viel gelacht und vom Erzeuger frisch geräucherter und mitgebrachter Schinken sofort probeweise an alle Anwesenden verteilt wurde. Die Flaschen knöpfte Anuk, ein gut gelaunter, assimilierter Ausländer, auf, der zu der alten, einheimischen – und sehr schlagfertigen – Wirtin »Mutter« sagte.

In Otterndorf stieg ich nur kurz aus, aß ein Eis und beobachtete den Durchgangsverkehr auf der B73. Keine hundert Kilometer nach Hamburg.

Weit vor Cuxhaven wich die Gemütlichkeit der organisierten Erholung in Form von Campingplätzen und verglasten Abspeisungsstellen auf dem Deich. Passend zur Tristesse und der Dämmerstunde setzte ein Regen ein, der mit jedem Kilometer durch neue Hafenanlagen und über Betonstraßen zunahm.

Ich zog mich unter eine Laterne in den alten Fischereihafen zurück. Vor mir wenige Kutter, auf der anderen Seite des Beckens ein langer Riegel von gemauerten Schuppen und gleich neben meinem Bett ein Fischrestaurant. Auf dem Geländer der Terrasse schlief die weiße Möwe La Paloma. Eine Polizeistreife wachte mehrfach über meinen Schlaf.

In den Schuppen verkauften Fischgrossisten auch en detail, ohne Fisch, dafür mit Ei: Ich nahm das »Matrosen-Frühstück« und studierte dabei den »Weg des Seefisches vom Fangplatz bis zur Hausfrau«, der stets von Eis begleitet war. Und, wie man sehen konnte, auch von den Fahrzeugen der Fischereiaufsicht und der Seenotrettungsgesellschaft.

Das brachte mich wieder auf das Unglück auf See. Der Grossist vermutete die recht neue »Havarie-Kommission« in einem bestimmten Gebäude am Rande des Hafens, was mich durch alle Etagen des Arbeitsamtes führte, bis zu einem Zimmer, an dem etwas mit Europa stand. Ich war völlig falsch, aber durch das geöffnete Dachfenster wies mir der Europa-Mitarbeiter den rechten Weg: Die »Havarie-Kommission« versteckte sich weit drüben irgendwo im Komplex des »Wasser- und Schifffahrts-Amtes«, vor dem passenderweise ein ausgedientes Feuerschiff lag. Im WSA selbst war der Weg zur Pressestelle sogar ausgeschildert, und man vermittelte mir sofort das Gefühl, sehnlichst erwartet worden zu sein. Tatsächlich:

Herr Nuske, ehemaliger Pressesprecher der Wasserschutzpolizei in Bremerhaven, und sein Kollege verbreiteten Aufbruchstimmung. Sie verwalteten kein totes Wissen, sondern waren gleichberechtigter Teil eines Etablierungsprozesses. Sie wirkten regelrecht aufgeregt. Bei »komplexen Schadenslagen« seien sie »Stabsbereich 4: Presse und Öffentlichkeitsarbeit«. Dann liefen bei ihnen die Telefone heiß. Die Öffentlichkeit habe ein Recht auf Information. Noch steckte alles so sehr in den Kinderschuhen, dass sie am Ernstfall nicht ernsthaft interessiert waren. Sie überreichten mir eine Menge Papier, was mir aber zu leblos schien, um ein Verständnis für Begriffe wie »Sonderstelle des Bundes und der Küstenländer« zu entwickeln.

Ich wollte nicht gerade eine Havarie, aber vielleicht den einen oder anderen, der irgendetwas »tat«. Das wurde gleich in die Wege geleitet. (Ebenso eine Anfrage in Bremerhaven bei Nuskes Nachfolger, weil mich – ganz aus dem Zusammenhang – auf einmal die Sehnsucht überfiel, dort auf einem Boot der Wasserschutzpolizei mitzufahren.)

Auslöser für die Etablierung dieses übergeordneten Organs, das bei »außergewöhnlichen Schadensereignissen eine einheitliche und strukturierte Führung« sichern konnte, war die Havarie der »Pallas« 1998 vor Amrum gewesen, bei der »Abstimmungs- und Koordinierungsmängel offen zu Tage« getreten waren. Bevor der Kompetenzwirrwar durchdrungen und die

Behördenzuständigkeiten geklärt seien, vergehe zu viel kostbare Zeit. Mein Eindruck war: Hier sollten statt Schiffen Behörden versenkt werden.

Wir gingen in einen höheren Stock eines Büroturms auf dem Gelände durch den unbesetzten Raum für den Notfall in den bemannten für den Alltagsbetrieb, das »Maritime Lagezentrum« für Nord- und Ostsee. Hier liefen alle relevanten Informationen zusammen. Ich erkundigte mich, ob sie schon wüssten, dass gestern »Helga« alias »Hanna« die Böschung im Kanal gerammt hatte. Natürlich!

Ein paar zivile Mitarbeiter und ein Beamter der Wasserschutzpolizei saßen vor ihren Schirmen. An der Wand mannshohe Seekarten, auf die im Handbetrieb die Positionen der Schiffe der »befreundeten Behörden« gesetzt wurden: grau für den BGS, blau für Polizei, grün für den Zoll, rot für die Fischereiaufsicht, gelb für Tonnenleger. Die Landesgrenze war zwar eingezeichnet, aber »im Wasser imaginär – Öl kennt keine Grenzen. Sechzigtausend Liter Schweröl vor Helgoland – na dann gute Nacht.« Dann gäbe es auf unabsehbare Zeit kein Wattenmeer mehr.

»Alles über fünfzig Kubikmeter Öl ist eine Komplexe Schadenlage.« Es ging auch um Vorinformationen über Schiffe mit gefährlicher Ladung. »Die ersten Minuten sind die entscheidenden.« Und der unmittelbare Zugriff auf Hilfsmittel und Helfer. In Cuxhaven war die »Neuwerk« beheimatet, ein Vierzig-Millionen-Euro-»multipurpose«-Schiff, das neben Löschen, Schleppen und Eisbrechen auf die Bekämpfung von Schadstoffen spezialisiert war. »Küstenwache« stand groß an der Seite.

Alle Zivilen hatten Kapitänspatent und waren jahrelang zur See gefahren, bevor sie Berufe ausgeübt hatten, die weiterhin mit dem Metier zu tun hatten: Der eine war zehn Jahre Hafenlotse in Hamburg gewesen, bevor ihn eine Knieverletzung zwang aufzuhören. Er hätte in Pension gehen können. Hier verdiente er ein Viertel dessen, was er als freier Lotse – und bei sehr favourablen Arbeitszeiten – nach Hause gebracht hatte.

Der andere war selbständig gewesen. Alle gewohnt, souverän entscheiden zu können. Im Ernstfall, wenn hier »die Einschläge im Minutentakt« kämen und eine enorme Dynamisierung der Dinge stattfinde, sei das von Vorteil. Aber besonders dazwischen arbeiteten sie – nach ihrem Geschmack – noch viel zu viele Vorschriften ab. Der Konflikt zwischen konsens- und führungsorientiert sei nicht aufgelöst.

Im alten Fischereihafen hatten erheblich mehr Schiffe festgemacht. Auf dem einen prangte ein – erschöpfend ausgeführter – Protest gegen alles, was den Fischern Leben und Arbeit schwer machte: »Flussvertiefung – Off-shore-Strom – Nationalpark. Vierzig Prozent aller Krabben in Europa werden von deutschen Kuttern gefangen. Wie lange noch?«

Um den einen der Nationalparks im Norden Cuxhavens aus der Ferne zu sehen, musste ich Trabantenstädte durchfahren, die sich selbst als Ferienorte verstanden wissen wollten. Je mehr Stockwerke, desto größer die Erholung. Ich hatte das geahnt. Aber dann schimmerte weit draußen im Watt die Silhouette von Neuwerk, dem kleinen Hamburger Vorposten. Wie Saint-Malo auf dem feuchten Spiegel schwebend.

Ebbe: Scharen von Wanderern befanden sich auf dem Rückweg, ein Urlaub am Nordseestrand spielt sich die Hälfte der Zeit als Fußmarsch durch Modder ab. Die andere Hälfte zwischen Costa-Brava-Bauten. Ich schickte wärmste Gedanken nach Mecklenburg-Vorpommern und entschuldigte mich im Geiste nachträglich bei Ahlbeck.

Die Orte wirkten mehr gewürfelt als gebaut. Dorum gehörte zur Samtgemeinde Wursten. Durch einen Strom von Radlern und Müttern, die die Schaufeln ihrer Kinder tragen mussten, kämpfte ich mich über den Deich: Ich konnte nicht ausmachen, ob die weißen Punkte in der Ferne Möwen oder Campingwagen waren. Auch die Fun-Park-Natur-Kurverwaltung hatte man auf das Deichvorland geschmissen, und für ganz Ausgelassene gab es neben einem Kleinhafen eine Piazza mit Buden, wo man zur

Wurster Hafenmelodie Wurst oder auch »Wurster Fischwaren« essen konnte. Fellini hätte der Szenerie ihr inneres Geheimnis entlocken können. Ich nicht.

Ich war froh, als am Horizont rot-weiß-blaue Ungeheuer die Bäume überragten und damit der Wursterei ein Ende machten: Das konnte Bremerhavens Container-Terminal sein.

Ich war bei der Wasserschutzpolizei in Bremerhaven angemeldet. Dachte ich. Wie meist, wenn ich nach üblichen Verfahrensweisen vorging, lief etwas schief: Die Anfrage aus Cuxhaven war nicht zu den relevanten Stellen durchgedrungen. Man reagierte flexibel auf meinen Überfall und schickte mich zum obersten Entscheider: dem Inspektionsleiter Gerhard Schulze, Polizei Bremen, so stand es auf seiner wasserfesten Visitenkarte. Die Wasserschutzpolizei nahm auch die Ein- und Ausreisekontrolle wahr, der Grenzübergang war das Schiff selbst: »Wir sind das Erste, das sie von Deutschland sehen – manchmal auch das Einzige.« Er verstand das als Verpflichtung. Da das Meer eine EU-Außengrenze darstelle, bekämen etliche Seeleute nur einen auf Bremerhaven beschränkten Landgangsausweis. Aber wenn der Seemannspastor Schützlingen aus Übersee einen halben Tag Bremen zeigen wolle, bekomme man das auch irgendwie hin. Genauso flexibel versuchte man zu arrangieren, dass ich kurz an Bord eines der Containerschiffe, die am Kai lagen, kommen könnte.

Wir fuhren durch das Gate hinüber zu Halden mit abgedeckten Nobelkarossen. Mehrstöckige Parkhäuser ausschließlich mit BMW. Ich bewunderte den Hoffnungsträger für die USA, den bei Karmann in Osnabrück gefertigten »Crossfire« von DaimlerChrysler. Ein unförmiger hellblauer Autotransporter wurde von Hand und Fuß beladen: Im Sekundentakt fuhr eine Chauffeurs-Crew die Wagen an Bord, die Registrierung erfolgte per Strichcode. Weit über dreitausend Fahrzeuge hatten auf den hochbordigen Roll-on-Roll-off-Schiffen Platz. Deshalb war ich zwar nicht gekommen, aber mein Jungenherz schlug auf dem Millionenparkplatz höher als dann am Terminal beim Abfahren der Stadt aus farbigen Containern, zwischen denen teilautomatisierte Speziallader wie Ameisen wieselten und zielsicher ihre GPS-Aufträge ausführten, damit der 235 Meter lange Schiffsriese einer bekannten deutschen Großreederei innerhalb der eingeplanten achtzehn Stunden seine Ladung austauschen und die Fahrt nach Le Havre fortsetzen konnte. Ich ging mit zwei Beamten über die Gangway an Bord, und wir stiegen, an der Kombüse vorbei, in halbdunkle Büros im Keller, wo wir lange auf den Kapitän warten mussten. Das kam mir ungewöhnlich vor, bis mir einfiel, dass ich vermutlich eine Art von Blinder Passagier darstellte, dessen plötzliche Anwesenheit noch von höheren Stellen abgesegnet werden musste. Der Kapitän richtete auch diesbezüglich kühle und klare Worte an mich. Er wusste sehr gut, wie man Autorität herstellt, und ich war entsprechend eingeschnappt. Als ob ich jemals etwas Schlechtes über eine deutsche Reederei geschrieben hätte. Nur um gute Miene zum Spiel zu machen, blätterte ich in einem länglichen Kästchen mit Pässen aus aller Welt – sehr viele von den Philippinen – und warf einen Blick auf die Mannschaftsliste. Dann ließ ich ihn fahren, erstaunt darüber, dass sich die Privatwirtschaft weit weniger geschmeidig – oder jedenfalls elegant – zeigte als eine deutsche Behörde. Der letzte Blick von der Brücke über den Berg von Containern war auch mein erster: Der Wunsch, das alles einmal aus der Nähe zu sehen, war fast so alt wie der, einmal nach Helgoland zu fahren. Ich konnte also ganz zufrieden sein. Nur die Namen von Schiff und Reederei strich ich aus Gründen des Haftungsausschlusses und aus Trotz aus meinem Block. Ich war eben doch ein typischer Deutscher: emotional eskalativ, wenn man mich nicht zu nehmen wusste.

Es war wieder sehr heiß. Für 4,50 Euro setzte ich mit der Weserfähre zur Industriekulisse von Nord-Nordenham, der einstigen Heimat von »Helga«, über, verlor mich aber schnell auf einer kleinen Straße in grünen Wiesen und Pferdekoppeln von Butjadingen, das einmal in grauer Vorzeit eine Insel gewesen war.

Vom kleinen Fischereihafen in Fedderwardersiel fuhr die »Wega« ins Watt, was sie bereits ohne mich getan hatte, und ich begnügte mich mit dem Gezeitenmodell im Museum und Nationalparkhaus. Auf Knopfdruck wurde mir – und zwei Radlerpaaren aus dem Schwäbischen (nur elf Tage hatten sie in den Norden gebraucht) – am wässerbaren Spielzeugdeich das Prinzip von Ebbe und Flut gezeigt. Zur Simulation drehte sich der Mond bis zur Springtide, einem »besonders hohen Hochwasser«. Wir wurden wirklich ernst genommen, denn die Stimme sprach uns ganz persönlich an: »In der Natur draußen werden Sie nun feststellen, dass nicht am selben Tag, wenn Vollmond ist, auch die Springtide einsetzt, sondern bis zu zwei Tagen später. Wie erklärt man sich das?« Wir schwiegen betreten. »Aufgrund der Stellung des Mondes im Weltraum wirken seine Anziehungskräfte vornehmlich auf das Gebiet des Indischen Ozeans. Von dort benötigt die Flutwelle etwa zwei Tage, bis sie in der Nordsee eintrifft.« Aus technischen Gründen kam eine richtige Sturmflut erst am Ende. Wir wurden mit der Hoffnung entlassen, »dass Sie ein wenig verstanden haben«. Ich entspannte mich allerdings erst, als ich mir den kompletten Text für »10 ct« an der Kasse kaufen konnte.

Vorm Lebensmittelladen hing eine Auswahl von holländischen Holzschuhen, und in einem Gartenlokal zum Meer filmte der Vorstand einer vierköpfigen Familie aus Sachsen Richtung Bremerhaven mit Schwenk in die weite Welt, in die sich gerade der hellblaue Autotransporter aufmachte, den er »Frochder« nannte. »So, erstmol den Gämbingwogn, so, dann Äbbä un Fluud, so, dän Frochder, und nochemol Äbbä un Fluud.«

»Einer der ganz alten Schankwirtschaften, die zum Teil eine jahrhundertealte Tradition haben, ist in Waddewarden zu finden«, las ich in der Gaststätte »To'n Schlagboom«, die ich in Waddewarden gefunden hatte. Vor der Tür stand ein altes Schilderhaus, und der Matjes war so zart wie Tofu. »Der Wirt war in früheren Zeiten verpflichtet, den Schlagbaum zu bedienen.«

Heute hielt er dagegen »Lustige Fischseminare« ab, wozu als »besonderer Bonbon die Zaubereinlagen mit Rolandos Magic Show« zählten. »Wir haben viele gute Ideen …«

Aber eine wirklich interessante Nachricht las ich auf dem Weg zum Klo: Am nächsten Tag würde vom nahen Hooksiel »CatNo1«, die »schnellste Katamaran-Fähre in der Deutschen Bucht« nach Helgoland ablegen. Jetzt oder nie, dachte ich. Helgoland. Angeblich hatte Deutschland die Hochseeinsel mit den Engländern gegen Sansibar getauscht. Das stand sogar im »Ploetz«. Merkwürdigerweise war ich schon auf Sansibar gewesen, aber noch nie auf Helgoland. Die Insel gehörte zum Kreis Pinneberg. So viel wusste ich und wenig mehr: pollenfrei, Oberland, Unterland, Lange Anna. Auf Helgoland kannte ich niemanden außer einer Fotografin, die ich auch nicht kannte. Vor einigen Jahren saß sie neben mir auf einem Flug von Frankfurt. Sie hatte auf einem Forschungsschiff wochenlang die Antarktis bereist und war einigermaßen aufgeregt, ob die Fotos etwas geworden waren. Auf ihrer Visitenkarte war eine Hummerbude abgebildet. Die Karte verschwand, aber das Bild konnte ich mir gut merken, weil es mich an James Krüss erinnerte: Hummerhütte, Lummenfelsen und Goldfisch Harry aus meinem Lieblingskinderbuch »Mein Urgroßvater und ich«.

Als ich es seinerzeit las, fuhren von Hamburg richtige Dampfer, die weißen Seebäderschiffe, zur Insel. Helgoland stellte also für mich lange eine Form von erreichbarer weiter Welt dar. Der Felsen im Meer taugte zum angewandten Träumen.

Hooksiel stellte das Freizeit-Wasser-Land für Wilhelmshaven dar. Es versteckte sich lang gestreckt hinter Büschen und Bäumen entlang einer endlosen geraden Betonpiste, und ich ließ es da.

Zwischen den Büschen, gleich am Deich und dicht an einem soliden Duschhaus am Strand, konnte ich mein Lager aufschlagen und den Wagen vermutlich auch tagsüber sicher stehen lassen. Hoffte ich.

Ich drehte mich mehrfach besorgt um, bevor ich mich morgens an Bord des roten Cat-Ungetüms begab. Es sah aus wie ein Motorboot, das nach einer Nacht im Wasser völlig aufgequollen war und dadurch Platz für 430 Passagiere bot. Drinnen halb Flugzeug, halb Parfümerie-Kette. Die technischen Daten wurden per Mikrophon anmoderiert. 12 633 PS verkürzten die einst mehrstündige Seereise zu einer mühelosen, fünfundsiebzigminütigen Horizontalfahrstuhlfahrt. Ich schaffte gerade noch das Frühstück – und andere waren kaum beim dritten Bier –, bevor der rote Felsen in der blauen See auftauchte. Gute vier Stunden Aufenthalt.

Ich erkundigte mich bei einer Einheimischen, die eine Ausstellung der DGzRS betreute, in der auch einige Tafeln zum havarierten Seenotrettungskreuzer »Adolf Bernpohl« hingen. (Das war 1967, »aber die Leute fragen immer noch danach«.) Im Pinneberger Telefonbuch in der Zelle auf der Mole fand ich den Nachnamen: Tadday. Die Nr. 36 der bunten Hummerbuden, eine Fotogalerie, war geschlossen, aber Verwechslungen wohl ausgeschlossen. Ich rief an und brachte damit ihre Planung durcheinander. Um Zeit zu gewinnen, verordnete sie mir eine einstündige Rundwanderung über die Insel nach ihren eigenen Vorgaben: vom Binnenhafen beim Hotel »atoll« um die Ecke an der »Biologischen Anstalt« vorbei bis zu dem Pfad, der beim Nordstrand aufs Oberland führt. An der Radarstation zum Lummenfelsen und auf dem Weg am Klippenrand wieder auf den Leuchtturm und den Ort zu. Ich hielt mich weitgehend an die Vorgaben, weil es auch kaum andere Varianten – es sei denn andersherum – gab. Ich hatte mir alles ein wenig größer vorgestellt und den Felsen felsiger, kerniger und roter. Aber Buntsandstein ist wohl bröselig. Viele der gehfähigen Tagesgäste machten denselben Weg, bestaunten die Trottellummen und Basstölpel, die in Scharen an der steilen Klippe hockten, flatterten, krakelten oder kackten. Andere bestiegen den 61,3 Meter hohen »Pinneberg«, um sich im Gipfelbuch zu verewigen. Das tat ich auch: Freitag, der 13. Ich rastete zwei Höhenmeter tiefer, von wo man alles überblicken konnte: die Dächer des Ortes, den moderne Kirchturm, die Rundwanderer, von denen einige dann und wann vor den niedrigen Informationskegeln stehen blieben, die aber alle – ohne Ausnahme alle – über den Klippenrand aufs Meer und auf die Vogelkolonie guckten. Die Luft fühlte sich sehr gut an, ich bekam Lust, länger zu bleiben.

Die Infotafeln am Weg erzählten, was man nicht sehen konnte, weil es ein oder zwei Jahrhunderte her war. Etwa dass die goldenen Jahre die Schmugglerzeit während der Kontinentalsperre Napoleons gewesen waren: »Zeitweilig lebten und wirkten 150 Schmuggler und Spione auf der Insel.« Oder dass die Kurgäste 1864 einen guten Blick auf die Seeschlacht zwischen den Dänen und der preußisch-österreichischen Flotte gehabt hatten. (Damals gab es bereits Kurgäste!) »Du musst das mal lesen, das ist interessant!«, sagte eine Frau zu ihrem Mann. »Die Insel gehörte mal zu England.« Der wollte aber lieber zu den Trottellummen. Die Nazis hatten Pläne, vor dem Felsen einen Hafen für die gesamte Flotte zu bauen. Die Engländer wollten der Bastion Helgoland 1945 den völligen Garaus machen, es gelang aber nur auf der Oberfläche, da allerdings komplett. Erst 1952 durften die Bewohner auf ihre zerbombte Insel zurück. Der Wiederaufbau erfolgte in den fünfziger Jahren.

Das Schmuggeln überließ man mittlerweile den Gästen und verkaufte – innerhalb des Zollsonderstatus – die Zutaten dafür: Alkohol, Nikotin, Kosmetik, Optik und Uhren. Unter dem Druck der Gelegenheit erstand ich in einem kleinen, sehr gut sortierten Laden eine halbe Flasche nordirischen Whisky. Im Tourismusbüro bekam ich schön gemachte Faltblätter, in denen all das stand, was ich übersehen oder übergangen hatte: Besuche von Hans Albers, Franz Kafka oder Heinrich Hoffmann von Fallersleben, der »hier 1841 das Lied der Deutschen, heute unsere Nationalhymne« geschrieben hatte. Eine knappe Stunde nach meiner Ankunft barst ich geradezu vor neuem Wissen. Jetzt fehlte mir nur noch die Antarktis, um das Bild abzurunden. Der

Weg führte – biografisch – über die Hummerbuden und Fotos von kalifornischen Quallen: Lilo Tadday, Anfang fünfzig, klein, zierlich und mädchenhaft, lebte seit Jahrzehnten auf der Insel. Als Hausfrau, Mutter und Witwe. Ihr verstorbener Mann, ein geborener Helgoländer, hatte an der »Biologischen Anstalt« gearbeitet. Ihren erlernten Beruf Fotografin übte sie mal mehr, mal weniger aus. Als die Buden am Hafen, die nicht nur zum Aufbewahren von Gerätschaften, sondern auch als Notunterkünfte gedient hatten, in den Neunzigern in eine »maritime Meile« verwandelt werden sollten, ließ sie sich überreden, eine davon zu übernehmen und zu einer – ausgesprochen kleinen – Galerie umzubauen. Von verschiedenen Reisen nach Afrika, Asien und Amerika hatte sie Fotos mitgebracht, nicht nur von Menschen, sondern auch von Bäumen oder eben von Quallen. Einem Professor, der des Weges kam, gefiel die unwissenschaftliche Sicht auf die Glibberwesen. Er lud Lilo Tadday einfach und umstandslos zu einer Expedition des Alfred-Wegner-Instituts mit der »Polarstern« aus Bremerhaven ein. »Ich hatte nie vom Südpol geträumt«, sagte sie. Sie kaufte sich erst mal Bildbände. Auf diesen Expeditionen des Forschungsinstituts balancierte man die geballte Wissenschaftlichkeit von mehreren Dutzend Bio-, Geo-, Metereo- oder sonst welchen -logen gern mit einem freien Vogel aus. Lilos Aufgabe bestand allein darin, die Dinge wochenlang mit ihren eigenen Augen zu sehen. Sie durfte sich wo immer auf und um das Schiff bewegen und sich, wenn der Hubschrauber dafür frei war, vom Piloten durch die Eiswelt fliegen lassen. Während die anderen auf Krill warteten, den sie erforschen wollten, wartete Lilo auf das richtige Licht, auf Gletscher, die kalbten, auf das Auftauchen von Eisbergen und versuchte, die gewaltigen Eindrücke zu verarbeiten.

Die Fotos waren etwas geworden. Aus ihrem »Ja« auf die Frage des zufälligen Professors, ob sie »Lust hätte« auf eine Südpolpartie, hatten sich acht internationale Ausstellungen entwickelt, ein Kalender, eine ganze Seite in der »FAZ« und die Aufnahme eines ihrer Bilder in einen Band mit erlauchten

Erfolgsfotografen. Natürlich gehörte sie spätestens seitdem zu den Verehrerinnen des Zufalls.

Die neuen Katamaran-Fährlinien machten es den Helgoländern wesentlich leichter, schnell aufs Festland zu kommen – und ins dort geparkte Auto zu steigen. Mir auch, wenngleich ich ziemlich rennen musste, um meine Fähre noch zu erreichen.

Am Hafen von Hooksiel gab es frische Krabben und ein heiles Auto. Vor mir lag immer noch Ostfriesland. Und vor Ostfriesland lagen die Ostfriesischen Inseln. Sieben an der Zahl. Mal mit, mal ohne Hochhäuser. Mal der Ruhe, mal der Familie, mal der Ausgelassenheit verpflichtet. Ich fuhr nach Neßmersiel, dem Fährhafen für diese kleinste und völlig autofreie Insel. Die Wagen wurden in Garagen aufbewahrt. Auch für andere Inseln wurden überall hinterm Deich Autos gehortet. Man hatte fast den Eindruck, die Bauern an der Küste hatten sich auf den Anbau von Garagen spezialisiert, und die Knechte und Mägde arbeiteten nun im Zubringerdienst zum Hafen.

Für heute ruhte der Betrieb bereits. Nur die Fähre und ich blieben liegen. Ich erlebte einen hochromantischen Sonnenuntergang, der mit Hilfe des irischen Whiskys noch an Tiefe und Wärme gewann. Es wurde kalt, ich machte es mir im Wohntrakt bequem und stieß dabei die Flasche um. Endlich wenigstens ein klitzekleines Unglück an diesem fehlerfreien Freitag, dem 13. Mit den sich im ganzen Wagen verbreitenden Düften war ich auf Tage für jede Verkehrskontrolle gerüstet.

Ich setzte nach Baltrum über und wieder zurück. Baltrum lag in einem selbst erklärten Dornröschenschlaf. Eine ältere, allein stehende – oder besser: sitzende – Urlauberin vor einem spießigen Vorstadthäuschen, das sie selbst mitgebracht haben könnte, wenn es nicht den sinnigen Namen »Ferienidyll« getragen hätte. Sie schien ganz zufrieden. Ich sah aber auch junge Mütter, die »Männer lassen lieben« lasen. Und hörte ein Kind auf der Fähre sagen: »In Deutschland ist es jetzt viel wärmer.«

Auf der Sandbank vor Norderney dösten Seehunde, denen all das herzlich egal war.

Ich lenkte meine Destille an geschlossenen Schlössern und privaten Herrenburgen vorbei ganz bis nach Greetsiel, das seiner eigenen Schönheit zum Opfer gefallen war und von Touristen regelrecht niedergetrampelt wurde. Die Nähe zu Holland war spürbar. Aus Liebe zu Backstein und zweifarbig lackierten Fensterrahmen setzte ich mich vor eines der Restaurants des umgerüsteten Fischerortes. Die Spezialität des Hauses bestand darin, die Gäste nicht zu bedienen. Das kam mir im Grunde entgegen.

Ich dachte, dass es sowieso klüger sei, in die Stadt zu fahren, wenn es alle aufs Land drängte. Und die vom einstigen Chefredakteur und Herausgeber des »stern«, Henri Nannen, gegründete Kunsthalle in Emden anzuschauen, während alle noch aßen. Ich hatte mindestens ein Dutzend Schilder gesehen, die (mich) zum Besuch aufforderten. Relativ geradlinig kurvte ich durchs Krummhörner Land in die Stadt an der Ems.

Ich bereute den Entschluss nicht, zumal man in dem Teil der Gebäude, in der Nannens Frau, Eske Nannen, eine Malschule eingerichtet hatte, draußen an einem kleinen Kanal sitzen und Kuchen essen konnte. Es war angenehm leer. Am Nebentisch erörterten zwei Damen die Vermögensverhältnisse des Stifters: »Womit hat der denn das ganze Geld verdient?« – »Als Herausgeber.« – »Von was?« – »Vom ›Spiegel‹.«

Es hätte den Verstorbenen sicher gefreut, dass man mittlerweile nicht mehr seinetwegen, sondern der Bilder wegen kam. Oder des Kuchens.

Die Sonderausstellung zeigte Zeichnungen von K. R. H. Sonderburg, der sich nach seiner Geburtsstadt benannt, aber sein Leben meist auf Reisen verbracht hat. Er lief so lange durch New York, bis sich genug Eindruck in ihm angesammelt hatte, setzte den inneren Druck dann in irgendeinem Hotelzimmer in Schwarzweißzeichnungen um, die nicht mehr Telegrafenmasten oder Kräne zeigten, sondern – wie der Kunstkritiker sagen könnte – ikonische Kalligraphie. Es war eine helle Freude. Ich kaufte mir den Katalog und ging wieder Kuchen essen. Und lesen. Damit hatte ich Emden eigentlich durch. Es schien zu schlafen.

Dennoch ging ich, mit dem Katalog bewaffnet, in die Innenstadt. Ich sah Plakate für ein Internationales Filmfestival, aber kein Kino. Über den von der letzten Sonne beschienenen Platz am Hafenbecken eilten drei diskutierende Gestalten, die etwas international und ein wenig nach Film aussahen. Am Revers trugen sie eingeschweißte Namen. Ich heftete mich unauffällig an ihre Fersen und wurde durch Straßen und Gassen zu einem erstaunlich großen Kinokomplex gelotst, der sehr nach Festival, Häppchen, Obern, Ordnern und aufgeregten Organisatorinnen aussah. Eine besondere Vorstellung sollte gerade beginnen, und alle, die dafür gekleidet oder dazu berufen waren, stolzierten die Treppe hinauf. Ich stellte mich mit dem Programm an einen der Stehtische, versorgte mich mit den übrig gebliebenen Erdnüssen und vertiefte mich. Oben öffnete sich noch einmal die Tür, eine kleine, attraktive Frau ließ sich vom Ordner den Weg zu den Waschräumen weisen, während sie schon die Treppe hinabhüpfte. Im Lauf erblickte sie die Tür neben mir, griff die Klinke, jemand rief noch »Frau Elsner, das ist die Behindertentoilette!« – sie verschwand dennoch hinter der Tür mit dem verzweifelten Ruf »Aber es ist sehr eilig!« Ein wundervoller Dialog – fast wie aus dem Leben. Und mein Recorder lag im Auto.

Deutlich erleichtert, aber immer noch sehr aufgekratzt huschte Frau Elsner zurück in ihren Film, der zu diesem Anlass zu Kinoformat aufgeblasen worden war: Der Fernseh-Zweiteiler »Claras Schatz« bildete das aktuelle Glied in einer Kette von Werken mit Hannelore Elsner, der man zum Abschluss des Festivals zudem das Emder Filmband in Silber überreichen wollte. Eine Art ostfriesischer Ehren-Oscar. Das Programm war recht interessant. Als Veranstalter zeichnete die Volkshochschule, korrespondierende Austragungsorte waren Aurich und Norderney, und auf dem Plakat stand ein einsamer Kinosessel in den

Dünen. Ich entschied mich für einen isländischen Beitrag im nahen »Apollo«, verplauderte mich dort vor der Tür mit dem Geschäftsführer, der seiner Crew zur Feier des Tages gerade die letzten Reste seiner ganz privaten Reserve von »König Luitpold«-Weizenbier spendierte. Meine Kinokenntnis erstreckte sich nach dem zweiten Weizen bis nach Aurich, Leer und Papenburg. In dem einen der Lichtspielhäuser wurden Kindern Lollis an den Tisch gebracht! Um auch noch den Rest des Abends beim Verbalen und beim Weizenbier zu verbleiben, ging ich zum »23:30 Uhr Mitternachtstalk im Grand Café«, der aber nicht um halb begann, weil man noch auf einige Teilnehmer wartete. Oder wie der Moderator es ausdrückte: Es würde sich deshalb etwas verzögern, »aber sobald die da sind, fangen wir pünktlich an«.

Als letzter Punkt auf der nächtlichen Tagesordnung erschien Hannelore Elsner mit einem Rotweinglas und dem Regisseur. Sie schien noch Durst zu haben, obgleich sie schon sehr stimuliert wirkte – oder immer noch beseelt von der Vorstellung mitten im begeisterten Kinopublikum. Die wunderbare Geschichte zu »Clara« hatten sie selbst erst auf eine spielbare Höhe umgeschrieben, da es sich um »ein grottenschlechtes« Drehbuch gedreht habe. Es handle nun von Wein und den Bergen – einem Mann und einer Frau – aber ihr Mann wolle seine Freiheit und ein Boot – und dieser Kontrast – von Berg und Boot – »also, er hatte sich ein Boot gekauft«. – Das sagte die Elsner fünfmal in leichten Variationen mit schwindender Konzentration, im Wechselspiel mit dem Regisseur, und nahm den losen Faden – irgendwo zwischen Boot und Berg – wieder auf. »Ja, Berg und Boot, ich aus Bayern, er aus dem Norden … Wir wollten eine Harmonie. Ich fand schön, dass … ja … sie lieben sich noch.«

Da ich den Film nicht gesehen hatte, wusste ich nicht mit Sicherheit, ob Hannelore Elsner von »Clara« oder einem ganz anderen Schatz redete. Sie vielleicht auch nicht. Trotzdem war es eine interessante Art, einen zweiteiligen TV-Film in einem Achtel der Spielzeit in den Grundzügen vermittelt zu bekommen.

Auf den sommerwarmen Straßen von Emden tobte das Leben, und das lag nicht am 14. Filmfestival, sondern schien der ganz normale Wahnsinn der Samstagnacht zu sein. Ich befand mich im wild schlagenden südlichen Herzen einer völlig unterschätzten nordwestdeutschen Stadt.

Morgens zog es mich nach Aurich. Statt fünfzig oder hundert Kilometer nach Süden – zwanzig Kilometer nach Nordosten. Ich wollte einmal die Heimat von meinem Freund Harm und seinem Apotheker-Bruder sehen. Vielleicht auf eine Tasse Ostfriesen-Tee bei deren Mutter vorbei. Ich wusste noch nicht so recht, ich tat es einfach nur: durch die sonnige Landschaft, an Männern vorbei, die sich tatsächlich dem traditionellen Landstraßen-Boggia, dem Boseln, hingaben. Sie suchten gerade die Kugel im Entwässerungsgraben.

Aurich überraschte mich mit einer ziemlich intakten, schönen und gemütlichen Innenstadt, in der zwar kaum Menschen unterwegs waren, die Augen aber genug zu tun hatten: an kleinteiligen, hübschen Fassaden oder am weißen Gitter, das oben um den Kirchturm lief, oder an der silbernen Krawattennadel, die mitten auf der Fußgängerstraße lag. Ich hob sie auf. Zwei Minuten später kam eine Radstreife in froschgrüner Strampelhose vorbei, der ich das Fundstück übergab. Der Polizist nahm mich zu Protokoll – für den Fall, dass … Aufregend.

Ich nahm Verbindung zu Mutter Ehmen auf, die allerdings erst nach dem Tee wieder zu Hause sein würde. Das passte mir gut, denn Aurich war durchaus einen zweiten Blick wert.

Ich spazierte zum Hafen, der im Großen und Ganzen aus einem Knick im Kanal bestand, und zu einem schlossartigen Gebäude, in dem die »Ostfriesische Landschaft« ihren Sitz hatte. Es lief gerade eine Ausstellung, deren tieferen Sinn ich erst verstand, als ich unter den hohen Bäumen eines Biergartens, zu dem auch eine Buchhandlung gehörte, die Broschüren studierte: »Eala Frya Fresena – Die Friesische Freiheit im Mittelalter«. Das Heft war in so einem leichten Tonfall geschrieben, dass ich es sogar früh am Tag schon verstehen konnte. Nach der Theorie kam am Ende die Praxis: eine Radtour zu zwei Stätten der Friesischen Freiheit. Da ich im Auto war, nahm ich die nächstliegende Station, den »Upstalsboom«, wo sich einst die Abgesandten der sieben Seeländer einmal im Jahr getroffen hatten. »Tota Frisia« hatte aus mehr als sieben Ländern bestanden, aber das änderte nichts am Prinzip. Es reichte vom Land Wursten an der Weser bis nach Westergo am Ijsselmeer. Ungefähr in der Mitte lag das Rheiderland, das immer noch so heißt und durch das heute die Grenze zwischen den Niederlanden und Deutschland verläuft.

Der »Upstalsboom« versteckte sich, nicht weit von der Straße, auf der ich gekommen war, in einem Wald. Die letzten fünfhundert Meter musste man zu Fuß durch eine Allee zwischen hohen Buchen zurücklegen. Auf halber Strecke hing etwas zwischen den Baumkronen über den Weg gespannt, das hier wohl nicht hergehörte, aber sehr gut hinpasste: Kunst und Information zugleich. Auf schwarzen Spruchbändern stand in weißer Schrift die Geschichte der Friesen, die man Schritt für Schritt lesen konnte, um auf dem Rückweg – oder auf der Rückseite – ihre Gesetze zu studieren. In der Mitte des riesigen Rahmens hingen bunte Bänder. Absolut schön und in keiner Weise vom Informationsgehalt abhängig, den man genauso gut allgemein und abstrakt als etwas Erhabenes begreifen konnte: »Der Stamm der Friesen ist nach außen frei, keinem anderen Herrn unterworfen. Für die Freiheit gehen sie in den Tod. Sie gehen lieber in den Tod, als dass sie sich mit dem Joch der Knechtschaft belasten ließen. Sie unterstehen jedoch Richtern, die sie jährlich aus ihrer Mitte wählen.« Und so weiter. Ich befand mich in einer Ausstellung, und die Künstlerin war anwesend: Monika Kühling. Als Nächstes wurde der Ministerpräsident erwartet. Nicht so sehr der Kunst wegen, sondern weil er wegen der feierlichen Eröffnung von »Frya Fresena« in Emden und Aurich weilte – oder besser: eilte. Die Zahl der Schlipsträger in der Buchenallee hatte stark zugenommen. Ich machte meinen Recorder klar. Alle warteten. Die übliche Verspätung, nahm man an. Irrtum: Rechts des Waldes zog – in bester Hase-und-Igel-Manier und ganz gegen die Planung – der Ministerkonvoi in flotter Fahrt über einen Feldweg direkt bis zur Versammlungsstätte der Stämme vor. Häuptling Wulff hatte wieder die Nase vorn im Wettlauf des Protokolls und erwartete die atemlosen Honoratioren, Professoren und Presseleute. Der Direktor der »Ostfriesischen Landschaft«, Dr. Hajo van Lengen, der ein wenig wie Asterix auf Akademisch aussah, gab einige Erläuterungen, Wulff nickte wiederholt, dann fragte er: »Und wie lange steht das schon hier?« – »Achthundert Jahre.« – »Ah.« Das Fernsehen wollte wissen, ob er die Freiheit der Friesen nicht für eine sehr gute Sache halte – vom Konzept her. Einige Umstehende konnten bei seiner vorsichtig bejahenden Antwort das Schwatzen nicht lassen, was den Ministerpräsidenten erboste. Er zog sich für die zweite Klappe mit dem TV-Team lieber hinter den Gedächtnisstein zurück und ließ sich auf eigene Anregung erst mal anständig verkabeln. Damit war das Wichtigste erledigt, und man konnte eigentlich wieder fahren. Ich merkte an, dass die Ausstellung in der Allee auch ausgesprochen sehenswert sei. Weil man nicht wusste, ob ich etwas zu sagen hatte, nahm man die Anregung auf, und der ganze Tross marschierte nun von der verkehrten Seite auf die Installation zu. Unterwegs stieß man sogar noch auf eine Reisegruppe polnischer Jugendlicher, denen gegenüber Wulff seine europäische Verbundenheit zum – übersetzten – Ausdruck bringen konnte. Das Kunstwerk wurde abgeschritten und bestaunt, die Künstlerin dann auch noch schnell begrüßt. Er war durchaus bei der Sache und wirkte sogar eine Spur privat. Auf den letzten hundert Metern gesellte ich mich mit Mikrophon neben den Ministerpräsidenten Niedersachsens und fragte sinngemäß, ob er um all dies gewusst, nein, ich fragte ihn ziemlich unumwunden, ob er nicht (wie ich) von all dem keinen blassen Schimmer gehabt habe. Er antwortete so ehrlich, wie ein Politiker sein darf, er sagte: »Ich habe viel gelernt an diesem Tag.«

Dann trennten sich unsere Wege schon wieder. Christian Wulff musste abends noch nach Emden zur Preisverleihungsgala des Filmfestivals: »Vor ein Uhr bin ich nicht zu Hause.« Und ich musste zur einundachtzigjährigen Mutter Ehmen nach Westersande. Da wurde es dann aber auch fast zwölf.

»Man sollte seine Grenzen kennen«

Weil zu der Zeit die Luft noch so gut war, saßen wir vor der Tür ihres Hauses bei dem einen oder anderen Kognak. »Und es ist so schön ruhig hier«, sagte sie – nachdem sie nur ein halbes Jahrhundert an diesem Fleck, wenn auch auf dem kleinen Bauernhof auf der anderen Seite der Hecke, gelebt hatte. Vielleicht empfand sie es so, seitdem die acht Kinder nicht mehr im Haus waren. Als ich kam, hatte ich, um ihr meine Behausung zu zeigen, die Schiebetür aufgerissen. Es roch derartig nach Kneipe, dass ich die Führung sofort wieder abbrach. Sie machte dazu keine Anmerkung, wenngleich sie sonst wunderbar direkt war. Trocken und mit rollendem R. Die Augenlider halb gesenkt, aber hellwach.

Ich fand es nicht so passend zu notieren, wie aus der Familie drei Söhne innerhalb von drei Monaten im Ersten Weltkrieg gefallen waren. Ich hörte mir einfach nur an, was sie erzählte: von den ersten Jahren nach der Heirat in der kleinen Kate, vom Torfstechen – vom Schwiegervater, der einen Torfkahn hatte – von zehn Hektar und dreißig Kühen, aber »Armenhaus, das stimmt nicht! Früher lief die Landwirtschaft bombig.« Oder von den Holländern, die hier Land pachteten, weil sie staatliche Subventionen bekamen. Die wurden schief angesehen. »Die gingen auch ganz anders ran.« Umgekehrt mochten die Holländer die Deutschen nicht, als ihre Besatzer: »Was wollten die auch da!«

Aber Ostfriesen und Emsländer waren sich auch nicht nur grün. Ihr Schwager war Fuhrunternehmer; wenn der einen Hänger mit Auricher Kennzeichen irgendwo im Emsland abstellen wollte – das brauchte er gar nicht erst zu versuchen.

Aus irgendeinem Grund legte sie mir das Rheiderland ans Herz. Ich merkte es mir jedenfalls. Und sie lobte die Herzlichkeit der Dänen in höchsten Tönen: »Da ist man sofort mittendrin.«

Vor lauter Plauderei hatten wir vergessen, den Ministerpräsidenten im Fernsehen zu sehen. Aber morgens war er ausgiebig und mit vielen Fotos in der Zeitung. Er sei, schrieb ein Journalist, »im Amt angekommen«. Er meinte das im übertragenen Sinne.

Eine Dame der »Landschaft«, des Kulturparlaments der Ostfriesen, hatte mir als Fachmann für Sprachen Marron C. Fort empfohlen, der in Leer wohnte. Besonders das seltene saterländische Friesisch habe er studiert, eigentlich entdeckt: vor Jahrzehnten als farbiger US-Akademiker auf Stipendienreise im exotischen Deutschland. Dafür war er in diesem Teil des Landes weltberühmt. Und in Fachkreisen. Es sei ziemlich erstaunlich, ihn reden zu hören: Als Farbiger beherrsche er alle möglichen Dialekte besser als die blonden Landeskinder – statt Jazz Platt. Er hatte das Friesische nicht nur aufgeschnappt, sondern auch aufgeschrieben und in ein Wörterbuch gebracht. Ich rief ihn an, als ich in Leer war, aber er machte Semesterferien und eine überstandene Krankheit geltend. Er unterrichtete an der Uni Oldenburg. Seinen Wunsch, für ein Gespräch nicht zur Verfügung zu stehen, konnte ich gut nachvollziehen. Er versorgte mich mit einigen Namen und Telefonnummern von saterfriesischen Enthusiasten, darunter eine Lehrerin an einer Schule im Saterland. So stand ich mit leeren Händen in Leer und nichts einer Weiterfahrt ins Rheiderland und zur holländischen Grenze im Wege – außer Leer. Ich hatte mir vorab kein Bild von der Stadt machen können und war umso überraschter: von Giebeln und Gassen;

vom ostfriesischen Teeladen, wo man mir nicht nur ein Telefonbuch lieh, sondern auch eine Tasse Tee als weitere kostenlose Serviceleistung anbot; von Cafés in der Fußgängerzone, die man getrost als weltstädtisch bezeichnen konnte; von der Lage am Wasser, wo einige Plätze in der ersten Reihe sogar für Wohnmobile reserviert waren; von dem ganzen kleinteiligen urbanen Leben. Aber am gemütlichsten war ein Wurstverkauf durch eine Hintertür auf einem Hinterhof, dessen Sitzecke freien Blick auf die Brücke und den Hafen bot. Um den Tisch saß eine Expertenrunde von älteren Genever-Trinkern, die einem jüngeren prinzipiell Arbeitswilligen beim Abschleifen einer Holzplatte zusahen. Es hatte etwas von »Straße der Ölsardinen« – nur auf Wurstbasis. Dem freundlichen Angebot, zwei der zur Verfügung stehenden eiskalten Geschmacksrichtungen zu kosten, konnte ich mich nicht entziehen und hätte ohne Not einige Stunden des sonnigen Tages dort totschlagen mögen, wenn mich nicht die Sorge um meine Fahrbereitschaft daran gehindert hätte. Ich wollte noch versuchen, so dicht am Wasser wie möglich holländischen Boden zu betreten: Die Grenze durch das Rheiderland läuft direkt in den Dollart – der auf der anderen Seite Dolard heißt.

Ich merkte mir Leer für eine Fahrt ins Blaue vor oder für einen kleinen Studienaufenthalt mit unbekanntem Thema (etwa »Drogenschmuggler im Amtsgericht als Alltag«) und fuhr über die Ems hinaus ins grüne Deichland, wo deutsche Dorfnamen meist auf -um enden: Kritzum, Jemgum, Hatzum, Ditzum, Pogum. Nicht weit vor Ditzum lag das neue, bunte Emssperrwerk, im kleinen Fischereihafen gab es eine Kutterwerft, die so einen guten Ruf besaß, dass sogar Büsumer Fischer ihre Boote hier reparieren ließen, und gleich hinter dem Sieltor servierte die Wirtin zu Schätzpreisen: »So um die fünf Euro« sollte das Gericht kosten, das ich bestellte. Beim Kassieren war der Betrag ein ganz anderer. Sie fand, ich sei kleinlich, aber ich hatte Zeugen am Nebentisch. So richtig aufregen mochte sich aber niemand, denn das Thermometer zeigte einunddreißig Grad im Schatten. Bilderbuch-Mühle, Bilderbuch-Kirche und dann noch ein Botterblom-Eis vorm Laden.

Die letzten Meter zur Grenze musste ich, wie andere Schafe auch, zu Fuß zurücklegen. Der erste und einzige Holländer, der mir begegnete, war der Schleusenwärter. Vielleicht war es auch der Gärtner der Sielanlage. Oben auf dem Deich gab eine Stahlplatte grundsätzliche Orientierung: »Rom 1300, Paris 600, Emden 14 km«. Am Fuß des Deiches, vor einem kleinen Kai, warteten weitere geballte Informationen, nämlich dass die Einpolderungen am Dollart schon 1560 begonnen hatten und der letzte Koog 1924 dem Meer abgerungen worden war. Die letzten schweren Sturmfluten waren 93, 95 und 98. Ich konnte mir unmöglich alles merken, da ich es kaum verstand, bis auf die treffliche Zusammenfassung »Beheersing van water – en kunst op ziech«. Grob gesagt, bestand einerseits einmal die Absicht, den gesamten Dollart einzudeichen, und andererseits nahm er sich zuzeiten ganze Dörfer wieder zurück. Nach wie vor war mir schleierhaft, warum sich Menschen auf diesen Kampf einließen. Ich war mir mittlerweile ziemlich sicher, nicht von Deichgrafen abzustammen. Aber die Landschaft gefiel mir.

In einem Bogen fuhr ich über den Grenzkanal in den holländischen Teil des Rheiderlands. Von der Anmutung her befand ich mich in einem sehr reichen Teil der amerikanischen Südstaaten: Vor den Scheunen standen, von hohen Bäumen umgeben, Schlösschen und Paläste. Mal in Ziegel, mal verputzt und stuckverziert, mit großzügigen, langen Fenstern. »Gulfhäuser« lautete der Fachbegriff. Auch in kleinen Landarbeiterhäusern setzte sich dieser Stil noch sichtbar fort. Das Dorf Finsterwolde sah aus wie eine kleine amerikanische College-Stadt. Ich war sprachlos und teilte das meinem Diktiergerät in begeisterten Ausrufen mit. Vorausgesetzt, die Deiche hielten, konnte man sich hier auch ein sorgloses Leben als erfolgreicher Crime Writer vorstellen. Die Gegend schrie förmlich nach Klischees.

In meiner Begeisterung machte ich den Fehler, zu weit zu fahren, und landete im wirklichen Leben in Delfzijl, der viertgrößten Hafenstadt der Niederlande, in der man durch ein Versehen eine alte Mühle hatte stehen lassen, das aber eine großzügige Anlage von Dow Chemical vor den Stadttoren mehr als wettmachte. Außer am Hafen sah ich kaum Menschen und beeilte mich, nach Appingedam zu kommen, das bildhübsch war, aber komplett ohne Menschen auf den abendlichen Gassen. Ich war der einzige Gast im einzigen geöffneten Restaurant, dem »Shanghai«, wo ich der chinesischen Bedienung, die nur Holländisch sprach, das Wort »Aschenbecher« beibrachte. Ich wäre wohl vor Einsamkeit gestorben – oder im gestreckten Galopp ins bevölkerte Leer zurückgerast –, wenn ich nicht die friesische Lehrerin am Telefon erwischt hätte, die mir mitteilte, dass sie leider mit den Schülern zu einem Besuch einer friesischen Schule im holländischen Friesland unterwegs sei, wenn ich durchs Saterland käme. Ohne lange zu fackeln, ergriff ich die Chance und meldete mich zu dieser Klassenfahrt ins Ausland.

Ich wusste zwar nicht, was mich erwartete, aber ich merkte, dass ich mit den Friesen nicht so schnell durch sein würde, wie es der Reiseplan angeraten sein ließ – wenn es denn einen gab.

Zu regelrechten Unerfreulichkeiten kam es erst am nächsten Morgen bei strömendem Regen und bereits im Emsland. Der Besitzer eines Kiosks für alles zwischen Himmel und Erde – von der Kinderschaufel bis zum Erwachsenenvideo – geruhte nicht, mich im Gebrauch seiner Kaffeemaschine zu instruieren, die mitten in dem Wirrwarr stand. Dass Doofe vom Dorf so etwas nicht wussten, ging für ihn noch an, aber Leute aus – dafür schlängelte er sich eigens durch alle Gänge bis zur Tür – Hannover! Ich sagte etwas in der Art von: Er müsse den Weg gleich noch einmal machen, wenn er nur ein H zurzeit lesen könne. Er hielt mich für sehr bösartig. Das Erstaunliche war weniger, wie bitter ein früher Morgen auf einmal schmecken konnte und wie schnell so etwas ging, sondern dass es die erste wirkliche Konfrontation auf mehr als siebentausend Kilometern war. Das beruhigte etwas und hielt mich davon ab, dem Saftladen noch weitere negative Energie zu widmen. Ich verließ seinen mit Parkverbotsschildern übersäten Halteplatz so schnell wie möglich, trank beim Bäcker am Kreisel in Ramsloh einen richtigen Kaffee und aß eine der wundervollsten Semmeln, die ich auf der ganzen Fahrt genossen hatte. Draußen fuhr ein Lastwagen der Spedition Ehmen vorbei. Ramsloh strahlte den Charme einer neu eröffneten Kreissparkasse aus. Das Schulzentrum war so groß, dass es einen eigenen Kreisverkehr zum Be- und Entladen der Schüler hatte. Friesisch war nur die Aufschrift auf dem Bus, der die gemischte Gruppe bis weit hinter Groningen bringen sollte.

Im niederländischen Fryslân befindet sich das größte zusammenhängende friesische Sprachgebiet – verglichen damit ist Nordfriesland nicht größer als ein Daumennagel und das Saterland nur ein Stecknadelkopf. Fryslân liegt im Westen, darf aber nicht mit Westfriesland verwechselt werden, das nördlich von Amsterdam liegt. Die Sechstklässler waren recht gespannt, wie es in Sumar, wo die Gastschule lag, wohl aussehen würde, fanden es dann vor allem sehr klein. Außerdem fiel ihnen auf, dass dort die Uhren anders gingen. Das lag aber an einem gerade überstandenen Stromausfall. Vor den Fenstern des modernen Gebäudes hingen sonnengelbe Markisen. Der private Eindruck hatte nicht nur mit der Größe zu tun, sondern auch damit, dass es eine private – kirchliche – Schule war. Der Direktor trug kurze Hosen, und alle duzten sich. So wurde aus der deutschen Lehrkraft »Frau Evers« in den einleitenden, geradebrechten Worten »Johanna«, und das Du und das Sie wurden von der Gastgeberin umgekehrt verteilt: Sie siezte die Kinder. Alles war also sehr lustig und sympathisch – und sehr gut vorbereitet: von den Liedern, die zu singen waren, über die Fahne, die geklebt werden sollte, die zweisprachige Schnitzeljagd durchs Dorf bis hin zu der Schulspeisung mit Pommes und Cola, die der Direktor besorgte, um sich nützlich zu machen. Beim Singen und Vortanzen in der Turnhalle schnitten die Niederländer wesentlich besser ab: Sie schmetterten ihre friesischen Lieder mit kindlicher Begeisterung, und nur ihre Lehrerin war noch begeisterter und engagierter. Aber eine echte friesische Verständigung gab es nicht. Dazu sprachen die Arbeitsgemeinschaftskinder aus dem Saterland einerseits zu wenig, andererseits wichen die beiden Sprachen zu sehr voneinander ab. Der binationale Lehrkörper konnte sich am besten auf Platt unterhalten. Oder auf Deutsch. Die Kinder schlugen sich teilweise mit Englisch durch. Das, fand ich, war eine eindrückliche Lektion. Außerdem wusste ich nun, dass sich im Osten der Niederlande ein großer Landstrich mit sehr autonomen Menschen befand, die darauf Wert legten, nicht mit den Holländern verwechselt zu werden. Unter den deutschen Schülern gab es einen blonden Jungen, den ich von Anfang an mit meinem scharfen Pädagogenblick erspäht und der Lehrerin gegenüber mit der unfeinen, aber präzisen Formulierung »Der hat ja wohl nur Scheiße im Kopf« in die richtige Schublade gesteckt hatte. Er schaffte es noch, zwei etwas dümmliche Kameraden in seine Eskapaden einzubinden. Mir wurde erklärt, dass es sich um ein Aussiedlerkind handelte. So lernte ich ganz am Rande, dass in der saterfriesischen Gemeinde mit der kleinsten Sprachminorität Europas eines der derzeit größten Probleme die Integration der Aussiedler war, deren Anteil über zwanzig Prozent betrug, was wohl auch wieder fast einen Rekord darstellte. Auch der Friesisch-Unterricht im Kindergarten und in der Schule war deshalb – schließlich mussten Prioritäten gesetzt werden – nur eingeschränkt möglich.

Die anderen Kinder wurden schnell miteinander warm. »Die Ersten flirten schon!«, bemerkte die tanzende Musiklehrerin mit Genugtuung. »Können die uns nicht auch mal besuchen?«, lautete die Frage zum Halbzeitstand und bei der Abfahrt: »Können wir nicht hier bleiben, Frau Evers?« Aber schon meinetwegen mussten wir ja zurück.

Zweimal hundertvierzig Kilometer quer zu meiner Fahrtrichtung an einem Tag. Die Kinder knutschten und tobten auf den hinteren Sitzen und waren nicht mehr vernehmungsfähig für die grundsätzlichste aller Fragen: »Warum lernst du Saterfriesisch?« Die journalistische Pflicht hätte ich klugerweise auf den Morgen legen sollen. Mit der Kür war ich so weit zufrieden. Nicht nur mit den Pommes frites, sondern auch mit dem Einblick in den himmelweiten Unterschied zwischen Massenabfertigung und der freudigen Atmosphäre in einer für jeden überschaubaren, homogenen Lernfamilie. Anderswo war es eben manchmal doch noch anders.

Wie es ganz früher gewesen war – oder besser: wie man es dem Kinde sagt –, erfuhr ich am nächsten Vormittag vor dem Café in der Zitadelle von Bourtange (»Willkommen im Jahr 1742«), als ein Vater am Nebentisch seiner Tochter Geschichte sanitär erklärte: Da sei es auf dem Klo so kalt gewesen, dass man nur »zack hin und dann zack wieder raus« gelaufen sei. Das konnte ich mir besser merken als den Text zur Geschichte der Festung.

Ich blieb ein Stück auf dieser Seite der Grenze, obwohl ich einen weiteren Satz des deutschen Vaters im Ohr hatte: »Die verstehen dich hier gar nicht, Veronika, wir sind ja noch in Holland!« Die Bauernhöfe waren grundsolide, auch die Eichen hatten eine lange Vergangenheit. Um letzte Zweifel an den Örtlichkeiten zu zerstreuen, radelten Holländer langsam, aber stetig auf farblosen Rädern mit einer seitlichen schwarzen Packtasche auf den von Bäumen gesäumten Straßen. Hinter Ter Borg und fast schon in Ter Apel bildete ein Farbiger eine Ausnahme, der auf einem schwarzen Rad ohne Packtaschen am Kanal entlangfuhr. Die unendlich lange Straße endete in der Innenstadt, die einem Muster folgte, das ich mittlerweile in etlichen Orten in den Niederlanden beobachtet hatte: Mittendrin explodiert die Architektur zum nichts sagenden, zweckmäßigen Shoppingcenter. Ich nutzte die Möglichkeit, im Aldi die Vorräte an »Vitalkoekje« und anderen Keksen aufzustocken, und zahlte für die »tas« neun Cent, um sie wegzutragen. Vor mir bugsierte ein deutscher Mann Unmengen an kleinen Mineralwasserflaschen durch die Kasse, was aber nur ein Bruchteil der Menge war, die er bereits in seinem Auto gestapelt hatte. Ich konnte mir eine Schnellrecherche nicht verkneifen. Er war Busunternehmer und befuhr ganz Europa. Seine Fahrgäste versorgte er mit Erfrischungen. »Soll ich die Flaschen dann überall einsammeln und säckeweise wieder zurückbringen?«, fragte er rhetorisch. »Die sind doch bescheuert da oben!« Und meinte damit Trittin. Nach meiner überschlägigen Schätzung hatte er sich durch die kurze Fahrt über die Grenze fünfhundert Mark an verlorenen Pfandgeldern erspart.

Ich selbst musste meine Flaschen auch sortieren, um herauszufinden, welche ich in welchen Ländern abgeben konnte. Auch mich musste ich allmählich etwas sortieren. Ich stellte keine Müdigkeit fest, sondern eine grundsätzliche Ermüdung. Wieder auf der langweiligeren deutschen Seite mochte mich auch der Duft von Kartoffelblüten nicht erheitern oder der Anblick erster Kornfelder. Ich hatte die geraden Straßen satt. Ich empfand das Dahingleiten mit fünfundfünfzig kmh nicht mehr als Genuss. Selbst der dunkle Torf erregte nur bedingt mein Interesse. Ich hielt am Rand eines Abbaugebiets, legte mich hinten ins Büro neben den Schreibtisch und studierte den Kalender: Rein rechnerisch – ohne Abzug von Krankheit, Urlaub und sonstigem Privaten – hatte ich die achtzig Tage voll. Obwohl mein Kopf es noch nicht gewusst hatte, war diese Meldung schon beim Körper angekommen. Ich überlegte, ob ich die restliche Strecke einfach zum Urlaubsgebiet erklären – oder ob ich in der kommenden Nacht in einem Stück bis Aachen oder Maastricht durchfahren sollte. Ich entschied mich dafür, die Entscheidung erst einmal auszuliegen, und zwar genau da, wo ich am Straßenrand stand. Es wurden köstliche zwei Stunden mit anregender Literatur, traumreichem Schlaf und der kurzzeitigen Illusion, es geschafft zu haben.

Dann nahm ich die Fährte wieder auf. Wann war ich schon mal im Emsland gewesen? – redete ich mir ein. (Nie! – lautete die Antwort.) Um der Strecke das Schnurgerade zu nehmen, bog ich in Hebelermeer kurz in den Ort ein, der in starkem

Kontrast zur umliegenden Moorlandschaft eine eigenartige Mischung aus Reichtum und Religiosität bot. Die offensichtliche Pracht erinnerte nur noch entfernt an amerikanische Südstaaten, die Kruzifixiertheit ans Oberammergau, das Ganze aber errichtet im kleingläubigen Geiste einer Bausparkasse. (Ich freute mich schon auf einen Besuch in den Südstaaten, um darüber schreiben zu können, es sähe dort aus wie im Ems- und im Rheiderland.) Jeder Hof wollte zur Straße hin den Villenbewohner hervorkehren. Die Gärten waren unbäurisch zurechtgezupft, als ob jeder mit dem Nachbarn im Wettstreit um den geradesten Grashalm lag.

Im nächsten Ort erwartete mich wieder die vertrautere Armseligkeit. Allerdings türmten sich in einer Ecke vor der Fleischerei zahlreiche Blumengebinde, zu Ornamenten verschlungen, viele Zäune trugen kleine, farbige Wimpel; irgendetwas – zwischen Schützenfest und mexikanischer Beerdigung – sollte hier stattfinden. Ich hielt auf dem Parkplatz der Gaststätte. Die freundliche junge Frau hinter dem Tresen klärte mich auf: Fronleichnam. Die Prozession würde bald losgehen – nach der Messe, die aber nicht in der Kirche stattfand, sondern beim Bauern gegenüber in der Kartoffelscheune. Ich sah nicht just für einen Gottesdienst herausgeputzt aus, machte mich aber sofort auf den Weg, nachdem sichergestellt war, dass ich, falls erforderlich, die Nacht auf dem Parkplatz verbringen dürfte. Der Hof war nicht schwer zu finden, da er zur Straße hin seinen eigenen gemauerten Christusaltar hatte.

Vorsichtig drückte ich auf die Türklinke, und zweihundert Augenpaare richteten sich kurz auf mich, als ich hineinschlüpfte. In der komplett mit grünlichem Hartschaum ausgespritzten Scheune befand sich keine einzige Kartoffel. Die Isolierung gab eine gute Akustik. Am hinteren Giebel war der Altar aufgebaut, am vorderen Giebel war ein riesiges geschlossenes Tor, und auf den tausend Quadratmetern Zementboden dazwischen sang die Gemeinde. Einige Gesangbücher lagen noch in Pappkästen auf einem Resopaltisch neben der Tür. Ich tat mein

Bestes. Ganz oben an der Decke leuchteten ein paar triste Neonröhren. »Schau nicht auf unsre Sünden, schau auf unsren Glauben!« Ich zählte zwei Klimageräte, die der korrekten Lagerung der Kartoffeln dienen sollten. Der Pfarrer betete »für die Kinder in aller Welt und die Süchtigen«. Messdiener standen ihm zur Seite, Bläser spielten, die Gläubigen legten »alles in Deine Hände«. Die meisten waren unfestlich gekleidet wie ich. Ab und zu wehte die Tür hinter mir auf, das letzte Sonnenlicht fiel herein, und man konnte die Glocken der Kirche hören. »Machet das Tor weit«, sagte zwar niemand, aber ein paar kräftige Männer versuchten zum Ende der Messe, das Tor zur Seite zu rollen. Es klemmte. Sie versuchten es mit mehr Kraft und in beide Richtungen. Am meisten Glück hatten sie mit der falschen Richtung: Das Tor sprang oben aus der Führung. Ein Kuheisen wurde in aller Eile herangeschafft, um die Räder wieder einzuhängen. Alles vergeblich, dazu war es zu schwer. Letztlich wurde der Durchgang auch mit roher Gewalt nicht breiter als die Tür, und die Gemeinde teilte sich beim Hinausgehen. Als ich draußen ankam, hatte sich der Priester schon durchgeschlängelt und richtete sich wieder her. Die Prozession nahm Aufstellung. Die neben mir standen, fragten: »Hast du das mitgeschrieben?« Ja, das hatte ich. »Das war live«, sagte einer später, »das ham wir nicht geübt.« Es rauschte in den Pappeln.

Auch die Träger des Baldachins, unter dem der Pfarrer schritt, hatten nicht jede Bewegung miteinander abgestimmt. Aber es ging. Vermutete ich, denn ich kannte mich mit der katholischen Liturgie nicht aus. Wann nahm man dem Pfarrer den Mantel ab, wann bekam er ihn zurück, wer reichte ihm den Weihrauch? Wie sieht eine Monstranz aus? Hinter dem steinernen Kapellchen beim Kartoffelbauern bog der Zug von der Provinzialstraße in eine der Straßen neben dem brauntristen, baumbestandenen Kanal ab, der in der Abendsonne fast romantisch aussah. Aus dem Lautsprecher des Kleinbusses der Freiwilligen Feuerwehr wehte der Wind – live – ein Gebet oder einen Psalm, während die Gemeinde Haus für Haus und Schritt für

Schritt die Qualität der Vorgartenpflege und seit letztem Mal hinzugekommener Steineinfassungen und Zäune kontrollierte. Einige plauderten. Ich schwieg, blieb etwas abseits, fühlte mich aber durchaus willkommen.

Am letzen Gebäude war der Windfang mit Stoffbespannungen zum Altar umfunktioniert und prächtig dekoriert. Gelbe Blumen, Fahnen. »Der Ort ist abgelegen, und es ist schon spät«, rezitierte der Pfarrer. Es war gegen acht, der Ort hieß Schöninghsdorf, Gemeinde Twist, zwei Kilometer hinter uns lag Holland. Der Blick ging weit ins Moor bis zu einem Kraftwerk in der Ferne.

Dann bewegte sich der Zug über den Kanal, auf den im rechten Winkel ein »Querkanal« aus der Zollstraße stieß – der »allerdings verrohrt« war, wie ich von dem Fachmann neben mir lernte, der auch die platt gefahrene Bisamratte kurz mit der Fußspitze kommentierte –, zum dritten Altar neben Lebensmittelladen, Landbäckerei und Fleischerei. Jetzt war ich nicht mehr sicher, ob die Straße nicht Egon-Schöningh-Straße nach dem Enkel des Gründers des Ortes hieß, wollte aber deshalb nicht zurückgehen, während der Pfarrer dem Herrn »für die Früchte der Arbeit« dankte. Auf der Hauptstraße ging es langsam und würdig an Volksbank, Gasthof (mit Geschenkeladen), Imbiss und der Malerfirma vorbei zurück. Bis zum vierten Altar kurz vor der Kirche. »Herr, mache mein Herz weit!« und »Die Tür ist auf«. Der ornamentale Blumenschmuck ließ kaum eine Vermutung zu, ob dies normalerweise ein Warte- oder ein Fahrradhäuschen war. Für einen agnostischen Protestanten waren es auch viele ungewohnte Eindrücke. Sicher war: Schöninghsdorf wurde 1876 gegründet. Vom Hauptmann Schöningh. Der Kanal kam erst später hinzu. Am Anfang war hier nichts. Buchstäblich nichts. Ein paar Bäume – sonst nur Moor.

Ein Teil der Gemeinde zog sich zu einem besinnlichen Beieinander zurück, ich legte meine Scheu endgültig ab und fragte den Pfarrer, ob dem Chronisten dazu – für letzte Fragen – der Zugang gewährt würde. So landete ich am Tischende bei den

Baldachinträgern, die den Kirchenvorstand bildeten: ein Landmann, einer aus der Torfindustrie, einer von der Deponie und ein Zivilangestellter vom Bund. Das kam so nach und nach und nach dem ersten Bier. Sie wollten mein Gekritzel auf dem Block sehen und waren ganz beruhigt, dass ich es vermutlich nicht lesen konnte. Einerseits. Andererseits fühlten sie sich schon geehrt, dass ihre schöne Prozession einmal festgehalten wurde. »Tausend Bücher« würden sie wohl abnehmen, versprach der Landmann, »aber schicken Sie sie lieber an mich!« (weil Pfarrer kommen und gehen). Der Pfarrer kam in Zivil mit einer Flasche Linie-Aquavit und verteilte den Inhalt an jeden wie das Heilige Sakrament.

Gronau war ein Schock. Nie hatte ich ein zerrisseneres Stadtbild gesehen. Zugunsten des Angeklagten nahm ich erst mal an, dass auch hier die Bomben gewütet hatten. Dafür hatte Gronau auf hundert Metern Straße zwischen Bahnhof und der »Stadtmitte« mehr urbanes Leben, als sich bislang für mich in ganz Holland gezeigt hatte. Ich wusste nicht, ob das an den zahlreichen türkischen Imbissen lag oder an der Tatsache, dass in jedem Nordrhein-Westfalen ein Kölner steckt. Ich fand ein rappelvolles Boheme-Café auf Taco-Basis – und einen guten Parkplatz für meinen Liegewagen – und gab mich dem pulsierenden Großstadtleben hin. Schon frühmorgens zeichnete sich ab, dass Gronaus Vorstellung, was eine Landesgartenschau zu sein hat, und die meine weit auseinander liefen. Das Einzige, was mich interessieren könnte, war ein »Smoggel-Museum« in Overdinkel. Während ich noch beim Bäcker die Tagesplanung vorantrieb, weil die Ausgabestelle für die speziellen »Laga«-Fahrräder noch geschlossen war, wurde mir teilweise klar, dass Gronau ein Opfer der Strukturkrise war. Die Textilindustrie war quasi vom einen auf den anderen Tag zusammengebrochen. Die Gartenschau wurde auf den Trümmern dieses bedeutenden Wirtschaftszweiges errichtet. Ehemalige Fabrikgebäude hießen nun »Kino«, »Brauhaus«, »Medienzentrum« oder »Rockmuseum«.

Das war noch gar nicht eröffnet, aber wenn – dann würde sicher der berühmteste Sohn der Stadt wieder dabei sein: Udo Lindenberg.

Auf dem Weg zum Bahnhof entdeckte ich die Ankündigung des Heimatvereins zu einem Fahrradausflug zu einem Schloss Soundso. Nichtmitglieder wurden dazu ausdrücklich willkommen geheißen. Warum nicht?, dachte ich, das hatten wir noch nicht. Es passte gut als Nachmittagsprogramm. Vom Tourismusbüro bekam ich ein Fahrrad ausgeliehen.

Der Weg führte am Flüsschen Dinkel entlang. Das hellgrüne Fahrrad fuhr gut, auf die Kirche von Overdinkel bewegte sich ein Trauerzug zu, der mich an die Geschichte von »Kanitverstaan« erinnerte, und im eigens zur »Laga« eingerichteten Schmuggel-Museum hatte man sich allerhand Mühe gegeben, die besten Tricks von Klassisch bis Modern zu veranschaulichen. Sehr traditionell waren beispielsweise die umgekehrt besohlten Holzschuhe, mit denen die Zöllner die Fußspur in die entgegengesetzte Richtung verfolgen konnten. Klassisch war ein bis zum Sattel mit Kaffeebohnen gefüllter Fahrradrahmen, recht modern in riesigen Teppichrollen verborgene Stangen von Zigaretten, was im Erfolgsfall sehr einträglich sein konnte, im gezeigten Fall – der keine zehn Jahre zurücklag – allerdings nicht.

Ein paar Dutzend Heimatfreunde gehobenen Alters warteten mit Rad und Anorak in der Fußgängerzone von Gronau. Ich meldete dem rührigen Cheforganisator meine Teilnahme. Dieses Ansinnen wurde von Anfang an positiv aufgenommen. Ich war vermutlich der erste Hamburger Gastradler beim Heimatverein Gronau, aber umso höher schätzte man den löblichen Einfall. Dies wurde so oft bekundet, dass mir fast warm ums Herz wurde. Es war tatsächlich eine gute Art, Land und Leute kennen zu lernen. Mal sprach man mit dem, mal holte einen jene ein, und der erste Satz war fast immer: »Fährt das Rad denn gut?« Ja. »Das habe ich auch gehört, dass die sehr gut fahren sollen!« Zu meiner Beruhigung fand kein Einziger Gronau schön. Es war also nicht die Aufgabe des Heimatvereins, Hässliches hochzuloben. Schön war die Landschaft. Sie wurde gepriesen. Eine Dame spezialisierte sich darauf, mein Echo zu sein: »Ist es hier nicht schön?« Ja, sehr. »Er findet es schön!« Sie hatte Udo Lindenberg als Neunjährigen auf die Trommeln hauen sehen.

Es ging durch Wiesen und Felder nach Westen, wo ich in weiter Ferne Münster vermutete. Oder Osnabrück.

Unter hohen Bäumen, von einer Mauer umgeben, lag die Wasserburg »Haus Welbergen« in einem kleinen, sehr gepflegten Park. Mein Echo war so begeistert, dass sie mein Urteil gar nicht abwartete, sondern ungefragt mein Wohlgefallen verkündete. Das aus schönem rotem Ziegel gemauerte, zweistöckige Schlösschen besaß ein passendes Format, um (mir) als angemessener Wohnsitz zu dienen. Es stammte aus dem 13. Jahrhundert, war 1929 von dem niederländischen Bankier Jan Jordaan erworben und nach seinem Tod 1959 von seiner Frau in die »Bertha-Jordaan-van-Heek-Stiftung« verwandelt worden. Das und noch viel mehr erfuhren wir bei der exklusiven Führung (»Eine Stunde, danach Kaffee und Kuchen«, wie der Organisator die Richtung absteckte). Die Stiftung hatte sich der niederländisch-deutschen Verständigung, der Wissenschaft und dem Selbsterhalt verschrieben. Alles stand und fiel mit der Dame oder Kaplanin oder Haushälterin, die uns führte – und »Bertha-Jordaan-van-Heek-Stiftung« stets vollständig aussprach.

Nach Kaffee und Kuchen im restaurierten Hof des »Alten Posthofs« ging es in Richtung Heimat.

Der Himmel über Enschede war vom Schautag der niederländischen Luftwaffe noch völlig zerkratzt. Ich tankte, fand aber sonst für die Stadt keine weitere Verwendung.

Ich las, dass man sich an der Uni Münster zum Kenner des deutsch-niederländischen Verhältnisses ausbilden lassen konnte. Das lange gestörte Verhältnis betrachtete man dort nicht nur als unmittelbare Folge des Zweiten Weltkriegs, sondern auch aus dem Blickwinkel der »Stereotypen- und Vorurteilsforschung«.

Und man machte darauf aufmerksam, dass der Westfälische Frieden nicht nur den Dreißigjährigen Krieg beendete, sondern für die Niederlande – wo man ihn Frieden von Münster nannte – auch die Anerkennung als unabhängiger Nationalstaat und das Ende des achtzigjährigen Krieges gegen die Spanier bedeutete.

Die Grenze um Enschede ragte gewissermaßen nach Deutschland hinein und die um Vreden, ein Stück darunter, in die Niederlande. Südlich von Vreden legte sie sich wieder in einem Bogen – um Winterswijk – gen Deutschland. Und dieses Gebiet war zauberhaft. In der Sonntagsmorgensonne durchkurvte ich das Gelände sehr ausführlich – was auch daran lag, dass ich auf den kleinen Landstraßen mehrfach die Orientierung verlor – und kehrte in einer alten Wassermühle zu der Art von Kaffee ein, den man nur in Holland und Belgien bekommt. Eigentlich nur in Holland. Reiter kamen vorbei, Radler und die ersten Wanderer. Mir blieb nicht viel anderes übrig, als den Prospekt von »Berenschot's Watermolen« (wo man auch auf der »buitenterras« sitzen konnte) einzustecken und auf meiner Karte um Winterswijk etliche Ausrufezeichen zu machen. Kaum eine Straße in diesem kleinen niederländischen Landschaftssack war nicht grün markiert.

Auf der Höhe von Bocholt, auf dem Weg nach Emmerich, wechselte ich die Karte. Ich griff die letzte, jene, die ganz bis Aachen reichte. Ich schrieb auch bereits auf meinem letzten Block, in gewisser Weise pfiff ich auch auf dem letzten Loch – aber ich pfiff immerhin wieder; zudem hatte das Diktiergerät begonnen, merkwürdige Eskapaden zu machen. Aber alle waren entschlossen durchzuhalten.

Hein Driessen half mir dabei. Zufällig. Es war die Art von Begegnung, die bei aller Ziellosigkeit des Gesprächs bereichernd – und erheiternd – wirkte. Wenn man ihn nach dem Bombenkrieg fragte, antwortete er mit seiner jüngst überstandenen Rückenoperation. Oder auch umgekehrt. »Einmal Niederrhein und zurück.« Aber erst einmal hin: Ich näherte mich Emmerich von hinten, spürte – und sah – schon die Veränderung in der Landschaft, bevor die Kopfweiden, die weiten Wiesen und der Flusslauf ins Blickfeld gerieten. Die Stadt selbst versteckte sich entweder, oder es gab sie gar nicht. Die gigantische Brücke über den Rhein schien von Emmerich wegzuführen. Ich blieb am Ufer, auf der sehr privat gehaltenen Rheinpromenade mit mehrgeschossigen Appartementhäusern, von denen man einen weiten Blick hatte. Tagesgäste waren ausdrücklich zugelassen, zahlreiche Cafés und Restaurants mit und ohne Markise luden zum Sitzen und Schauen ein – die Oberkante der Ufermauer lag knapp unter dem Horizont. Bei »Niederrhein« musste ich immer an den Kabarettisten Hanns Dieter Hüsch denken, das hing teilweise mit meinem fortgeschrittenen Alter zusammen. Hinter der Scheibe in einer zugestellten Atelier-Galerie saß jemand an einem Schreibtisch. Er ähnelte Hanns Dieter Hüsch. Es passte auch vom Alter: weißer Bart und nicht allzu viele Haare. An der Scheibe klebte ein Zeitungsartikel, in dem es um die Errichtung einer Gedächtnissäule für die Opfer des Bombenangriffs auf Emmerich ging. Initiiert und entworfen von Hein Driessen – the local artist, so to say –, dessen Name in vielfacher Variation an der Fassade zu finden war. Ich trat ein und mit mir seine attraktive Frau, die ihn zum Essen abholte. Wir vertagten das noch gar nicht begonnene Gespräch. Ich sah ein Buch von Hanns Dieter Hüsch, »Mein Traum vom Niederrhein«, das Hein Driessen illustriert hatte. Daher die Ähnlichkeit: Sie waren vermutlich seelenverwandt.

Unter der Markise beim Italiener nebenan herrschten mindestens sechsundvierzig Grad im Schatten. Ich beeilte mich mit dem Essen, machte einen Gang durch die wenigen Gassen der Innenstadt und rettete mich ins kühle Museum, wo gerade eine Ausstellung über den berühmten Sohn der Stadt, Eduard Künnecke – »Der Vetter aus Dingsda« und der Vater von Evelyn K. – im Rahmen des »Künnecke-Jahres 2003« stattfand. Das entsprach dem fünfzigsten Todestag. Das hatte ich genauso wenig gewusst, wie dass er ab 1939 in der Giesebrechtstraße 5 in Berlin wohnte. Er besaß einen sehr schönen hölzernen Schrank für die Hängeablage.

Bei der Touristeninformation besorgte ich mir weiteres Wissen: »Am 7. Oktober 1944 wurde die einst so prachtvolle Stadt durch einen Bombenangriff alliierter Flugverbände zu siebenundneunzig Prozent zerstört. Der Untergang der Stadt schien für immer besiegelt … Einundvierzig Kubikmeter Schutt pro Kopf der Bevölkerung, das war Emmerich am 8. Mai 1945, dem Ende des Krieges.« Von 2212 Bewohnern, einen Monat danach, wuchs die Zahl bis Ende der sechziger Jahre auf etwa zwanzigtausend. Beim Wiederaufbau folgte man dem alten Grundriss der Straßen. Das merkt man, wenn man durch die Gassen geht, auf angenehme Weise.

Hein Driessen hatte den Angriff als Zwölfjähriger miterlebt. Auch die Toten in den Trümmern, die Ratten, die Blindgänger. Er hat seinen Enkeln davon erzählt, »die glaubten es mir nicht«. Sein Vater war ein in Holland geborener Deutscher, seine Mutter eine in Deutschland geborene Holländerin, eine stattliche Anzahl Cousinen wohnte in Holland. Nach Kriegsende durfte man nur mit Sondergenehmigung über die Grenze. Als er es trotzdem tat, wurde sein Fahrrad von einem deutschen Zöllner beschlagnahmt.

»Wir haben den Holländern viel Leid angetan«, sagte er. Deshalb konnte es auch Jahrzehnte später immer wieder passieren, dass man beim Segeln auf niederländischen Flüssen mit Steinen beworfen wurde. Ein Bekannter aus Köln, der dazugekommen war, bestätigte das. Mittlerweile stand ein Tischchen mit Wein vor der Tür, vier saßen, während Hein Driessen wegen seines Rückens lieber stand. Der Kölner half ab und zu, das Gespräch an einem Thema zu halten, aber im Grunde ging es dann doch in einem kuriosen Galopp vom Vater von Beuys, der Zöllner in Vossegatt gewesen war, über die Ufermauer, die erhöht werden sollte, und Volker Rühe, den er aus Mallorca kannte, zu Evelyn Künnecke, mit der er einmal einen feuchtfröhlichen Zug durch die Gemeinde gemacht hatte – »Ach«, sagte seine Frau, »das wusste ich gar nicht!« Schließlich waren wir bei einer seiner gesellschaftstragenden Funktionen in Emmerich: Vizepräsident im »Freiwilligen Frühstücksverein«. Ich trank keinen Wein und fühlte mich dennoch so.

Für Driessen war es das erste Glas seit seinem Krankenhausaufenthalt. Er hatte von dem Röntgenbild nach der Operation eine Postkarte gemacht, die kramte er auch noch hervor, bis sich Bücher, Karten und Broschüren auf dem Tisch stapelten. Die Kopfweide aus Beton, die vor der Ufermauer stand, stammte aus dem Naturschutzgebiet Hetter, für dessen Bewahrung sich Hüsch und er eingesetzt hatten. Es war zwar eine Erle, aber erfüllte auch so ihren Zweck. Jedenfalls solange der Rhein nicht hinter der angedrohten Flutsicherungsmauer verschwand. Dagegen hatte er sich in der Zeitung unter der Überschrift »Tolkamer kein Vorbild« ausgesprochen. Das sollte ich mir mal angucken. Tolkamer lag am selben Ufer, war aber der erste – oder letzte – Ort in den Niederlanden. Er gab mir eine Kopie des Artikels. Ich hinterließ meinerseits ein Bilderbuch mit einem künstlerischen Thema – und einer recht verschlungenen Geschichte – und fuhr über den hoch aufragenden Geestberg hinüber nach Holland. Das alte Zollhaus »De Tolkamer« in Tolkamer war in ein schönes, kleines Hotel umgewandelt worden. Ich fand, dass ich mir an einem Sonntag eine Dusche leisten dürfte, und nahm Logis unterm Dach – denn nur von dort und aus dem ersten Stock konnte man über den hässlichen Steindeich auf den Fluss blicken. Weil man von den Hafenkneipen aus auf der zweiundvierzig Meter langen Hafenkneipengasse kein Wasser mehr sah, versammelte sich ein Gutteil der Trinkwilligen oben an dem Bistro-Pavillon auf der versiegelten Deichkrone. Am Ufer schwamm ein kastiges chinesisches Restaurant, auf der anderen Seite Weiden und Büsche am Sandstrand. Dazwischen tuckerte die Tagesquote von fünfhundert Berg- und Talfahrten auf dem Fluss, der hier seinen Namen von Rhein in Waal wechselte, bis er bei Rotterdam – das die deutschen Flieger 1940 in Schutt und Asche gelegt hatten – in die Nordsee mündete.

Mein Großvater war Flieger gewesen, schon im Ersten Weltkrieg. Da er nie darüber sprach, sah ich ihn jahrzehntelang auch im Zweiten Weltkrieg in der Luft, wenn von »Luftwaffe« die Rede war. In Wirklichkeit war er dafür schon zu alt und arbeitete am Boden in der Logistik in den von den Deutschen besetzten Niederlanden. Manchmal sind Zahlen in der Geschichte hilfreich, um die gröbsten Irrtümer zu klären.

Hein Driessen war der erste deutsche Künstler, der nach dem Krieg in den Niederlanden ausstellte: 1965. Das klang fast unwahrscheinlich.

Im ersten Stock des »Tolkamer« gab es einen Leseraum für Gäste des Hauses. Dahin zog ich mich, als es draußen zu dunkel wurde, zurück. Hüsch schrieb: »Meine Heimat ist meine Kindheit, sag ich ja immer, da bin ich bis ans Ende meiner Tage zu Hause. Einmal Niederrhein und zurück. Friede sei mit dir, möchte ich dem Fremdling sagen, der das flache Land mit dem Fahrrad betritt, fürchte dich nicht. Hier sind alle Menschen aggressiv gehemmt.«

Und Hein Driessen hatte auf der Kopie des Leserbriefes ein Foto vom Steindeich in Tolkamer, über dem man gerade noch die Dächer sieht, mit einer gezeichneten Stadtansicht von Emmerich aus dem Jahre 1928 gekreuzt. Er zitierte aus einem Buch von Camillo Sitte mit dem Titel »Der Städtebau nach seinen künstlerischen Grundsätzen« aus dem Jahre 1899: »Zu Verweilen! – Könnten wir das wieder an diesem oder jenem Platz, an dessen Schönheit man sich nicht satt sehen kann: Gewiss, wir würden manche schwere Stunde leichteren Herzens tragen und neu gestärkt den ewigen Kampf des Lebens weiterführen!«

Morgens regnete es. Mittlerweile war ich auch beim letzten T-Shirt angekommen, hatte in Tolkamer aber keine Münzwäscherei gesehen. Um nach Kleve zu kommen, musste ich zurück bis Emmerich und über »die größte Rheinbrücke der Welt«, wie Driessen sie nannte. Nach einem kurzen Blick auf Kleve setzte ich die Suche in »St. Weihrauch«, das in Wirklichkeit Kevelaer hieß, fort, weil ich dachte, auch Wallfahrer müssten mal die Wäsche wechseln. Ich nahm aber stattdessen das »Frühstück für den eiligen Gast« im »Petit Café« und beobachtete das Treiben zwischen Kandelabern, Kerzen und Kapellen auf dem von Linden bestandenen Platz. Es war ein Ort, an dem man gut verweilen konnte.

Die Stadtverwaltung war neu. Dort bekam ich die Broschüre mit dem Eckdatum 1642: »An der Kreuzung der alten Handelsstraßen Amsterdam–Köln und Münster–Brüssel weihte der Pfarrer von Kevelaer einen Bildstock und setzte einen Kupferstich der Gnadenmutter von Luxemburg ein … Kevelaer gehörte damals zu den spanischen Niederlanden, und es war Isabella von Spanien, die den Katholizismus und die Wallfahrt förderte.« Neben den Kirchen gab es zweihundert denkmalgeschützte Häuser. »Kerzenhaus Dreikönige«: Was sich – auf den ersten Blick – als Kitsch in die Läden ergoss, war nicht nur Industrie, sondern auch immer seltener werdendes Handwerk: »Glas- und Mosaikmaler, Gold- und Silberschmiede, Orgelbauer und Bronzegießer, Fahnen- und Paramentesticker, Holzschnitzer, Töpfer und Wachszieher«. Und es gab interessante Schilder: »Wallfahrtsleitung« oder »11 Uhr: Gemeinsamer Kreuzweg für Einzelpilger«. Mir fehlte nur noch »Vorsicht, häufiger Priesterwechsel«. Eine Millionen Besucher pilgerten pro Jahr an den größten Wallfahrtsort Nordwesteuropas.

Ein weiterer Haustyp tauchte in der Landschaft auf: Treibhäuser. Und dabei einmal ausnahmsweise eine gänzliche Abwesenheit moderner weißer Windmühlen. In Straelen löste ich gleich mehrere Probleme: Ich gab zwei Drittel der Pfandflaschen im selben Supermarkt ab, in dem ich auch zwei strahlend weiße T-Shirts im Sonderangebot kaufte. Und ich fand die Telefonnummer von Renault Deutschland heraus, weil ich erwog, meinen prächtigen Reisebegleiter dort zum Abschluss einmal vorzuführen – ganz unverbindlich. So unverbindlich, wie ich dem Printenhersteller in Aachen seine eigene Schmuckkassette zurückbringen wollte, nur um gute siebentausend Kilometer an Erfahrung reicher.

Die Schilder »Spargel und neue Kartoffeln« nahmen zu. Auch die Zahl der Obstbäume in der streckenweise sehr idyllischen Landschaft. Es stürmte bei strahlendem Sonnenschein. Auch in den Gassen von Brüggen zerrte es an den Markisen. Montags hatte sogar die Burg geschlossen, aber »Het Friedje« davor verkaufte Pommes mit allen Soßen, die man sich denken konnte. So war ich schon satt, als ich hinter der nächsten Ecke »Spargel mit Schinken« für 5,90 Euro sah. Das schmerzte.

Irgendwo zwischen den deutschen Orten Brüggen und Wassenberg sah ich vor einem Einfamilienhaus an der Straße ein Schild »te koop«. Fast hätte ich einen Auffahrunfall verursacht und fuhr deshalb schleunigst weiter. Ich wollte das Haus nicht kaufen, sondern wissen, warum jemand in Deutschland »te koop« dran schrieb. In Wassenberg begab ich mich auf die Suche nach einem Immobilienmakler und fragte beim Bäcker. Es gab keinen, würde allerdings bald einen geben. Michler im Haus gegenüber im ersten Stock. Also versuchte ich es mit einem meiner Klingelstreiche. Eine sympathische Frau mit einem ganz leichten Akzent öffnete. Sie holte ihren Mann. Der lud auf die Terrasse zum Garten. Er stammte aus Plön, hatte aber lange Jahre bei der Nato in Geilenkirchen gearbeitet. Ein Offizier a. D., der die Deutschlandkarte gut im Kopf hatte, denn er schätzte meine Route auf fünftausend Kilometer und fand drei Monate sehr knapp bemessen. Das hörte ich gern. Seine Frau stammte aus den Niederlanden – aus Limburg. Sie hatte jemanden geheiratet, der alles, was sie nicht wollte, in sich vereinte: einen Deutschen, einen Soldaten und einen Raucher.

Die Erklärung für »te koop« war relativ einfach: Viele Holländer kauften hier, weil es billiger war. Die Angestellten des Nato-Frühwarnsystems etwa. Aber mehr darüber wisse Immobilien-Beckers im Selfkant. Der Selfkant sei sowieso interessant, weil er nach dem Krieg bis in die sechziger Jahre zu den Niederlanden gehörte habe. Das war mir nicht geläufig. Ganz genau wisse darüber Hoeker aus Höngen, der Leiter des Bauhofs, Bescheid. Er fand die Telefonnummern heraus, und ich entschied mich angesichts der vorgerückten Stunde für Hoeker und den Selfkant. Wir verabredeten uns für neun Uhr. Man konnte das schnelle Arrangieren für militärische Präzision halten, aber das passte nicht zu der lächelnden Lay-back-Attitüde von Michler (zu der wohl gehörte, dass er mich genauso unkompliziert wieder aus dem Haus bekam, wie man mich reingelassen hatte). Wer selbst reist, weiß, wie sehr ein Reisender von solchen Gesten abhängt. Eine Schwester von ihm wohnte in England, eine in Holland, ein Bruder auf Mallorca. Und schon waren wir bei den Holländern, also den »richtigen« im Norden, über die sich Frau Michler als Limburgerin immer noch aufregen kann: »De hoge heren van boven«. Die seien viel härter als die Limburger. Als die Kinder noch klein waren, machte sie nur sehr ungern Urlaub am Strand von Seeland, weil es offen aggressives Verhalten gegen die deutsche Sprache gab. Herrn Michlers Schwester hatte einen Holländer geheiratet, und selbst bei Familienfeiern kam es nicht nur zu Frotzeleien, sondern auch – zu offenen und versteckten Aversionen. Frau Michler konnte sich wunderbar aufregen: als »Deutschenfreundliche«, als Limburgerin und als Tochter eines einfachen Arbeiters. Maastricht gehörte für sie übrigens nicht zu Limburg. Dazu sei es zu frankophon und arrogant. Herr Michler sah das alles gelassener. Ich konnte mir auch gut vorstellen, dass er zur richtigen Zeit das richtige Statement absondern konnte: als trockenes norddeutsches Pulver fürs kleine Tischfeuerwerk.

Der Selfkant bildet den allerletzten südwestlichen Zipfel des runden Grenzverlaufs. Landwirtschaftliche Siedlungsstruktur mit abnehmender Bedeutung der Scholle und zunehmender Bedeutung der Garage, könnte man sagen. Nicht reich, nicht arm. Viele Höfe sind nicht größer als ein Einfamilienhaus. Es gibt einen älteren Grundtypus mit Tor im Giebel. In so einem wohnte auch Herr Hoeker. Türklopfer aus Messing und Hundegebell. Der rundliche, rothaarige Hausbesitzer führte mich über den teilweise überdachten Innenhof in die Stube. Unter einem kleinen Tisch stand ein ausgestopfter Fuchs. Weiter oben thronte eine Ente. Strohblumen über dem Fenster. Hoeker hatte schon alles Mögliche zurechtgelegt. Er stammte gar nicht aus dem Selfkant, interessierte sich jedoch dafür, da er sich hier angesiedelt hatte. Nach meinen Motiven fragte er nicht, es reichte ihm wohl, dass ich weiterempfohlen worden war. Er wollte aber nicht als offizieller Informant gelten. Oder gar als Repräsentant der westlichsten Gemeinde Deutschlands. Was sollte ich sagen? Vor drei Stunden hatte ich noch gar nichts vom Selfkant gewusst. Ich hatte ja nur ein Schild gesehen. (Ich kam mir ein wenig vor wie die Zeitungsfrau, die beim Arzt eine Untersuchung über sich ergehen lassen muss, obwohl sie eigentlich nur die Zeitung abgeben wollte.) Wir blätterten in den Chroniken.

Wo sollte man anfangen? Bei den Römern, den Franken, nach der Französischen Revolution oder der Völkerschlacht bei Leipzig? Oder erst nach dem Wiener Kongress, als das Gebiet am Niederrhein an Preußen fiel? Vorher war es immer hin und her gegangen. Aber 1816 wurde die Grenze zum Königreich der Niederlande festgelegt, wobei die nahe Stadt Sittard niederländisch wurde. Das blieb so bis zum Ende des Zweiten Weltkriegs. Die Form des Selfkants machte Limburg an der Stelle zum Flaschenhals, durch den der ganze Verkehr in die Industrie- und Bergwerksgebiete im Süden gehen musste. Alles etwas eng beieinander. Oder quer gedacht: Wenn Hoeker heute tanken wollte, fuhr er durch wenige Kilometer Deutschland, an den preisgünstigeren holländischen Tankstellen vorbei, weiter ins noch billigere Belgien. Ein Katzensprung.

1944 fluteten die deutschen Truppen an dieser Stelle heim ins untergehende Reich. Die Amerikaner rückten rasch vor, aber dann kam die Front mitten im Selfkant monatelang zum Erliegen. Die Briten evakuierten die Bevölkerung in ein Camp nach Holland. Das Vieh nahmen sie mit. Im Niemandsland lieferte man sich gnadenlose Gefechte.

Schon 1944 hatte die niederländische Exilregierung in London die Annexion deutscher Gebiete als Entschädigung gefordert. Da die Allierten die Fragen der Grenzen nach Kriegsende in Potsdam nicht definitiv klärten konnten, wurden einzelne Forderungen später in London und 1949 in Paris behandelt. Luxemburg und Belgien verzichteten auf die ihnen vom Sechsmächteausschuss zugesprochenen Gebiete. Die Niederlande meldeten Ansprüche an 1840 Quadratmeter an, ein Gebiet, in dem 160000 Menschen wohnten, von denen neunzig Prozent Deutsche waren. Nachdem die Niederländer ihren Beschluss zur einseitigen Grenzänderung intern politisch abgesegnet hatten, zogen sich die deutschen Zollbeamten und Polizisten ostwärts auf die neue Demarkationslinie zurück, und die Holländer rückten mit Amt und Würden und Fahrzeugkolonnen nach Tüddern im Selfkant ein. Das dauerte keine Viertelstunde. Die 5630 Einwohner bekamen den staatsbürgerlichen Sonderstatus »wird als Niederländer behandelt« in den neuen Pass. Nach einer vierzehntägigen hermetischen Abschließung öffnete man die alte Grenze bei Sittard, und holländische Schaulustige strömten herbei, um die Errungenschaft zu besichtigen.

1957 begannen die Niederländer mit dem Bau der etwa acht Kilometer langen Transitstraße von Nord nach Süd, die für sie eine der tragenden Argumente für die wirtschaftliche Bedeutung des territorialen Anspruchs gewesen war. Gleichzeitig begannen Verhandlungen zwischen den Außenministern Luns und Brentano zur »Generalbereinigung bilateraler Probleme«. Denn die Deutschen waren keineswegs bereit, die derzeitige faktische Lage als die endgültige anzusehen. Das Problem ließ sich allerdings nur sehr schwer lösen. Eine Annäherung der Standpunkte schien kaum möglich – war es aber doch. Adenauer kaufte nicht den Selfkant zurück. Es wurde auch keine Kriegsentschädigung gezahlt. Aber es flossen, von Bund, Land und den niederländischen Kammern gebilligt, 280 Millionen Mark.

Die Geschichte der Transitstraße war eine eigene, denn die blieb weiter bestehen, und so mancher Sack ist dort ganz aus

Versehen von Wagen gefallen, aber das Entscheidende war das sich abzeichnende Datum der Rückgabe des Selfkants an Deutschland: der 1. August 1963. Es begann »ein seltsames Treiben. Spekulanten witterten ihre Chance.« Trotz Warnung der Oberfinanzdirektion. Lagerräume wurden angemietet, Butter, Getreide, Tabak und Konserven gebunkert. Einige Firmen hatten eigene Manager vor Ort. Am Schluss ersparte man sich die Mühe des Umladens und parkte die Lastzüge in Zweier- und Dreierkolonnen auf den Straßen.

Um null Uhr öffneten sich die Schlagbäume, und es passierte das, was man »Die Grenze geht über die Ware« nannte. Holländischer Kaffee wurde binnen einer Sekunde deutsch. Der deutsche Zoll war gegen einige hundert Lastwagen machtlos.

Das war eine ziemlich gute Gutenachtgeschichte. Und böse dazu.

Heute gibt es nichts mehr zu schmuggeln – außer Drogen. Die Leute vom Bauhof fänden an gewissen Stellen laufend Spritzen, Tütchen, Löffel und Feuerzeuge, erzählte Hoeker.

Aber es war schon spät – und ich hatte ja nur die Zeitung bringen wollen. Hoeker zeigte mir noch die diversen Einschusslöcher am eigenen Haus. Als er mitbekam, dass ich mich mit meinem Wagen einfach irgendwo hinstellen wollte, fand er es besser, wenn ich es hinten auf seinem Grundstück tat. Zu dem Zweck fuhr er mit, weil es im Dunkeln über einen Feldweg ging. Es war das erste Mal in meinem Leben, dass mich der Leiter eines Bauhofs zu Bett brachte. Mein Schlafwagen kam neben den Kühen und – historisch gesehen – im freien Schussfeld zum Stehen.

Ein denkwürdiger Abend. Und eine geruhsame Nacht in legalem Rahmen. www.selfkant.de.

Als ich morgens nur noch mein restliches Leergut unter den diversen Großfilialen (»DM – Hier bin ich Mensch, hier kauf ich ein!«) des Supermarktzentrums verteilte – die ersten Wagen mit NL-Zeichen rollten bereits auf den Parkplatz –, sah ich am Packtisch einen auf Holländisch abgefassten Text von Immobilien-Beckers, der alle Vorteile auflistete: »Voordelig wonen in het Duits grensgebied«. Also die Antwort auf meine ursprüngliche Frage. Ich rief an und fragte, ob sie mir so einen Flyer zuschicken könnten. Das wollten sie gern, ich könne aber genauso gut vorbeikommen. Der Besuch lohnte sich, denn ich wurde nicht nur über Zinssätze, hohe Eigenheimzulagen, höheres Kindergeld, größere Grundstücke, bessere Bausubstanz und dergleichen in Kenntnis gesetzt, sondern auch über praktische und praktizierte Vorurteilsbekämpfung. Der kräftige Mitinhaber von Beckers führte dieses Gefecht mit der schärfsten Waffe: dem Vorurteil selbst. Er hatte ein ganzes Buch zu dem Thema und zeigte daraus Cartoons unter anderem bei dem jährlichen Fest, das die Firma für die Kunden veranstaltete. Er lieh mir das Buch.

Ich verließ Beckers Immobilien in Höngen über die westlichste Grenze Deutschlands Richtung Sittard, um dort das südländische Flair der Cafés am Markt zu genießen. Leider war der Platz randvoll mit einer Kirmes. Ich nahm meinen Kaffee – diesen köstlichen – im Restaurant eines Hotels und studierte meine neuen Unterlagen. Der Journalist, ehemalige Deutschlandkorrespondent (und Autor des Buches »Deutschland, Deutschland. Stärke und Schwäche eines Volkes«) Rob Meines berichtete von einem Symposium, bei dem es um die Frage ging, »warum Vorurteile gegen Deutsche in den Niederlanden so tief verwurzelt sind«. Die Deutschlandkorrespondenten wurden gebeten darzulegen, mit welchen Vorurteilen gegen Deutsche sie konfrontiert werden. Die Aufzählung kennt jeder: arrogant, unfreundlich, herrschsüchtig, laut, besserwisserisch. Nach etwa zehn Minuten stand ein Mann im Saal auf. »Ich bin Belgier«, sagte er. »Die Aufzählung, die ich gerade gehört habe, gibt präzise wieder, wie wir über die Niederländer denken.«

Mhh, dachte ich.

Arrogant war ich selbst. Mein Problem war die Sprache. Aber in der kleinen, europäischen Weltstadt Maastricht sollte das wohl kaum zum Tragen kommen.

Das unmittelbarste Problem war, Maastricht zu finden, wenn

man die Landstraßen nahm. Es wurde komplett verschwiegen. Heerlen war ausgeschildert, sogar Aachen – Maastricht aber eigentlich erst, wenn man schon da war. Das geschah überraschend, indem man vom hohen, modernen und hochkomplexen Zubringersystem auf einmal ins vorige Jahrhunderte fallen gelassen wurde. Dann hatte man die Maas bereits überfahren. Ich folgte dem gelben Schild »Markt«, der hier offenbar als das Ziel aller Deutschen galt. Er diente als Parkplatz, und ich zog eines der letzten überteuerten Tickets für mein Tagebuch.

Das Hotel, das ich suchte, lag einen Platz weiter, was bedeutete, dass ich einmal um die halbe Stadt fahren musste, bevor der Wagen dort für ein paar Tage zur Ruhe kommen konnte. Maastricht war wunderbar, und im Hotel wurde gebaut. Das Schönste war, dass ich überhaupt nicht wusste, was ich hier wollte. Oder sollte. Vielleicht sollte ich gar nichts mehr, jedenfalls nichts anderes, als durch die Gassen zu streichen, in Cafés am Fluss die Zeit zu vertrödeln und die Maastrichter beim Überqueren der Brücke zu beobachten. Lange und ausgiebig.

Ich wollte in kein Museum und nicht einmal die Polster untersuchen, auf denen seinerzeit die Verträge unterschrieben worden waren. Vielleicht einmal richtig teuer essen. »Einfach verweilen und Kraft für den Kampf des Lebens sammeln«. Als ich am Ende der Straße, die über die Brücke führte, im Café auf der Ecke saß, fiel mein nobler, grauer Kugelschreiber so unglücklich zu Boden, dass er nicht mehr schrieb. Damit stand mein Plan endgültig fest: nichts!

Ich schlenderte stundenlang durch die Straßen, was man sehr gut tun kann, weil es überhaupt nichts ausmacht, mehrfach an ein und derselben Stelle vorbeizukommen. Neid erweckend schöne Wohnungen in bildschönen Häusern. Überall Menschen, viele junge, hübsche Frauen. Viel Grün. Wasser. Ich erwog ernsthaft einen Wechsel des Wohnortes. (Das müsste ich mit meiner Zukünftigen besprechen, aber gegen Maastricht ließ sich auf den ersten Blick wirklich nichts einwenden.) Gegen Abend kam ich durch ein Tor der Stadtmauer eine gewundene, stille Gasse entlang über einen kleinen Bach an einem hohen Gemäuer vorbei, aus dessen Inneren Deklamationen und Publikumsreaktionen erklangen. Ich ging um den ganzen Komplex herum und fand eine unauffällige Tür der »Toneelacademie«. Drinnen war niemand. Es roch nach Schule und Prüfung. In einem Anfall von Fremdeln drang ich nicht weiter ins Haus vor, sondern nahm mir lediglich einen der ausliegenden Flyer. Erst kurz vor meinem Hotel wurde mir beim Überfliegen des Blattes klar, dass ich im Begriff war, die Gratisvorstellungen an diesem Abend zu versäumen.

Ich sprang durch die Dusche zurück auf die Straße, um rechtzeitig zum Theaterstück »What about Brenda« zurückzusein. Dafür hatte ich mich aus sprachlichen Gründen entschieden: Englisch war für den Anfang einfach leichter. Im Keller der Akademie herrschte reges Treiben in der Kantine. Ich bekam noch eine Karte. Zwei junge Schauspieler holten mit dem Aufruf »What about Brenda!« ihr Publikum ab und geleiteten es über Treppen in einen kleinen Saal – der einem Atelier glich – in einem der oberen Stockwerke. Wenige Requisiten, kein Vorhang, nicht einmal ein halbes Dutzend Reihen für die Zuschauer, nur die zwei Schauspieler. Brenda spielte offenbar eine Rolle, aber nicht selbst mit. Stattdessen ein Tonband, eine Trompete, eine Leiter, Cola und viele, viele M&Ms. In einem kaleidoskopartigen, von pubertärer Körpersprache getragenen Zusammenspiel wurden rasant schnelle Dialoge gegeneinander gesetzt. Auf Holländisch. Ich verstand kein Wort, lachte aber meist an denselben Stellen wie das Publikum. Manchmal lachte ich auch allein, weil ich die beiden so gut fand. Wirklich furios und unterhaltsam – ohne dass sich mir in irgendeiner Weise erschloss, was denn nun mit Brenda los war. Nach Ende und endlosem Applaus standen die beiden Schauspieler aufgeregt und erschöpft an der Tür. »It was great!«, sagte ich, als ich vorbeiging, und sie strahlten. »But I did not understand a shit!«, fügte ich hinzu. Sie stutzten etwas und lachten dann.

Nach dieser kulturellen Anstrengung schmerzte mein Kopf auf der Fahrt über die Autobahn und auch über die ländlichen Straßen auf das idyllische Mechelen zu. Zum Glück war es dem Wirt im »Alten Brauhaus« gesetzlich verwehrt, zu dieser Stunde schon Bier auszuschenken. Ich wollte auch nicht, wie geplant, drei Tage bleiben und wandern, sondern nur Bescheid sagen, dass ich einmal rum war. Er konnte sich sehr vage an mich erinnern. »Aha«, sagte er, »und wann kommt das raus? Das würde mich schon interessieren.«

Der Direktor der Printenfabrik weilte nicht in Aachen, wie ich am Telefon erfuhr. Seine Sekretärin fand die Idee aber ganz schön. »Das kann man doch sicher später mal nachholen.« Die PR-Abteilung von Renault in Brühl bei Köln befand sich gerade in Genf. Ich brauchte also nur noch zum Tanken nach Belgien zu fahren – und dann ab auf die Autobahn. Ich zuckelte über den Bergkamm ins Nachbarland. Irgendwie brauchte ich aber doch noch ein Bier, um die Balance der Körpersäfte wieder herzustellen. In einer urgemütlichen Eckneipe, in der außer Französisch eine Sprache gesprochen wurde, die ich sofort als Öcher Platt erkannte, bekam ich ein wunderbares Dunkles namens »3 Schteng«. Auf dem Bierdeckel war auf einer Landkarte auch »Neutral Moresnet« eingezeichnet. Ich erkundigte mich nach der Brauerei, und man meinte, die sei in Homburg. Ich fuhr also wieder ein Stück zurück, weil ich die Lösung der alten Frage, was »Neutral Moresnet« gewesen war, wenigstens in Form von Bierflaschen mit nach Hause nehmen wollte. Die klitzekleine und relativ neue Privatbrauerei »Grain d'Orge« mitten im Dorf hatte auch einen Schankraum mit Bistro, »Brasserie de Hombourg«. Sie brauten »3 Schteng« exklusiv für das Dreiländereck. Nachdem ich sechs handverpackte Sixpacks im Auto verstaut hatte, stellte ich mich auf ein zweites – und letztes – Bier an den Tresen. Dort erklärte gerade ein Belgier mit kleinem Moustache und merkwürdigem Strohhütchen einem Niederländer auf Französisch den Sprachenstreit zwischen Flamen und Wallonen. Der Holländer wollte hier ein Haus bauen und fühlte sich nicht überall willkommen. Der Belgier wiederholte seinen Vortrag auf Deutsch und zeichnete auf einem Bierdeckel eine dreieckige Skizze des Landes. Er sah aus wie ein Schrebergärtner, aber er kannte die Welt. Er hatte sechsundvierzig Jahre im Speditionswesen gearbeitet und war nach eigener Schätzung drei Millionen Kilometer durch Europa gefahren, um Aufträge für die zweihundert LKWs zu bekommen. Die durften zwar nicht überall hin, aber dann deklarierte man an der Grenze nur nach Düren – fuhr aber bis Regensburg. Die kleinen Länder, wie Belgien oder Portugal, machten so etwas, weil »die großen Länder haben das nicht nötig. Die sind dumm und fahren nur im Kreis.« Es seien immer die Randstaaten, heute die Ukrainer. Geld sei sowieso immer schwerer zu verdienen. Die Faustformel für Frachtpreise laute nun: »doppelt so weit fahren für den halben Preis«. Das kam mir irgendwie bekannt vor. Ich bestellte uns noch ein Bier. Diese Reise wollte ja gar nicht aufhören. Ich könnte gleich noch mal von vorne anfangen. Zum Glück hatte er einen Vorstellungstermin in einem Möbelladen: Er hielt es ohne Arbeit einfach nicht aus. Ich steckte den Bierdeckel ein. Monsieur Moustache war der Meinung, dass mit der Erweiterung der EU alles noch schlimmer werden würde. Das alte Europa gebe es sowieso nicht mehr. Und das habe aus »die Deutschen mit ihrer Wirtschaftskraft und die Franzosen – mit ihrer großen Klappe!« bestanden. Dann verließ mich mein Informant. Er trug Gummistiefel. Vielleicht war er ein Schrebergärtner mit einer großen Klappe. Aber man sollte sich nicht täuschen. Und selbst wenn.

Auf dem Weg nach Aachen zog es mein Auto noch einmal den Berg hinauf zum Dreiländereck. Das sollte mir recht sein. Kompiers Frau saß an der Kasse, ihr Mann verspachtelte im Restaurant das von der Tochter servierte Schnitzel. Er erkannte mich wohl. Ich gratulierte ihm nachträglich zum vierundachtzigsten Geburtstag und bestellte mir ein allerletztes, dunkles Exklusivbier, fragte aber nicht nach dem »Neutralen Moresnet«, sondern wie es nun mit den Schmuggelgeschichten stehe. Er hob abwehrend die Hände. »Nö!«, sagte er, von Schmuggel wisse er gar nichts. Aber seine Frau, »der Kapitän, die hat wirklich geschmuggelt!«. Ich solle sie mal danach fragen.

Das tat ich aber nicht. Ein paar Geheimnisse durften gern bleiben. Ich fuhr meinen Liegewagen ein Stück in den Wald zu einer Stelle, von der aus ich fast die Ausläufer Aachens sehen konnte, und schlief und atmete bei geöffneter Schiebetür so lange frischen Sauerstoff, bis ich glaubte, für die nächtliche Fahrt über die Autobahn nach Hamburg tauglich zu sein.

Kurz hinter Aachen würde der Kilometerzähler auf 8000 springen.

Nun war es auch gut.

Man sollte seine Grenzen kennen.

Letzte Worte

Dieses Buch gibt Augenblicke wieder, Viele Eindrücke nahm ich im Vorbeifahren auf. An manchen Orten war ich nur eine Stunde. Aber selbst da, wo ich mich einen ganzen Tag aufhielt, können sich leicht durch die Eile des Verfahrens Fehler oder Fehleinschätzungen eingeschlichen haben. Dafür bitte ich – wenn möglich – um Nachsicht. Eine Person, die den eigenen Ort seit Jahren kennt, wird ganz sicher Vertiefung vermissen. Das ist ebenso natürlich wie verständlich. Ich kann nur sagen: Ich kenne nicht die anderen 364 Tage, an denen andere Dinge passieren als die von mir wahrgenommenen – daraus mache ich keinen Hehl. Das dürfte auch jedem klar sein, der das Buch aufmerksam liest. Weder das, was in Broschüren steht, noch das, was Leute einem erzählen, ist immer völlig richtig. Es dient dennoch als ein Bild. Aber selbstverständlich freue ich mich über jede erdenkliche Form von Korrektur, Richtigstellung oder Erweiterung wie auch über Anregungen aller Art. Am schönsten aber wäre es, wenn die Bewohner in den »betroffenen« Orten, Städten und Gegenden diese Vertiefungen direkt an jene Leser weitergeben, die nach der Lektüre Lust bekommen, die Grenzgebiete als Reiseland zu erkunden. Dann hätte das Buch einen seiner Zwecke erfüllt.

Für die Reise gab es keinen »Premium-Sponsor«, aber etliche, die mir behilflich waren: PRIJON in Rosenheim stellte seinen neu entwickelten »Touryak« samt Segel zur Verfügung; SÜDPFALZ-ADVENTURES lieh mir das rote »Kickbike«; der ADAC versorgte mich mit Karten und Atlanten aller Art sowie mit Camping- und Stellplatz-Führern (die ich viel zu selten nutzte); GEO/SAISON gab eine kleine Anschubfinanzierung; JACK WOLFSKIN sorgte für zünftige Ausrüstung in allen Reiselagen. Etliche Fremdenverkehrsvereine und Tourismus-Organisationen halfen mir mit Infrastruktur und Informationen. Ihnen allen herzlichen Dank.

Dank auch den vielen zwischen Aachen und Aachen, die sich – eigennützig oder uneigennützig – Zeit nahmen für Auskünfte, Erklärungen und ganze Geschichten (so auch Justus und Jonas) und dadurch dem Buch das Wesentliche zuführten: die menschliche Seite. In allen Fällen – abgesehen von einem einzigen im Emsland – freue ich mich auf ein Wiedersehen! Um mein fragiles Seelenheil während des Schreibens machten sich Lektor Jens Petersen, Agent Joachim Jessen, Freund Wolfgang Breuer und meine Frau Birke verdient. Auch dafür herzlichen Dank!

Andreas Greve
Hamburg, im Januar 2004

Antonella Romeo

La deutsche Vita

»Großvater, ich habe mich in einen Deutschen verliebt«, vertraute die Turinerin Antonella Romeo eines Tages dem alten Kommunisten an, der im Zweiten Weltkrieg Widerstandskämpfer gegen die *occupazione* gewesen war. Er schwieg, dann sagte er versöhnlich: »Das macht nichts. Das Wichtigste ist, sich lieb zu haben.« Die junge Italienerin zog 1990 nach Deutschland – und fand viele gute Gründe zu bleiben.

Mit sonniger Ironie und mitfühlendem Verstand erzählt sie von ihren Erfahrungen in einem Land, dessen Kultur ihr zunächst fremd ist und das sie, je länger sie dort lebt, »beeindruckt und berührt«. Ein frischer Blick auf »La bella Germania«.

208 Seiten, gebunden

Hoffmann und Campe

Heinrich Thies

Wenn Hitler tot ist, tanzen wir

Das Leben der Hilde Hart

Im Oktober des Jahres 1941 findet auf einem Bauernhof in der Lüneburger Heide eine feuchtfröhliche Geburtstagsfeier statt. Der polnische Zwangsarbeiter Eugeniusz Leśniewki fordert die 19 Jahre alte Landarbeiterin Hilde Meyerhoff zum Foxtrott auf, sie weist ihn zurück. »Wenn Hitler tot ist, können wir tanzen«, tröstet sie ihn, ein Satz, der ihr und Eugen zum Verhängnis wird. Sie kommt für drei Jahre ins Konzentrationslager, Eugen wird gehenkt. Der Grund: Zwischen der Deutschen und dem Polen soll sich ein verbotenes Liebesverhältnis entsponnen haben. Zudem wir dem Mädchen vorgeworfen, es habe Hitler den Tod gewünscht. Da ist der Beginn einer Odysee, die Hilde über Ravensbrück, eine langjährige Ehe in England und andere Stationen zurück nach Norddeutschland führt, wo sie heute zurückgezogen in einem Dorf lebt.

256 Seiten, gebunden

Hoffmann und Campe

In Grömitz
liegt die Bremen
(Seenotrettungs-
Kreuzer)

0
50
100
150 km
Nørre Nebel
Jelling
Vejle
DÄNEM
Esbjerg
Vamdrup
Gram
Vojens
Hoptrup
Abenrå
Nordbo
Rømø
Wenningstedt
Sylt
Tønder
Frøslev
Flensburg
NORDSEE
DEUTSCHE
BUCHT
Husum
Kiel
Helgoland
Büsum
Heide
Brunsbüttel
Cuxhaven
Elmshor
Ostfriesische Inseln
Baltrum
Hooksiel
Greetsiel
Aurich
Bremerhaven
Emden
Wilhelms-
haven
Buxtehude
Delfzijl
Leer
SATER-
LAND
Winschoten
Bourtange
Oldenburg
Bremen
Weser
Soltau
Ter Apel
Emmen
Cloppenburg
Walsroc
NIEDER-
LANDE
Twist
Nienburg
Celle
Bramsche
Ems
Apeldoorn
Minden
Rheine
Osnabrück
Enschede
Gronau
Arnhem
Melle
Weser
Hildeshe
TEUTOBURGER WALD
Emmerich
Coesfeld
Bielefeld
Hameln
Leine
Münster
Detmold
Rhein
Maas
Gütersloh
Hamm
Holzminde
Dortmund
Lippstadt
Paderborn
Brüggen
Essen
Menden
Marsberg
Duisburg
Münden
Düsseldorf
Arnsberg
Wuppertal
Korbach
Kassel
Solingen
Remscheid
Lennestadt
Eschwege
SELFKANT
Leverkusen
Köln
Bergisch
Gladbach
Maastricht
Siegen
Bad Hersfeld
ZIEL
Aachen
Marburg
Bonn
Alsfeld
Monschau
Neuwied
Gießen
Fulda